名校长谈教育

# 走向语文教育的诗意灵魂

司庆强◎著

HANBOOK 武汉出版社

鄂新登字（08）号
图书在版编目（CIP）数据

走向语文教育的诗意灵魂 / 司庆强著. —武汉 ：武汉出版社，2024.10
ISBN 978-7-5582-6905-9
Ⅰ. G633.302
中国国家版本馆 CIP 数据核字第 20247CW016 号

走向语文教育的诗意灵魂
ZOUXIANG YUWEN JIAOYU DE SHIYI LINGHUN

著　　者：司庆强
责任编辑：蔡玉华
封面设计：孟　元
出　　版：武汉出版社
社　　址：武汉市江岸区兴业路 136 号　　邮　　编：430015
电　　话：（027）85606403 85600625
http://www.whcbs.com　　E-mail:whcbszbs@163.com
印　　刷：文畅阁印刷有限公司　　经　　销：新华书店
开　　本：710mm×1000mm　1/16
印　　张：19.25　　字　　数：300 千字
版　　次：2025 年 1 月第 1 版　　2025 年 1 月第 1 次印刷
定　　价：98.00 元

# 语文应走向“诗”的澄明

语文是迷人的，不仅有着“思”的深邃宽广，还有着“诗”的灵性飘逸。

语文教育的魅力，正在于“思”与“诗”的交融共生。当今语文教育的诸种怪状，大抵由于“思”或“诗”的缺席。缺了“诗”，语文无趣亦无味，丧失了审美体验和动人的情怀；而有“诗”无“思”，语文则变得随意妄为、浅薄贫瘠。

而司庆强老师的《走向语文教育的诗意灵魂》呈现出了思诗共美的气质，实属难得。

庆强老师毕业于北师大，学养深厚，热爱阅读与写作。本书是他二十多年教学实践的智慧结晶，是他对语文教育的本体思索与实践追问。单看五辑的标题，便不难见出他的深邃思考与敏锐洞察。“阅读如鉴”是指阅读作为主体的精神投射，向阅读主体提出期待与邀请。“作文如歌”，源于写作是精神成长与生命颤动。“课堂如晤”，即好的课堂是多重对话，能引导学生与未在场的作者晤面。“沉思如曲”是指零碎的思绪虽然杂乱无章却自成曲调。“故事如水”是指那些美好的语文故事恰似真水无香，润物无痕。五个比喻，写出了庆强老师对语文教育的思考与领悟。无论是文本解读，还是教学设计，或是教育叩问，都饱含庆强老师的思考和总结。本书中有很多结论性语句让我们警醒：“诗词审美的根本是思维”，“不先扎根阅读，何谈阅读教学”，“搔痒还需先‘脱靴’”……而这些都是他沉潜语文的感悟。没有在汉语里出生入死，怎得玩转语言的魔方？他带领学生素读经典文本，以自己的批注为示范，这需要何等的勇气与底气！但没有这种“素读”意识和“硬啃”精神，阅读课便难以真正“回家”。

很多人以为，“思”为理性，“诗”为感性。这种认识不够全面。从哲学的角度，“思”并非纯理性，而“诗”是更高层面的理性。哲学家维柯认为，人类的起步阶段是被神话思维牢牢主宰的时代，人类语言的主要表达形式为诗歌。基于此，维柯提出“诗性智慧”，将其视为人类认知世界和自我理解的初始途径。他认为，诗性智慧深植于象征、隐喻和直觉等非理性的认知中。诗性智慧中的“思”并非指现代意义上的逻辑推理或理论建构，而是一种与现实生活紧密相关、充满想象力与创新精神的认知模式。

在海德格尔的美学框架中，“思”与“诗”相互补充、相互启发。海德格尔提出“思”应摆脱传统形而上学的束缚，回归到对“存在”的本源性思考。海德格尔指出：“只有在我们认识到，几个世纪以来一直受到颂扬的理性是‘思’最为顽固的敌人的时候，‘思’才会开始。”他告诉我们，“思”与“诗”紧密相连，只有当我们开始“思”的时候，我们才能听到诗人的吟唱。

庆强是带着诗人气质的老师。在语文教学中，他始终诗意洋溢、趣味盎然。去贵州支教，条件极为简陋，而他不以为意，反乐在其中，以“雅舍”自勉，并选择梁实秋的《雅舍》一文，为盘信民族中学的师生执教了一节示范课。在阅读相关文字的时候，我能想见那节课必有滋有味、令人激赏。他与梁实秋、与文本、与黔东师生已融为一体，不分彼此，实现了生命与教学的融通。离开盘中的那天出现了有趣的一幕：“那天下起毛毛雨。九年级马上就要考试了，七八个孩子，忽然跑来送行。当我们在球场边挥手告别时，有个女孩冲我喊道，梁先生，再见啦!”一节课在学生的心头留下了终生的回响，这就是庆强老师的语文课。率性而为，浑然忘我，庆强老师的语文教育实践迸溅着诗性智慧。

庆强老师的诗意与诗性，在这本书中俯拾皆是，他带领学生在经典作品中解读诗意的两难，他引导学生捕捉写作的动情点，他和学生一起观察虫子的细微颤动……他带着一双含情的眼，让语文教育始终“生命在场”。与语文教学相比，语文教育有着更自觉的育人意识。庆强老师的语文教育里渗着较强的生命关怀，他很注重学生的生命体验，阅读教学引导学生进行生命阅读，写作教学为学生摆渡生命。生命有很多层次，包括物质生命、精神生命和言语生命。而语文教育的旨归则是，言语生命的健全与提升。庆强老师对言语生命的养育，既体现为“弘道”的追求，也体现为“习言”的践行。他一方面注重发展学生的精神，另一方面注重提升学生修辞、语词的敏感度。且看这本书的书写，即以诗化语言为主，这需要超越日常语言的局限，进入一种“倾听存在”的境地，通过“去蔽”揭示被遮蔽的存在之真理。

我跟庆强老师共事多年，颇为投缘。记得当年，我们常在办公室论语说文，谈至兴高采烈处便撰写成文，我的不少文章就是思维碰撞后的产物，而这本书里的一些篇什即是我们那段岁月的美好见证。彼时，苏大附中语文组文风颇盛，有几位爱诗的语文同人，至今常常回想。

我很喜欢黑格尔的一个观点。黑格尔虽长于思辨，但他认为，人就应该以诗的方式存在于世界中，通过深度感知、艺术创造，从而从现实世界抽离出来，并重新审视自身与世界的关系，回归到对存在的本真体验和理解，人们才能够实现“诗意的栖居”。其实，“诗”就是为了去除遮蔽，让人重新与真实的世界发生直接的关联，回归到活泼泼的世界中去。

从这个意义上说，庆强老师执着于语文教育的诗意追寻，就是去蔽与祛魅，就是为了寻求语文教育的澄明之境。

徐　飞

甲辰年端午（2024年6月10日）

于太湖东岸

徐飞，吴江新胜实验学校（江苏省苏州中学附属苏州湾学校）副总校长、高中部校长，江苏省特级教师，正高级教师，中国教育报2014年度推动读书十大人物，“苏教名家”培养对象，江苏省教育家型教师培养对象，苏州大学兼职硕导，苏州市首届“十佳”班主任，徐飞中学语文名师工作室主持人。

# 目 录

# 第一部分

## 阅读如鉴：镜灯辉映，灵魂遇合

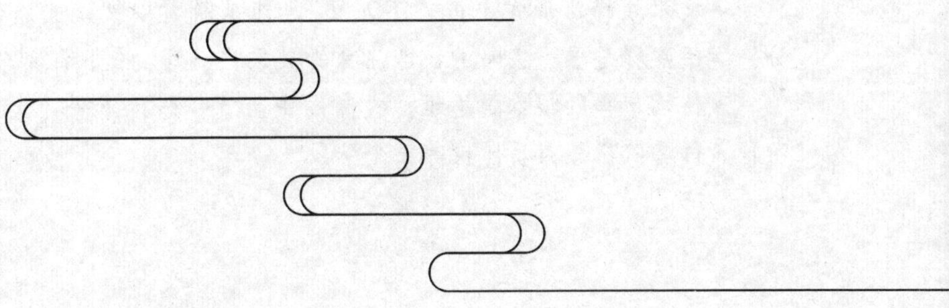

# 第一篇　诗心摇曳有神蕴

## 导　读

• 反常化是陌生化修辞的重要形态。《项脊轩志》阐释了反常化修辞的两种基本表现形态，即悖理反常和逆情反常，并指出反常化的一条重要原则：无论如何反常化，有一点不能违背，那就是生活的“真”、创作者感情的“真”、读者感情的“真”。

• 遵循含混艺术规律，如义项的兼容并蓄、语境的互补共鸣、化用的沾染渍透、审美的召唤导向等，进行诗歌教学，深味诗词词语意味，是提高学生创造性阅读能力，促进学生个性发展的重要方面。

• 默写中出现的错误是重要的课程资源它具有生成性。通过分析改用音同（或音似）字、换用形近字、改用义近字、换用境近字等默写中出现的错误类型，我们就会明白开掘生成性课程资源价值是多么重要。

• 文本注释，形式上虽“不入文”，却是教材中阅读文本的有机组成部分。运用注释是要讲策略的，即注释的具象化、真实化、深刻化和综合化。

• 诗词审美的根本是思维。提高高中生审美思维水平，大致要经过规矩阶段、修炼阶段、灵动阶段等三个阶段。

# 悖理逆情愈见“真”味

## ——以《项脊轩志》例谈反常化修辞

反常化，作为一种陌生化修辞，就是使词句的运用不符合语法规范和逻辑思维规律，初读悖理逆情，细品方见理真情切，让人回味悠长。清人叶燮曾曰：“文章千古事，苟无胆，何能千古乎？吾故曰：无胆则笔墨畏缩。胆既诎矣，才何由而得伸乎？”有胆者有摇山撼岳、排江倒海的，也有踏雪无痕、履水无迹的。明末散文家归有光当属后一种。他的散文风韵疏淡，清而能瘦，感情真挚，悖理逆情的用语，更是风味醇厚，具有独特的审美价值。下面斗胆以《项脊轩志》中的两个字——悖理的“娘”字和逆情的“死”字——来探幽烛微，饱尝其中“真”味。

## 一、悖理反常

妪又曰：“汝姊在吾怀，呱呱而泣；娘以指叩门扉，曰：‘儿寒乎？欲食乎？’吾从板外相为应答。”语未毕，余泣，妪亦泣。

“妪”怎么会称归有光的母亲为“娘”呢？《辞海》中，“娘”除了“母亲”这个义项外，还有“称长一辈的或年长的已婚妇女”“对妇女的泛称，多指少女”两种解释，显然不能解释这个问题。有人认为，这是“奴仆对女主人的尊称。”《金瓶梅》第二十三回中就有：“蕙莲道：‘我不得闲，与娘纳鞋哩。’”这种理解似乎合情合理。然而，前文中：“妪每谓余曰：‘某所，而母立于兹。’”为何在这儿改换称谓了呢？显然这种说法也不能解释这个问题。

我们知道，归有光文章风格是“不事雕琢而自有风味”，语言朴素而平实，细节生动，然而，在这平平淡淡的表层下，涌动着的是一颗备受煎熬孤寂难耐的心。十七岁的他提起笔，忆及家境败落，亲睹亲人离去，他怎能不黯然销魂、涕流满面呢？尤其是在他八岁那年，母亲就去世了，而今，在归有光的脑海中，母亲的模样甚至是模糊的，太多的往事也都是模糊的了。写自己的母亲，却无从写起，这是怎样一种切肤的愧疚啊。文中写母亲是借“妪”之口叙说，这是一种无奈的选择。归有光多么希望能唤醒自己脑海中所有关于母亲的记忆，哪怕一丝一点也行啊。他多么希望母亲就在身边，能够抚摸他疼爱他呀。他多么希望母亲就在身边，他能再亲切地叫一声“娘”啊。

此时提笔的归有光，他怎么能压抑得了那种强烈而迫切的感情呢？于是，当他行文写到姊“呱呱而泣”时，想到母亲“以指叩门扉曰：‘儿寒乎？欲食乎？’”时，他已经把“妪”推到一边，把什么章法事理都统统抛至云霄外，那种感情如决堤之口不可遏抑，如惊涛拍岸震天动地，终于，在心底深深切切地叫了一声——“娘”！至情的呼唤，浓缩了他十年来一直压在心头所有的渴望，足以令风云为之变色了。随着一声抽泣，一滴眼泪打在稿纸上，恰落在不经意间写就的那个“娘”字上。

作为唐宋派的重要代表人物，归有光对文学的抒情作用非常重视，他曾说：“夫诗者，出于情而已矣。”（《沈次谷先生诗序》）他认为“圣人者，能尽天下之至情者也”，而“至情”就是“匹夫匹妇以为当然”（《泰伯至德》）。想到什么，就写什么，怎么想的，就怎么写，毫不隐避，纵任感情倾渲，悖理又何妨？恰因其悖而愈见真情，恰因其悖而情至真。

一个“娘”字，真真切切地向我们道出了一个——“真”字。

悖理之例，再举一二，以飨读者。如郑愁予的诗歌《美丽的错误》，错误而谓之美丽，就常理而言，是矛盾的，但“达达的马蹄”敲响了女子希望重逢的心灵深处，因而美丽。不过，这马蹄声仅仅从前面路过，并不为她的企盼而停驻，因而是个错误。这一起一伏，前后情景的逆转，产生了高度的戏剧性，更形成了清劲跌宕之势，更增强了忧伤的审美意味。再如：“黑夜给了我黑色的眼睛/我却用它寻找光明”（顾城）；“卑鄙是卑鄙者的通行证/高尚是高尚者的墓志铭”（北岛）；“你们的笑声里，/颤抖着恐惧；/油腻的笑纹里，/深刻着忧虑；/硬撑的骄傲里，/匍匐着卑屈”（杜运燮）。

## 二、逆情反常

> 余既为此志，后五年，吾妻来归。时至轩中，从余问古事，或凭几学书。吾妻归宁，述诸小妹语曰：“闻姊家有阁子，且何谓阁子也？”其后六年，吾妻死，室坏不修。其后二年，余久卧病无聊，乃使人复葺南阁子，其制稍异于前。然自后余多在外，不常居。庭中有枇杷树，吾妻死之年所手植也，今已亭亭如盖矣。

妻“死”，是归有光整个情感世界的分水岭。之前，他是昂着头望着双鸟戏空，幸福得有些忘形了；之后，他的头是低垂着的，神不守舍，脚步是踉踉跄跄的。因喜而悲愈悲，缘悲而喜更悲。妻死了，一切的往事都死了，他的心也死了。然而，不思量自难忘，睹物思人哪，于是，他只有离开，长期在外。似乎，利用这种方式他逃脱了情感的折磨，可是，这是真的吗？出外

的他正驻足凝望，遥想那棵妻死之年亲手栽种的枇杷树，定如妻般“亭亭”了吧。

但是，为什么归有光那么直接地毫不掩饰地说妻“死”了呢？“死”这个字，人们总是避讳它，因此就有“逝世”“仙逝”“老了”“下世”“安息”“回家”“长眠”“山崩”“驾鹤”“就木”等200多种叫法。恩格斯在《马克思墓前的讲话》中说马克思“永远地睡着了”，就运用了讳饰手法。静默思之，觉得唯有这一“死”字尽见其切。爱妻离去，心俱碎，万事皆空，人无泪。用得着扭扭捏捏地避讳吗？若一避讳，不仅有雕饰之痕，也致其情不够纯正。而“死”字不然，没有距离感，没有矫饰，自自然然，真真切切。著一“死”字，闻吞吐呜咽之声，见摧肝断肠之态，不能不令人掩卷叹息，潸然泪下。

一个“死”字，实实在在地向我们道出了一个——“真”字。

唐宋派祖师韩愈的《祭十二郎文》中就有些类似的例子。如写想到二人之子时说：“少而强者不可保，如此孩提者，又可冀其成立耶？”按照旧时的忌讳，这样的话是不吉利的，但他就这么毫无顾忌地写了，可这么一写，我们亲密接触的是悲痛至极的韩愈，同时，我们也产生了强烈的共鸣。韩愈主张“为文为人并重”“惟陈言之务去”，提倡平淡质朴的文风。这一“真”谛，主张文章要直写胸臆，具有自己的本色面目。如唐顺之认为，“文字工拙在心源”，说作者只要“心地超然”，就是“千古只眼人”，“即使未尝操纸笔呻吟，学为文章，但直据胸臆，信手写出，如写家书，虽或疏卤，然绝无烟火酸馅习气，便是宇宙间一样绝好文字”；否则，“文虽工而不免为下格”（《答茅鹿门知县书二》）。因此，我们就不难理解为什么归有光竟胆敢如此逆情了。

再如郑敏《金黄的稻束》一诗有这样的句子：“金黄的稻束站在/割过的秋天的田里，/我想起无数个疲倦的母亲，/黄昏路上我看见那皱了的美丽的脸。”作者偏偏把“皱”和“美丽”反常并列，却能深情讴歌母亲的劳动，深切抒发时光流逝的感叹。

上文以《项脊轩志》为主例对反常化进行了阐释，我们可以窥其一斑了：反常化修辞主要是悖理反常、逆情反常两种类型；反常化颇具欲擒故纵的神韵；无论如何反常化，有一点不能违背，那就是生活的“真”、创作者感情的“真”、读者感情的“真”。

愿我们乘着“真”的歌声的翅膀诗意地翱翔于文学的碧空。

# 徜徉在诗意的含混之中

## ——论诗歌教学中词语的含混艺术

诗歌繁星璀璨，词语凝练而精粹，那看似单义而确定的词语却蕴蓄着多重而不确定的意义，这种“一”中生“多”的现象，被称为含混。遵循含混艺术规律进行诗歌教学，深味诗词词语意味，是提高学生创造性阅读能力、促进学生个性发展的重要方法。诗歌含混艺术是个很复杂的问题，清代姚鼐说：“文章之精妙不出字句声色之间，舍此便无可窥寻矣。”下面，我结合诗歌教学中对诗词含混的实践研究，来窥寻诗歌含混艺术之美。

### 一、义项的兼容并蓄

诗词中特定词语的意味，往往并不单指向字典义中“那一个”义项，或“那一个”义项在语境中萌生的新意，而是这个词语所具有的某些义项同融共济，在这个特定语境中共同孕育出的新的意味，而这个新意味，往往具有多向性。

如张九龄《望月怀远》中有句“不堪盈手赠，还寝梦佳期”，那么“盈”字怎么理解呢？“盈”是满的意思，还是形容手很清秀白素，还是指赠的动作富有轻盈的美感呢？似乎都可以。想想，确实也都可以。再如李璟《摊破浣溪沙》“细雨梦回鸡塞远”，何言“远”？“远”有“距离长”“时间长”“深远”等义项，我们很容易体味到空间上的意义，即表明思妇距戍守边塞的爱人遥远。但时间上的意味，即表明思妇与爱人分离已久远，很多师生却忽视了，而这点对理解“还与韶光共憔悴，不堪看”和“多少泪珠无限恨，倚阑干”是非常重要的。事实上，由此我们可以更深入体味思妇情感上思念之苦：迷蒙的细雨，迷蒙的氛围，迷离的梦幻，迷离的相思，自是“小楼吹彻玉笙寒”了。

但是，需要指出的是，并非词语的所有义项都具有孕育新意味的资格，一定要结合语境，于情于理加以辨别。如晏殊《破阵子》中有句“疑怪昨宵春梦好，元是今朝斗草赢”的“春梦”，究竟是什么意思？该词有三个义项：“与爱情有关的好梦”；“一般的春日之梦”；“比喻世事无常，繁华易逝”。诗句中这前两种意思似乎都有些。“巧笑”少女，春心荡漾，心有所向，风神婉媚，第一种意思很有生活气息；“新社”“清明”做的梦，自然是春梦了。但

这第三种意思恐怕女子难以承受其重，与语境也极不相符了。

词语理解上的模糊性，使我们的理解暂且受挫，然而，当我们在多种理解之间游离不定时，我们不由顿悟：这诗多美啊。在教学中，教师对词语的概念化和单一性理解，怎么能够使学生产生审美的幸福震颤呢？

## 二、语境的互补共鸣

此处指的语境，主要指“内部环境”，即词语所在的上下文，即上下词、上下句、上下段、上下篇等，也就是语言自身所构成的环境条件。语境对词语的意味起着限制作用或解释作用，诗中诸多词语具有相互掣肘、相通贯通的关系；反过来，词语的意味也使语境的蕴藉更为丰韵多姿。

如李颀《送魏万之京》中有句“朝闻游子唱离歌，昨夜微霜初渡河”，为什么写“微霜”？结合语境，我们不难知道，“微霜”不仅写景，也在写时间，“昨夜”是秋意已深之时的昨夜。但结合语境，我们还可以追觅：“微霜”不可避免地受到了“离歌”影响。离歌是悲凄的，而“霜”呢，又从触觉上给人以凉意，从视觉上给人以冷色感，二者在“愁”字上是相贯通的，也正应了“鸿雁不堪愁里听”之“愁”。

有些词语理解起来就是结合语境也不能确定其意，然而这正是诗词的美感魅力。如韦庄《菩萨蛮》名句“未老莫还乡，还乡须断肠”，为何“断肠”？第一种，江南景好人好，太值得留恋了，年轻时不要回乡，否则会苦苦思恋的；第二种，词人避乱江南，由眼前江南之好，思及家乡战乱纷争、狼藉一片的景象，不由感慨万千，这是对战争的厌恶，是对美好生活的渴望。两种意味都切合语境，都中情中理。再如温庭筠《商山早行》名句“鸡声茅店月，人迹板桥霜”之“人迹”，教学中也生成了两种意味：第一种，早起踏上行程之人，走过板桥，留下足印车马印，征铎之声渐渐模糊；第二种，当早起征人来到板桥时，看到霜地上已遗有行人足迹，人迹不断延伸向远方。两种意味透出一个更大的意味：“商山早行”，是“我”之“早”呢，还是有“早”于“我”之人呢？

诗歌教学中，教师要引导学生领略韵外之致、味外之旨，非常重要的原则就是词不离句、句不离段、段不离篇、篇归一旨，脱离了语境的真正理解，就会使词语的意味幻化成飘忽忽的绚丽泡沫。

## 三、化用的沾染渍透

化用典故或诗词，是诗词很常见的修辞。化用而成的词语，往往自然地渍透着原出处的语境意味。

化用的词语有的较容易辨别，更方便的是课本注释中做了解释，并注明了原出处；有些词就显得较为隐晦，虽有注释，但仍要教师引导学生细细琢磨才成。前者如晏殊《破阵子·春景》“巧笑东邻女伴”之“巧笑”，课本（苏教版《唐诗宋词选读》）注释为：“美好的笑。语出《诗经·卫风·硕人》：‘巧笑倩兮，美目盼兮。’”后者如欧阳修《踏莎行》“草薰风暖摇征辔”中“风暖”一词，即引出南朝梁江淹《别赋》的“闺中风暖，陌上草薰”一句。《别赋》中的“风暖”特指“闺中”处的，因此，《踏莎行》之“风暖”，就不仅单指眼前春景中的风暖了，而且还蕴藏了一个重要的信息，即忆及思妇。上片主要写行人离愁，而下片写思妇念行人，上片中出现“风暖”二字，也为下片内容埋下了伏笔。后者再如韦庄《菩萨蛮》“垆边人似月”之“垆边人”。若因古时当垆卖酒的多是女子，就单纯地解释为“卖酒的女子”，那实在是大煞风景的。我们不能忽视课本提供的信息。课本注释为：“《史记·司马相如列传》记载，司马相如妻卓文君长得很美，曾当垆卖酒：‘买一酒舍酤酒，而令文君当垆。’”所以，这卖酒女子应理解为美貌女子才够味。事实上，除了卓文君当垆卖过酒，貌如花的胡姬，也“当垆笑春风”（李白诗）。

不过，并不是所有的化用，课本都做了注释。有些词语了无痕迹地融化在了诗词中，教学中教师若不做相应的引导，学生就不易涵其深。如赵嘏《长安晚秋》中有“空戴南冠学楚囚”的句子，怎么理解？诗中“紫艳半开篱菊静”一句之“篱菊”，恰恰暗含了这样的信息。“篱菊”何来？我们不难联想到陶渊明的“采菊东篱下，悠然见南山”，由此可确定诗人是想过一种陶渊明式的田园生活啊。再如温庭筠词《菩萨蛮》中有“新贴绣罗襦，双双金鹧鸪”一句，而“双双金鹧鸪”堪称打开全词的金钥匙。只见“双双”就匆匆认定词中女子的孤寂，只得三分味，七分未竟。这七分意味，源于“鹧鸪”。鹧鸪的鸣声让人听起来像“行不得也哥哥”，极容易勾起旅途艰险的联想和满腔的离愁别绪，这是鹧鸪在古诗词的特定内涵。课本上对“鹧鸪”没注释，教师要进行补充引导。

有些词语，特别是表达传统意象的词语，其意味是文化积淀从而约定俗成的，是中华文化审美心理的特定产物，所以，在诗歌教学中，教师非常有必要让学生掌握、积累这些词语。除了上文中提及的“鹧鸪”外，比如：“望月”，多是思乡念亲的标志，多传达离愁别恨、寂寞思归之情；“长亭”，多传达离情别绪、思乡怀远、孤寂落魄和愁苦之情；“流水”多传达人生苦短、命运无常的感伤与哀愁；“闻笛”，多传达离别之苦、相思之情和内心的孤寂；

“莼羹”“鲈脍”指家乡风味；“梧桐”是凄凉悲伤的象征；“双鲤”代指书信；“采薇”借指隐居生活；“南冠”指囚犯……

体味化用成的词语，学生有一定的困难。这就要求教师激活相应的知情意，广泛地批判性吸纳已有成果，特别是充分运用课本注释，精细化备课，这样才能引导学生“慢慢走，欣赏啊”，才能和学生一起“于无声处听惊雷”。

## 四、审美的召唤导向

中华文化具有独特的审美理想和审美趣味，含蓄蕴藉，是其最显著的特征之一。在鉴别词语时，教师应发扬这一文化禀赋，在教学中让学生秉承这一审美精神。

苏轼《浣溪沙》有云：“萧萧暮雨子规啼。”子规，究竟有何用意？一种看法认为是营造悲情。子规，就是杜鹃鸟，是中国诗词中颇为多见的传统意象。它有一个非常惨美的传说。相传古代蜀帝杜宇，因禅让而隐居山林，思归朝而不得，郁郁而终，其魂化为子规鸟。子规悲啼不已，鸣声凄厉，竟至于啼出血来。杜鹃鸟嘴角鲜红，所以子规又称杜鹃。诗词中常用“子规”来表达内心的悲凉，和哀怨、思归有关。如：秦观词句“可堪孤馆闭春寒，杜鹃声里斜阳暮”，就是借杜鹃之声渲染孤馆的哀怨之情，传达思乡之情；李商隐诗句“庄生晓梦迷蝴蝶，望帝春心杜鹃啼”，表达殷切的思念白居易诗句“其间旦暮闻何物，杜鹃啼血猿哀鸣”，渲染荒凉氛围，表达被贬的哀怨；李白诗句“杨花落尽子规啼，闻道龙标过五溪。我寄愁心与明月，随风直到夜郎西”，萧瑟悲凉中寄寓别离的感伤。子规声声总关情，这种例子太多了。苏轼亦如此，更何况，赋《浣溪沙》时的苏轼，不是因“乌台诗案”而被贬黄州吗？此时的他，完全有理由情绪低落，就是轻松，也是故作姿态的自嘲。这似乎完全讲得通。

但我总觉得，这种通俗的解读，既有违东坡性格，也破坏词意语境。东坡不可能不知道“子规”的传说与内涵，但是，你能相信他会老老实实地遵袭前说吗？不会的。苏轼在京考试时写了一篇佳作，深得文学泰斗欧阳修激赏。但有一典故，欧阳修那么大学问，愣是不知道，问苏轼，苏轼说，是他自己杜撰的。其智胆如是，他就是这样，承继前学，又不落窠臼。理解东坡有点偏执的智慧，需要先深入了解本词上阕“山下兰芽短浸溪，松间沙路净无泥，萧萧暮雨子规啼”的整体意境。了解意境，需析意象。词人不会随随便便引物入词的。为何写兰溪之兰芽？兰，亭亭玉立，素而不艳，幽香清远，高洁清雅。这与后面的“松间沙路净无泥”，共同营造出富有生机而素净幽雅的氛围。而暮雨萧萧，更增加了幽静恬淡的氛围，并没有什么萧瑟的冷意，不然，与前两句情调来个急转弯，自造矛盾吗？既然如此，“子规啼”也就不会冲淡那种意境，非要冲淡的倒是我们，因为我们脑海中是把“子规”与悲情画等号了。东坡不会顺应读者之意，而是偏用“子规啼”，来强化那种幽静的气息。读者大凡一看到“子规”，就条件反射悲从中来，东坡偏偏就不理这一套，把悲情过滤掉，只留下纯净的感觉。这其中含有一暗语：诸位看官皆有子规情结，是否娇饰过了头，缺了一种自由的风骨呢？下阕紧承“谁道人生无再少”一反问句，自有一种轻屑在，自有一种自信和潇洒在。如果“子规啼”是悲乎乎的，怎么生发这一问呢？如果认为这是东坡自我抚慰，就实在看轻了东坡的心理抗挫能力，矮化了东坡的人格魅力。此时的东坡，是个不安分的东坡，是个凤凰涅槃了的东坡。

朱自清先生在《诗多义举例》认为：“多义并非有义必取，搜寻不妨广，取舍却须严。”朱先生又说：“我们广求多义，却全以‘切合’为准；必须亲切，必须贯通上下文或全篇的才算数。”所以，“半亩方塘一鉴开，天光云影共徘徊”，当我们与学生一起徜徉于诗歌词语的含混之美时，还需仔细审视是否犯了“断章取义”的毛病。

## 生成性课程资源管窥

### ——谈诗词默写中出现的错误

学生能背诵一定篇目的古诗词，是我国语文教学的一贯做法和优良传统，而默写也一直是教师督促检查学生背诵的最有效手段之一。对默写中出现的错误，教师一般要求学生严格遵照诗词原型予以纠正，哪怕一个字、一个标点，学生也严格遵守这个规则，唯恐越雷池一步。事实上，考试阅卷也依据这一规则给分。然而，我们是否应该重新审视这一传统做法而有新的作为呢？

首先，默写中出现的错误是重要的课程资源。新课程要求，学生不是外在于课程的，而是课程的有机构成部分，是课程的创造者和主体，因此，学生的困惑、问题、体验、情感等，就成为素材性课程资源。默写中出现的错误，就是供师生共同利用的宝贵资源，而非尽可抛弃的“垃圾”。另外，从诗词本身来看，诗词并非学生必须识记的静态可能性课程资源，它既非课程的终点也非课程的目的，而是点燃学生审美思维火炬的原材料，是一种潜在的可能性课堂资源。所以，诗词默写不是简单的原型复制，教学重心应放在学

生何以出错和对错误的观照上。还有什么比师生“出错”“析错”“纠错”的探究课堂更富活力，更为美丽，更有价值的呢？而事实上，学生犯的错误，除了可笑的、单纯的，还有美丽而高级的，下文中我将提供丰富翔实的案例。

其次，默写中出现的错误具有生成性。生成是新课程课堂教学的一个亮点，它体现了课堂教学的丰富性、开放性、多变性和复杂性，激发了师生的创造性和智慧潜能，从而使课堂真正焕发出生命活力。在生成课程中，诗词默写的错误往往潜蕴着多种发展的可能性。教学互动中，促进这些错误发展、增殖、生成，是生成课程的重要组成部分。默写中的错误具有不同等级，低级错误共性不强，也易辨识，其生成价值不大，高级错误典型性强，蕴含着合理性，其艺术价值有的甚至超越了原诗词。对出现的错误教师要“集中生智”辨别、敏锐快捷选择、自由民主探究，不可埋怨回避、弃之不理、消极待之。还有什么比源于学生的学习错误的生成更为深刻，更为精彩，更有意义的呢？

下面将结合默写中出现的错误的主要类型，通过实例分析来说明开掘生成性课程资源价值的重要性。

## 一、改用音同（或音似）字

这种错误是学生最容易犯的错误，盖因学生对诗词字未咬文未嚼，理解相对肤浅而致。然而，有不少错误是可以来审视的，是可以来兴味的。在教学预设时，教师也许未涉及或理解不深，但是，在教学互动中，这会生成师生意想不到的结果。

如默写赵嘏诗《长安晚秋》，好几位学生把首句“云物凄凉拂曙流”的“物”自然地写成了“雾”。我说问学生们：“这么改写，好不好？”结果竟有大部分学生说好。有学生说，“云雾”是约定俗成的；还有学生说，课本注释“云物”时，就解释为“即天上飘拂的云雾”。但也有学生敏锐地发现，“雾”应是较重的，“拂曙流”不太适宜，而“物”却给人以沉重感和压抑感，正好与整首诗词的“悲凉”情感基调相应。这种解释，使莫衷一是的我和不少学生醍醐灌顶，心悦诚服。

再举个音似的例子。李颀诗《送魏万之京》中“关城曙色催寒近，御苑砧声向晚多”一句，默写时，几位学生将“曙”写成了“树”。“曙色”与“树色”，哪个更好呢？事实上，课本上用“树色”，而教参的“名家赏析”则用“曙色”。学生两派分立，群情激昂。有学生认为“树色”好：深秋树已光秃秃的，颜色是灰色，满眼一派萧瑟，诗人用拟人手法，把天寒与心寒用一个“催”字贯通了；“曙色”是黎明时的，是暖色调，与游子的悲秋客愁之情不一致。但有学生认为“曙色”好：一来与后句的“向晚”对应，说明一日行速，而诗的最后两句说时光易蹉跎，前面“朝闻”“昨夜”“向晚”，再加个“曙色”皆指光阴易逝；“曙色”虽说是暖色的，本可给人以温暖，但却“催寒近”，正是运用了反衬的手法。科学精神对审美是有用的，但这种缘错而生成的探究过程，即便是悬而未决的，恐怕正是诗词教学的主旨吧。

## 二、换用形近字

汉字中形近字大量存在，不易辨识，同时诗词语言精粹，跳跃性强，加之学生对诗词未充分理解，因此这种情况出现的概率也比较高。

举个例子。杜牧诗《寄扬州韩绰判官》有句“秋尽江南草未凋”，有学生将“未”写成了“木”。一字之差，会不会是无心插柳柳成荫呢？不少学生觉得改得好。理由似乎很正当而充分：秋尽了，江南的草木凋零了，再说，很多诗词不正习惯于将送别置于秋的时空中吗？中华文化不正有种悲秋的情结吗？但，有学生马上意识到，这是冠冕堂皇的理由。首先，若用“木”，与全诗语境不一致：诗人不堪“秋尽”的萧条冷落，因而格外眷恋江南的青山绿水，格外怀念远在热闹繁华之地的故人；若是一片秋气肃杀的寒冷夜晚，“玉人”冻得瑟瑟发抖地吹着洞箫，这样的明月夜诗意全无；小杜这首诗的情感表达是对朋友的思念与调侃，那就注定了诗情是温暖的而不是萧索的。其次，从诗人本身来看，小杜乃风流倜傥者，乃性情开朗者，乃面对秋景却一反传统地神气高扬地大唱“霜叶红似二月花”者，悲秋似乎与其气质相去甚远。这种入木三分的分析博得了全班的赞叹。一笔之差，千里之遥，然而碰撞出了审美探究的火花，点燃了个性发展的火炬。

## 三、改用义近字

这种错误在默写中也常发生，其生成价值往往较大。汉语中往往一个词拥有不少近义词，而就具体的一首诗词而言，众多近义词中，往往只有一个是最切合语境的。为什么只有这个最合适而不是那个，是诗词鉴赏的基本功之一。

前面提及赵嘏诗《长安晚秋》首句“云物凄凉拂曙流”，有学生将“凄凉”默成“凄清”。这似乎是学生无意识犯的“错误”，可这个“错误”在教参“名家赏析”部分中也有，说是“诗中‘凄清’二字”。恐怕这和《〈唐诗宋词选读〉读本》的版本不同。不过，讨论一下“凄凉”和“凄清”孰优，应该

是个不错的问题。经过一番讨论，大部分学生赞同“凄清”更好，基本理由有三：“凄清”有“清静”的意味，而诗中所描绘景象都是非常清静的；从词典解释来看，“凄清”内涵包含了“凄凉”，所以意味更为丰厚；两词虽同样表客观，亦表主观，但是，侧重点不同，“凄清”更侧重于客观，正好与“云物”相应，而“凄凉”主观色彩太浓，雕琢痕迹太重了，不太好。

李颀诗《送魏万之京》尾联“莫见长安行乐处，空令岁月易蹉跎”，有学生将“莫”写成了“不”。两者间的区别是很细小的，但也是很精妙的。经过探讨，我们领悟到，两者虽是近义词，但是，“莫”字胜于“不”字。“不”字可以理解为“不可以”“不能够”“不敢”等意思，不确定。而“莫”字呢？就是“不要”的意思。诗人李颀对晚辈朋友魏万以长者的身份和口吻予以警勉，这“莫”字最能体现这种谆谆告诫之情了。

## 四、换用境近字

默写时，有学生偶尔会用些与原词语表达的意境相近的字，一般而言，这种境近字的生成价值较大。“境”是中国古典美学的一个重要范畴，是诗词审美教学的重要指向，以赏鉴的姿态来对待默写中的境近字，是有效培育学生审美情趣、审美理想的好方法。

仍以李颀诗《送魏万之京》为例。默写时，有学生将颔联“鸿雁不堪愁里听，云山况是客中过”的“愁”写成了“云”。应该说，“愁”和“云”所烘托出的意境是很相近的，不过，有学生认为“云”字反而更好，把深秋那种天高地迥的特点揭示出来了，同时，鸿雁哀鸣于云端，高处不胜寒，整个苍穹都充斥着凄婉之意，含蓄蕴藉。但有学生持不同意见，认为“愁”字更好，游子客过他乡，重山阻隔来路，鸿雁凄婉鸣叫，几重愁？此时一个直露的“愁”字不由自主地喷薄而出，“愁”上加“愁”，不是更富感染力吗？对此，你能武断地说孰好孰劣吗？

又如默写欧阳修词《蝶恋花（庭院深深深几许）》时，有学生将“门掩黄昏，无计留春住”的“门掩”写成了“帘卷”。这是一个客观错误，却也是一个高级而美丽的错误，错得令人怦然欣喜。课本中有关“帘卷”的诗句经常可见，比如王勃《滕王阁》中的“珠帘暮卷西山雨”，张若虚《春江花月夜》中的“玉户帘中卷不去，捣衣砧上拂还来”。默错的同学，固然因背诵不准而错，但他机智地调用自己的原有经验，说明他已将“帘卷”之境、美学中“隔”的艺术内化成自己的血肉了，而且，错得几近天衣无缝。幽深庭院中，心如庭院幽深的那位女子，亲睹“雨横风狂”摧残暮春，念及自己的凄苦身世，恨及自己的韶光憔悴，一个“帘卷”黄昏的细节，不正刻画了主人公内心孤寂而又无奈的悲惨世界吗？当然细想来，“门掩”可有两种意味：一是表示当时的情状，斜晖与门静默，是无声之处见真情；二是女主人公“掩”门，或是因她不堪看到“雨横风狂三月暮”的景象，或是因为她“无计留春住”的愁怨与无奈，是细节之处有真味。究竟哪个最好，这似乎并不是最重要的，最重要的也许就在于问题本身的探究过程。

综上所述，学生在诗词默写中出现的错误，在新课程背景下，是重要的生成性课程资源，教师需要反思传统做法，并做出相应的改进。用生成和资源的眼光来审视整个语文教学过程，其意义更是不待而言。

## 文本注释，需“四化”

——以苏教版《〈唐诗宋词选读〉读本》之《横塘路》为例

文本注释，是教材编者根据课程教学需要精心提供的，是课文文本的辅助性文本，有待学生领悟、开发和利用。它形式上虽“不入文”，却是教材中阅读文本的有机组成部分。它能扫除阅读障碍，开启文本意蕴之门，形成精神上的对话交流，也就是说，注释具有工具性和人文性的特质。但实际上，注释是易被忽视的。本文以苏教版选修教材《〈唐诗宋词选读〉读本》中贺铸词《横塘路》为例，从注释的具象化、真实化、深刻化和综合化等四个角度探讨运用注释的策略。

### 一、具象化

《横塘路》对“风絮”的注释是：“随风飘舞的柳絮。”可是柳絮是怎样的啊？城里的孩子对柳絮漫天飞的景象，可能看到的挺少。不理解这个“风絮”，学生就不能真正形象地把握“闲愁”。这时就需要具象化了。教师不可能搞到些柳絮作飞舞状，以供学生观摩体验，但可以投影柳絮飞舞的图片，再借助阅读想象。之前学过苏轼的《水龙吟》，学生张雪静的诗词写意，描述细腻，意境优美，放在这儿，读读，感受一下，很妥帖。

和煦的春风中，柳絮恣意飞舞，远望去，仿佛娇嫩的花儿。然而，无人怜惜，任凭飘荡、坠落。漫漫杨花，纷纷辞枝，缓缓而下，倚傍发酵的春路。

温柔的心肠为离思所折磨，娇媚的双眼被春梦所缠绕，多像一个个

情悠悠意绵绵的妙人儿。刚要睁眼，却又不由沉入深深的梦乡。飞啊飞，就像是思妇的逐郎魂，随风飘荡。那甜蜜的离愁，连同那微醺的春暖，催人欲睡，恰在此时，莺歌一两声，直惹得漫天憔悴……

冷冷清清的晨，息了千万种风情。一夜的飘零，一生的相思，连同昨宵的故事，都残余了一地的湿，几簇的絮？闲潭空寂，任一池浮萍飘零，随一声娇叹付春风，一滴清泪引发千年的痛。

春色三分，二分尘土，一分流水。

表述言简意赅的注释，具有文本的开放性特征。也就是说，注释是召唤读者来与它相互作用，从而实现文本的第二次创作。可恰恰是这些似乎一看就懂的注释，却最易于被学生一扫而过，难以投注在心里。这样，不但文本解读因缺乏生动的体验而流于肤浅，而且语文素养也会因不能真正体验到言语生命的魅力而得不到提升。

将注释具象化，也就是将简约抽象的注释表述，经由学生自我精神的积极参与，联系和调动与之相关的生命中的多种形象，并对这些形象快速选取，从而使注释具体丰满。这是个细活儿，而语文的精神和乐趣也就在这儿了。

## 二、真实化

“锦瑟年华”，教材注释为“美好的青春年华”。真是这样吗？我们知道，这四个字源自李商隐的《锦瑟》“锦瑟无端五十弦，一弦一柱思华年”。锦瑟本来就五十弦，为何张口就埋怨它呢？弦多，音繁，就易触引他的不堪回首之慨。诗的最后一句不是说“此情可待成追忆，只是当时已惘然”吗？“惘然”，就是整首诗的情感基调，是融化在诗中每个字里的。“锦瑟年华”就蕴含着怅然若失的情味。一个词源自哪里，若再引用它，就会带着它“故里”的气息，这和人一样。

何为“芳尘”？教材注释为：“代指丽人渐渐远去的身影。”“尘”何以闻起来“芳”呢？这个注释非要补出个原意来不可。尘土闻起来有香气，这就是本意。为什么尘土有香气？一来“尘”是由落红而成，二来见佳人之丽，三来见那倾心子的痴情劲儿。如果再稍和“芳龄”“芳名”“芳心”等词粘连，学生就一下子融通了。

一首《横塘路》的注释，还有几处要推敲探究，还其真实。比如“飞云冉冉蘅皋暮”的“冉冉”被注释为“缓慢流动的样子”，就很不妥。——既然如此，怎么又“飞”呢？有的版本为“碧”字，就清爽畅快多了。再如“一川”注释为“满地”，就很不好，不如“满平原”来得开阔，否则，怎么见

“闲愁”之无垠呢？

不可否认，注释是凝聚着编者心血的，但同时也得承认，注释有值得商榷之处，甚至制造“冤案”“错案”。这就需要我们站出来还注释对象一个真实，——包括知识真实、情感真实和意义真实。这既需谨慎，又要胆识，处理得好，它的教育教学价值可以放大几倍。

要还原真实，首先要有审视质疑的勇气，不能潜意识里有个“怯”字，自我精神不能沉默。其次，要有深潜探究精神，你注得不对，我注给你看。最后，要有批判运用的能力，注释有时太跳跃，有时干瘪，有时偏颇，当然，很多时候是很好的补注。

## 三、深刻化

“凌波”注释为“形容丽人步履轻盈之态”，一看就懂，似乎并无什么玄机，但你怎么就知道是步履轻盈呢？注释上还注明这个词源自《洛神赋》“凌波微步，罗袜生尘”。什么是“凌波微步”？学生多会一下子联想到金庸《天龙八部》里段誉的功夫。至此，不能以笑了之，不妨追问：这“凌波微步”是哪派的武功啊？当然是逍遥派了。由逍遥派就易于联系到庄子《逍遥游》一文，也不难见出道家追求的飘逸的精神境界。浮动于水面，缓缓行走，就体现了这种精神。但为什么走得那么缓慢呢？对，是“三寸金莲”的缘故。再由“三寸金莲”，就能想见丽人婀娜娉婷的姿态，曼妙无比的身材，姣好的容颜，以及脱俗的气质。这气质全由一个“莲”字上来。“凌波”由步履到体态，再到飘逸而脱俗的精神，这番剥洋葱式的对话，怎能不使“凌波”二字烙印在学生心里呢？

对“梅子黄时雨”的注释，教材也只是交代一下常识——“江南地区夏初的连阴雨。时当梅子黄熟，所以称为‘黄梅雨’或‘梅雨’。”但是，如果诗词鉴赏也停留于这个层面，岂不大煞风景？当然，一提起“梅雨”，江南的学生不难体验到“连绵细雨”“绵绵无期”，但是，这味儿远不够呢。笔者上课时正值“梅雨”刚歇，冷意犹在，所以，见“梅雨”而有冷意，也不难。但赏玩得还不够，不妨在“梅子”上稍略点击，一个“酸”字，一个“甜”字，随着反应分泌的唾液就概括出来了。若空说“闲愁”，言之无物；要是大量旁征博引写愁的诗句，就不扎实，不实在，还易给学生鉴赏添堵。“闲愁”的滋味就藏在这个名不见经传的“梅子黄时雨”里。

很多注释往往浅显易懂，我们当以此为起点，植根于正文语境，理解编者的注释意图，揣摩学生对注释的解读可能想当然、表面化或“走偏”的地

方，并在课前做好精心的预设工作。注释深刻化过程，始终贯穿着叩问、追问和联系，是教师诱导、培育学生深刻化语文素养的过程。“深刻”的含义有两层：一是从学生体验层面讲更深厚，二是从学生理解层面讲更深透。正如叶嘉莹教授说，很多词语其实就是中华传统文化的按钮，你一按，那方天一下子就亮堂了。学生对注释的体验和理解亮堂了，注释也就能赋发出新的生命力。

学习语文，就非要练就那种掘地三尺的好功夫不可。但是，我们不能忘了注释是正文的辅助性文本，对注释再怎么深刻化，也要尊重正文，最好不要偏离它。

## 四、综合化

综合《横塘路》的注释，我们不难发现有个很奇怪的现象，就有“凌波”“芳尘”以及“蘅皋”三处都提到了《洛神赋》。虽说“贺梅子”确实以化用见长，但总不至于肆言无惮到这般地步吧。这就需要综合起来研究。

首先得把《洛神赋》中曹植的情志寄托理解透，而要理解它，就必须知道曹植和甄氏的故事。曹植曾求取甄氏为妃，其父曹操却将她许给了曹丕。甄氏后被谗而死，曹丕将她的遗物玉带、金镂枕送给曹植。曹植离京归国途经洛水，梦见甄氏谈及对他的爱慕之心，植感其事作《感甄赋》(后明帝曹叡改名为《洛神赋》)。

其次，要知人论世。“长身耸目，面色铁青”的“贺鬼头”，何以如此凄婉迷离呢？教材无注释，非要补知不可。王方俊在《唐宋词赏析》中写道：“贺铸晚年退隐至苏州，并在城外十里处横塘有住所，词人常往来其间。这首词写于此时此地。词中写路遇一女子，而引起了作者对生活的感慨。”那他感慨什么？正是因理想不能实现而郁郁不得志的“闲愁”。词人退隐横塘，壮志难伸，故借美人迟暮、盛年不偶，写自己的不为世用。

以上两个方面一碰撞，理解就豁然开朗了。原来，贺铸不是抄人家曹植的“凌波”“芳尘”“蘅皋”，而是这些词语，本身就渗透着同样的不可言情愫。两个“同病相怜”的人，进行着跨越近八百年时光的精神交流。

注释综合化策略，主要指将前注释与后注释在文本语境条件下，积极联系，深刻碰撞，系统整合，从而形成对文本的本质性新见。这儿所说的前注释既可指本文本范围，也可指本文本之外的语文注释。将零星散乱的注释“化”为综合来予以审视深思，必将对文本的理解更深刻，更有趣，也更弥久。当然，我们要根植于文本语境，并指向文本阅读，不能为综合而综合。

# 诗词审美的根本是思维

为什么我们的学生在做诗词鉴赏题目时，往往片言只语点缀其上呢？是没有意识到“参考答案”所提供的要点吗？但是为什么当老师讲解时，学生又纷纷表示懂呢？看来，由别人讲或看到提示才懂，到自发地懂并且用恰当的语言表达出来，之间是有一段距离的。是什么导致这一现象呢？应该说，学生是在以诗词生动、鲜明的语言作为物质外壳进行审美性思维。这种审美具有双重特征：一方面是具体的、个性鲜明的形象；另一方面又有着高度的概括性，能够使人通过个别认识一般，通过事物外在特征的生动具体而又富有感性的表现认识事物的内在本质和规律。但这种思维在实际教学中往往是无序的、纷乱的、模糊的、不自知的、不可控的，具有极强的跳跃性。外在的现象的表征，实际上恰恰暴露了一个本质性的问题，即学生诗词鉴赏的审美性思维方式并没有确立起来，或者说，并未形成思维的定势。思维是智力与能力的核心，作为鉴赏主体的学生，其思维能力的开发是诗词鉴赏富于质量和效率的绝对前提。

提高高中生审美思维水平，我认为大致要经过三个阶段。

## 一、规矩阶段

该阶段是针对诗词鉴赏中不同类型的元素，分别明确各种思维方向（或角度）。这一阶段具有明显的知识性特征。高中生掌握了一定的诗词审美知识，发现了较低层次的审美规则，所以有可能把它们重新组合成较高层次的规则。这种规则，是遵循审美性思维规律的，是由表及里的、由景到情的，具有整体性，即置于整体的背景之下来观照某一个字或词或句。

如鉴赏诗词中的“意象”时，你首先要借助想象和联想，对景象进行描摹，然后充分把握这一意象的特征。这一意象与其他意象共同构筑了一种什么意境，而这一意境又具有怎样的特征，也要充分把握。至此还不够，还要结合整体，观照这一意象（或意境）所蕴含的思想情感（或哲理）。思考其中的思想情感时，我们可以从以下三个角度：一是诗词中的主人公；二是诗人；三是读者。诗词鉴赏题批阅的规则是“按要点给分”，要点是什么？实际上就是思维方向。不过，审美对象是一首首鲜活的诗词，不可能有什么大一统的“万能法则”。

## 二、修炼阶段

思维方式的最终确立，必定是在艰苦的、不断反复的具体实践中完成的，离开了实践，教学的有效性必受损。课堂教学实质上就是对话和沟通，从这个意义上来讲，实践是贯通教学始终的。教师要通过听说读写的实践过程，将良好的审美性思维方式方法（即第一阶段所明确的思维方向）融入其中，并对学生的实践结果予以规范。具体教学中，很多教师只是就某一问题讲某一问题，并让学生的审美性思维缺陷充分暴露出来加以纠正，没有把“我是如何思考”的过程展示给学生们，结果只是浮于表面、流于形式，而并未切中肯綮。在具体实践过程中，教师要充分听取学生们的解释，急中生智辨别，敏锐地做出反应。这种生成性教学的挑战性所带来的幸福的战果，是“安分守己”者不能体验到的。需强调的是，我们眼前的学生，其聪明才智比我们强，充分调动集体的参与意识，那么，对问题思考的角度就多了，就丰富了，就新颖了，就圆满些了。当然，这种实践是长期而艰苦的，是需要量的积累的，浅尝辄止的做法只是隔靴搔痒、益处不大。

如温庭筠《菩萨蛮》首句“小山重叠金明灭”，课本（苏教版《〈唐诗宋词选读〉读本》）注解中给了三种理解：第一种，绘有山形图画的屏风重重掩隔着闺房，阳光照在屏风上金光闪闪；第二种，女子山形的发髻隆起，而头上插戴的饰金小梳子重叠闪烁；第三种，女子眉毛弯弯，而额上涂成梅花图案的额黄有所脱落而或明或暗。这三种都能自圆其说，但是，哪一个更好呢？大多数学生认为，第二、三种比较好，因为正好顺承“鬓云欲度香腮雪”，语言连贯。当时，我忽然想起了，课文《江南的冬景》中“冬雨寒村”中的那句：“窗临远阜，这中间又多是树枝槎桠的杂木树林。”那中间的“杂木树林”，其实这儿亦有“隔”之妙，把窗和远阜之间的空旷用些随意的“杂”木填一填，避免了单一。闲来之笔，雅趣十足；闲来之境，风味独特。这句集中体现了中国诗画中“隔”的艺术，这我和学生体味过。当我把这句写在黑板上时，不少学生已经意识到，如果从“隔”的艺术来看，第一种理解更好。为什么？中华民族审美具有含蓄的特征，本诗若一开始就写人家闺房女子头啊脸啊眉啊，实在轻薄不礼，含蓄美也荡然无存。学生能体会到这儿，似乎行了，但我觉得火候还不够，所以就将宗白华《美学散步》在“中国诗画所表现出来的空间意识”中引用的诗词拈来，供学生体验：“好风如扇雨如帘，时见岸花汀草涨痕添”（李方叔）和“画檐簪柳碧如城，一帘风雨里，过清明”（李商隐）。最后，我提醒学生，再去苏州园林游玩时，要留心

发现、细心领略这种传统艺术。由此诗推及彼诗，由诗词推及生活，目的就是最终确立起学生的审美性思维。

## 三、灵动阶段

此阶段即忘却第一阶段所明确的思维方向，经过第二阶段的训练，最终确立审美性思维，也就是智慧发展阶段。西方有位学者说过：“把所学的东西都忘了，剩下的就是教育。”通过长期的反复而艰苦的训练，把第一阶段知识性的内容内化，最终形成习惯，对诗词进行审美思维时，就会更深刻、更灵活、更敏捷，更有批判性和独创性。这时，我们就可以说，这才是真正的诗词教育，称得上对学生一生真正有用的东西。培养学生灵动的思维方式，促其灵活运用已然思维方法，又能开掘思维的无尽潜能，这应该是诗词教学的终极追求。

人类“思维着的精神，开出了地球上最美的花朵”（恩格斯语），在诗词的审美教学中，我们要对学生加强思维能力的培养，训练其科学的思维方法，这不仅交给学生一把打开诗词艺术殿堂的金钥匙，而且也为学生提供了创造未来的思想武器。

# 第二篇　文湖荡漾潮起落

## 导　读

•阅读教学的核心功能就是引导学生实现“文我相融”，从而使学生精神世界丰富和谐。从“文我两隔”到“文我相融”，既关乎阅读应试评价的问题，也关乎阅读教学的关系构建、审美定位、体验丰盈等问题，本质上是阅读综合素养培育的问题。从“文我相融”到“文生（生活）相融”，则是生命意义更高层次的突破。

•“文生（生活）相融”，使文章更丰满更具张力，令读者更易内化更趋深刻。《雅舍》小品，化苦难为淡雅，化平淡为妙趣，精神自由而丰富，正如在遥远的松桃过的那种“雅舍”生活，才孕育出那节如期而至《雅舍》之课。

•与文相融的路并非坦途。作家、作品及读者在文学活动中呈现出困惑的未知状态，即两难。优秀的作品多蕴含着深刻的两难结构。如何认识两难的本性，如何把握两难的诗意，是语文教师研读教材和进行课堂教学时不可回避的一个重要问题。

•阅读，不只是接受，更多的应是唤醒自我的生活体验和阅读体验，并丰富和深化这些体验，这是阅读精神成长的奠基石。阅读，实际上就是诗化两难，从而发现自我之路：敏锐发见两难，追寻两难足迹，迸发炽热情感，破解两难的典型意义。

•阅读，通过与文相融，其实亦是一条自我教育之路，比如由《老王》一文延展出的“底层”的教育。世事变迁，但无论如何，今生今世，只要走上这条路，灵魂将不会黯淡。从这个意义上来说，语文教育，善莫大焉！

# 阅读教学：从“文我两隔”到“文我相融”

“文我两隔”就是死读书。何谓死读书？一是观念上持唯书论，长了个死脑筋；二是态度冷漠，只触碰点文字皮毛，属于被动阅读或形式阅读；三是实效上，好好的文字，结果就是读不进去，不能投注知情意，不能唤醒文字，不能让文字活起来，立起来，绽放生命的灵光。阅读教学的核心功能就是引导学生实现“文我相融”，从而使学生精神世界丰富和谐。从“文我两隔”到“文我相融”，既关乎阅读应试评价的问题，也关乎阅读教学的关系构建、审美定位、体验丰盈等问题，本质上是阅读综合素养培育的问题。

## 一、关系构建：“我—你”

我在课上问学生：“‘我们看时，那竹窗帘儿里，果然有了月亮，款款地，悄没声儿地溜进来’，‘款款地’是一种什么情态呢？”有学生不假思索地说：“‘款款’，就是‘慢慢’的意思，是写月亮上升得很慢。”我继续问：“那为何不用‘慢慢地’，而用‘款款地’呢？”学生陷入思考。在这个时候，他知其意，但不能体验其情、感受其趣。倘若考起试来，他也许并不失分，但是，这并不是真正意义的阅读。真正的阅读，是二次创作，是要调动起自己生命中的体验、情感和智慧，与文本进行或碰撞或共鸣，最终交融，形成自己的新的作品，而不是仅仅停留在追随作者的意思，只是为着做题去了。说实话，那只会培养冷漠和投机。调动起生命的积蓄，进行二次创作，是阅读教学的核心使命。言归正传。我引导学生：“假如我从远处走来，走得很慢，你能用‘款款’二字形容我吗？”学生说：“不能，因为你年龄有点大。”我就指着班内一胖小子继续问：“如果是他呢？”学生说：“也不能，因为他太胖，走起来不优雅。”我又指着班内一高挑面羞的女生继续问：“她走路可不可以用‘款款’呢？”学生说：“可以，因为她走起来很柔美，不急不躁的，叫人怜爱。”你看，整个引导的过程，不只是理解了“款款”的意思，而且，还赋予了“柔美”“优雅”的意味，培育了一种“怜爱”情味。我想，今后，当看到“款款”二字，学生嘴角很可能会露出一丝会意的笑意，因为他脑海中很可能会呈现出一幅画面：一个妙龄女子从不远处向他走来，走得那么气质非凡。“款款”一词，在他心里是活的，是有温度和趣味的。词语活在心中，心里才充盈富足。试想，当他读到戴望舒的《雨巷》或曹雪芹的《红楼梦》，对那个结着愁怨的丁香一样的姑娘，对那个林妹妹，很可能会心向往之，沉醉其中而欲罢不能呢。

文字是有生命的，是一个世界，与“我”是亲密无间、相互对等、开放自在的关系，也就是“我—你”的关系。如果是“我—它”的关系，则成为单方占有、利用榨取的关系，文字只是物，是客体，强调以自我为中心。师者教，生者学，一味追逐所谓答案，指向分数，本为“你”的文字降格为“它”，那么，阅读的本真意义将淡薄以至无存。德国哲学家马丁·布伯在《我与你》里写道：“每一件事物都在等待着你去圣化；每一件事物都在等待着在相见中被你发现，在相见中被你实现……用你的全部存在去同世界相会吧，这样，你也将与上帝相会。”用自己的全部存在于文字世界中相见，也就是把书读活，读到魂魄里去。在倡导读书又功利浮躁的今天，我们老师真得要好好思考。

## 二、阅读审美：生命投入

学生读《赵普》，对赵普“刻苦读书”和“力荐其人”记下了，知道了，但是，真体会到那种震撼的力量了吗？没有啊。一个从小就不爱读书的人，因太祖劝说，竟然真的读起来，并且爱上读书，这种自我转机的魄力，这种斩钉截铁的果决，天下有几人欤？赵普为相，可谓功成名就，可谓日理万机，比我们老师忙，比我们学生忙，可是，人家下班后没喝酒打牌搓麻将看电视玩游戏去找耍子逍遥，而是专心读书去。红尘滚滚，诱惑多多，普天之下，又有几人欤？再说，人家怎么读的？是“阖户”，就是静读，有真正属于自己的天地，有一处与世隔绝的自由王国。我们呢，总是带着浮躁，带着杂念，浑浑噩噩地读，老是托词，撂挑子干脆不读。两厢对照，我等汗颜。还有赵普读书汗牛充栋了吗？没有，仅一本《论语》，20 篇，11705 个字，如此而已。你想，赵普是怎么读的？那真是默默地、孤独地、翻来覆去地，精读。人家是，实实在在地，把一本《论语》吃得透透的。反观我们呢，一本一本地读啊，说好听点叫“博览群书”，说不好听点是“囫囵吞枣”。我们还要不时在朋友圈里晒一晒，不时在他人面前拽一拽，其实，很多文字，我们根本就没真正读进去，没从中汲取什么营养，在生命中并未因此沉淀下什么东西来。还有，赵普把《论语》放在箧里，很郑重地，视若珍宝一样，我甚至猜想，他在读书前，很可能还会净手。这就是仪式感，这就是对读书的敬畏啊。我们现在读书方便多了，但这种敬畏却淡薄得近乎无了。学生说赵普“以天下为己任”“力荐其人”，不痛不痒地说完了，只为考试做准备。这怎么能成？

不是说伴君如伴虎吗？太祖“不用”“亦不用”，后来“怒”，把奏牍都给掷于地了，也就是说，要快掉脑袋了——历史上被皇帝砍去脑袋的太多了，赵普不知道？他知道，但他偏偏一根筋地“复奏”又“复奏”。太祖龙颜大怒了，他竟然“颜色不改”，普天之下，有几人欤？那可是装也装不出来的。他又从容地“跪而拾之以归”“补缀如初”，再奏。是力荐自己的关系户吗？不是，是国家需要的人才啊。读起来多震撼人心啊。

现在语文课堂死读书的现象太多了。许多老师在死读书，因为那些教学内容多是贩卖来的，不是自己研磨出来的，没有经过自己生命体验的浸泡和过滤。很多学生也在死读书，本来是好文字，让人觉得好美，让人心动不已，甚至让人要落泪的，结果他视而不见，毫无感触，简单暴殄天物。所以许多课堂上，无论你如何激发学生审美情趣，增强学生审美感受，无论你如何朗读、分析，无论你如何放飞学生想象和联想，内容都是水波不兴，是死的。养成这种阅读习惯，谈什么语言、思维、审美和文化方面的素养提升，与痴人说梦何异？学生阅读时的那种静默、那种凝神屏气、那种怦然心动、那种潸然泪下，比起那些囚死人的文我相隔的做法来，不知要美好多少倍。这是对语文学习的审美的再认识。阅读教学的审美，需要师生生命的共同投入，需要最坚实最灵动的教学内容为根基，否则，就会陷入花里胡哨的误区。当然，我们阅读教学的审美，目前做得仍挺差劲。

## 三、生命体验：丰盈深刻

学习贺铸的词《横塘路》。我问学生：“好懂吗？”学生都说挺好懂，课本注释挺详尽的。我就问：“‘凌波’怎么理解啊？”学生纷纷说：“形容丽人步履轻盈之态，注释上有。”我继续问：“你怎么知道步履轻盈呢？”有学生就摇头了。学生还是习惯于唯书，但注释上的、词典上的表述，都是死的东西，很狭隘。也有的学生东施效颦，扭腰拽臀，惹得哄堂大笑。我不动声色，继续问：“‘凌波’这个词源自哪儿？”这个注释上有：语出《洛神赋》“凌波微步，罗袜生尘”。看到“凌波微步”，有的男同学恍然大悟，脱口说，这是《天龙八部》里段誉的功夫。这似乎是离题的想法。不能这么看，其实，这里边也有可引导的文化。我抓住机会，继续问：“‘凌波微步’是哪派的武功啊？”学生知道，当然是逍遥派。我追问：“逍遥派，我们学过一篇古文，就讲逍遥的，是哪篇？”学生马上联系到庄子的《逍遥游》。我说：“老庄，道家鼻祖，飘逸轻盈，其实就是道家追求的精神境界，而金庸金大侠，学识渊博，连给武功起个名字都有着深厚的文化渊源。这其实和《洛神赋》是相通的，

即浮动于水面上，缓缓行走。这也不好感受得到"体态轻盈"啊，为什么她会走得那么缓慢呢？"学生自然就想到"三寸金莲"上来。小脚被称作"三寸金莲"，女子那种婀娜娉婷的走态，那种曼妙的身材，那种姣好的容颜，就都会精彩呈现在脑海中了。但不急，也别浪费了一个"莲"字，为何？不正见其脱俗吗？你看，竟由一个"凌波"，见到女子的姿态、身段甚至精神。靠什么？靠联系，靠想象和联想，靠入情入境，靠把那些抽象的词语化成我自己的带着情感和思想的温暖的具象。我相信，不少学生今后目及步履轻盈的女子，一定会想到"凌波"这两个词；恐怕也不会那么庸俗地作惊呼状："哇，美女啊！"而是自然地想到"凌波微步，罗袜生尘"。这样精神的格调就高得多。阅读课，应该少些干瘪的分析，多些生命的体验，多些文人合一。

阅读，不只是接受，否则，就把书读死了。现在提"悦读"，我认为，要真正"悦"起来，非得唤醒自我的生活体验和阅读体验，并丰富和深化这些体验不可。这些生命体验，是读者心理图式的重要组成部分。按皮亚杰的发生认识论，外部信息（文本）只有与固有的心理图式相通，才能被同化，才有反应，否则就会听而不闻、视而不见、感而不觉。不可回避的问题是：固有的心理图式（体验），有没有？如果有，可否唤醒并与文本信息相匹配？若能够匹配，是否足够丰厚？不然，阅读如何实现从表层到深层的同化和调节呢？

通过阅读教学，帮助学生实现由"文我相隔"抵达"文我相融"，是个痛苦而幸福的过程。这就需要我们老师想方设法调动起学生的阅读兴趣，引导学生充分发挥想象力和联想力，唤醒学生的生活和阅读体验，使其不断丰盈深刻，从而与所阅读文字建立一种牢固而美好的生命联系，使自己的精神世界不断得以丰厚。这也许就是阅读教学的终极意义所在吧。

## 文里文外品"雅舍"，无问西东养精神

### ——我在松桃上梁实秋先生的《雅舍》

舍寒木枯鸡无鸣，草衰月冷我自清。

我，独享"雅舍"一间，在黔东松桃县盘信民族中学的校园里。

"雅舍"内，一床，一桌，一椅，一"小太阳"（电暖器）而已。"雅舍"北有阳台，阳台下紧贴校外一家住户。房屋破败，院里什物杂放。屋东头便

是茅坑处，坑临猪圈。坑和圈都简洁掩蔽。晚间时闻猪轰轰犷犷之声，想来必然庞大壮观，但一直未睹得其尊颜。有大公鸡，但也无幸得见，只是每晨六点二十分，鸡先生用嘶哑的摇滚方式忠诚地催醒我。“鸡鸣桑树巅”，但并未见桑树，也未见他树，想必是站在坑巅或圈巅，甚至屋巅。但闻其声，我便遐想出其雄姿英发气概非凡来。汪汪之声也偶荡漾而来，我猜想很可能是憨忠的土狗，绝非赖人宠幸的玩物。容我瞰见的反而是一直未闻其声的鸭。一位，两位，三位，三位绅士穿上灰白黑橙相间的燕尾服，嬉戏玩耍于一小坑洼的水中。水，浑浊不堪，两日连雨而成，却成其乐园。绅士们伸缩曲颈，提臀扒蹼，尽情戏耍，上岸便昂首挺胸，展翅而扇，惬意极了，超脱极了。楼下有猪鸡狗鸭相伴，我这支教黔东的“雅舍”，便自有一种农桑之乐，岑寂便化成了一股温暖。

盘中欧校也有间“雅舍”。其舍外挂“公用电话”牌子，其内一床一被，床边两椅，椅上放着大手电筒，此外无他。破屋，破门，破地。此“雅舍”，为欧校晚值班之用。欧校，他总是微笑着，亲切而淡雅。

刚见面时，欧校便说，你先给初三老师们上节语文示范课吧，内容自选。我第一时间就想到梁实秋的《雅舍》。想到《雅舍》，我便满口答应。盘信属松桃县，县北毗邻重庆，北碚则属重庆。在临近北碚的盘中，和一帮山区孩子，品读先生文字，既权作向“我的梁先生”致敬，也可自我聊慰下苦淡的心肠。茫茫人海，莽莽作家，先生苦中淡雅，俗里超脱，用奇妙的文字，给我精神上无穷的滋养。更重要的是，我期盼，因我，让孩子们与“我的梁先生”进行一场精神的邂逅。“雅舍”清冷，文字远长，苦中作乐，岂不快哉。

身在我之“雅舍”，再读先生之《雅舍》，便感到莫名的庄重感和透彻感。段段句句字字，反复吟啸，寂然呆视，低吟啸歌，抑或握笔推推敲敲，虽捻断数茎须亦不为过，虽望眼欲穿也不矫情。枯坐中常无所得，便徘徊复徘徊，心焦得如候盼心上人仙临一般。即便手中无文而有他物，眼中无字而有他什，但魂不守舍，心中萦绕挥舍不去的，还是那文那字。看似风平浪静时，正是静水流深处。一旦灵感袭来，便狂风骤雨，电闪雷鸣，浊浪排空，真是“漫卷诗书喜若狂”了。激动得发颤的笔，圈戳连勾，草行狂飙，好像上帝住进我的心。读出了心得，读出了浓情，读出了小得意，读出了大痛快，试问，这读岂不是美得很?

我常想，我若遭逢先生之难，去跑警报，躲突袭，亲闻同事被炸死，亲睹房屋被烧百姓横尸，且自己也几欲死掉，会呈现一种什么样的精神状态呢?自惭形秽的我，便更加钦佩梁先生。我的梁先生依然以优雅之姿，以超脱之

态，从容以待，用温闲、细腻又极富深蕴的笔触，化生活之苦难为生命之雅趣，悠悠自得，尽展一个极其糟糕时代的知识分子真正的伟大心怀。而这种心怀，正是中华民族一脉相承的最坚韧最独特最光亮的精神脊梁，每每照亮那些艰难困苦的日子。——比如就在不远处的西南联大。

心中有梁先生，有"雅舍"，再骨感的生活，也充满诗意，——何苦之有呢?

盘信人真是嗜辣。我这自命嗜辣之狂徒，吃了几天的辣，也自惭形秽，退回"雅舍"，改善起生活来。除大嚼泡面外，还将椒盐豌豆、咸花生、辣盐菜，汇聚于小铁碗中，用大桶面里的叉叉一拌一搅，挑之入口，满口喷香脆，回味悠长，勾人魂魄。桌下有暖烘烘的电暖器。室外清寂，阴冷入骨。但我觉得很满足。

盘信晚间老停电。一停电，全校就陷入漆黑中，但一会儿就有烛光在各教室跃动，接着就会有"肆无忌惮"的合唱声在校园里激荡，《真心英雄》《壮志在胸》《阳光总在风雨后》《我的未来不是梦》……站在坡上静听其声，心里会涌起莫名的感动。有时我躺在"雅舍"的板床上，感觉完全融化在这黑暗中，喧嚣和浮躁如潮水般退去，默默倾听自己心跳的声音，进行赤裸裸的自我对话，完成一种精神的温柔洗沐。在盘中最后那一夜，又停电，我整宿发烧，龟缩成团，辗转反侧，应该说了不少胡话。天蒙蒙亮时，听到楼下猪噜噜噜的声音，好像在笑话我。烧仍在，我便想象出一幅画面：全身的病菌被烧得喊爹喊娘，溃无可遁。发烧，似乎正成为一种凤凰涅槃的机缘，一个健康明亮的躯体，豁然而出。

学生也许未读过《雅舍》，但"雅舍"精神却是那么自然而充沛。——使我将《雅舍》读得更透的，正是他们!

食堂实为大工棚。深冬里，学生个个捧铁碗，很大，下盛菜，上覆米饭，满满一碗，站着吃，蹲着吃，围着吃，说说笑笑着吃。吃完饭，还要到食堂外"L"形水池的水龙头下，把自己的铁碗洗净，拿回寝室或教室。一个晨读后的课间，我亲眼看到一个女孩竟然在食堂外的水龙头那儿，直接用冷水洗头！冬晨料峭，会激着脑仁的。我劝她时，她粲然一笑，说，没事，我习惯了。一个雪后天晴的课间，一个愣头愣脑的小子，翘足，矫首，努着嘴壶，冲着那树叶，一个劲儿哈着气。那树尖上，水滴悄然凝成了冰了。他所有的精神全聚于那一点，细看那水滴慢慢融化、下坠，最终精灵般地掉在水泥地上，摔出万道金光。那一刻，这小子，该有多么富足。学校没有羽毛球网，课间三五同学作墙，你来，我往，玩得很开心。乒乓桌上有个洞洞，但无妨，偏偏无网，又怎样，砖头竖上，乒乒乓乓，脸上写满青春的活力。

我曾去一班级听课。课后，学生围簇着我问我好多问题，有个女孩神秘地问，老师，你看我们北墙上像什么啊。北墙墙皮大片脱落，参差不一，由下而上不断蔓延，清晰可见。女孩说，这是一幅水墨画，巧夺天工！我颇为疑惑。女孩笑着解释说，你看像不像我们铜仁梵净山上的金顶？还真是！真个状若飞天游龙，酷似佛手二指禅呢。偏偏墙面竖悬标语“智慧意味着以最佳的方式攀登最高的目标”，真是妙绝。我先后实地考察过沿厂小学、麦地村小学，后走山谷，折山路，到了上潮完小，后又折回到大告村完小，再到镇完小，这些孩子给我的印象极深刻，那种苦难孕育出的顽强、淡定和富足，给予我极大震撼。

化苦难为淡雅，化平淡为妙趣，精神自由而丰富，过这种“雅舍”生活，岂不是如写这诗一般的《雅舍》小品吗？弗兰克尔在《活出生命的意义》中说：“我们一定不能忘记，即使在看似毫无希望的境地，即使面对无可改变的厄运，人们也能找到生命之意义。”我认为，“人接受命运和所有苦难、背负起十字架的方式”，以“雅舍”为最好，生命一者见得深刻，二者舞姿优雅。

一个美好的下午，一节《雅舍》终于如期而至。你们的倾情投入，我们和学生们一起读，一起笑，一起品，一起悟，共煮文字，同尝真味，共同触摸先生那优雅温暖的灵魂，并亲近我们自己的生活。爱上美妙的深度阅读，爱上跨越时空的晤语，爱上课堂上的携手前行，爱上课堂上不断出现的风景。敬献给先生，奉献给我的学生们，感恩于这世间荡漾着的生命的光和热。

军号嘹亮彻满山，鸡鸣粗犷又一天。问君哪得诗心来，杏坛情溢欲不还。但我真要离开盘中了。那天下起毛毛雨。九年级马上就要考试了，七八个孩子，忽然跑来送行。当我们在球场边挥手告别时，有个女孩冲我喊道，梁先生，再见啦！

妙哉，我的梁先生！快哉，我的“雅舍”！大哉，我们的“雅舍”！

## 诗意的两难

作家、作品及读者在文学活动中呈现出困惑的未知状态，即两难。优秀的作品多蕴含着深刻的两难结构。如何认识两难的本性，如何把握两难的诗意，是语文教师研读教材和进行课堂教学时不可回避的一个重要问题。

## 一、两难的层次性

两难的层次性主要包括两点：一是作品本身蕴含的两难从气度上讲有大小之别，二是作为作品最终完成者的读者对两难的接受水平有高低之分。两难的层次性源生着艺术的绵绵魅力，这在课本中体现得比较充分。《孔雀东南飞》就是一例。刘兰芝因不堪驱使而意决自休之前，她难道就没想到严重后果？事实上她非常清醒地意识到，自己的“暂还家”，与焦仲卿就是永别。“举手长劳劳，二情同依依”，何其伤感！“否极泰来”，可嫁郎君，兄长相逼，然而爱誓在先，兰芝何尝不两难啊？再说仲卿，他身处妻母之间，一是爱情，一是孝道，自是忧愁煎迫。惊悉爱妻要出嫁，他一是怀揣坚贞的爱情，二是面对爱妻的“变节”，他就在两难之中作出抉择——“独向黄泉”。在自缢之前，他还是两难的：年迈老母今后怎样生活？可活着，又怎能和兰芝在一起呢？就是焦母，事实上，也试图在自己的意愿和儿子幸福生活之间找到一个最佳结合点，内心也是两难的。然而，在这些浅层两难的背后，存在着一个更大的两难，那就是忠贞的爱情与封建家长制之间到底是一个什么关系？我们甚至可以推开讲，一个人的忠贞爱情和整个社会文明是一种什么关系？因两难而形成悲剧，因悲剧，读者才会被强烈地震撼着。然而，不同的读者对文中两难的发见和品嚼也是有层次的，正如莎士比亚戏剧中的“半透明结构”，你可以一层层地剥，有些人只触及表层，而有的则可深入内核。

## 二、两难的思考性

黑格尔讲，思考就是快感。当读者进入两难境界时，就会获得大快感。这也正是优秀文学作品深厚底蕴之源。然而，因两难是矛盾双方形成的一种互不妥协的均势，因此，思考是永久的，思考的结果是永远没有答案的。这种思考不仅存在于阅读过程中，还延留于阅读之后。余秋雨散文《道士塔》中，当“我”把满载敦煌文献的车队拦下来时，能怎么办呢？运到京城？不行，“沿途官员伸手进去就取走一把。在哪儿歇脚又得留下几捆”，就是到了，其命运同样多舛。那运回敦煌？显然也不行，愚昧无知的王道士们根本不知保护。那就运到大英博物馆吧，人家会保存得很好，再说，这又是世界文化遗产。可更不行。我们中华民族的文化遗产怎能容忍别人拿走？怎么办？“我只能让它停驻在沙漠里，然后大哭一场。”作者在两难中挣扎着，我们读者又何尝不是呢？——换成我们，又能做什么呢？两难，难以冰释。

## 三、两难的情感性

只有深深触及读者心灵，并与之形成强烈冲撞，作品中僵硬的两难才会最终焕发起来，才会最终使读者处于两难的境地。文学作品中的两难，不能是单纯的理性思考，而必须是苦恼的思考、痛苦的思考，也就是说，要带有真挚的情感。

帕斯卡尔，以上帝般的声音，充满激情却又非常深沉地剖析“人是能思想的苇草”。他只是撷几句隽永流畅的话，却一下子将我们思想最阴落里的丑陋、荒唐和浅薄暴露无遗，让我们胆战心惊，无地自容，但又倍感解脱和愉悦：

> 思想由于它的本性是何等的伟大啊！思想又由于它的缺点是何等的卑贱啊！
>
> 人的伟大之所以为伟大，就在于他认识自己可悲。一棵树并不认识自己可悲。
>
> 认识（自己）可悲乃是可悲的；然而认识我们之所以为可悲，却是伟大的。
>
> 这一切的可悲其本身就证明了人的伟大。它是一位伟大君主的可悲，是一个失了位的国王的可悲。

读读那些文字吧。但你读时却绝不能坦坦然、顺顺当当，你一定会陷入思想的漩涡。你起起伏伏，不知到底有多深；你不能自拔，也无人拯救你。帕斯卡尔引着你，和他一起遭遇矛盾的挤压，咀嚼两难的苦楚，然而，他又用文字游戏式的魔幻表达，从思想的迷宫出折出。我们长舒一气，倍感思想的快意，不期然，又跌入另一层灾难。

能这么讲话的人，一定是神志不清了；我们永远讲不出来，因为我们太聪明，因为我们聪明得无视悖论的存在，因为我们没有深味悖论的折磨。

人是苇草，是最脆弱的，是一口气、一滴水就足以致命的，这是人难以摆脱的可悲。然而，人是能思想的，这种思想能超越自然和宇宙，是人全部的尊严，不能思想甚至说不会思想，就是没有道德。帕斯卡尔体弱多病，仅仅活了 39 年，你能说这不是苇草吗？可是，这是多么不寻常的“苇草”啊，跨越那么多学科，取得那么多里程碑式的成就。这不寻常的“能思想”就一定是天使般的吗？不是。可也不是禽兽般的。人就在天使和禽兽间游离，或者说，人在由禽兽向着天使的征程中不断前行。然而，结果却很不幸——“想表现为天使的人却表现为禽兽。”让我们看看《巴黎圣母院》中的副主教

克洛德吧。清苦刻板生活中的他，心被对爱斯梅拉达的爱慕之情灼痛。不要残酷地否定他那天使般的感情，那是他作为一个人的权利和自由，然而，在重重禁锢下，他却尽施恶毒的阴谋。他没能从悖论的折磨中自我解脱，“道貌岸然”由此而现。让我们还是听听帕斯卡尔是如何说出我们无法讲出或讲明的话吧：

> 他要求伟大，而又看到自己渺小；他要求幸福，而又看到自己可悲；他要求完美，而又看到自己充满缺陷；他要求能成为别人爱慕与景仰的对象，而又看到自己的缺点只配别人的憎恶与鄙视。他发现他自己所处的这种尴尬，便在自己身上产生了一种人们所可能想象的最不正当而又罪孽深重的感情；因为他对谴责他并向他指出缺点的那个真理怀着一种刻骨仇恨。……他既不能忍受别人使他看到的这些缺点，也不能忍受别人看到这些缺点。

让我们再次去文中寻觅那一个个悖论，让思想化蝶翩翩飞舞，臻于和谐吧。

## 四、两难的典型性

伟大的作品必是永恒的，是可以跨越时空时读时新的，就因为这些作品埋藏着关于人性和文明问题痛苦的两难，这种两难因具备非凡的代表性，使读者自然地沉溺于两难之中。“无边落木萧萧下，不尽长江滚滚来”，作为个体的人，不过是一片树叶而已，面对着滚滚而来的长江，在整个宏大的历史急流中，其价值和追求又算得了什么呢？那些“千古风流人物”不是也被东去的大江“淘尽”了吗？何况我们又不是什么英雄呢？我们于是就隐入了“前不见古人，后不见来者”的孤苦困境。然而，我们还是有理想和抱负的呀，还是要融入这“滚滚长江”和“悠悠天地”中啊。然而……我们于是就成为一个徘徊者了，不停地徘徊着。徘徊中，我们同样是“一尊还酹江月”“独怆然而涕下”。这些诗句之所以千古传诵，就在于它们共同提出了人生的一个基本命题——个体与世界到底是什么关系？而这个问题必将被延绵不尽地叩问下去。具有非凡典型性的两难，是读者永远解不开的心头之谜。

## 五、两难的延续性

具有两难结构的文学作品，必源于作家情感结构、精神结构上的两难，而这种两难又隐于作品形式和内容之后，传递给一个个不同的读者，从而，它也就不断地被赋予着种种新的释义。新的释义，使这种两难更为丰富，更为深刻，从而更令人两难。这正是永恒的重要原因。没有理想与现实巨大落差筑成的强大两难的砥砺，文学的天空将会黯淡太多颗粲然之星，如发出彻骨惊叹和大胆预言的屈原，“把酒问青天”的李白，座中泣下最多的司马青衫，“这几天心里颇不宁静”的朱自清，“面朝大海，春暖花开”的海子，……他们用理想的盾牌，阻抗着各种阴谋陷害，用真善美的人性之堤，阻挡着丑恶的洪流，他们思考的天空中镂刻着深深的“两难”，同时，他们又把深邃的目光投注到更大的未知之中。不然，那个我们熟知的“大江东去”的苏轼，那个“老夫聊发少年狂”的苏轼，怎么就能低吟出哀婉断肠之词“十年生死两茫茫”呢？他们的两难恰恰成就了他们的辉煌。他们把心灵的两难物化为作品，也同时把两难推给了读者，从而，也就成就了读者的阅读满足，满足于无尽的苦恼、踌躇和无助的阅读体验之中，恰如恩格斯所说的“幸福的战栗”着，这种战栗的涟漪一直延伸到茫无边际的未来。

两难，诗意地栖息于优秀文学作品和内心世界之中，让我们置身于两难的十字路口，在茫茫迢迢的心灵征程中艰辛跋涉，放飞两难的诗意。

# 生命阅读：唤醒体验，诗化两难

——赏读陈忠实的《马罗大叔》

## 一、唤醒生命的体验

阅读，不只是接受，更多的应是唤醒自我的生活体验和阅读体验，并丰富和深化这些体验。这些生命体验，是读者心理图式的重要组成部分。按皮亚杰的发生认识论，外部信息（文本）只有与固有的心理图式相通，才能被同化，才有反应，否则就会听而不闻、视而不见、感而不觉。不可回避的问题是：固有的心理图式（体验），有没有？如果有，可否唤醒并与文本信息相匹配？若能够匹配，是否足够丰厚？不然，阅读如何实现从表层到深层的同化和调节呢？

《马罗大叔》是一篇关于20世纪荒诞而疯狂时代的饿的小说。“饿”，这个字，今天的我们疏远得空空洞洞，根本触发不了任何生理胃腺分泌反应，更不用说心理上丝毫的担忧和恐惧。萧红在那篇《饿》里问：“桌子能吃吗？椅子能吃吗？”今天的我们读起来觉得简直不可理喻，可笑得近乎童话。刘震云的《一九四二》，写那年河南发生的关于吃的问题，冯小刚拍成电影，即时

震撼了不少人，但这种震撼其实很浮浅很廉价，而且一扭头就随风而逝了。《马罗大叔》也一样："饥饿像洪水猛兽一样咬噬着我的心！""嫩苞谷粒儿在嘴里还没有来得及嚼烂，就滚进肚子里去了，几乎尝不出什么味，只觉得十分香甜。"没有饿或类似的折磨体验，这些话读起来就会平淡无澜，很可能在感知显性层面滑行。

要理解《马罗大叔》这千把字，非得有关于饿的真实深切的体验才好，没这种生理转化成的生命体验，真读不明透、读不深刻。放映《一九四二》那阵子，网易发起"饥饿日"的倡议，闹腾了会儿就没动静了。——谁还会找自己的茬饿饿自己呢？但我一个学生就曾不吃午饭，不吃晚饭，饿自己，在饿中把那种饿的感受很生动很形象地写出来。当晚自习课一下，他就再也受不了，好一番恶补。我想，他要是读到《马罗大叔》，一定能读得很投入，唏嘘中更容易抵达文本内核。孙绍振教授讲，要分析文本，就得从差异性或者矛盾性出发。我看，这个差异或矛盾就不小。

今天的年轻读者不可能再穿越回那个时代去体验生活，但是，阅读不也是种很深刻的体验吗？今天的学生鲜有读巴金《随想》、季羡林《牛棚杂忆》、流沙河《锯齿啮痕录》、筱敏《幸存者手记》的。相关阅读体验的缺失，很可能会直接导致与《马罗大叔》文本的鲜活生命绝缘。

生活体验和阅读体验，是阅读精神成长的奠基石。在那个既遥远又不遥远的时代，陈忠实将目光投注于这个"夜"、这个具体的小小的"我"、这个"马罗"，以及这个"事"上，写给你看，召唤你的感动和思考。若唤醒了生命的体验，那么，那个僵死的遥远的时代，一下子就在你我面前生动起来。这就是小说这个文体的特异功能，也是读者的特殊功能。

## 二、诗化于两难的突围

两难，就是文学活动中呈现的困惑的未知状态。优秀作品多蕴含着深刻的两难结构。阅读，实际上是条自我发现之路：敏锐发见两难，追寻两难足迹，迸发炽热情感，破解两难的典型意义。

《马罗大叔》文本里贯穿着两条线，一是"我"的两难，一是"马罗"的两难。两个"两难"，都有着自身的灼烧般的内涵，从对立到交织再共同突围、消融、升华，在起承转合的结构变化中，最后化为那黑夜里一堆温暖的火。

开头先写"我"的两难。"我在水渠边站住了。"然后另起一段："我伸手摸到一根苞谷杆子。"这中间的停顿，就是一种两难。一是饿得要死，一是

"腻腻的甜香气味"，要是偷吃被捉住后果会很严重。但前者最终战胜了后者，这个两难被突破了。但接着"猛然看见一个人"，又萌生了另一个两难：一是要不要"撒腿逃遁"，一是继续"犯罪"。结果因饿而又得以突破：我"毫不动摇地把那个已经抓摸到手的苞谷棒子，'咔嚓'一声掰了下来，三两下撕开嫩皮，蹲下身，又啃起来了"。

"我"的两难及两难的突破，恰恰又是马罗大叔的两难的坚实基础。他看到"我"竟然偷吃公家棒子时，"冷笑着""吼着""吼喊"，分别独立成段，似乎没什么两难，其实那正是大叔纠结矛盾最为难捱的时候：是秉公执法治"我"的罪，还是……"啊……嗨嗨嗨嗨嗨……"，不是正常的语言表达，而是疯癫癫的怪异呻吟。一边是正常人性的召唤，一边是所谓革命立场叛变的危险，这两难对峙、撕咬、扭曲、翻滚，不息不止，恰是那个黑白颠倒的混乱时代蹂躏一个卑微弱体的灵魂的缩影。这是小说艺术的空白美，不多停留寻味，轻轻松松地跳过去，恐怕于小说于读者，都是损失。萧红那篇《饿》则似乎正与之互补，"我"因饿而产生的偷"列巴圈"与隐忍之间的矛盾焦灼、转移、淡化，直到暂时平息，那么细腻，那么深刻，而马罗大叔的无字独白，关乎人性斗争，似乎更为沉重。

但两难在焦灼对抗中最终得到突围，正常人性胜利了，释怀后的喷薄、悲愤的宣泄、胜利的爆发等，交织在一起，浊浪排空，不可遏抑。你看，本寡言少语的马罗大叔的哭，"像小河在夏季里突然暴发的山洪，挟裹着泥沙、石头和树枝，带着吼声，颤动着四野"。他跳啊，他骂啊，原先的两难被扫荡尽净。不仅如此，他还勇做"同犯"，钻进苞谷地里去"咔嚓"，生火烤棒子，为什么？那个"好苦哇"就是所有两难被攻破的全部根由：苦的不是简单的饿！这是质朴的同情，不光是对"我"，也是对老光棍他自己，还有那"死一般沉寂"的村巷。而"我"，"双手捂住脸颊，哭起来了"。特别强调的是，这是男人的哭，是两个男人深夜的哭，是两个男人此消彼长的哭，还有比这更刺痛人心的命运悲酸曲吗？

两难由突破的高潮而平息。马罗大叔如青石雕像，透着最质朴最伟岸的人性美。结尾"我"和大叔挤睡在一起，最终把两条线融化为一了。作者特别写到"跳跃""攀援""嬉闹"的温暖火苗，接着有些画蛇添足地写道："无数条火苗拢在一起，就组成一个火的世界，充满了活力。"这话里有话，正是抵达文本核心的暗门，——似写火苗，实写由大叔及世人、由彼时到此时的人性的温暖。

陈忠实的作品朴实、厚重而深刻，一如"马罗"，因为它叫人联想起"马

骡”，就像你我身边的我你一样，而那个特定的历史时期和那个时期的百姓，以及百姓心底的人性光芒却那么深切地叩击着读者的心。

## “底层”的教育

杨绛的《老王》一文，语言朴实，却情真意切，震撼人心。周杭在课堂上联想到他在老家农村乘“摩三轮”的事，他说只要到那儿，他就专坐一个残疾人的三轮，因为那人很艰难。不仅如此，他还正告家人说，以后就只坐那人的三轮，要不就走着回家。我们情不自禁地为他鼓掌。我对全班女生说，以后找男朋友，就找周杭这样有善心的，——对素不相识的弱势者尚能如此，对女朋友，能差吗？我不是开玩笑。

学生纷纷谈了很多，末了我也憋不住，说了自己的心里话。

在独墅苑门口，常有收破烂的母女二人，女儿与我家思思年龄相仿，可没有上学。有次小区组织社区游戏活动，偌大的草坪欢声笑语，小孩子很多。我就去告诉非常敬业的门卫说，让那个小女孩子进来一起玩，而且拉着小女孩的手进了小区（她妈妈很惊喜）。小女孩的手有些脏，但大大的眼睛，很活泼懂事。我把这个小女孩给我家思思介绍，并让她们一起去玩游戏。思思那时还不到五岁呢，稚嫩的脸上显出不屑一顾的神情，说出了让我极震惊的一句话：“才不和她玩呢，——她穷。”这个小东西怎么心里竟潜存着这么邪恶的念头呢？她爸爸也应算一个很有爱心的人啊？家教也不算差啊？穷怎么了？妨碍你个小东西和人家玩吗？你不穷，但你个小东西身上哪件衣服不是用老爸工作挣的钱买的？这孩子到底是怎么了？是不是在我们周围涌动着这样的鄙视弱势群体的空气，从而让我们的孩子从小就遭受污染了呢？我暗下决心，只要有机会，我就带她去病房，去残疾学校，去西部农村，暑假去老家农村，去地里拔草，去喂猪，去放羊。不能总待在高楼大厦间做井底之蛙，没有经受过疾苦感受过艰辛的成长，肯定营养不良、发育畸形。

生命生来是平等的，没有什么贵贱之分，家庭背景、权势、金钱、容貌、成绩等都不能掩蔽生命的尊严。我们的眼睛太漠视底层生命的生存真实、呼声了，就是同情，也是以居高临下的优越姿态，我们的现代文化正日趋淡漠地对待底层最深层的现实，我们现代人是否正逐渐丧却最根本的良知、道义和责任呢？

我情绪激动。沉默一会儿后，我提及了我从来未说出的一种体验。

以前学校卫生还未外包时，有个上了年纪的阿姨，每天总是很早就来学校拖地了。她长得像极了我姨。我小时候在姨家长大，现在好多年没见了。我说，有好多次，当我从她身边走过时，我几乎要脱口而出喊她一声姨了。她的笑，就像春天暖暖的阳光。有好几次，我几乎都要拿过她的拖把替她打扫，好让她憩息一会儿。但一直没有，我一定是碍于情面。现在外包了，她再也没来过，不知现在她怎么样了，上了年纪的她身体可好？是否还在为生计操劳？

把目光投注到底层，不仅仅是我们平时阅读的重点，是我们写作取材的最重要的方向之一。事实上，用心关注周围底层人的生活，从而用笔真切展现他们的生命感受，在考场作文中是极度匮乏的。换言之，以底层为取材内容，真切表情达意，一般来说，不得高分都难。但更重要的是，我们要以博大的胸怀和爱，站在今天这个社会转轨的当口，反思“现代文化”，正视底层的生命真实，真正“以人为本”起来。关注那些底层的人们，就是关注人本身，就是关注自己啊。心中无百姓的教育，是不完整的教育，是悲哀的教育。

今天，我们用读书和写作的方式来自我教育，今后，我们要以真诚的实际行动来帮助他们，同时拯救那些自视高大的人。——不是几篇美文，不是几篇作文，不是几桩行为，而是——今生今世！

# 第三篇　快意“裸读”修真功

## 导　读

•不扎根阅读，遑论教学。因着语言的引领，探得“奇伟、瑰怪、非常之观”，再由这文本精神，涵泳品鉴语言之高低优劣，正是文本解读的内在要求，也是阅读课“回家”的无声召唤。而阅读课要“回家”，师生必须沉到语言中去，耐得住心，读得进去，悟得出来，在文本要紧处、真难处、细微处、无声处、矛盾处下足功夫。

•“素读”，无论于师于生，皆是语文素养提升的艰辛幸福之路。沉入文本语言，“慢慢走，欣赏啊”，让我们和学生一起，在真正的语文课中，沐浴精神的熏陶和洗礼，享受对话过程的喜悦和幸福。

# 不先扎根阅读，何谈阅读教学

阅读教学强调教读、自读、导读“三位一体”。但从逻辑上讲，其重心落到教学上，而阅读仅成为教学的限定词，阅读教学反倒导致自我封闭，很可能会大大降低阅读带来的教学效益。其实，教学本源当为阅读，教学是阅读基础上的自然延伸和针对提升，是种递进关系。阅读教学要从这看得见的教学之显性行为上，重点转移到那隐性的冰山下的阅读上来。因此，重视教师的读和学生的读，切切实实打好后续教学的根基，就显得尤为紧迫。

教师的读，我提倡以“素读”为重。“素读”，是指不借助其他任何资料，只面对原文，只凭自己的脑袋里的知情意，去激活和升华那些死的文字，最终与作者产生情感共鸣。“素读”千把字，动辄端坐几个小时，而心中电光石火，浊浪排空，思接千载，甚者几天或一周手不释文，可谓朝思暮想欲罢而不能。原文常被折揉破烂，涂无可涂处，写无可写地，不得不更换新纸，如是者三。“素读”，非得读得熟透，读出个性，读出新发现，读出心动不可。窃以为，这是学好语文、享受阅读的苦功夫真功夫。当然，“素读”之后，不妨再查资料，做对比探究，做取舍扬弃，这会让阅读更丰厚更灵动。不过，常见同行，文章还未读透，还未读出感觉来，就竟然敢站到讲台上面对学生，理直气壮，慷慨陈词，我便觉得疑惑。不痛不痒，心浮气躁，不能沉潜文里，不能文我相融，接下来怎好“教学设计”呢?

对学生的读，我提倡“阅读型互动”。

教学互动，是建立在这样两个认识基础之上的：教育活动，是教育要素之间的生命本质的交流和沟通；教学过程，是动态发展的、统一的教学要素间交互影响和交互活动的过程。在这样的认识前提下的教学互动，就是通过调节教学各要素间的关系及其相互作用，形成和谐的多边立体的互动，从而产生教学共振，达到教学同融共济、效益提高的目的。一般来说，我们所理解的互动观是建构在合作学习论框架下的。作为信息互动过程的教学，其互动方式有四种类型：一是单向型，教师（信息发出者）把信息传递给学生（信息接收者）；二是双向型，师生双边互动，及时反馈；三是多向型，强调师生、生生多边互动，共同掌握知识；四是成员型，强调教师作为小组中的普通一员与其他成员共同活动，不再充当唯一的信息源。然而，合作学习论是现代教学论的重要组成部分，建构在合作学习论框架下的互动观，着眼于

合作，即人与人之间的关系，而人与文本之间的关系，还未被纳入互动观的视野。

现代阅读论认为，阅读行为是读者与文本之间的思维碰撞和心灵交流的过程，读者一方面读出并体验作者在文本中所传达的情感、意志、观念，品味负载这一内容的外在言语形式；另一方面读出自己，以文本来观照自身，从中受到情操和趣味的熏陶，从而发展个性，丰富自己的精神世界。这种与文本的对话，其实也就是互动。动，不仅是形式的，更是内容的，是精神和生命的动。我们可称之为阅读型互动。

没有这种阅读型互动，其他任何形式的互动都将可能"贫血"，从而失却了互动的本质。实践中就大量存在着只重互动花样、不重互动实质的"伪互动"现象。我们发现，课堂上很多教师刻意地追求师生互动，一味地推行生生互动，但是，笑声掌声说话声，声声刺耳，声声浮浅、贫白。与此相反的呢，则是课堂沉闷，多是教师一人呐喊于荒野之中。同时，课堂评价指标也过分注重形式上的互动，甚至到了畸形的程度，比如有的专家还专门总计课堂上发言学生的人数，将此作为一个评课的重要指标。创设各种互动的形式，就好比是铺设畅通无阻的血管，并非难事，最难的是确保血管中流淌着充足新鲜的血液。而这种血液从何而来呢？就源于阅读型互动这颗心脏。在与文本的双向对话过程中，我们不断地产生自己的鲜活的体验和认识，而这些体验和认识就在人的本质力量对象化的驱动下，不断地借助于其他各种互动形式得以交流。在交流中，知识、能力、情感、态度与价值观得以融汇。交流的结果又会反馈给阅读个体，促使他与文本进行更深入地互动。阅读型互动这颗心脏功能愈健全，像血管一样的其他各种互动才愈偾张，整个课堂教学的躯体才愈健美，整个生命的交响曲才愈强劲。

所以，阅读型对话不仅不能被排斥在互动观之外，还应确立、凸显它在整个互动有机体中的潜在的核心地位。

## "素读"品读批注示例

### 一、示例一：《李将军列传》（片段）

匈奴大入上郡，［"大"字见严峻形势，非重音拖音不可。］天子使中贵人从广勒习兵击匈奴。［语气平淡，见从容不迫；中贵人本非将帅，却跟着李广学习带兵打仗，似儿戏；不言“使广领中贵人勒习兵击匈奴”，主次本分明，却先言次再缀主，更见“子不遇时”，隐应了上文。]中贵人将骑数十纵，[似乎应是“将骑数十，纵”。]见匈奴三人，与战。[仗势欺人，不谙战事，草率出兵，无视军纪，争功露脸。——但也不至于兵败。]三人还射，伤中贵人，杀其骑且尽。[多被少败，死伤惨重，其可怪也欤？此三人，“华雄”也。——有“华雄”，就有“关云长”。]中贵人走广。[羞愧难当。主次又明。正是写广的陪衬物。]广曰：“是必射雕也。”[语言简洁短促，斩钉截铁，判断何其敏锐、自信！熟谂敌手，又见射雕人真神勇。]广乃遂从百骑往驰三人。[作为一将，轻率出兵，岂不与中贵人同辙？从“百”骑，毕竟还不那么冲动；欲以“百”骑取“三”敌吗？]三人亡马步行，行数十里。[为何？寡胜众，终究偶然。]广令其骑张左右翼，[防其走也。]而广身自射彼三人，[以一敌三，主动以一敌三，但你我未及揪心，却见——]杀其二人，生得一人，[不见如何射杀，简到无从再简，却正见广神勇。“温酒斩华雄”，更简，愣连个“杀”字也略了去。请看：“众诸侯听得关外鼓声大振，喊声大举，如天摧地塌，岳撼山崩，众皆失惊。正欲探听，鸾铃响处，马到中军，云长提华雄之头，掷于地上。其酒尚温。”《世说新语》写周处“杀虎”不也仅写个“杀”字？《林教头风雪山神庙》不也就“那雪下得正紧”了事？]果匈奴射雕者也。[与“是必射雕也”相呼应，浑然一体。有解完全牛的庖丁“踌躇满志而四顾”之风味。]已缚之上马，望匈奴有数千骑，[形势陡然一转。]见广，以为诱骑，皆惊，上山陈。[稍稍暂缓。][广审察到这点，才有下文奇崛之谋。]广之百骑皆大恐，欲驰还走。[“大”恐，理应之情。但情势又转。]广曰：“吾去大军数十里，今如此以百骑走，匈奴追射我立尽。[走不得。]今我留，匈奴必以我为大军诱之，必不敢击我。”[早识得。见机行事，却可留得。]广令诸骑曰：“前！”[多一字就见冗赘。军令如山倒。]前未到匈奴陈二里所，[“未到”即差一点就到，近得令人窒息。]止，令曰：“皆下马解鞍！”[又一军令。近乎自绝。]其骑曰：“虏多且近，即有急，奈何？”[然也。]广曰：“彼虏以我为走，今皆解鞍以示不走，用坚其意。”[剑走偏锋，原来如此。气短者，勇促者，怎能出此一辙？]于是胡骑遂不敢击。[“于是”二字，承顺李广神算，一切尽在李广的掌握中。形势又缓下。]有白马将出护其兵，[形势陡转。]李广上马与十余骑奔射杀胡白马将，[不写独一人，而是“与十余骑”，非妄大，实稳重。——但仍偏不细说如何射杀。但“杀”不离“射”，一是家族绝技，二是李广射石没镞，射虎射敌，“善骑射”。可这“射”字，不只是他制敌之术，也是他逞能冲动、执拗不阿的资本，又是短处。]而复还

至其骑中，解鞍，令士皆纵马卧。[解鞍外，再纵马，又要卧，“示之”文章做在刀刃上了。] 是时会暮，胡兵终怪之，不敢击。[广终“示之”，有人和，又恰逢天时，胡兵怪而不敢击，自然之道。] 夜半时，[由暮到夜半，耐心战!] 胡兵亦以为汉有伏军于旁，欲夜取之，胡皆引兵而去。[不仅“不敢击”，还“皆引兵而去”，广之神勇妙算更升一层。好一出“诸葛空城计”。] 平旦，李广乃归其大军。[由“夜半”到“平旦”，再“坚其意”。若见敌去即走，岂不被识破?] [自然潇洒又从容。读者也算长舒一气。] 大军不知广所之，故弗从。[一语双关：既见其神勇有谋（似乎有点做样子给中贵人看的意思，其实骨子里应是给天子看的，有点执拗），又见其逞能，大局意识稍差。]

## 二、示例二：《林黛玉进贾府》（片段）

一语未了，只听外面一阵脚步响，[与凤姐之来对偶，宝黛孽缘序幕拉开。] 丫鬟进来笑 [人缘极好。] 道：“宝玉来了！” 黛玉心中正疑惑 [并不尽信他人之言，而是“疑惑”，可见自有叛逆之性。与宝玉是一路好货。] 着：“这个宝玉，不知是怎生个惫懒人物，懵懂顽童?” ——倒不见那蠢物 [作者实在难忍，就借机冒了句，难怪不放在引号里呢。] [脂批曰：“这蠢物不是那蠢物，却有个极蠢之物相待。妙极！” 这蠢物指谁? 荒谬!] 也罢了。心中想着，忽见丫鬟话未报完，已进来了一位年轻的公子：[阿凤“采绣辉煌”，宝玉清新自然，迥然不同。] [“一个是阆苑仙葩，一个是美玉无瑕。若说没奇缘，今生偏又遇着他；若说有奇缘，如何心事终虚化? 一个枉自嗟呀，一个空劳牵挂。一个是水中月，一个是镜中花。想眼中能有多少泪珠儿，怎经得秋流到冬尽，春流到夏。”《枉凝眉》歌曲响起……] 头上戴着束发嵌宝紫金冠，齐眉勒着二龙抢珠金抹额，穿一件二色金百蝶穿花大红箭袖，束着五彩丝攒花结长穗宫绦，外罩石青起花八团倭缎排穗褂，登着青缎粉底小朝靴。面若中秋之月，[面圆而光洁细滑，不似俺这老脸粗糙。] 色如春晓之花，[少年色嫩，娇柔可目，渺香可嗅。但脂语“今阅至此，放声一哭”，令人莫名其妙。] 鬓若刀裁，[二月春风似剪刀。] 眉如墨 [即黛，妙极] 画，面如桃瓣，[人面桃花别样红。] 目若秋波。[盈盈如是，女人味十足，恶心。] 虽怒时而若笑，即嗔视而有情。[实为黛玉遐想，想入非非，必有种旋晕之感。] 项上金螭璎珞，又有一根五色丝绦，系着一块美玉。[通灵宝玉。] 黛玉一见，便吃一大惊，[前生缘。] 心下想道：“好生奇怪，倒像在那里见过一般，何等眼熟到如此!”[想必在灵河岸上三生石畔曾见过。虚幻之笔。] 只见这宝玉向贾母请了安，贾母便命：“去见你娘来。” 宝玉即转身去了。[竟没瞅见黛玉，该

死。]一时回来，再看，[黛玉还没看够。]已换了冠带：头上周围一转的短发，都结成小辫，红丝结束，共攒至顶中胎发，总编一根大辫，黑亮如漆，从顶至梢，一串四颗大珠，用金八宝坠角；身上穿着银红撒花半旧大袄，仍旧戴着项圈、宝玉、寄名锁、护身符等物；下面半露松花撒花绫裤腿，锦边弹墨袜，厚底大红鞋。[自有人伺候。]越显得面如敷粉，[中秋之月。]唇若施脂，[性感。]转盼[一笑嫣然，转盼万花羞落。]多情，语言常笑。[笑乃表情，言乃声音，声含笑，笑中语，小妙。]天然一段风骚，[同是风骚，但较之凤姐却是天然的。]全在眉梢；[雁落眉梢、郁上眉梢、迫在眉梢、喜上眉梢，一番风情尽在眉梢。]平生万种情思，[天生情种。]悉堆眼角。看其外貌最是极好，却难知其底细。后人有《西江月》二词，批宝玉极恰，[脂批：二词更妙。最可厌野史"貌如潘安""才如子建"等语。]其词曰：

无故寻愁觅恨，有时似傻如狂。[高墙人生，思想囚制，只得求以渲泄。]纵然生得好皮囊，[好词。]腹内原来草莽。[非也。宝玉书读多，知识博，文思快，才情达。]潦倒不通世务，[本厌恶。]愚顽怕读文章。行为偏僻性乖张，那管世人诽谤！[不苟且，不随俗，有个性。]

富贵不知乐业，贫穷难耐凄凉。[预示贾家败落，宝玉必有一番困苦不堪的生活。]可怜辜负好韶光，于国于家无望。[纯真至情与现实生活之间存在着激烈的矛盾冲突，预示着悲剧的产生。]天下无能第一，古今不肖无双。寄言纨绔与膏粱：莫效此儿形状！[百口嘲讽，万目睚眦。][衡量标准不同。]

贾母因笑道："外客未见，就脱了衣裳，还不去见你妹妹！"[似怨怪实怜爱。]宝玉早已[好眼力。看见了就是不说。俺冤枉这小东西了。]看见多了一个姊妹，便料定是林姑妈之女，忙来作揖。厮见毕归坐，细看形容，[眼直盯着人家，黛玉必羞，但愈见其好。]与众各别：两弯似蹙[收敛之意。]非蹙罥烟眉[程乙本为"笼"，庚辰本为"罥"还有"罩""冒"。周汝昌认为，"笼烟"是乃老生常谈，读来乏味，透着股子俗气。音绢，缠绕、牵挂之意。周老认为，罥烟，甚于"笼烟"。][脂批：奇眉妙眉，奇想妙想。]一双似喜非喜[似……非……，不肯定，方任君想象。但有另本为"似泣非泣""多情杏"。唯"泣"最真，黛玉本是为还泪而生，不可"喜"。]含情目，[周老认为，"含情目"俗不可耐，应为"含露目"，两眼常似湿润，如含有仙露明珠，即"泪光点点"。]态生两靥之愁，[怎解双眸怨，难收一靥愁。]娇袭一身之病。泪光点点，[梨花一枝春带雨，出尘脱俗。]娇喘微微。闲静时如姣花照水，行动处似弱柳扶风。[其美催人疼。]心较比干多一窍，病如西子胜三分。[我点评得远不及脂砚斋，故录之："此十句定评，直抵一赋。甲戌眉批：不写衣裙妆饰，正是宝玉眼中不屑之物，故不曾看见。黛玉之居止容貌，亦是宝玉眼中看、心中评。若不是宝玉，断不能知黛玉是何等品貌。”］宝玉看罢，因笑［我漏评点该处，睹脂砚斋之批，然也，故复录之：“黛玉见宝玉写一‘惊’字，宝玉见黛玉写一‘笑’字，一存于中，一发乎外，可见文于下笔必推敲的准稳，方才用字。”］道：［脂批：看他第一句是何话。］“这个妹妹我曾见过的。”［疯话。与黛玉同心。黛玉一见（宝玉），便吃一惊，心下想道：“好生奇怪，倒像在那里见过一般，何等眼熟到如此！”真有些浪漫色彩了。］贾母笑道：“可又是胡说，你又何曾见过他？”宝玉笑道：“虽然未曾见过他，然我看着面善，心里就算是旧相识，［疯疯傻傻。］今日只作远别重逢，亦未为不可。”［痴狂。］贾母笑道：“更好，更好。若如此，更相和睦了。”［老祖宗吉祥。］宝玉便走近黛玉身边坐下，［大胆，那管世人诽谤。］又细细打量［“打量”就是“打谅”，但一文中不能不统一，编者疏漏。］一番，［脂批：与黛玉两次打谅一对。］因问：“妹妹可曾读书？”［我甚爱脂砚斋之批：“自己不读书，却问到人，妙！”］黛玉道：“不曾读，只上了一年学，些须认得几个字。”［应为“些许”吧？课本注释为“一点儿”，那语序应为“认得些须几个字”。］宝玉又道：“妹妹尊名是那两个字？”黛玉便说了名。宝玉又问表字，［表字，即字，古人在名字之外为自己取的与本名意义相关的别名。男子 20 岁时取字，女子许嫁时取字。富贵人家闲来也给未嫁女子起字，称“待字”。宝玉问字，显冒犯，唯不理什么礼教章法，方见其率真］黛玉道：“无字。”宝玉笑道：“我送妹妹一妙字，莫若‘颦颦’二字极妙。”探春［脂批：写探春。］便问何出。宝玉道：“《古今人物通考》上说：‘西方有石名黛，可代画眉之墨。’况这林妹妹眉尖若蹙，用取这两个字，岂不两妙！”［为何不叫美眉或眉眉，而叫颦颦呢？探源追根，或许源于诗“美人卷帘，深坐颦娥眉，但见泪痕湿，不知心恨谁？”］探春笑道：“只恐又［非一两次，有前文，好玩。］是你的杜撰。”宝玉笑道：“除《四书》外，杜撰的太多，偏只我是杜撰不成？”［前文三位小妹妹的描写，独有“顾盼神飞，文彩精华”相配。］又问黛玉：“可也有玉没有？”［脂批甚妙：“奇极怪极，痴极愚极，焉得怪人目为痴哉？”］众人不解其语，黛玉便忖度着，因他有玉，故问我有也无，［脂慧眼独具，俺实实不如，再录之：“奇之至，怪之至，又忽将黛玉亦写成一极痴女子，观此初会二人之心，则可知以后之事矣。”］因答道：“我没有那个。想来那玉是一件罕物，岂能人人有的。”宝玉听了，登时发作起痴狂病［依是寓褒于贬。］来，摘下那玉，就狠命摔去，骂道：“［众人等皆斯斯文文，令人压抑，岂如宝玉这般痛快解气？］什么罕物，连人之高低不择，还说‘通灵’

不‘通灵’呢！我也不要这劳什子了！”[此宝就叫“通灵宝玉”，是女娲娘娘补天时遗落在人间的一块神石，吸取日月之精华，汇聚天地之灵气。本身就已不是等闲之物，后来癞头和尚点化成了那块宝玉。作者总言是顽石，其实是似贬实褒，一是以此作宝玉的影子，折射宝玉的某些东西；二是为了营造浪漫色彩。]吓的众人一拥争去拾玉。贾母急的搂了宝玉道：“孽障！[如闻其声，恨极语却是疼极语。]你生气，要打骂人容易，何苦摔那命根子！”[一字一千斤重。]宝玉满面泪痕泣[此时黛玉会怎样？]道：“家里姐姐妹妹都没有，单我有，我说没趣，如今来了这们一个神仙似的妹妹也没有，可知这不是个好东西。”[不是冤家不聚头。]贾母忙哄[一搂一骂，一怨一哄，情真意切。]他道：“你这妹妹原有这个来的，因你姑妈去世时，舍不得你妹妹，无法处，遂将他的玉带了去了：一则全殉葬之礼，尽你妹妹之孝心；二则你姑妈之灵，亦可权作见了女儿之意。因此他只说没有这个，不便自己夸张之意。你如今怎比得他？[偏爱。]还不好生慎重带上，仔细你娘知道了。”说着，便向丫鬟手中接来，亲与他带上。宝玉听如此说，想一想大有情理，也就不生别论了。[来去匆匆，转瞬即变。]

## 三、示例三：《翡冷翠山居闲话》

翡冷翠 [“佛罗伦萨”，从什么时候确定这种翻译的？如果徐志摩之后确定的，那徐译得有温度有颜色，三字一诗般；如果是徐明明知道有那么个“佛罗伦萨”，但他觉得俗，偏不用，非用得新奇不可，真是诗人本色。]山居闲话[“山居”二字，渗透着道家传统文化。“闲话”之“闲”，有拉呱亲切之感随意之性（文题确乎一致），而散文闲笔尤有耐人寻的意味。闲笔不闲。余秋雨有《山居笔记》，其“笔记”二字，太严正，太当回事，逊“闲笔”许多。]

在这里出门散步 [“散步”，宗白华写过，龙应台写过，郁达夫写过，歌德散过，托尔斯泰散过，你散过，我也散过。“散步”精神，自由悠闲，自然本真。“散步”文化，是道令人神迷的风景，从古走到今。我要整理这方面的素材，用我的文字去“散步”，用心去“散步”。——可以直接写本《散步》了。]去，上山或是下山，在一个晴好的五月的向晚，[向晚就是临近傍晚。学过，见“关城树色催寒近，御苑砧声向晚多”。]正像是去赴一个美的宴会，比如去一果子园，[我们常说“果园”，但徐间夹个“子”。可能是浙江方言，但更多的意味是，称起来听起来，那么亲巧。去“散步”，自然活泼。不过，梁实秋《雅舍》写过老鼠，但他偏称之为“鼠子”，这么一叫，那可憎可怖的

鼠，倒有几分可爱了呢，不信，你看那“鼠子瞰灯”；这么一叫，这荒僻之所，这苦涩之感，倒生发出超脱不俗的雅趣来了。“子”事不小。］那边每株树上都是满挂着诗情最秀逸的果实，［要我等庸俗人写，就写“树上长着果实”完事，优秀的写手就添上“很多”“圆的”“青涩”等，但志摩偏就避俗就新。挂着什么？哪里是果实，简直就是诗了。诗情“秀逸”，怎么叫“秀逸”？就是清秀飘逸，有风来果轻荡，才叫“逸”呢。这种诗情入骨的情种诗人，哪个女子不爱慕？］假如你单是站着看还不满意时，只要你一伸手就可以采取，可以恣尝鲜味，足够你性灵的迷醉。［树要是高了，要攀援而上方可得，而不是“一伸手”就可以采用，能“满意”乎？性灵能“迷醉”乎？记得农村时在“果园”攀枝窃果，惴惴焉，结果被逮，被罚拔草补过，愧愧然。］阳光正好暖和，［huo，轻声。］决［“决”和“绝”有何不同呢？］不过暖；风息［我们惯说“风”，无“息”。“息”可联系《逍遥游》“野马也，尘埃也，生物之以息吹也”，“息”即万物之呼吸。比一“风”更形象些，富拟人味。］是温驯［即“温顺”之意，但为何不用“温顺”呢？风桀骜，但因为我的到来，风息如猫，驯良了。词虽同义，但趣味不同。］的，而且往往因为它是从繁花的山林里吹度［我们常说“吹过来”，绝少用一“度”字。“度”似乎多了一些沾染、渗透、发酵、融合的过程，好像是完全滋润着繁花的气息而来，是经过了一番回旋的波折，从大老远处，专为我而来。］过来，它带来一股幽远的淡香，［朱自清比他写得好：“微风过处，送来缕缕清香，仿佛远处高楼上渺茫的歌声似的。”］连着一息［用“一息”，而非“一阵”“一股”。如散发着淡香的姑娘在你耳边的那种呼吸，温雅美好，但绝不是香艳低俗。］滋润的水汽，摩挲［即用手抚摩。“抚摩”而非“抚摸”。力度上，前者更轻柔些。为何弃“抚摩”而用“摩挲”呢？这一“抚”字见“手”，仍稍显重。“摩挲”则隐去“手”，更柔和见情。］着你的颜面，轻绕着你的肩腰，就这单纯的呼吸已是无穷的愉快；［志摩如斯。我的感觉去哪儿了？我与自然绝缘了。我的感官自闭了。我的心田干涸了。］空气总是明净的，近谷内不生烟，远山上不起霭，［“霭”和“霾”长相如手足，但境界却大相径庭。］那美秀风景的全部正像画片似的展露在你的眼前，供你闲暇地鉴赏。［君不见，志摩叙事描写，以“风息”和“风景”为主语，而不是以“我”。万物有灵，活泼有味。君不见，志摩文中无“我”，而说“你”。无“我”，而“我”处处在。用“你”，如与读者促膝而谈，对话和抒情都很方便，若写及事物，又有些拟人味。］

作客［“作客”与“做客”何异？可查词典。但下文既“扮”，又“装”，

都是“作”，这“客”也是装模作样的。要用“做”，就呆板乏味了。］山中的妙处，尤在你永不须［不是“需”，见霸道，正见执著可爱。］踌躇你的服色与体态；你不妨摇曳［什么叫“摇曳”？是轻轻地摆荡。有种逍遥的美感在。志摩情感细腻，喜欢“摇”“荡”，还记得那首《再别康桥》吗？“那河畔的金柳，是夕阳中的新娘；波光里的艳影，在我的心头荡漾。软泥上的青荇，油油的在水底招摇；在康河的柔波里，我甘心做一条水草！”］着一头的蓬草，［“蓬草”“摇曳”，本不搭的两个词一组合，却产生了意想不到的意味。审美，也可审丑。］不妨纵容你满腮的苔藓；［从今以后，不再有“胡子”，只有“苔藓”（马克思长的倒是“蓬草”）。］你爱穿什么就穿什么，扮一个牧童，扮一个渔翁，装一个农夫，装一个走江湖的桀卜闪，装一个猎户；［遥指杏花村的牧童，独钓寒江雪的蓑笠翁，莞尔而笑的渔父，把酒桑麻的农夫，老夫聊发少年狂的那个“猎户”，扮装的这些人，有什么共同点？他们从自然中来，从诗词中来，是中国的自由人。国外的“桀卜闪”就更不用说了，美妙的歌喉，曼妙的舞姿，无拘无束的。你还记得《巴黎圣母院》里的那个身后总跟着一只洁白的小羊羔的少女爱斯美拉达吗？对，她就“桀卜闪”。］你再不必提心整理你的领结，你尽可以不用领结，给你的颈根与胸膛一个半日的自由，［我们会说“敞开自己的胸和脖”，但就没滋没味了。别亏待自己的颈根和胸膛。自由万岁！］你可以拿一条艳色的长巾包在你的头上，［人海如潮，真想戴个花头巾！］学一个太平军的头目，或是拜伦那埃及装的姿态；［注意断句。拜伦，是浪漫主义诗人，追求自由，充满激情。埃及装是什么样？不清楚，但有一点肯定，是戴头巾的。］但最要紧的是穿上你最旧的旧鞋，［为什么鞋是最要紧的？这是旅行常识。可见志摩爱游山玩水。“最旧的旧鞋”，语意重复，是病句吗？“病”出了童趣和可爱，“病”出了平实真诚。］别管它模样不佳，它们是顶可爱的好友，它们承着你的体重却不叫你记起你还有一双脚在你的底下。［我们会怎么说呢？不说了。志摩是用了拟人，但拟人没有一种精神在，拟不起来啊。］

这样的玩顶好是不要约伴，我竟想严格地取缔，只许你独身；因为有了伴多少总得叫你分心，尤其是年轻的女伴，那是最危险最专制不过［你得给她背着包，你得搀着她，或是奉献你的右胳膊供她攀援纠缠。你得充分地尊重她，听她的吩咐，供她的差遣，脸上要满挂着笑容。最危险的莫过于这种温柔的绑架了。］的旅伴，你应得躲避她像你躲避青草里一条美丽的花蛇！［这真是个奇瑰怪异的比方。首先我不得不说，女伴你很美，腰肢曼妙，步姿风骚……然而，我怕，你是花蛇啊。《白蛇传》读过，《聊斋志异》里的《蛇

人》读过，那不是真的。但这是。可这么坏坏地说，却不会得罪女伴。她一听，心里一甜，就容你了。］平常我们从自己家里走到朋友的家里，或是我们执事［从事工作。］的地方，那无非是在同一个大牢里从一间狱室移到另一间狱室去，［说得极是。］拘束永远跟着我们，自由永远寻不到我们。［平常说“我们永远拘束，我们永没自由”。志摩说法，亲切又机智。］［灵魂与肉体分道扬镳。现代分裂症。］但在这春夏间美秀的山中或乡间你要是有机会独身闲逛时，那才是你福星高照的时候，那才是你实际领受，亲口尝味，自由与自在［这两个逗号改为顿号？或干脆去掉？去掉的话节奏太快，没有思考和品咂的感受；顿号则又太艮太挫，没有那种享受快意。还是逗号恰到好处，不急不躁，回味悠长般。］的时候，那才是你肉体与灵魂行动一致的时候。朋友们，我们多长一岁年纪往往只是加重我们头上的枷，［单字。若加一“锁”，语气太低重。］加紧我们脚胫上的链，［单字。与“枷”相对应。若前后都上“锁”，岂不拖沓如泥负重如蜗？］我们见小孩子在草里在沙堆里在浅水里打滚作乐，或是看见小猫追它自己的尾巴，何尝没有羡慕的时候，［那种童趣和简单，那种明亮亮的精神，不光我们随着岁月蹉跎而亡，就是本应让我们羡慕的今天的小孩子，也褪色许多。读读丰子恺、王开岭、刘再复，看看你我周围的小孩子，在这个社会里，一场成人阴谋正戕害着那些宝贵的品质。］但我们的枷，我们的链永远是制定我们行动的上司！所以只有你单身奔赴［与“群山万壑赴荆门”之“赴”同妙。］大自然的怀抱时，像一个裸体［这“裸体”能去得？］的小孩扑入他母亲的怀抱时，你才知道灵魂的愉快是怎样的，单是活着的快乐是怎样的，单就呼吸单就走道单就张眼看耸耳听的幸福是怎样的。［一个“单是”，一个“单就”，最基本最简单的“活着”“呼吸”“走道”“张眼看耸耳听”都幸福得流油了，正所谓“久在樊笼里，复得返自然”。］因此你得严格地为己，极端的自私，只许你，体魄与性灵，与自然同在一个脉搏里跳动，同在一个音波里起伏，同在一个神奇的宇宙里自得。［心静，情投，只聚情于你，忘了世界。你就是世界，世界就是你。一见钟情是不是这样的呢？宝玉黛玉初见，是不是这样的呢？］我们浑朴的天真［何为“浑朴”？就是朴实、醇厚。］是像含羞草似的娇柔，［志摩爱“娇柔”。那首《沙扬娜拉》：“最是那一低头的温柔，像一朵水莲花不胜凉风的娇羞，道一声珍重，道一声珍重，那一声珍重里有蜜甜的忧愁——沙扬娜拉！”］一经同伴的抵触，它就卷了起来，［今天要拯救羞涩。学《琵琶行》，说到这琵琶女“欲语迟”“千呼万唤始出来，犹抱琵琶半遮面”，我不由对学生们旁逸了三点：那种“抱琵琶半掩面”的矜持和羞涩，今天，好像和现代女性穿的衣服一样，是越来越薄、越来越少了；没了“羞涩”，不仅没了“身体的遮蔽物”，也会没了“天然的灵魂罩衣”；今天，我们每个人，都要用心呵护自己的“羞涩”。“羞涩”，是中国传统文化独具魅力的风景和瑰宝。不用说“荷花羞玉颜”（李白）、“无端隔水抛莲子，遥被人知半日羞”（皇甫松）、“云鬟风颤，半遮檀口含羞，背人偷顾”（柳永）等“羞”语，更不用说秀婉的西施、恬静的貂蝉、冷艳的昭君和忧怨的贵妃这四大羞女，单课本中就有“低头弄莲子，莲子清如许”（《西洲曲》）、“最是那一低头的温柔，象一朵水莲花不胜凉风的娇羞”（《沙扬娜拉》）等一些含“羞”的诗句，就有崔莺莺、林黛玉、四凤、翠翠等羞美的可人儿。“羞”而动人的那些诗和人，不仅仅供我们涵泳把玩，恐怕还能照出我们的开放性的“无耻”来。——当然不要你“妆罢”“问夫婿”般地“低声”说话，不要你“掩口而笑”，也不要你“轻抿浅饮”，更不要你“细腰雪肤”“莲步款款”，也不要你“和羞走，却把青梅嗅”。学生羞涩感的日趋丧失，其实有着深刻的现代社会根源——越来越淡漠，甚至抛却廉耻、道义、责任和良心，而片面追求金钱和地位。这种自我价值的导向必然令学生越来越远离了自尊、谦卑和自省的正途。同时，“开放性”作为今天社会最显著的特征之一，作为个体追求的生存和生命的存在状态，有时也冲涤掉了传统美德中积极的成分。面对这些客观现实，学校德育在某些时候失语、无奈，甚至推波助澜。羞涩是始终建立在肯定自我价值的感觉上的，越能意识到自己的高贵，面对龌龊的东西，羞涩感就越强烈。这种羞涩感本质上是一种自我的救渡：反观自我的形象，检点自我的缺陷，发现丧失的良心和呵护高贵的尊严。德国著名现象学哲学家马克斯·舍勒说，羞涩是“爱的良心”，是人性中最高尚和最有价值力量的内在感情。然而，我们不得不承认，羞涩在今天已变成了一种相当稀有的精神资源了。我们要加深对羞涩的认识，用美的高尚的精神养料滋养学生的精神，不让羞涩的种子因污风浊雨夭折。］［羞涩是人类文明进化的产物。德国名画家丢勒所画的人类始祖亚当和夏娃，各用一片树叶遮盖着他们的生殖器官，标志着人类最原始羞涩的产生。羞涩是人类最天然、最纯真的感情现象。羞涩爱情的色彩。老舍说：“女子的心在羞耻上运用着一大半，一个女子的脸红胜过一大片话。”羞色朦胧，魅力无穷。康德说：“羞怯是大自然的某种秘密，用来抑制放纵的欲望。它顺乎自然的召唤，但永远同善、德行和谐一致。”伯拉克西特列斯的雕塑名作《克尼德的阿佛罗狄忒》和《梅底奇的阿佛罗狄忒》都是反映女性羞怯美的。］但在澄［“澄”字涵着明亮、洁净和安静的意思。空间如水。］静的日光下，和风中，它的姿态是自然的，它的生活是无阻碍的。

你一个人漫游的时候，你就会在青草里坐地，仰卧，甚至有时打滚，[“坐着，躺着，打两个滚，踢几脚球，赛几趟跑，捉几回迷藏。风轻悄悄的，草软绵绵的。”朱自清的《春》，会背诵不是本事，有这么一颗童心才是真本事。] 因为草的和暖 [意即“温暖”。] 的颜色自然地唤起你童稚的活泼；[回归童心，这是我人生最大的凯旋。——刘再复] 在静僻的道上你就会不自主地狂舞，看着你自己的身影幻出种种诡异的变相，因为道旁树木的阴影在它们的婆娑里暗示你舞蹈的快乐；你也会得信口的歌唱，偶尔记起断片的音调，与你自己随口的小曲，因为树林中的莺燕告诉你春光是应得赞美的；更不必说你的胸襟自然会跟着漫长的山径开拓，你的心地会看着澄蓝的天空静定，你的思想和着山壑间的水声，山罅里的泉响，有时一澄到底的清澈，[其实，志摩在那首《再别康桥》里，有句异曲同工的话：“撑一支长篙，向青草更青处漫溯。”我也有过这种感受：写文章时，打一首熨帖入心的曲子；过一会儿，你就会化入另一个美妙世界；在这个世界里，你快乐地寻觅和言说。] 有时激起成章的波动，流，流，流入凉爽的橄榄林中，流入妩媚的阿诺河去…… [有同学戏说，多个“流”，好像作者有点语塞呢。其实，是使节奏舒缓，过程放慢，由实而虚，诗意无尽。] [是写景吗？是写感觉吗？是抒情吗？告诉你，我分不清。]

并且你不但不需游伴，每逢这样的游行，你也不必带书。书是理想的伴侣，但你应得带书，是在火车上，在你住处的客室里，不是在你独身漫步的时候。什么伟大的深沉的鼓舞的清明的优美的思想的根源不是可以在风籁中、云彩里、山势与地形的起伏里、花草的颜色与香息里寻得？[好长的句子。五个形容词修饰“思想”，四个表地点的词排用。节奏前紧促而后舒缓，张弛得度。课本余光中《听听那冷雨》中有些类似的句子，比如“雨在他的伞上这城市百万人的伞上雨衣上屋上天线上，雨下在基隆港在防波堤海峡的船上，清明这季雨”。长句子有天然的音乐感，能很好地表达细腻缠绵而悠远的情思。] 自然是最伟大的一部书，歌德说，在他每一页的字句里，我们读得最深奥的消息。并且这书上的文字是人人懂得的，阿尔卑斯与五老峰，西西里与普陀山，莱茵河与扬子江，莱蒙湖与西子湖，剑兰与琼花，杭州西溪的芦雪与威尼斯夕照的红潮，百灵与夜莺，更不提一般黄的黄麦，一般紫的紫藤，一般青的青草，同在大地上生长，同在和风中波动——[真是“不厌其烦”。郁达夫《故都的秋》里把南国之秋与北国之秋的关系比作“黄酒之于白干，稀饭之于馍馍，鲈鱼之于大蟹，黄犬之于骆驼”。鲁迅《秋夜》里也有一句“啰嗦”的话：“在我的后园，可以看见墙外有两株树，一株是枣树，还有一

株也是枣树。”还有那首大家熟悉的《江南可采莲》：“江南可采莲，莲叶何田田！鱼戏莲叶间，鱼戏莲叶东，鱼戏莲叶西，鱼对莲叶南，鱼戏莲叶北。”《木兰辞》有：“东市买骏马，西市买鞍鞯，南市买辔头，北市买长鞭。”繁笔之妙！] 它们应用的符号是永远一致的，它们的意义是永远明显的，只要你自己心灵上不长疮瘢，[很不幸。心上疮瘢，我长了，你也长了。] 眼不盲，耳不塞，这无形迹的最高等教育便永远是你的名分，这不取费的最珍贵的补剂便永远供你的受用；[4 个“永远”。] 只要你认识了这一部书，你在这世界上寂寞时便不寂寞，穷困时不穷困，苦恼时有安慰，挫折时有鼓励，软弱时有督责，迷失时有南针。

## 四、示例四：《童年的朋友》

[前文“我因遭到失败而感到懊丧，便躺到包袱上，悄悄地哭起来，哭着哭着，噙着泪水就睡着了。”] 我醒来时，轮船又 [前文有“周围的一切在颤动”“我头顶上的吵闹声渐渐地静了，轮船已经不在水上噗噗地响，也不打颤了。”] 颤动着噗噗 [pū，学生易写错。拟声，可令人身临其境。] 地响了。船舱的窗户明晃晃的，[“明晃晃”，对应“醒来”。照应下文外祖母说的“还早着呢，——太阳睡了一夜刚起来……”。外祖母的话其实是哄骗人的，却见心疼。小外孙刚夭折，刚被埋了，再见这个外孙。] 像一个太阳。[这完全是一个小孩子的口吻。小孩子的眼光、语气和视角，是最具穿透力和表现力的(比如契诃夫的《万卡》)。父亲死了，小弟弟死了，母亲那么伤心，外祖母那么无奈……而我却那么无知，不懂事。] 外祖母坐在我身旁梳头，皱着眉头，老是自言自语地咕哝着。[或许，不，应该就是在祈祷吧。为死去的女婿、小外孙，为活着的女儿、大外孙。] 她的头发多得出奇，密密地盖着两肩、胸脯、两膝，一直垂到地上，乌黑乌黑的，[小孩子的口吻，喜用叠词。] 泛着蓝光。[蓝光最容易被散射。] [雕塑般立体写法。] 她用一只手从地上把头发兜 [环绕。] 起来提着，挺费劲地把稀疏的木梳齿儿 [小说开头第二段“她用那把我爱拿来锯西瓜的小黑梳子，把父亲又长又软的头发从前额梳到后脑勺……] 梳进厚厚的发绺里；她的嘴唇歪扭着，黑眼珠儿闪耀着气愤的光芒，[什么是“光芒”？就是向四面发射的强烈光线。当然这儿用的是比喻义。而从词性上来看，“光芒”一般常用于褒义，如后文“愉快光芒”“永不熄灭的、快乐的、温暖的光芒”等。这种混搭、错搭方式，是源于“我”一个不谙世事的小孩子的视角，好玩好笑，烘托出世界悲剧，更打动人心。] 她的脸在大堆的头发里变得又小又可笑。[“可笑”，绝不是我们平时所理解的令人耻笑的

意思，而有“滑稽”之意。外祖母“样子很凶”，但“我”觉得“可笑”，有种“朋友”的亲切感。只有亲近之人，才觉得你的“很凶”的样子，很“可笑”。]

她今天样子很凶，但当我问起她的头发为什么这样长的时候，她还是用昨天［“还是用昨天”，这是阅读选文不好忽视的。建议读者去阅读前文，不长，就知道外祖母对我说话的语气，“温暖”“柔和”。］那样温暖而柔和的腔调说：

“看来这是上帝给我的惩罚，上帝说：给你梳这些该死的头发去吧！［外祖母的童话式的“谎言”。模仿惟妙惟肖。“我”当然爱听。对小孩子，外祖母具有天然的爱的本能表现。措辞上，用“去吧”而非“吧”，有让你受罚，让你看着办，让你无可奈何，让你一直没办法……］年轻的时候，我夸耀过这一把马鬃，［用常见之物，把自己的头发降格为马鬃，贴切而有趣。］到老来，我可诅咒它了。［“可”，增强了强调语气。“了”，则表示原来“夸耀”的想法现在改变了，是“诅咒”了。］你睡吧！还早着呢——太阳睡了一夜刚起来……”［这与前文“明晃晃的”，似有不符。疼爱之情毕现。“——太阳睡了一夜刚起来”，似乎可以删掉。破折号，表示思考和引出下句话，下句说得也很有童趣。不要忘了，是在什么样的背景下说“童话”的。最后是省略号，一是蕴含着那种疼爱之情，二是接下文，话被“我”打断。］

“我不想睡！”［这不是反抗，不是不耐烦，而是小孩子的可爱的自由的撒娇。］

“不想睡就不睡好了。”［选文前有类似的语段。（埋葬父亲后）“你怎么不哭啊？”我们走出围墙，她问我。“应当哭一场！”“我不想哭。”我说。“不想哭，那就不要哭好了。”她悄悄地说。顺意，不强制。］她马上表示同意，一面编辫子，一面往沙发那边瞧，母亲就在沙发上躺着，脸朝上，身子直得像一根弦。［这个比喻很凄惨。外形最显著的特点是“直”，而且直得有些夸张。“直”是因为“僵”，是因为失夫继而失子的无言的悲痛。母亲完全被痛苦淹没了。由形到神，力透纸背。］“你昨天怎么把牛奶瓶子打破了？你小点声说！”［前文有写：“我走到门跟前。门开不开，铜门把拧不开。我拿起盛着牛奶的瓶子，使大劲儿朝铜把打过去。瓶子碎了，牛奶溅了我满腿，流进了靴筒里。”外祖母似有责备之意。“你小点声说！”，一是怕吵着可怜的女儿，也是担心女儿听着责备“我”，二是体现出提醒“我”的急切。］

外祖母说话好似在用心地唱歌，字字句句都像鲜花那样温柔、鲜艳和丰润，一下子就牢牢地打进我的记忆里。［外祖母本有些责备之意，而“我”却亲切地“化”掉了，觉得是“用心唱歌”，润物无声。这儿用了通感修辞，“字字句句”的听觉，比喻为“温柔”（触觉、感觉）“鲜艳”（视觉）和“丰润”（视觉、触觉）的“鲜花”，把外祖母语言的可心可亲形象生动地表现出来，也把“我”对外祖母的“朋友”之情真切体现出来。］她微笑的时候，那黑得像黑樱桃的眼珠儿睁得圆圆的，闪出一种难以形容的愉快光芒，在笑容里，快活地露出坚固的雪白的牙齿，［“露出牙齿”，用“快活”修饰。细节描写。看外祖母，什么都是美的。这就是儿童的“化丑为美”的艺术。牙齿，则用“坚固的”“雪白的”修饰，完全是“我”的审美发现。］虽然黑黑的，两颊有许多皱纹，但整个面孔仍然显得年轻，明朗。但这面孔却被松软的鼻子、胀大了的鼻孔和红鼻尖儿给弄坏［小孩子的口语，可惜之意。］了。她从一个镶银的黑色鼻烟壶里嗅烟草。她的衣服全是黑的，但通过她的眼睛，从她内心却射出一种永不熄灭的、快乐的、温暖的光芒。她腰弯得几乎成为驼背，肥肥胖胖，可是举动却像一只大猫似的轻快而敏捷，并且柔软得也像这个可爱的动物。［用“大猫”拟之，亲切可爱。全文比喻和拟物修辞，有共通之处。］［表达上多转折复沓，儿童口吻和视角，童稚无邪，亲切如斯。］

在她没来以前，我仿佛是躲在黑暗［双关义。］中睡觉，但她一出现，就把我叫醒了，把我领到光明的地方，用一根不断的线把我周围的一切连接起来，织成五光十色的花边，［改变了“我”对周围世界的看法，变得乐观而坚强了］她马上成为我终身的朋友，成为最知心的人，成为我最了解、最珍贵的人——［这种多重修饰，一是能从不同角度不同侧面写外祖母的意义，二是突出郑重的语气，强调其意义多重大。上段也有“……光芒”。］是她那对世界无私的爱丰富了我，使我充满了坚强的力量以应付困苦的生活的。［前几段是描写、记叙，本段则是议论了。］

# | 第二部分 |

## 作文如歌：吐露真诚，生命颤动

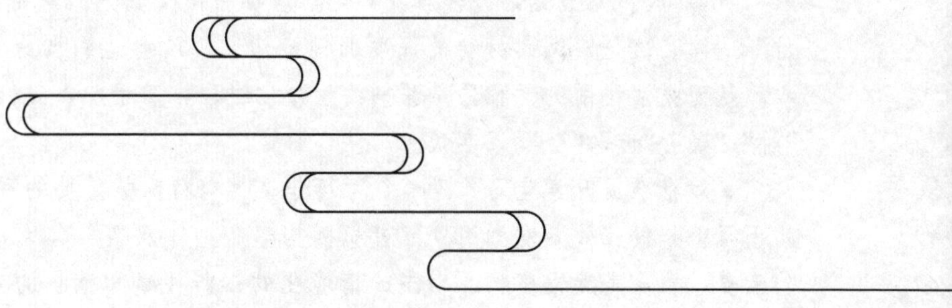

# 第一篇　搔痒还需先“脱靴”

## 导　读

• 学生的生活和精神，是作文的源头活水。脱了技艺这靴，打通与之精神沟通的直渠道，一搔搔到痒处，应是作文教学改革的必由之路。“脱靴”，实质上就是撩拨起一个个学生源自个人生活的新鲜的、丰盈的、活泼泼的生命脉动，是由心出发、言意融通，尊重的是作文教学规律，体现的是作文教学的有效性和生命性，具有强烈的人本色彩。

• 自然而充分地尊重每个学生的生活，教师得爱生活爱写作，这是撩拨起学生生命表达的本色需求的两个前提。教师要让学生真正明白，自己就活在好素材的心里，要引导学生养成凝视世界、以文见心、修辞立诚的自觉，以及对文字的敬畏之心。

• 要克服“浅阅读”大行其道，单调摘抄制造表面繁荣，点评“没精打采”，引发成篇无自觉，阅读自我和生活缺位等作文流弊，就要倡导“写作本位”阅读。这是对阅读材料的深度的精神沟通，最终达到彼此相融、内化于心，从而灵活运用的过程，是深刻的生命化过程。基于此，我们要念好“转”“炼”“疑”“连”“变”五字诀。

• 对精准提升学生写作素养，考场作文具有特殊的重要的写作资源优势，当下亟需积极有效开发利用。笔者积极构建“一体双翼”体系，即主体是写作素养，左翼是建设多样、动态、情境化的、需共建和整合的考场作文资源库，右翼是基于作文精准问题的资源深度开发策略，包括项目化突破、典型化支撑、生成性提升和联结性统整。

• 作文素材积累，要解决当下“碎、散、漫”之弊，关键是要转变与材料的连接方式，从思维力的辐射面（发散）和深刻度（融通）两个层面入手，走主体性、创造性和精神性的内涵成长之路。构建基于素材转化的二次创作机制，也正是在读写教学中提升学生语文学科核心素养的正途。在当下，这显得尤为迫切。

• 考场作文要以“妙手”为导向，既根源于语文素养提升和考场竞争的

统一、学生个体言语生命表达的内在需求与高考取得高分的统一，也是语文教学构建点面互动互进关系的需要。淬炼“妙手”的策略主要有三：智慧“选择”（主动性、项目化、考场化）、突破“境界”（反复中蜕变、内化中自觉）、深度“融通”（研究有得、关联审察、文字打磨）。

# “脱靴”搔痒，务本道生

如何审题立志，如何开头结尾，如何重点突出，如何形象生动……我上高中时，遭受过自己的语文老师的长篇累牍单调乏味的技艺传授，但感觉多是浪费生命。待到教别人作文了，我似乎也很热衷于做类似的事，结果呢，学生在我痛苦的折磨和爱恨交织的训斥下，写作兴味丧失殆尽，既遭了罪，又收效甚微。多少年的作文教学，这种“隔靴”搔痒的顽固的文化习惯力量，总是不自觉地支配着我们，并不断蔓延和强化。

搔痒，不要“隔靴”，要“脱靴”。这是我后来慢慢躬省自己写作的过程提炼出来的。我似乎并没读什么作文指导书，也并不多知几个写作概念，只是因生活的缘故很迫切地想唱出快乐的歌，呻吟出痛彻的苦，啸出胸腔的火，留住丝丝独白。我不曾用心考虑什么技法，但我非常渴望将生活馈赠于我的厚重，借文字的魅力，再回赠给生活。有了生活，有了感恩生活的心肠，才有真作文吧。学生作文，亦应如此。单纯讲作文技艺易操作，但不解决根本问题。根本问题是学生的生活和精神，也就是作文的源头活水。脱了技艺这靴，打通与之精神沟通的直渠道，一搔搔到痒处，应是作文教学改革的必由之路。

然而，“脱靴”搔痒，何其难哉。学生的生活是学生自己的生活，作为老师，你不可能一一指染；就是同历一件事，同睹一面景，同闻一样声，作为有着独立个性的学生们，自然又会有着充满个性色彩的判断、想象和感悟，作为一个个体的老师，你怎么可能以“唯我独尊”的姿态指指点点呢？我修改梁峻玮的作文时，发觉其重点处过于单薄，想增写一些内容，但对他那段生活的细察体验，我纯乎就是臆想；脱离了真实生活的臆想，文辞再艳丽，技巧再纯熟，也不过是一副好皮囊里塞一堆废话，是拽不出充满自我生命意识的文字来的。这种“黔驴技穷”的无奈和倍增的工作量，令人生畏。

但是，只要搔到学生作文痒处，却总是效果颇著。学生周杭家境贫寒，经了些深刻的事，吃了不少苦，当他写起那些苦事，总能一洗语言的干瘪丑陋，呈出一种摇动人心的容貌来。他那篇镌刻着生命细节的《泪》，我总也看不够。他正搔着“痒”处了。刘义兰的那篇《父亲泪》有必要提提。那是在隐忍了三年后的喷薄之作，至今那些文字还铭刻在我心里，想起来，就不由感到：作文其实就是生命的真实交流；作文教学其实就是唤醒生命的自我意

识。家境不好的刘义兰，父亲左袖是空空的，但她不轻易用文字去触露这个秘密，虽然全班没有不知道的。后来，在我屡次的暗示下，她终于开始写她父亲，但总是不提及父亲的残疾，并总是克制自己的情绪。史铁生的《我与地坛》给她提供了一个重新审视的契机，通过与之深谈，她明白了苦难和超越苦难的意义，她明白了把自己蛰伏的情感诉诸文字，并用文字照亮别人的心的意义。终于，她不但用最美的文字写了残疾的父亲，而且在我的大市作文公开课上，她用最美最亮的声音说出来了！

作文教学，"脱靴"搔痒，才是作文教学所务之本。务本，道乃生。

"痒"能深刻触及灵魂深处，是曲径通生活之幽，搔起来，"好像吃了人参果，浑身三万六千个毛孔无一不熨帖"；"脱靴"，实质上就是撩拨起一个个学生源自个人生活的新鲜的、丰盈的、活泼泼的生命脉动，是由心出发、言意融通，尊重的是作文教学规律，体现的是作文教学的有效性和生命性，具有强烈的人本色彩。

## 撩起学生生命表达的本色需求

若想撩拨起学生生命表达的本色需求，必须确立两个前提。

首先是认识前提，即自然而充分地尊重每个学生的生活，俯就他们所关注的世界，深入其思想，体验其情感，并由衷承认他们的生活多么丰腴而富于生命底蕴。惯于以年长者自居、惯于炫耀自我往事的我们，必须真正清醒意识到，今天的时代生活所赠予今天的学生们的生命异样的精彩和意义，哪怕是难以承受生命之重的呻吟，于写作，亦弥足珍贵。我们不能在作文教学上搞"分离"，一方面不断向学生强调作文要写生活写自我，可骨子里却鄙夷他们生活多枯燥狭小。我们不能培植学生对生活的厌恶自卑之情，要让他们昂起头来，用惊喜的眼光打量自己的生活，并在静水流深的生活中，潜获自己的珍宝。

其次，是事实前提，即教师得爱生活爱写。教师爱写，方能用自己写作中的愉悦和痛苦来体验学生的苦乐，用自己建构写作与生活内在关联的经验来指点学生，用自己对写作技能的深切思索来慷慨地馈赠于学生。不断写作，教师就萌生了热爱写作的激情、指导写作的鲜活内容，以及与学生对话的方式，而这正是教与学最急需也应是目前最匮乏的课程资源。深爱写作的老师，能轻易感染和激发自己的弟子们，使其天然地去联系自己的生活，亲近这古老而神奇的文字，进而日渐敬畏和孜孜追求一种深刻而博大的精神境界。教师不爱写作，一味贩卖写作技术，“隔靴搔痒”，无病呻吟，会误人子弟的。

“脱靴”搔痒，到底应怎样撩拨起学生的写作激情，从而将写作内化为自我生活的一种自然表达方式、自我生命的一种本色需求呢?

我们先从学生作文规律来分析。

我们要让学生真正明白，自己就活在好素材的心里。一条苦苦寻找水的鱼，它不知道，它就活在水的心里。生活如水，但我们竟然很痛苦地问：“写什么？素材从哪儿来？”生活是我们写作的宝贵而巨大的资源宝库。我们的眼睛、耳朵、鼻子、舌头、皮肤，我们的大脑，都尽职尽责地为我们不断创造着资源。曹文轩告诉孩子们：人类看世界有两个动作：一个是“扫视”，另一个是“凝视”。“写不好作文是因为你只完成了第一个动作”，而只有仔细打量、凝视这个世界，才能发现它的无比丰富和美妙，作文的素材也就取之不尽。否则，未经凝视的世界是毫无意义的。

当然，光凝视生活还不够，还需勤用文字这个语文最重要的媒介，来拯救和洗练“活的体验”。虚拟的体验越发膨胀空虚，进而悄然改造着我们言说和思维的传统方式，而我们的诸多感官却变得麻木迟钝。本该活的体验不鲜活不活泛了，精神就变得黯了蔫了。没“活的体验”，就写不出“活的作文”。唯有文字，才能让心动更真诚更深刻!

“修辞立其诚”是作文过程的重要原则，也是作文教育的优良传统，可为什么那么多学生修起辞来与“诚”相悖渐远了呢？我认为，这既关乎对作文的根本认识及其评价问题，也关乎对作文教育的眼界问题——作文教育需要跳出作文看，跳出整个教育看，要放到当下整个社会文化看。对社会这个大系统，你我无可奈何，但这并不是说，我们就无所作为。立足于“诚”字形成作文的习惯，就是在学生心中留下真善的种子，为社会留下一粒“诚”的因子。我们要以一贯之、坚定不移、践之行之。如何立其诚呢？我看首先要有强烈的自我意识——我是独一无二的，我的生活就是我的，是本色的，是座取之不尽用之不竭的宝藏。同时，要自觉去“俗滥”，笔下的文字所知情意，要源于心底深处，是亲历的体验过的，是感动过的思考过的，说出来就带着炽热的情火和理性的严肃。朱光潜先生认为，艺术家在创造时要讲“良心”。这“良心”，我认为，便是个“诚”字。对生活，叶圣陶说：“文章必须从真实生活里产生出来。把真实生活里所不曾经验过的事勉强拉到笔底下来，那是必然失败的勾当”“要写出诚实的、自己的话”。

光讲个“诚”字，恐怕远远不够，还需要培育学生用美的眼睛看待、体

验、储蓄自己的生活，也就是自觉地把生活当成审美对象，并艺术化它。现在大家从好多方面谈生命教育，我看，这作文教育就是特别地道的好手段。特别在今天这个信息良莠不齐铺天盖地的时代，这个道德严重滑坡的时代，我们更应看到作文教育的独特价值。

除了唤醒学生“诚实”“审美”的品质外，我们还需要培育学生对文字的敬畏之心。对文字，不能潦潦草草，不能乱点鸳鸯谱，要尊重这精灵般的一字一句，要感触得到这字字句句的排列组合中所蕴含着的神奇魅力。只要坚守着颗本真的心，生活与文字，就会越来越契合，闲云潭影，江心秋月，就言为心声了。

那么，我们教师作为指导者和帮助者，应怎么做呢？

有那么多好文章，历史淘洗沉淀下来的经典得叫绝的文章，通体渗着生活泥土气息的文章，反映当今社会事件的深刻新颖的文字，能引起深深共鸣或强烈质疑和批判的文字，图书室可尽情借读，教室书橱可随意抽读，期刊可自由订读或买读，又可将好文章按主题汇编了供学生饱读，再加上能摸着学生的生活阅历和阅读喜好，引他读，逗他谈，催他想。总之，你得“广积粮”，投其好，想着他，“馋”着他，以读促写，不失时机，此为一招。

第二招，我们做教师的得和他聊共同的校园生活。你不是觉得生活枯燥乏味吗？好，我说给你听：你看教室外海棠树上写满我们励志语的条幅飘啊飘，多美啊；你想烛光中我们促膝话童年，烛心摇啊摇，多有意境啊；你快看，阿奇自习课时打瞌睡时那种魂不守舍的样儿，你再回味一下欲睡不能却欲睡时，精神儿被拽来拽去时那番苦滋味……还别光说给他听，掏出就是写这些生活的我们的文字来，叫他瞧，叫他喜，叫他羡慕。学生们个个是“馋猫”，他抵不住几番诱惑，自会去寻寻觅觅了。你要知道，学生身上潜藏着强大的模仿能力和向上的精神，我们一定要唤醒它。只要他主动阅读，主动去联系自己的生活观察思考了，作文教学便如顺水行舟，不日千里矣。

显摆我们教师的还远未搔到真痒处，得努力为其创造享受写作快感、激发写作强烈愿望的机遇，不可吝啬。此为第三招。每次作文，只要感到文质尚佳的，又想动心思鼓舞他的写作士气的，就坐在电脑前改写出来，打印出来之后，还得亲手交给他，真诚地赞他一番后，再和他聊修改的原因。有时，不妨再配上佳乐，在全班学生面前，用心美诵一番，他会美得低下头，甜得红了脸。若再发到博客里，并给家长发条短信“你孩子写了篇很好的文章，你快去读啊”，家长一定会去读的，读了一定会将自豪和赞赏奉给孩子，孩子一定倍受鼓舞。写作就成了主动而快乐的事了。确实是佳作，就投稿，发了，看到自己的作文竟变成铅字了，那种美得心尖发颤的感觉能绵延好久呢。总有学生三天两头地给我暗暗塞些作业之外的作文，读这些作文，喜不胜收。

一枝独秀不是春，沐浴在写作风气浓郁的集体里，作文教学应是高枕无忧矣。此乃第四招。近两年来，我收集、整理学生习作已二百余篇，多半是我曾打印出来在教室贴过的。一贴出来，很惹眼的，人人都想着也写好文章贴出来，时贴时新，时时强化学生向上的心思。不只是贴，我还装订成册，设计精美的封面，署上“小强出版社”（“小强”乃众学生所赐昵称），投到班里供其传阅。曾有段时日，班内人人搞创作，有写武侠长篇的，以赵建荣为代表，有写科幻的，以王萌为首，有写生活小说的，以毕理坚最好，有写情诗的，以陆子惠王尚最妙……

作文教学搔痒，要“脱靴”，而不是“隔靴”，因为作文是一种生命教育，而不是单纯的教学。

## 驯养生活好作文

小王子驯养了狐狸。那只狐狸就与天下的其他所有狐狸不一样了，就成为小王子的独一无二的狐狸了。小王子离开时，狐狸是流了泪的。他们之间建立了联系。小王子为他星球上的那朵玫瑰花浇水、除草、盖花罩、挡屏风，那朵花就成为世上独一无二的玫瑰了。驯养，就是建立联系。狐狸说。有了联系，就有了一种纯净的意义。我说。

我想，作文，就是驯养自己的生活。很多人作文内容差不多，所谓千人一面，正是因为没有与自己的生活建立联系。不过，这么说也不对，因为人是有感官有心灵有头脑的，生活本来就应该是多姿多彩的，与众不同的，就是过同样的生活，感受、体验和思考，也不会相同。自己的生活一定在他自己的精神世界里留过痕。只是，生活太繁杂太喧嚣，他不能精选出它来。生活不好收拾，必须驯养生活。驯养生活，也不是仅为写点好作文，考点高分。生活，就是一场驯养。未经驯养的生活，毫无意义。生活是如此丰富而深刻，她要唱出自己的歌来，跳出自己的舞来。文字就是歌声和舞姿，也是档案，所谓今生今世的证据，也是为生活保鲜，使刹那间的一丝微笑或苦涩、一丝真切的心动，永远闪光。不然，风会把什么都给吹散了。既然驯养了生活，就要为生活负责，就像小王子对他自己的那朵玫瑰负责一样。驯养生活，比起如何开头结尾，如何写人记事，如何抒情议论来，才是正经事。为什么写

作文，写什么，比起怎么写来，不知要重要多少倍。很多人总是想怎么写，我认为，是本末倒置的无聊事。

驯养生活，要说起方法，谁不会说几条？比如要观察、体验和思考。谁的生活都是座宝藏。但也有人身处福中不知福，咬着笔帽，就是想不出要写什么。就像小王子说的，我们守着种植了五千株玫瑰的园子，却绞尽脑汁也找不到可写的东西。再美好的生活，对一个没有凝神过的人来说，也是分文不值、毫无意义的。不对生活动情动意，生活就会冷漠以待。狐狸有个秘密：用心去看才能看清楚，用眼睛是看不见本质的东西的。不过，从知道要驯养，到有意识地去驯养，最终形成自觉——也就是建立起真正深厚而深刻的内在生命的联系，路很长很长。要坚持走好这条路，非靠不断写才行。只有写，才会写，才会写好。写，是驯养生活的最大秘诀。我希望，每个人都能在繁杂飞转的生活中，在流水般的感思中，敏锐分辨其中的意义，并用思维和文字擦拭它，把这份记忆和心动留藏、沉淀，进而发酵和升华。

驯养生活，每个人都需要这方面的激发和涵育。

## 基于“写作本位”阅读的深刻化之道

对考场作文，我们有这样的愿景：首先“我心写我心”，这材料和思想原创性强，又独特深刻，印有强烈的个性色彩，绝不是简单剽窃来的；其次，在写的过程中，具有情感的灼热感，是“走心”的；第三，当言说起与之相关、相近或相反的话题时，不招自来，来则让表达流光溢彩。那么，我们平时阅读时应注意什么呢？除了写，还是写，只有写才能解决根本问题，而写作的“深刻化”追求则成为最关键的因素。没有“深刻化”的“写作本位”阅读，就不会实现从“想得美”到“写得美”的华丽转身。

考场作文中大部分顽症基本上都与“深刻”有关。比如议论文写作中普遍存在的“隔膜”现象：运用了则材料，然后回应一下论点，机械肤浅地扣扣题，材料和论点间未建立起深刻的精神联系。我们要做的，绝不能只是用“这一个”素材，而是要以独特的视角和深邃的语言，呈现“这一个”背后的典型意义，要材料深刻化，用这种深刻去照亮你的论点。材料的深刻会加深你的作文深度，耐读耐品，同时，也使你的那个论点更厚重；那个论点，则是材料深刻化的方向。很多学生惯用前者，因为简单，好操作，但因没了深刻的思考而平庸。作文是创造性的，不是复制粘贴；素材是有灵魂的，不是玩意。文品如人品，告别平庸，思考起来，深刻起来。

在“写作本位”阅读的基础上，怎么走出一条“深刻化”的光明之道呢?

## 一、转

典型又新颖的阅读对象中，本身就天然地含有与主题相契合的深刻的内容，这些内容往往相对较为明显，甚至是直接的表述。那么，只要将这些内容“转移”过来就可以了，不用费多大心思。这种“转”法，用得最普遍，但一定要经自己的文字打磨，效果才好。比如诗词写意（也有称之为“素描”，如湖南作家曾冬著有《唐诗素描》），语言追求诗意，放飞想象和联想，追求个性精神，用写作“转”入自己的语言世界，还愉悦了自己的精神。

生活是重要的阅读对象。及时敏锐捕捉这些生活的馈赠，能“想得美”，然后用写作洗尽铅华，到“写得美”，就是必需的华丽转身。举个例子，春晴午憩，一同学看到窗外紫荆花正开得正美，惊其艳之余就写下来，又经反复修改，终成一段意味很美的文段，录下以飨读者：“一扭头，发现铁窗外枝枝条条上竟然栖满了紫艳艳的‘蝴蝶’，从贴着土的根基处一直往上延到梢头，密密匝匝的。前日才刚从枯梗褶皱里探出淡黑的头，袭着些许瑟瑟的冷，星星点点的，今日却是怎么也禁不住春日一烘，春雨一润，嘴一抿，优雅地笑了。‘满条红’都缀满了笑，你用心倾听，仿佛能听到花开的天籁之声，那可是酝酿了一冬的谜啊。藏着这小秘密，临风俏立，蹁跹欲舞，加之小雀细啭其间，人也心荡神驰了。花醉春，鸟醉花，人醉景也醉诗。诗云：‘团团簇锦，半庭娇嫩，一往情深。紫绡香染婵娟韵，粉靥生春。纤雨湿金摇步稳，野风拂梦冷灯昏。无方寸，笑痕又忍，忽醉小痴人。’痴人隔窗自痴，学倦了的同窗们伏在课桌上很有风味地小睡，小胖微鼾细喃，是在编织紫色的梦?”

## 二、炼

主题需要的是铁样的素材，而现在手头的素材是铁矿石，那么，就需要你来高温熔化这铁矿石，炼出铁来。也就是说，将素材中的与主题相契合的因素，重新整合，凝成主题所需要的新材料。怎么做呢?我们也许可以从“读贴”上得到宝贵启发。读贴，就是通过观察、想象、体验字迹的曲直刚柔、阴阳疏密、错落奇正，从而鉴赏字的气韵和作者的生命精神。对待阅读材料，要像读贴，要有专心精读深度钻研的功夫，交心才能交融，交融才能凝结精粹。不过，我们往往停留和满足于被动地接受阅读上，而创造性阅读和个性化阅读的意识和实践方面，都相当亏欠。

## 三、疑

对待阅读，我们习惯于被动地理解和欣赏，而疏于审视和批判，并忽于用文字来表现之。用自己的文字，敢疑、善疑，这是化平淡为神奇的一招。笔者一直珍藏着6年前的一份作文修改记录，作文是小毕同学写的，修改者是小李同学。觉得小毕写得好，我就挂在班内。小李认为貌似不错，其实有很多漏洞。课后他就揭了“黄榜”。后来，那张作文又挂回去了，但上面写满了蝇头小字，密密匝匝的，而且竟然在稿纸的左右用透明胶带贴上了两张宽宽的纸条，纸条上也布满了文字。在题目上方，还写着什么“线性思维”。真是“壮举”！这么有勇气去疑读，有勇气用文字挑战“权威”，不止敬羡，更值得效法。

## 四、连

即把相近或相反的阅读材料，加以整合审视，找出素材间的精神对接点，从而建立起牢固的同盟关系。比如《现代散文选读》里有篇丰子恺的《送考》，全班写读后感，感什么呢？矛头几乎直指考试制度和考试命运，感到激愤，字里行间激荡着凛然嫉俗之情。可丰子恺先生写得清新超脱，意趣横生啊。在这时我们潜心停留一下，不妨找几篇丰子恺的散文捧读，就会觉得拙朴亲切的文字里融化了“简单”“童真”。也许又不难想到王开岭的《向儿童学》《父与子》等，找来细读，又自然会发现很多很好的材料。再查查，我们竟然找到了刘再复的《童心百说》，而且刘先生竟然情理并茂地整理了一百则素材（完全可以作为我们“为写作而阅读”的范本）！再查查，我们竟忆起江西高考考过“找回童年”，浙江高考考过“童心”……你若精心练过写过这些材料，考场何惧之有？事实上，那些高考满分作文相关材料，难道不是平时写过一遍两遍？

要连，就要先确定“此中有深意”的素材，然后激情引爆，纵横联系，再理情对比剖析，织就一张这一方面的素材网。只要触及这网一点，就可震动全体，正所谓“牵一发而动全身”。比如现在高中必修课本全学完了，但作文时，课内素材同学们就用得很少，用得也不够灵通，建议平时每一次作文后，就从必修一第一页翻到必修五最后一页，找到相关联的材料，用自己真正满意的文字表达出来。教材一般从“人与自然”“人与自我”“人与社会”三个向度、多个专题设计，编排科学缜密，对整理素材有很强的指引作用。这活想想就苦就累，但其价值就在于此。开头艰难，但一旦坚持下来，一定会越写越好，越写越顺，越写越活，而且越写越快。如果认为课本素材不易出新，那你就连自己喜欢读的文章或书本里的材料。书可以读得杂，但必须有自己精细阅读的自留地。平时阅读，读得不要狭促，要读得宽厚些，甚至由一个点读成一文、一书，并用写作融通起来。

### 五、变

素材是可以多元解读的，好素材蕴含着诸多意义生成的可能性。对好素材，不妨按“人与自然”“人与自我”“人与社会”三个向度来分别审视，也可以按文化、生命、哲学等角度来分别爬梳，也可以按精神话题的方式分别探究，正所谓“横看成岭侧成峰，远近高低各不同”。在这个“从四方看”的过程中，会有怦然心动的意外收获，也难免会因暂时短路或勉强靠拢主题而出次品和劣品，有辨别力，敢自我否定，就显得很有必要了。对素材，变则明，明则通，通则为我常用矣。曾有个学生从高一至高考，只要写作文，她就多以《红楼梦》为素材，因为她太爱读“红楼”了，纵着横着，不知连了多少回了，整部“红楼”都化在心里了。你说，什么题目，她写不好？

## “一体双翼”，精准提升写作素养

## ——谈高中语文考场作文资源的开发利用

考场作文，尤其是统考作文，于学生而言，因与同伴一起、在同一情境下、同一任务驱动、同一标准赋分，所以具有亲密的对话性、强烈的召唤力，以及全面的开放性和深刻的影响力。而且，考场作文又是不断生成的，新鲜丰厚，可供多次开发，因而对提升学生写作素养而言，是很重要的资源，是亟需积极开发和利用的常态作文课程资源库。

然而，现实教学中的真实情况却是这样的：资源意识淡薄，资源视野狭隘，资源占有量少，讲评灌输频发，重于写作技法，问题精准度差，自主探究匮乏，同伴支持力弱，素养提升相对自我封闭，互补共享的共同体体系尚未真正构建，因此开发利用水平较低，且散漫无序。

当下，考场作文资源的集约高效开发，需要积极构建“一体双翼”体系，即以写作素养为体，增强课程资源意识，以构建意在推进互补共享的考场作文资源库建设体系、基于作文精准问题的深度开发策略为双翼。这是当下提

升学生写作素养急待解决的重要课题。

## 一、主体：写作素养

“以核心素养为本，推进语文课程深层次的改革”①，这是新课标的基本理念之一。写作素养是语文学科核心素养的重要内容之一。写作素养在考场作文中具有以下四个显著特征：一是情境性，即在考场限制、考题限定的真实环境里；二是综合性，即考察目标是整合融通的，不仅包括写作知识与技能，还包括材料解读、言语经验、思维品质与能力、生活实践与经验、审美情趣和情感态度、价值观；三是功利性，即目的是在激烈竞争中获得更高的分数；四是创造性，当然，考场作文是一种特殊的创作。反过来，考场作文资源的开发利用，必然要求我们对其展现的写作素养同频探究，自我审视，以精准提升个体写作素养薄弱之处。

## 二、左翼：资源建设

考场作文资源建设，无论其资源内涵、观念，还是其优化过程、建设机制，都充分落实和彰显了语文新课标对课程资源开发利用的要求。

（1）多样。统考作文，小则几百上千，大则几千几万，篇数量大，充分保障了优质资源的多样化，从而有力满足了多样化选择的需要。

（2）动态。考场作文不断生成，反映着学生不断生成的作文问题，以及不断产生的写作素养提升需求。考场作文资源作为生成性资源，其建设必然是个动态发展的过程。它既指以课程资源的视野处理不断生成的考场作文，也指对考场作文多视角地开发利用。

（3）情境。指以学生真实的写作问题为背景，并在课程化了的考场作文所提供的具体活动场域中发挥核心价值的引领作用，运用必备知识和关键能力，通过自主的语言实践活动，真实解决问题，精准提升写作素养。

（4）共建。从考场作文资源的来源讲，横向的有“班级—年级—他校—区域”等至少四层，纵向的有不同年级。这需要构建和完善不同层级的互补共享机制，特别是区域层面尤为重要。不过，统考作文往往数量庞大，良莠不齐，不可能都成为课程资源，这就需要老师在阅卷过程中随时对典型成果（包括完篇和语段、正向和反面等）有足够的敏感性，并注意甄选、标注、收

---

① 中华人民共和国教育部：《普通高中语文课程标准（2017 年版 2020 年修订）》，人民教育出版社，2020 年，第 2～3 页。

藏，然后在阅卷结束后，上传至共建平台上分享。具体到收藏的形式，若是利用网络阅卷系统，可直接作文原貌下载，若是纸质阅卷，可以拍照，当然考后有条件的，可考虑形成电子稿。另外，考场作文资源也可在考后直接由学生提供，比如自荐最精彩语段、“我的痛与痒”等。由此可见，共建主体不仅仅是老师，也包括了学生。共建的资源不仅面向老师开放供其研和教，也面向学生开放供其探和学。

（5）整合。处于共建层面的考场作文资源，尚属初级阶段，若要转化为系统化的课程资源，必然要进行整合。整合的起点是学生作文问题，其手段主要是对比遴选、精简突显、优化归类等，最终指向写作素养的提升。整合的主体，就目前情况看，主要是教师，但若能强化学生课程资源建设的参与者和开发者角色，加强学生对考场作文初级资源的自主、合作和探究式整合，并提供相应的学习支架，那么，很可能会带来另一番动人风景。

## 三、右翼：深度开发

考场作文资源，不可多得，不容浪费，不可肤浅地读一读了事。要深度开发，就必须更新教学观念，创新有效策略。笔者结合具体实践，归纳了如下策略。

### 1. 项目化突破

“以任务为导向，以学习项目为载体，整合学习情境、学习内容、学习方法和学习资源，引导学生在运用语言的过程中提升语文素养。”① 考场作文资源开发的突破点就是项目化。现实教学中，老师常常未经深入研究分析学生作文，便想当然地设置一个课题进行教学设计，或者不断重复作文“审题”“构思”“立意”“论据”等，并且，常常一味单调地进行写作知识和技巧的灌输。这既挫伤了学生言语自主实践的积极性，又在很大程度上湮没了学生个体的真实写作问题，或者导致对真实问题的虚假解决。项目化开发，则基于学生作文的真实问题，为学生提供了一个个真实情境，在问题任务驱动下，学生遇见写作素养的核心要素，并进行主体性建构，实现深度学习，以提升写作素养。由此可见，学生写作方面的重要问题即作文教学的应选课题，也即考场作文资源开发的学习项目。

---

① 中华人民共和国教育部：《普通高中语文课程标准（2017 年版 2020 年修订）》，人民教育出版社，2020 年，第 8 页。

比如苏州2022届高三零模统考后，有几个学生对拟题很困惑。我组织这几个学生成立拟题专攻小组，并将大市几十篇高分作文的标题选列出来，供他们探究学习。通过这种项目化开发和学习，他们深刻认识到拟题追求简洁明了、形式讲究、修辞融会，“要有点小手段”。在此基础上，他们反复修改自己本场甚至以前作文的标题，解决了自己作文的真实问题。

**2. 典型化支撑**

考场作文资源需要二次开发，以臻达典型化。这里所说的典型化，包括两层意思：一是从学生众多的作文问题中，发现重要而迫切的真问题，实现问题的典型化；二是从整合的丰富的初级资源中，抓住最能支撑项目学习的资源，并进一步优化，实现资源的典型化。典型化体现了写作课程资源高精准和高品质的内在要求，是资源建设的关键环节。

实现考场作文资源的典型化，需要借助“切片”手法。“切片”本意是从物品上切出薄片，在显微镜下观察和研究。切的片，要“微”，要“精”，可正面示范，也可反面引戒，可别人的作文，也可自己的作文，都是对作文典型问题的积极应答。对所选考场作文资源切片，既可去繁就简、去伪存真，又可以小见大、简约高效，意味着资源开发利用的微观而精细的案例研究。

仍以苏州高三零模统考为例。笔者对所任教班级学生作文二次批阅后发现，思路不明晰甚至较混乱，是比较典型的问题。这个问题相对严重的学生，成为切片的主刀者，而资源则是大市高分佳作，切的则是指示行文思路的词语。结果学生有两大发现：一是这些优秀作文普遍具有鲜明的行文路标，而且简洁有力，潇洒自如；二是对这些词语进行梳理归类，每类都直接指向甚至开启一个崭新的思维领域，可谓破解思路狭隘的金钥匙。比如“诚然”“不可否认”等属“欲擒故纵”式，“进一步说”“进而论之”等属“剥洋葱”式，“揆诸反面”“但是”等属“峰回路转”式，“有人认为”则属于“立靶待发”式，“由此观之”“故曰”“故而”则又属于“太极收式”。经过切片研究和互补分享，然后再修改自己的考场作文，自然就能看见实实在在的效果。

**3. 生成性提升**

考场作文课程资源是天然的上好的生成性资源，毕竟学生共同亲历过，共同体验过，甚至同样困惑过，而且展示着他人的写作素养，蕴含着丰富多元的作文启示，还可与自己做对比学习。所谓生成性，大致包括三层内涵：一是对典型化资源的探究发现；二是探究过程中生生、师生对话随机产生的新问题、新情况；三是联结对比，揣摩借鉴，用探究发现的成果指导自己的作文实践，修改出进步了的新作文来，实现自我成长。

比如笔者所任年级曾组织过作文统考，材料是2021年北京高考试卷的作文“论生逢其时”。针对作文普遍较弱的现实问题，我特别组织了以“我如何在场”为主题的项目化学习，学生通过对年级考场作文典型化处理、自主探究及整合发现：“我”必须真实在场，要有真情；情境之“我”，要有角色换位、感同身受以及情境对话的意识；“我”既指本然而独特的自己，但必须真实向上且遵循核心价值观，又代表高中生这一特殊的群体，还拓展代表“吾辈青年”。将这些发现切实落到作文反复修改中去，是最能研磨思想的环节，也是提升写作综合素养的关键环节，但也最考验人，因此也有可能落个强弩之末甚至不了了之的结局。

**4. 联结性融合**

联结包括两层内涵：一是展示分享活动，这是外在形式的联结；二是外在联结与学生内在精神产生本质关系。联结兼具整体性和内在性。具体来说，对考场作文资源进行专题研究，要注重分享展示，既展示学生自我发展的过程，又展示研讨成果，以期学生相互补充，相互吸收，你中有我，我中有你。这些展示具有强烈的启发力和示范性，一旦联结起来，并与学生个体的精神世界产生内在联系，就会统整为愈发具有综合性的网络，从而利于学生全面提升写作素养。

## 作文素材积累的关键：连接与转化

大约距今7万年到3万年前，某次偶然的基因突变，智人得以前所未有的方式来思维，用完全新式的语言来沟通。这场认知革命的突破，就在于改变了智人的大脑连接方式。连接方式的改变，往往会带来深刻的革命性影响，诸如主体性、互动性、精神性、多元性等哲学层面。在这个意义上来说，阅读积累素材，我认为，改变被动识记的连接方式，主动打破素材藩篱，走主体性、创造性和精神性的内涵成长之路，思维既有“井”的深度，又不断拓向“湖”和“海”的广度，才是破解“勤奋的低效”之困、切实提升语文核心素养的正途，而当下尤为迫切。

## 一、素材连接，精神成长

当下素材积累的连接方式，主要是什么呢？是以简单记忆为特征的所谓“积累”——“‘浅阅读’大行其道”“单调摘抄制造表面繁荣”“点评‘没精打采’”“阅读自我和生活缺位”①。

这必然导致随意而混乱的低阶思维现状。虽然平时可供阅读的材料不可谓不繁，花的时间不可谓不多，但主要是文字密码的破译和信息的吸收，以及阅读量的简单叠加，而不是借以联想和对话，通过内在的本质精神的连接和融通，不断实现新的创造。结果考场中素材不仅闹了饥荒，还趋同，好撞车。前有“袁隆平”，再有“张桂梅”，接着是“全红婵”“谷爱凌”，就像“黑瞎子掰棒子——掰一个，丢一个，最终一个”。当然，平时我们也反刍学习的素材，甚至还主动运用，但是，依然是偶然的、零星的，是不成规模的，不成体系的，最终是不可能真正走向深刻的。

事实上，“积累”一说，在一定程度上，也容易让人形成误解，以为就是重在记忆。问题就在于，缺少了连接的观照。此素材与彼素材，到底有什么内在的异同？两者之间如何破壁而通融呢？这真是个费脑筋、挑战大的功夫活儿。正因如此，所以要有强劲的思想力、灵活的适用力，就如杂交优势。然而恰恰也正因如此，我们平时就惯于采取“鸵鸟”政策，在机械学习的舒适区里打转转。

南宋洪迈在《容斋四笔·东坡诲葛延之》中记述了东坡在晚年向葛延之讲作文之法时所说的话：

> 儋耳虽数百家之聚，而州人之所须，取之市而足；然不可徒得也，必有一物以摄之，然后为己用。所谓一物者，钱是也。作文亦然。天下之事，散在经子史中，不可徒使，必得一物以摄之，然后为己用。所谓一物者，意是也。不得钱，不足以取物；不得意，不可以用事。此作文之要也。

以意摄散，乃作文之要。素材看似散乱，可又是普遍联系的。任何一个素材，都处在其他素材的层层包裹、密密交织当中。没有一个素材是孤岛。未经省察的素材没有价值，未经内在连接的素材价值不大。把零碎无序“一地鸡毛”般的素材，用根鲜明的红线串联起来，一拎即起，为我所有，是谓

---

① 司庆强：《基于“写作本位”阅读之上的“深刻化”探讨》，载于《语文知识》2014年第12期，第44～45页。

连接的能力。

这种连接的思维，有两个走向。

一是发散，也就是能“头脑风暴”，各相关的素材纷至沓来。但是，有些人就是无风无浪，孤单单的素材杵在脑中。我想，大致有两种原因。

(1)“我”与素材的互动质量。一方面，平时对“这一个”和“这一类”素材的阅读和理解，比较肤浅，读了，可未必真懂了，懂了，也未必有自己的感受和看法，自然就找不出什么要用的东西来，更不用说再进一步，创设情境以致用。如果思维层级低，时间一长，就易于溺养成表象化的假学习的习性，反过来，我们必须坚持深读和致用，才能摒弃这习性。另一方面，素材本身和素材之间，其实也藏着个召唤结构，需要学习者积极参与，主动连接并深情回应。不过，这里有个认识必须澄清，即从根本上来说，我们不是对素材的内容负责，而是对素材内容里所隐藏的思想负责。素材的含金成色，就是你思考的含量和成色。提高思维成色，一是需要“看见”内容背后的深刻，二是善于通过审视琢磨而挖掘出埋藏于内容里的真金。

(2) 在很大程度上，就现状而言，就整体来说，理科学生相对文科学生而言，似乎更惯于聚焦式思维，而不是发散式思维。理科长期而大量的做题训练，客观上很可能造就了这一偏颇。就拥有内在的活泼和自由而言，发散式思维的优势，既赋予了语文学科更重要的教育功能，也给予理科生一个积极的提醒。同样，理科生显著的聚焦思维优势，似乎更容易走向深刻，这也许是文科生主动修为之处。

二是融通。发散，是针对思维力的辐射面而言的，而另一个走向——融通，是针对思维力的深刻度而言的。

(1) 融通，需要有明确的指向，即赋予意义。有些素材，你乍一看，风马牛不相及也，其实，这是假象，造成假象的原因就是我们思维乏力。要想自然通畅地连接，就必然发见其内在规律，或者更准确地说，很可能是创造一种全新的意义。既然是意义，就不是简单的表面勾连牵挂，而是多阶多元的，是有高下之分和良莠之别的。这注定是一场需潜挖和甄别的苦旅。当然，就学习实际而言，卯定个深刻的新意义，既节省成本，也便于运用，还利于发展规模。

(2) 融通，主体即“我”而非“他”。通过连接来创造新的意义，这个新意义的创造主体，根本上来讲，应该是自己，不是其他任何人。唯有如此，“怦然心动”“豁然大悟”，这种美爆的体验所带来的影响才是深刻而弥久的。那种靠简单被动地读、背和抄，是不可能带来这种美妙的幸福和深远的影响

的，因为主体不在己。

(3) 融通，就是要炼造精神专题的“黑洞”。连接，是一种系统化思维，是趋向多元化、规模化和思想性的，比二三材料更具能量，更能迸发出新思想。不妨打个比方。你有一个关于某意义的专题，好比是个“黑洞”，你平时所读所感所思，都被它吸进去，或者好比是“龙卷风”，一切皆可卷。需要补充的是，平时我们追求素材的独特性，不能只是素材自身内容的不一样，恐怕更重要的还是思维的视角新颖且深刻动人。

全楼学生静静自习，走廊挂有郑燮的宣传板，一楼有欲开的昙花，前天读的是《人类简史》，刚要学生默了苏东坡的《前赤壁赋》……你说这些素材有什么内在关系？我晚值班，睹物生情，由情及理，在走廊里捏下这段文字，并示范给学生看：

> 读郑燮百度简介，花了不过一刻钟。挂在走廊里供观瞻的诸多世界名人，如孔子和屈原，如司马迁和苏轼，如康德和达尔文，都被浓缩成一个极简易的宣传板。我就是细细读，读下来也不过二十分钟。廊际昙花正欲悄悄绽开，到凋落，也不过四小时。你想，“蜉蝣于天地”“沧海之一粟”，东坡固然看得通透，是不是也未免太残忍呢？这满楼满园子的学生，这满姑苏满世界的每一个，都要随先生“哀吾生之须臾，羡长江之无穷”了。又觉着，以色列尤瓦尔·赫拉利居然将人类简史压缩成了一撇一捺，那么多个体独特而丰富的经历、体验、思考，连个影儿也全没了，实在很不仁道。《人类简史》如果续写下去，你我还是什么也没有，哪怕今天你多么志得意满，多么声名显赫。所以，我觉得，来这世上，在人类和社会衍续的宏阔进程中，能蕴涵自己的体验和思考，活出自己的真实和独特，活出自己的意义和价值，面对逃无可逃的短暂一生，何惑，何忧，又何惧呢？

## 二、素材转化，二次创作

素材到底应该怎么整理才确实有效？

不深刻反思这个问题，就会徒耗时光，或者是隔靴搔痒。以前我们习惯于让学生“散打”，也就是把好的讲义或作文杂志供给学生，让他们自由去读。我们憧憬着，学生这么一读，好素材好思想就会在学生心中留痕，自然学生就会应用到考场中去了。冷冰冰的现实，无数次地证实，这个因果链条是根本不成立的，是我辈语文老师的一厢情愿而已。

“以核心素养为本，推进语文课程深层次的改革”①，这是语文新课标的基本理念之一。我以为，究其根本，就在于学生只是被动阅读，而没有以主体的角色和主动的心态进行敏锐的转化和积极的突破，也就是没有进行创造性阅读。

那么，该怎么办呢？我倡导构建基于素材转化的二次创作机制。

**1. 整理的源头要明确**

一是要有一个整理的方向。这个方向多是论证的中心观点。素材的整理，必须要紧扣中心观点，这是不可动摇的前提。二是素材来源。看看学生手头的材料，大致不外乎印发的作文讲义、作文杂志、报纸、阅读过的书籍。当然容易忽视还有学过的课文、自己以前摘抄的素材、自身的成长经历等。这么多，怎么办呢？最好是每次整理都让学生每类都整理一则。这样，多扒拉几遍，多审视几遍，多角度表述几遍，内化之效自然显著，同时又辅以复习之功。鉴别素材好坏，对学生思维是个考验。从客观上来说，素材品质相对于这个观点而言，自然良莠不齐，不过，就主观而言，也许本是好素材，学生未必能发见其闪光点，或者表述得未必就好。

**2. 整合不能不具有转化力**

平时学生作文常见不扣题现象，其实就是思维上扭不过那个弯来，不懂或不善变通。鉴别是可用之材后，就要找到它与中心论点之间的契合内容，并加以突显，把不契合的剔除。特别要注意的是，论述对象已然不再是原材料了，如果仍一往情深，贴着原样子不放，那就极易偏题了。

转了还要“化”。要“化”，关键做好以下两点。

首先要打破“观点＋例子”的不讲理模式，善于缘事说理。这个理，当然得就着例子围绕观点讲。要引起重视的是，学生在转化时易于贴标签，乍看貌似扣题，其实里边的逻辑混乱，观点不透亮。

其次要善于连接。素材既可“逆向”连接，负面翻正或正面翻负，也可连接同类素材，找出意义的“最大公约数”；还可连接异类素材，找出意义的对照或相通之处；同时，又可以连接生活和时代，赋予素材以新能量、新生命。

---

① 中华人民共和国教育部：《普通高中语文课程标准（2017 年版 2020 年修订）》，人民教育出版社，2020 年，第 2～3 页。

举个高中生比较熟悉的杜鹃鸟的例子。

关于杜鹃鸟的零散素材，首先要整合。比如：苏轼《浣溪沙》“松间沙路净无泥，潇潇暮雨子规啼”，烘托伤春、惜春之情；李白《闻王昌龄左迁龙标遥有此寄》“杨花落尽子规啼，闻道龙标过五溪”，抒发思念之情；李白另在《蜀道难》“又闻子规啼夜月，愁空山”，感慨险峻、亡国之情；白居易《琵琶行》“其间旦暮闻何物？杜鹃啼血猿哀鸣”，倾诉悲苦、哀怨之情。这是“可怜、哀婉、纯洁、至诚”的杜鹃鸟。

接下来，还需要连接和“转化”。比如，郭沫若先生不仅发现了这一矛盾，还将思维不断深化，化到时代中去了。当时抗日战争尚未全面爆发，作为历史上受中国文化“哺育”的日本，其纳粹分子，却“恩将仇报”。这是不是与“专横而残忍”的杜鹃有相类之处呢？所以郭沫若先生写了《杜鹃》一文，为杜鹃“翻案”——由正面翻负，隐喻日本侵略者是忘恩负义、“专横而残忍”的杜鹃，还把中华民族比作“莺”，批评“莺”的不觉醒而自甘奴化，对“人面杜鹃”丧失警惕之心。《杜鹃》一文，可谓是素材“破圈”转化的典范之作。

**3. 素材的二次创作不能不讲究策略**

（1）转化不能不讲究结构。结构，其实就是论证思维的外在表现。结构种类归结起来，大致可活用“（引用）＋观点（观点解说）＋事例（事例解说）＋（联现实发议论）＋（联“我”发议论）＋总结论述”的结构。这一结构，可化解为几种，每种都要尝试。这则整理用了这种，下则就用另一种，后边的则再换一种。我们要培养学生这种自我突破的精神。

（2）转化不能不讲究方法。论证方法，除了举例子，还有对比论证、比喻论证、类比论证等，要让学生变着法子用，可单个用，更要综合用。

（3）转化不能不讲究文采。多用点排用、反问、比喻，就应试而言，是不能忽视的好事。不过，文采是建立在真诚情感、思想内核基础上的，它是排斥假大空的。从这个角度来说，你的核心价值观、你的语文核心素养，才是真正的内核。

（4）转化不能不有“我”。“我”，是青年，青年有朝气有梦想，能拼搏；“我”是当代青年，当代青年有使命有责任，能担当；“我”，就是我，我是一名高中生，正逐梦高考，正破浪前行。论述表达，“我”，是自然的角色定位，若形成自觉，必须经过不断的训练打磨不可。这种角色，在具体行文中，诸如“我们”“吾辈”“你我”“我们年青人”一类的词，恐怕还要彰显。

# 基于写作素养的考场作文“妙手”观及其淬炼策略

“飞雪连天射白鹿，笑书神侠倚碧鸳。”金庸江湖，叱咤风云。无妙手，侠者无以行走江湖，门派无以立锥天涯。射雕英雄郭靖有“降龙十八掌”，华山派令狐冲有“独孤九剑”，大理段氏段誉有“六脉神剑”，东方不败有“葵花宝典”，逍遥派虚竹有“北冥神功”，武当派张三丰有“太极”……无一而足。除了武侠世界，三百六十行，千帆竞发，大浪淘沙，不都需要“妙手”吗？更何况是疾书于考场这一“江湖”中呢？

## 一、考场作文为什么要以“妙手”为导向

### 1. “妙手”，是语文素养提升和考场竞争的统一

语文课程标准明确指出，“促进学生全面而有个性的发展”①。“有个性的发展”，就写作而言，应该体现为这样一个统一的过程：在具有差异性和层次性的语文学习实践中，善于积极寻找、发见、评估、突显个性，并成长为过硬的写作素养，最终在激烈的考场竞争中，理当并能够使其兑现为“妙手”，从而取得好分数。没有考场“妙手”，没有好的分数，在很大程度上，恐怕很难评定为语文素养水平高。反过来，语文素养水平高，很大程度上，体现为因考场有“妙手”而取得了好分数。

### 2. “妙手”，是学生个体言语生命表达的内在需求与高考取得高分的统一

实现言语生命的自我表达，是培养写作素养的核心诉求。如何使这种自我表达更富主体性和生长性，同时更富鲜明性和竞争性，也就是最终化成考场“妙手”的过程，将是语文教学的不移追求。自由表达自我，不脱离考试现场，且能带来好分数，这才是我们要追求的“妙手”。

### 3. “妙手”，是语文教学构建点面互动互进关系的需要

语文教学，既面向全体，更面向个体。面向全体，既指面向全体学生，

---

① 中华人民共和国教育部：《普通高中语文课程标准（2017 年版 2020 年修订）》，人民教育出版社，2020 年，前言第 3 页。

也侧重于夯实基础的“本手”；而面向个体，既指面向具体学生，也侧重在“本手”基础之上的个性创造。从“本手”走向“妙手”，从“实然”走向“应然”，当下所面临的困局是作文教学匮乏科学清晰的逻辑链和实操的有效性。破解作文教学大一统格局，盘活一池春水，以实现个体“妙手”为实践导向和突破口，将是极富探究价值和实际意义的正道。

## 二、考场作文“妙手”的相对论

### 1. “妙手”之本

常规的基础的，未必就不可作为“妙手”，而那种奇崛的超常的，也未必就是“妙手”。这既事关素材、技法本身，更关乎使用素材者。前者是表，是形，是术，一贯被重视，投注时间也最多，但收效一直甚微，因为毕竟“运用之妙，存乎一心”，个体学生主体的思维与思想，这才是里，是道，是根本。

### 2. “妙手”之变

从发展眼光来看，此一时的“本手”，随着实践深入和累积发酵，有了怦然心动的发见，又因某种适宜情境的契机，可能会发生质的变化，从而提升为“妙手”。同样，此一时的“妙手”，也会因新鲜度减弱、情境不适或天花板效应等，从而退化为“本手”。

### 3. “妙手”之质

练之最熟，思之最深，用之最顺，发力最为畅达，应用最易得手，此谓“妙手”。“妙手”不求量多，而求质优，求素材之专、思虑之精、运用之宜。

### 4. “妙手”之境

新课标讲究“情境”，而“情境”具有限定性、特定性、综合性和现场感。有一种观点认为，“妙手”似乎是提前备好的，好像一把万能钥匙，能打开诸多作文情境。这无疑是痴人说梦，是考场作文实用主义的投机作为。瞎猫碰上个死老鼠、守株待兔、刻舟求剑这类情况自然是有的，但“妙手”之妙不在于此，而在于要么能变通好备好的素材，要么“得其道而忘其形”，也就是因研究那备好的素材而具备了的思维能力。而后者，才是作文教育所要真正追求的，才是“妙手”的最根本保障。

## 三、考场作文“妙手”的淬炼策略

### 1. 智慧“选择”

（1）主动性。没有基于主动选择的学习，是不可能练就考场“妙手”的。学习上的选择，从学习主体性和差异性上讲，应是自由和主动的。那种老师提供详细具体的学习材料，让学生取舍和熟习的过程，并非严格意义上的选择。唯有学习者善从自我学情现状出发，产生某种学习需求的冲动，主动搜集资料研究提升，或者向他人寻求学习的帮助和支持，进行本质意义的学习选择方才具备。因此，传统的大一统式的教学策略，在很大程度上剥夺了学生的自主选择权。但不可回避的是，学生毕竟因阅读视野不宽、思维力不足以及精力有限等原因，仍不得不依靠更多的学习支架。其中，最重要就是教师的指导。教师平时乐此不疲做的事，恐怕就是完成“学生给我布置作业”。但基于核心素养教学观的应对策略，应是学生从自己的学习需求出发，将思维疑困或资料方向等用小纸张写下来交给教师，教师要做的，就是去大量搜集、甄选整合、打印交付，并进行沟通指导。

（2）项目化。“妙手”的练就，必须走基于自身学习独特性和“广积粮”的集约化路子。散漫、无序、泛化、表化的学习，当下仍大行其道，这是虚假和低效的。要让学习凝聚如炬，就要项目化，也就是“研究自己”，将自己非常感兴趣的学习领域作为项目来研究——绝不是简单地一时地读一读或写一写。江苏省第二十届“中学生与社会”特等奖获得者刘少杰同学，平时书读得极杂，尤其喜读哲学，其中痴情于研究尼采，读得又深又活，为文时深得其妙，“妙手”迭出，其境界之高，自然令大部分学生难以企及。

（3）考场化。妙手之妙，当最重要展现在考场上。经不起考场检验的所谓妙手，无论多么绚丽可心，都是徒劳的。因此，平时所学当以考场为背景，骨子里有种深刻的“考场现场感”。考场上出现的内在问题，都是冥冥之中的学习关爱和启示，都是我们渴望得以垂爱的宝贵的学习资源，都是妙手的淬炼之火水。而淬炼的过程，又必然化于平时。

### 2. 突破“境界”

（1）反复中蜕变。无反复，无妙手；无蜕变，无妙手。学生手头上拥有大量的作文资料和很棒的作文杂志，却习惯于平时一读了之、一知了之，没有深思整合，没有情境运用，没有多角度凝视，没有反复地持久地运用，没有真正淬炼成素养的真气，仅仅在考前临时抱抱佛脚，是没有办法在考场中赢得妙手的。从散乱无神的知识层面，经“千锤万凿”“烈火焚烧”，最终到达“清气满乾坤”的语文素养之境，毋庸讳言，是教师日常教学无奈无措之处，也正是作文教学真实而深度发生的肯綮所在。

（2）内化中自觉。无内化，无妙手；无自觉，无妙手。《倚天屠龙记》中，张无忌被张三丰传授太极神功，无忌从“已忘记了一小半”“已忘记了一大半”，再到“全忘了，忘得干干净净了”，结果功力陡进，为什么？他得的非“招”，而是“意”，是临敌时无有拘囿的“千变万化”“无穷无尽”。考场作文中，那些对情境任务、现象本质的思维品质，呈现的是自然自觉的妙手之意，而非生拉硬扯的“强说愁”之嫌。

**3. 深度“融通”**

（1）研究有得。妙手之妙，离不开融通；而若要实现融通，就离不开“研究”。这两个字，距学生似乎远，而其实应是最近的，因为是新高考和语文学习内在的刚需。“研究”需要点沉浸的状态，需要点对问题深剖追问的精神，需要点对相关材料的收集、整合，以及以点带面的能力，需要点看破类题的格局，还需要凝结已见的自我表达。那么，谁来“研究”呢？不是老师，而是学生自身。别人研究的成果，不是你的；看了别人的，不叫深度学习，甚至称不上真正的学习。自己来“研究”，那才是王道。那种想想都会、看看都对、做做就露馅的现象，基本上就是因为缺乏了最需下功夫的过程。没“研究”，不学习，这个提法，似乎有点狠，但理儿一点也不糙。那么，“研究”到什么程度呢？当有“四字诀”：“深透有得”。深了，才能看透；透了，才能举一反三；而“有得”，就是要有自己深切的心得。如此，妙手方有望。

（2）关联审察。当下课堂容易进入的一个误区是，无论是教师还是学生，都习惯于对单个材料的审察，特别是在内部意义的融通与内在资源的转化上，常常忽略了对相关材料的主动关联，从而弱化了语文素养的主动构建。比如学时最重的课文，如果不关联审察，不转化，视界就不会宽，内功就不会厚，考查起来就容易飘。不转化，池水就是死的。以部编教材第一册《登高》诗为例，该诗完全可以关联第三单元的《梦游天姥吟留别》《念奴娇·赤壁怀古》《永遇乐·京口北固亭怀古》，也可以关联已学过的《望岳》《登幽州台歌》《滕王阁诗》《九日齐山登高》《登黄鹤楼》等，还可与王开岭的《消逝的地平线》融通，而又可对“登高”之因、之景、之情、之法进行整合分析，并对“登高”这一中华传统文化现象提出自己的独特发现。这样，既提升了对“登高”群诗的理解评价力、审美鉴赏力，又提高了对“登高”现象思维的深刻性、独创性，增强了继承和弘扬传统优秀文化的自觉力。

（3）投身教材其间，多关联，多审察，多磨磨，得其实，得其好，得其面，本手才算练得稳实，妙手才有可能。下面这段话或许会给我们更多的深思：

> 试题材料呼应教材，题干设问、答案设计注意与教材中的重点内容建立知识链接，增强与教材的关联度，并充分考虑新旧教材更替的因素，优先选择新旧教材中都有的传统经典课文为关联对象，灵活运用显性关联和潜在关联2种方式，引导教学重视教材、用好教材，将功夫下在课堂内，以提升课堂质量的方式来提高学生成绩①。

（4）文字打磨。妙手，只有在丰富而反复的言语实践活动中才能淬成，并最终经得起言语实践的检验。用文字打磨的，表面上看是语言的形式，事实上，其内核是思维和情意。这是进修妙手的必经之路。要淬炼成妙手，就一定要摆脱那种“看看都会、想想挺美、写写乱码”的浮躁习气和习惯做法。部编教材有篇课文，叫《以工匠精神雕琢时代品质》，依笔者看，让学生在写作中多些“匠气”，定会孕育出更多天成之妙手。

---

① 教育部教育考试院：《坚定文化自信　激扬青春风采　服务“双减”改革——2022年高考语文全国卷试题评析》，载于《中国考试》，2022年第7期，第7～13页。

# 第二篇　体验言说总不尽

## 导　读

•生命体验是自我存在的本质特征。没有生命质感、匮乏生命体验，是长期以来中学作文的内在痼疾。因诸多原因，今天学生生命体验的蓄养和言说深遭阻碍。

•“写啥”远比“咋写”重要多少倍。“写啥”和“咋写”都是谋和术的范畴，务本而道生，我们必须确立最基本的生活观和作文观。

•作文教育，旨在使学生言语活动与其生命的血脉相连，从而实现其言语生命的自我实现。这就需要推动生命体验增值，善于蓄养生活中的形象，培育形象中的生命体验，涵养和洗练其中的情意，并且通过生活打磨和文字打磨，以及读写融通，表达个体新鲜而深刻的灵魂。我们追求这样的生命体验：精神明亮、深切和独特。

# 生命体验：为什么匮于作文

## 一、生命体验是自我存在的本质特征

什么是“体验”？“体”，意为设身处地，亲身经历；“验”意为察看感受，验证查考。“体验”首先具有实践性，它不是凭空得到的，而是具有生活实践的源头活水。其次具有鲜明的主体性，由“我”体验，自我意识强。再次具有独特性，也就是说，这是“我的”体验，个性色彩浓。最后它还具有生成性，是在具体实践中感受、理解事物，建构知识，发展能力，产生情感，生成意义。

什么是“生命体验”？“生命”不同于“生活”。生活是生命的存在方式，是创造生存意义的生命活动；生命是“人”的意识的觉醒，是让人成为他自己的价值追求。从“生活”到“生命”，是从生存到存在的跨越。“生活感受”，纷繁复杂又无休无止，转瞬即逝又纷至沓来。当“生活感受”成为审美对象，也就是与生活感受保持一种适当的距离，投注情感，体察审视的时候，“生活体验”才成为可能。课上我先让学生全都向后转，不得再回首，然后问，黑板和天花板之间的墙上，写了什么？众生莫不愕然惘然。此室已朝夕相居三载，每日矫首以望不知多少回，何以视而不见不知其详？原因就在于，墙上那些字，没有成为他们的审美对象，他们对此没有“生命体验”，没有与其产生深刻的生命的本质联系。

生命是场自我表达，需要言说不休。言说生命，根据马斯洛的需要层次论，是现代人的基本诉求。对言语生命的冲动的唤醒、呵护、诱导，对言语生命主体性的培养，是作文教育的核心任务。生命的深度，很大程度上就是体验的深度。生命体验是客观存在的，但其内涵及厚薄、丰瘠等却是因人而异的。这种体验是开放的，必然伴随着生活的延续而不断得以积淀。充盈着独特情思的体验落到心底、融入生命，那一定是真切、深刻而鲜活的，并且具备裂变功能，能量强大。同时，生命体验还不是孤立的，彼此之间有很强的吸附性、迁移性和融通性。

## 二、生命体验匮于作文的现实阻碍

没有生命质感，匮乏生命体验，是长期以来中学作文的内在痼疾。有以

下三点主要表现。

(1) 素材“俗滥”。要么是自己考试考得不好，惴惴不安，结果家长（或老师）没责怪他，而是鼓励他；要么是公交车上让座，要么是下雨天送伞，要么是关爱乞丐，实在是不一而足。

(2) 胡编乱造，生拉硬扯，“修辞”而不“立其诚”。没有经历过，没有体验过，没有自己炽热的情火和理性的严肃，竟不讲良心地编造亲友死掉，还名曰“虚构”。这种现象并不是个案。殊不知，虚构要追求艺术的真实，也要将因感同身受和同情的力量，将其迁移过来，否则岂不生成“僵尸文”？

(3) 模式化。中学作文有自己的内在规范，无可厚非，但如果一味操练技法，甚至模式化、公式化了，那就与作文的生命本真渐行渐远，背离了作文的初心了。生命体验在作文中的匮乏和缺位，导致作文“缺钙”和“中空”，折射的是整个生命教育的苍白与无奈。

那么，该如何看待中学生的生命体验呢？毋庸置疑，中学生的生命体验不但客观存在，而且具有青春期特定的个性，甚至具备其他年龄阶段难以比拟的优势，比如清纯、敏锐、动情等。然而，许多人认为，中学生生活圈子小，阅历少，体验单薄肤浅，作起文来是乏善可陈的。这种无视或轻视的态度，大致源于以下三种错误认识。

一是认为中学生谈不上什么生命体验。我们的眼睛、耳朵、鼻子、舌头、皮肤，我们的大脑，都尽职尽责地为我们不断创造着宝贵而巨大的作文资源。作文最重要、最夺目的资源就是学生自己的生命体验。走过童年、少年，每个学生的生命体验已是比较富有的了。因此，“无”生命体验，是个伪命题。

二是承认学生有生命体验，但是不能平等地并以欣赏的眼光看待学生的生活与体验。他忘记了自己也曾是个孩子，是个学生，忘记了自己也曾置于类似的生活情境中，也曾萌生过类似的生命体验。同时，他忘记了自己也曾表达得很笨拙稚嫩，也曾犯这样那样的一些错误。有了学生立场，有了同理心，具备了孩子的心灵——用孩子的大脑去思考，用孩子的眼光去看待，用孩子的情感去体验，用孩子的兴趣去爱好，将心比心，才享受作文教育的交流乐趣。

三是对作文教育功能的无知。作文教育，就是要使文字表达成为学生言语生命自我表达的最重要方式之一，使其成为学生认识世界和自我，进行创造性表达的过程。不写自己，不写自己的生命体验，只停留于作文技法层面的反复讲解和指导操练，岂不是背道而驰？

然而，我们必须承认，今天学生生命体验的蓄养和言说深遭阻碍。

一是学业过重，受管教太多，接触自然的机会过少，导致生命体验的范围相对狭窄。今天城市的孩子许多是没见过水牛的，不识水稻的，也多未见过麦子，可谓“四体不勤、五谷不分”。他可以很流利地背诵《悯民》《观刈麦》，但又浪费盘中餐而深不自知。这些孩子丧失了与土地的亲近和体验，他怎么可能真正理解土地孕育出来的中国传统文化呢？王开岭在《古典之殇》中写道：“一边是秃山童岭、雀兽绝迹，一边是‘两个黄鹂鸣翠柳，一行白鹭上青天’的书声朗朗；一边是泉涸池干、枯禾赤野，一边是‘西塞山前白鹭飞，桃花流水鳜鱼肥’的遍遍抄写；一边是霾尘浊日、黄沙漫漶，一边是‘山光悦鸟性，潭影空人心’的诗情画意……这是何等遥远之追想，何等费力之翘望啊。”① 他感喟的是古典场景的流失，我担忧的是学生生命体验“领土”的流失。拓展学生接触生活的广度，树立“大生活观”，弥足重要。另外，生活节奏过快，加之心浮气躁，导致反刍生活、涵养情意、直面自己、跟自己对话的闲暇太少。棋讲复盘，练字需临摹，更何况是我们自己的生命呢？

二是阅读体验弱化。学生自由阅读的机会少了，更多的是为考试的功利阅读。浅阅读、快餐式阅读多了，深阅读少了。同时阅读与生活更多地呈割裂状态：很多时候读而不进，文我相隔；就是读进去了，也往往难有足够的同理心，得到另一种人生；就是获得一种阅读人生，也往往不能主动移情迁意到自己生活中来，使两种人生相互渗透，形成一种圆融关系。《红楼梦》中林黛玉文我相融的阅读精神，也许能给予我们更多的自我审视。第二十三回，黛玉听到有人唱“原来姹紫嫣红开遍，似这般都付与断井颓垣”，十分感慨缠绵。又听到“良辰美景奈何天，赏心乐事谁家院”时，“不觉点头自叹”，略得其中趣味。再听“则为你如花美眷，似水流年”，便不觉心动神摇。继听“你在幽闺自怜”等句，“亦发如醉如痴，站立不住，便一蹲身坐在一块山子石上，细嚼‘如花美眷似水流年’八个字的滋味”。忽又想起“水流花谢两无情”之句，词中又有“流水落花春去也，天上人间”，又刚读了《西厢记》“花落水流红，闲愁万种”的句子，“不觉心痛神弛，眼中落泪”。我们要暖化阅读时的冷漠心，柔化阅读时的硬心肠，打通近乎闭塞的阅读泪腺，以生命拥抱生命，以体验创造阅读精彩。

三是体验在教学中的匮乏。作文教学严重的技术化和模式化，前文已提

① 王开岭：《古典之殇》，出自王开岭：《每个故乡都在消逝》，山西教育出版社，2013年，第35页。

及。这与作文教学直接面向考场、考场作文评价改革严重滞后有密切关系。我们整个教育教学体系轻体验重灌输、轻个性重整齐、轻素养重应试的流弊可谓积重难返，课堂愈发无趣无效。为什么那些美好的词语，诸如"感动""心动""美妙"……离我们的课堂越来越远了呢？我们的语文课，知识僵化、情意麻痹、思维表面滑行等生命体验薄弱或缺位的现实，依然随处可见。在变幻莫测、花样翻新的包装下，包藏着的依然是实实在在的应试。文中那么个性鲜明、形象生动的人物，还未用心揣摩文字，还未触及或体味文字背后的心动，结果很快很直接地就被贴了标签——抽象成几个不痛不痒的概念。分析一首诗吧，诗是语言简约凝练的文本，需要细细推敲、用心体验才好，可我们总习惯于从语言表面滑行过去，挤凑成几个概念，毫无体验，毫无触动，就收获几个死概念。我们号之曰"概括"。离开了语言文字，离开了体验，只搞成几个死概括，课，岂不是糠心大萝卜？贾平凹《月迹》一文有"款款"一词："我们看时，那竹窗帘儿里，果然有了月亮，款款地，悄没声儿地溜进来。"课本注释为"慢慢地"。很多老师就止步于此，结果对学生来说，这个词是死的。他知其意，但不能体验其情，不能感受其趣，倘若考起试来，他也许并不失分。经过与学生探讨，我们体验发现："款款"与年龄有关，年龄不能太大或太小，以妙龄为佳；也与身材有关，身材不能太胖或太瘦，以丰神绰约为佳；还与走姿有关，走得不能疾如风或慢如蠕，以翩若惊鸿最好。你看，除了"慢慢地"，我们还体验到"柔美""优雅"的意味，并且还培育了一种"怜爱"情味。试想，今后，当看到"款款"二字，学生嘴角很可能会露出一丝会意的笑意，因为他脑海中很可能会呈现出一幅画面：一个妙龄女子从不远处向他走来，走得那么气质非凡。"款款"一词，在他心里是活的，是有温度和趣味的。当他读到戴望舒的《雨巷》或曹雪芹的《红楼梦》，对那个结着愁怨的丁香一样的姑娘，对那个林妹妹，脑海中很可能会自然出现"款款"二字，并心向往之，沉醉其中而欲罢不能。

## 作文内需：为什么要写

一提起怎么写好作文，我们马上想到写什么啊，好素材从哪儿来啊，怎么扣题，怎么条理，怎么过渡，怎么深刻，怎么生动形象……这些概括起来，就俩问题："写啥"和"咋写"。

对"咋写"，因其条理清晰易于操作，所以占用了绝大部分教学时间，但大量事实不断证明，此举收效甚微，不过，这种做法仍顽固地延续着。其实，“咋写”并不是最重要的。“写啥”远比“咋写”重要多少倍。你有没有发现，原来作文水平实在不敢恭维的某生，一旦他抓住个好素材，那是他生活中亲历的，有真切体验，有深挚情感，有深刻思考，并且是“独此一家，别无分店”的，写开去，你会猛然发现，他的语句通畅多了，好多好词来了，好些修辞来了，开头结尾挺艺术了，真情实意来了，感动便也来了。叩准了生命体验这脉动，写自己的心，写出真实的自己，与写那种七拼八凑胡编乱造的玩意相比，其境界实是霄壤之别。具有生命体验特质的素材，是好素材，但这“好”，不是脑门里简单感受的，或者高挂口头的，而是真落在笔头的，是用文字打磨过的。那些从远近高低多个视角审视，并打磨过好多遍的好素材，才有可能称得上极品素材。它不会让学生在考场上受搜肠刮肚绞尽脑汁的煎熬，而是主动呈绽于你眼前，主动打通与考场作文的要求，它能应对自然。对那些考场满分作文，不要仰慕考生多么有才华，不要羡煞考生多么春风得意马蹄轻，而应该关注他平时在打磨极品素材上灌注了多少心血才是。

但“写啥”仍不是最重要的。“写啥”和“咋写”都是谋和术的范畴，务本而道生。有两点最要命，这两点具有本质联系，离开其中一点都不行。

其一，基本生活观。你怎么对待生活，是生活还是活着？生活就是活得有意义，有体验和思考，有凝视，不是简单地活着。曹文轩曾说，人类看世界有两个动作，一个是“扫视”，另一个是“凝视”。写不好作文是因为作者只完成了第一个动作，而只有仔细打量、凝视这个世界，才能发现它的无比丰富和美妙，作文的素材也就取之不尽，否则，未经凝视的世界是毫无意义的①。所谓“凝视”，不正是用美的眼睛看待、沉淀和储蓄自己的生活，也就是自觉把它当成审美对象，并艺术化它吗？不正是对生命体验的一种审视、内化和美化吗？苦苦寻找水的鱼，殊不知，自己就活在水的心里；而平时焦灼于不知写啥的学生，就如同这鱼，不知自己就活在好素材的心里。用心做生活资源的拾荒者，人生才会有诗意。

其二，基本作文观。从本质上讲，作文，是人的生命表现本能和现代基本生活方式，不是学习的一种艰难任务，不是为考试的一种手段，是生命的内在需求，不是身外之需。这种元认知、元态度，决定了学生作文的言语价值、言语人格及其动力系统。潘新和教授在《语文：表现与存在》中认为，

① 曹文轩：《未经凝视的世界是毫无意义的》，见《意林》编辑部编：《意林智慧卷》，吉林摄影出版社 2020 年版，第 54 页。

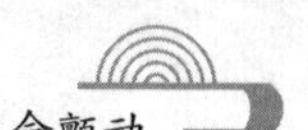



“言语需要是人的最本质的需要，是生存与发展的最基本的需要，也是人的自我实现的存在性需要”①。言说是我们的本性，其“真正的言语动机是来自主体内部的需要，即人自身的需要”②。作文教育，旨在使学生言语活动与其生命的血脉相连，从而实现其言语生命的自我实现。

## 作文教育：如何自我实现

### 一、增值观：让存在愈发自觉

我所说的增值是这样一个过程：丰富学生独特的生命体验，并基于此，积极转化为作文的宝贵资源，从而不断实现自我言语生命。多点开花，以点带面，可以从量和质两个角度来理解这种增值。新课标指出，要让学生“学会多角度地观察生活，丰富生活经历和情感体验，对自然、社会和人生有自己的感受和思考”“在生活和学习中多方面地积累素材，多想多写，做到有感而发”，很大程度上就是生命体验要“广贮粮”，多多益善。从品质上来讲，生命体验的增值也必须符合真善美的要求。

然而现实教学中，为什么学生面对自己诸多的生命体验无动于衷，骑驴找驴满世界找素材呢？为什么考场里很多学生总是与作文个性闭塞，与自己的生活绝缘，陷入了平庸的泥淖，仍是老生常谈呢？平时学生读了那么多好文好书，摘抄了那么多好字，为什么一提笔，就“贫”了就“蔫”了就“怂”了呢？素材撞车严重，同质化、肤浅化严重，作文“贫血症”严重，在作文教育生命化严重缺失的背后，其实是生命体验的转化问题。

我去过清华园，亲眼看过朱自清笔下的荷塘，但是，我觉得，那片荷塘，实在没什么稀奇的。为什么在朱自清眼里心里，就那么美了呢？那夜，朱先生有一种淡淡的不平静，这荷塘也“日日走过”，主客观正好契合，加之有一种艺术的审美和想象在，所以，机缘巧合，才有这散文美篇。我们去读书，或去凭吊古迹，或去欣赏风景，去体味身边的人和事，恐怕都要带着情和义才行，让这外界与我自己的内在，产生一种生命联系才好。外界可谓红尘滚滚、纷纷扰扰、光怪陆离，总不能什么都要投到心里来吧，所以，我们要精

① 潘新和：《语文：表现与存在》，福建人民出版社 2017 年版，绪论第 9 页。

② 潘新和：《语文：表现与存在》，福建人民出版社 2017 年版，绪论第 7 页。

选。如此，生活便有情有义，内生活丰富而自由。有人觉得生活枯燥无聊，觉得孤寂压抑，可能是因为缺一种温和的眼光，缺一点情意的投入，缺一丝美的转化吧。维克多·E. 弗兰克尔在《活出生命的意义》中写道："在集中营里，人的身体和思想由于受到压迫而处于原始状态，但深化人们的精神生活是可能的。有丰富的精神生活且比较敏感的人在这里会承受更多痛苦（他们身体也会更弱），但对内心的伤害相应也会少许多。他们能把恶劣的外部环境转化成内心丰富自由的精神生活，只有这样才能解释集中营中身体羸弱的一些人比看似强壮的人生存能力更强。"① 在某种意义上，提作文教学，不如提作文教育更准确，因为除了技法，作文更关乎生命和精神。学生不断获得种种鲜活而深切的体验，及时有意识地予以审美式的沉思，有所发现，有所心动，进而通过言语表达，使其不断增值，最终沉淀为学生身心成长的滋养。这应是作文教育重点培育的言语生命的表达素养。

生命体验的增值，是作文教育易于忽略的重要责任。增值，意味着状态从自发转换为自觉，从昏迷到唤醒，意味着价值从迷乱不定、含混不清到明晰坚定、熠熠生辉，从单向直线到多元变通，意味着选择上从无动于衷、隐遁不见到触景疾至、联想沓来，更为灵活。这种增值，除为体验和思考保鲜外，还具备生命成长的大能量，因为它还能潜移转化地打通通向生命光明的道路，成为生命的滋养，促进精神的提升。从这种意义上讲，作文教育，其实是一种德性修炼，是一种生命教育。

## 二、形象观："志"盈其间

我所说的形象观，是指能善于蓄养生活中的形象，爱以文描绘形象，能培育形象中的生命体验，涵养和洗练其中的情意。生命体验不是虚无缥缈的，而是充盈于形象载体中的。偏重形象思维，是因为中学生的形象思维远比抽象思维要成熟得多。我们不妨以"志"和"画"简称生命体验及其形象。两者是一种怎样的内在关系呢？

"志"灵魂，"画"是骨肉；"志"是内容，"画"是形式。心中构造美的图画，不是小孩涂鸦乱来一气，而是从元素、结构和布局上都为集中表现一种"志"服务的，若不如此，即便再美，也是种破坏，亦不足取。而这"志"本固抽象，非要赋注形象中方有生气，所以又离不了"画"。"画"可分为心中画和笔下画，两者之间路途迢迢。"志"淬炼愈坚明，心中画与其志愈自然

① 弗兰克尔：《活出生命的意义》，吕娜译，华夏出版社，2018 年，第 44 页。

愈密切，笔下画方愈美好愈精彩。反之，“志”愈模糊无神，心中画便愈萎靡无味，笔下画便愈丑陋难堪。另一个问题应运而生，那就是：是先有“志”，还是先有“画”呢？比如考场上，学生看到作文题，是先确定“志”，再寻觅构那画呢？还是相反？依据我的写作体验来看，恐怕多半是心中有图，图中见“志”，而这“志”又恰好与考题相连吻合，于是我手写我心已有，大快人心。若“志”在，而腹中空空，或心中已有之图迷失云雾，那真是愁煞人。也有另种情形：心中有图，图亦有“志”，可这“志”非所考之志。有的人明知强扭的瓜不甜偏强扭，管它什么牛头不对马嘴。也有的人把这不同的“志”打通了，求同存异，心中画，笔下画，依然是好画。

比如一提到“夜空”四个字，我可以一下子联想到小时候的农村画面。各家都掌盏洋油灯，昏黄如豆，村夜似乎特别黑，但在村外抬头就能清晰地看到泰山十八盘上的挑灯。无论是在麦地或玉米地，还是在坡上的花生地或地瓜地里，农活或割草晚了，仰仰头就能看到星空。满满一整天密密麻麻，全是金豆般的星星，有的近些大些，有的远些小些，有的亮亮的，有的则影影绰绰，隐隐约约，也偶尔看到过流星，划过夜空，也永远定格在自己脑际。最惬意的莫过于夏夜吃罢晚饭后，爬上简陋的木梯，在院中塀房上，铺上凉席，操把蒲扇，静闻蝉蛐弹奏，仰看那曾引发我多少遐想的星空。这些面画里有我深切的生命体验，同时，不断催发我对往事的怀念、与城市亮得刺眼的星空对比而引发的担忧、对诗意栖居的理解，对想象力的诱发、对生命哲理的自我追问……

在作文教育实践中，我构建形成了“形象化”系列，如以文绘景、以文画人、“镜头”描写、文像（微视频）转换、化阅思为形象、听读想象写作等，旨在学生生命体验形象化方面，提升能力，形成自觉。

## 三、打磨观：生命更亮更深

余秋雨说：“一个不被挖掘、不被表述的灵魂是深刻不了、开阔不了的。不被表述的灵魂无法不断地获得重组。不断地表述实际上就是在不断地组建自己的灵魂。”作文教育的一个重要任务就是引导学生善于从日常生活中挖掘和表述那些包含自己灵魂的好素材，并且不断用文字打磨它，或者主动专注某种生活体验，用身心打磨原初相对模糊的体验，进而用文字表达这种新鲜而深刻的灵魂。

**1. 生活打磨**

生活打磨，可分为两种情况。一是机缘巧合，比如共同见证了一场暴雨或大雪，一起观瞻一只昆虫，课堂上发生了件有意思的事，老师敏锐地将其拈引入堂，机智引导学生共同现场体验，从而转化为教学资源。另一种是为某种需要针对自己体验的薄弱处，自我创设情境，刻意深入体验，为文字打磨提供更多鲜活而深刻的素材。有次作文，话题就是“体验”，徐同学基础差，写得很不好。我在文后附言：体验“冷”“渴”“饿”等，是我们成长的必修课；我提议，选一天，不吃任何东西，然后把自己的体验写出来，一定好看。我还专门打印了萧红的那篇《饿》夹在他作文本里。第三天，他竟然用一整天没吃饭的代价换来一篇《饥饿的感觉》，作文写得自然极好，真切如触，深刻如凿，这是他以前作文没有过的。今天学生虚拟的体验越发膨胀空虚，进而悄然改造着我们言说和思维的传统方式，而我们的诸多感官却变得麻木迟钝。本该活的体验不鲜活不活泛了，精神就变得黯了蔫了。没“活的体验”，就写不出“活的作文”。拯救“活的体验”，用文字涵养情思！

**2. 文字打磨**

在具体实践中，基于生命体验，我构建了“个性微作文—素材过关—大作文”的教学系统。“微作文”不同于随笔。随笔可叙可议，内容和体裁都是比较自由的，字数不限，而“微写作”则有具体要求，比如要求以描叙方式，且从“四个角度”展开——环境描写、人物刻画、情节设计以及主题表现，至少四百字。随笔一般是一周一交，而“微写作”除每周两次进行阶段回顾打捞外，也可因某种生活事件或阅读机缘而随机布置。比如学完朱自清《背影》后的作文课上，我让学生以父亲爬上月台的图片看图说话，后共读共品王清铭散文《我和父亲抬担子》，让学生给油画《父亲》配文，而课后作业便是以《美的瞬间》为题，从四个角度进行微写作。“微作文”交上来之后，老师要一一审核。不合格的——也就是生命体验含金量不够或描叙相对粗糙的，则需重写，直到过关。过关的，建议扩写成篇。每两周大作文训练，建议尽可能运用自己前期审核过关了的素材，必须写出自己的生命体验来。大作文不合格的，则仍需重写或修改。徐俊杰同学修改《爱，其实很简单》，一周就修改了五遍！开始主写景，要求他写那些自己亲历过的压在心底的素材。后来倒是写了自己的生活，但太碎了，没精神。再修改后内容单薄，主要是画

面感不强，细节抓取不到位。再后来，情节设计有变化了，生活气息也浓了，真情实感溢于言表。从某种意义上讲，作文，其实就是要有股子不断解剖和完善自己的韧劲儿。

这项实验已进行了两年，收获的不只是考试作文的高均分，更重要的是“我手写我心”和“化情思为形象”的作文文化已深入学生的心，而作文和做人的通道已然畅通，许多学生立体化、个性化的素材格局已悄然构成。

## 四、融通观：言说更厚重更灵动

融通，主要指读写融通，就是既“入乎其内”地解读文本，又“出乎其外”地放飞情思，以文本生命内涵与学生生命的内在交流为中心，最终唤醒和提升言说生命的实现需求。这既是一场“练习”，更是一场综合性长久性的生命“修炼”。当下，普遍存在的浅阅读、快餐阅读甚至无阅读，使学生阅读体验弱化和钝化，严重制约生命体验的言说质量。作文教育具体实践中，我积极推进以下做法，效果显著。

一是批注式阅读。阅读之本不在数量，而在深度；不在知道，而在体验和思考。深度阅读是一种慢阅读、静阅读，是文本精神与自我体验的融合。我以课文预习、语文读本选文、印发阅读材料、必读名著等为抓手，以批注文字多少为过程检查重点，不断推进阅读批注质量。阅读批注，不是阅读理解答题腔调和内容，而是实现阅读推己，联系自己的生活阅历和感受，最终实现生命体验的自我唤醒和洗礼。我学生的“微作文本”每周有一常规动作，即从自己本周的阅读批注中精选动情点，趁热打铁，按要求写成文字。

二是跟着作者学作文。让学生从古今中外众多作家中寻觅个自己最钟情的来，通过读他的文字，不仅习获其作文技法，更主要的是在精神上相通，好似心中点了盏明灯，这是语文教育的重要职责。“傍一傍”作家，我们的作文就站在更高的高度上，我们的根脉就扎得更深广，我们的精神就不再那么迷茫了。比如为向课文作者学习，我实践探索出了抠换词语、调改句子、换情感（视角、年龄等）改写、类文对比写、反着写、照着写等一系列陌生化做法。

三是专题式读写。读写不能散乱无序，当以专题推进，比如印发同写一物（人物、体验、境界）的类（异）文或用同一技法的美文等。在学完鲁迅的《从百草园到三味书屋》后，我结合具体描述百草园虫子的那段，以“我们，为什么不能和一条虫子嬉戏”为专题，整合史铁生的《我与地坛（节选）》、刘亮程的《与虫共眠》、丰子恺的《蜜蜂》、南帆的《蚂蚁》和马克·吐温的《辛劳的蚂蚁》等材料引导学生阅读，以点带面，加深学生对虫子的体验。此外，我还常结合学生作文内容，选印具有启发性的美文，塞在学生大作文本或微作文本内，供学生个性阅读和提升。

# 让生命体验精神明亮、深切和独特
## ——以“虫子”的细节为例

细节描写是优是劣，要看其能否动人肺腑。阅读细节时，我们自然要分析其表现手法，但最终是要捕捉和体味细节融化了的动人情意。前者是肉体，后者才是灵魂。然而现实中却多停留于表，要么条分缕析，要么浅尝辄止，那本该激荡的真挚而独特的情意，常是呆板肤浅、萎弱麻木的。描写细节时，我们又往往不厌其烦地讲练修辞技法，对所要表达的个性精神，却关照得很不够。这种本末倒置、隔靴搔痒的教法，实际效果自然就差。细节阅读与细节描写，一个是由文字而破解精神，一个是由精神而赋诸文字，看似方向相逆，其实都蕴含着一个深刻的教学原则——充分尊重语言的主体性、精神性要求。下面将以“虫子”文字的细节为例具体阐释：追求生命体验的高品质，根本上就是精神明亮、深切和独特的成长过程。

### 一、精神明亮

我们先来阅读一同学“与虫子搏斗”的片段。

它们身材小巧，身手敏捷，令人恶心，叫人无奈。正当我安静地奋笔疾书时，一道白影从我眼前一闪而过。我的视线快速地从作业本上转移到了刚才那个虫子上。它全身灰白，迅速地扇着翅膀在空中盘旋。它时起时落，好像在找机会向我们进攻，搞得我们心神不宁。就在这时，又有一个敌人在向我们靠近，因为它伪装得太好了，以至于我就坐在它的旁边都没注意到它。我拿起书后照着它就是一下，可惜打偏了。它躲在移窗的窗槽中，它似乎找到了个避难所，就是不出来了。只是没料到它是一只臭气虫，一会儿，就熏得我们这边都快要断气了。真是难熬的一晚啊！

细节似乎写得不赖，但细读却发现，其实有些问题。“身材小巧、身手敏捷”的虫子，怎会“令人恶心、叫人无奈”，是否矛盾？这种矛盾的背后，正

折射出学生所要表达的精神不够专一，有扯皮，不坚定，不坚实。虫子“全身灰白”，怎么让人“恶心”了？它“盘旋”着，怎么骚扰人了？“另一个”是如何伪装的？它是怎么“躲”在窗槽里不出来的？又是如何臭的？遗有太多空白，细节描写不细不鲜，想象力不实不活，“恶心”“无奈”不显不亮，但根源正在于这位同学心里那精神不聚会。精神不“精神”了，文字上就会暴露问题。

我们再来咀嚼鲁迅先生的《从百草园到三味书屋》写虫子的那几句话。

> 也不必说鸣蝉在树叶里长吟，肥胖的黄蜂伏在菜花上，轻捷的叫天子（云雀）忽然从草间直窜向云霄里去了。单是周围的短短的泥墙根一带，就有无限趣味。油蛉在这里低唱，蟋蟀们在这里弹琴。翻开断砖来，有时会遇见蜈蚣；还有斑蝥，倘若用手指按住它的脊梁，便会啪的一声，从后窍喷出一阵烟雾。①

蝉是“长吟”还是“聒噪”，都拟人化，但一个亲近喜爱，一个烦厌得很，用哪个，就要看写作者持什么情怀和眼光了。黄蜂“可怕”吗？但鲁迅觉得它体形“肥胖”，憨呆，“伏”着，又挺逗人。为什么作者给云雀起名为叫天子，而不是直接叫云雀呢？因为它能“直窜上云霄”，名副其实，且情味满满。不止如此，还与前句黄蜂“伏”，可谓一静一动，妙趣横生。平时我们若是见到油蛉、蟋蟀或蜈蚣什么虫子，会是什么反应？大部分会惊吓不已。为什么小鲁迅没有呢？我们定觉得太恶心的那个斑蝥，小鲁迅为什么逗要它呢？鲁迅亲历过，所以细节才写得这么具体形象，更重要的是，这个荒旧的百草园，竟是他小时候的乐园！家里人将他送进全城最严厉的书塾，他更觉得这乐园愈乐！如果写成“无聊的蝉在树叶里聒噪，可怕的黄蜂在菜花上算计着什么，云雀在草间会跳来跳去的。油蛉、蟋蟀吵死人了，还有蜈蚣什么的，挺吓人的”，不仅笼统虚飘，而且违背初衷。

细节描写，表面上看好像是推敲词句、彰显对象特征、营造身临其境之感，其实最核心的是将文字和“我”之精神相投相融。精神不明亮，不能聚会，不能主动贯通文间，就难以做到内容与形式的和谐共存。从这个意义上讲，作文其实是德性的修炼、精神的洗礼。

---

① 鲁迅：《朝花夕拾》，中国言实出版社，2021年，第40页。

## 二、精神深切

深切，包含真切、深刻之意。“我手写我心”“修其辞而立其诚”，细节描写写得真实恳切，是最关键的门槛。而在真切的基础上，能够审美审思、发见不同，便是深刻。精神深切，文字就更鲜亮有神。

来看另位同学是如何斗臭虫的。

> ……第一只臭虫的惨烈下场并没有使其他臭虫引以为戒，一会儿，接二连三又有几只臭虫飞进教室，趾高气扬地盘旋着，在日光灯下飞舞着，若无其事地掠过我们每个人的头顶。有时俯冲过来，一头撞在我们的课桌上，笨拙地乱蹬那几条细细的腿。地上也不知什么时候，爬着几只臭虫，别看它们飞动时有些没头没脑，动不动就撞上东西或摔下来，在地上爬行却是极为灵活，急速前进，拐弯，游动自如，还能顺着椅腿或桌腿不声不响地快速向上爬……许多人都吓得够呛，被臭虫骚扰得不胜其烦，就给它们判处了死刑了事。于是，“嘎吱嘎吱”声声清脆的臭虫肚子硬壳被踩爆的声音响彻教室，同时那沉沉的臭味也充满了教室的空间，如缕的臭味不绝，无孔不入，我们被熏得快断了气。

臭虫如何散发着臭味嚣张又狡猾地骚扰我们，我们如何投入战斗，该同学用一个个很投入很生活的细节，将其真切地表达出来了。当然，若随性快意地写写生活，已是不错，但若再予以审美审思的话，比如将臭虫象征为某位受歧视的人，或者通过写臭虫来表现对苦读岁月的美好怀念，岂不更好？“虫子”的诸多精彩表现，是因它的背后种种深刻独特的精神。

再看梁实秋《雅舍》写蚊子的几句。

> “雅舍”的蚊风之盛，是我前所未见的。“聚蚊成雷”真有其事！每当黄昏时候，满屋里磕头碰脑的全是蚊子，又黑又大，骨骼都像是硬的。在别处蚊子早已肃清的时候，在“雅舍”则格外猖獗，来客偶不留心，则两腿伤处累累隆起如玉蜀黍，但是我仍安之。①

如闻其声，如触其硬，如享其叮，写得风趣幽默，真真切切。但是，若联系 1940 年重庆的时代背景和简陋、破旧的“雅舍”，我们就不能不叹服于作者那“我仍安之”的化俗为雅为乐的精神功底、磊落恬淡的胸襟。知其然，更要知其所以然，阅读更见深刻。

目下，我们用什么来拯救学生活的体验以消解越发膨胀空虚的虚拟体验？

---

① 梁实秋：《雅舍小品》，中国妇女出版社，2019 年，第 3 页。

我们用什么来逐渐消退正在成长的学生们对世间物情的冷落神情？我们用什么来抵御物欲文化所裹挟的凄风冷雨的侵蚀？我们用什么来温暖、抚静我们和学生的正趋冷硬、浮躁的心？没有充盈着深切的精神，遑谈文心！然而，我们平日里一味操练、解析读写技法，因为这样轻松、快捷又实惠。培育精神，那似乎太遥渺太虚无，抓起来太耗心太费神。但是离开强烈的主体性和深刻的生命性，教学就偏离了正轨，读写就肤浅低效了。

## 三、精神独特

作家刘亮程只是个新疆沙漠边缘的小村庄的农民，种地，放羊，面对的是黄沙滚滚的旷野，但他朴素、沉静又博大的文字，以及文字背后对乡村和生命深刻而独特的体验和哲思，令人震惊。请看他的《与虫共眠》一文是如何写虫子叮咬的。

> 我在草中睡着时，我的身体成了众多小虫子的温暖巢穴。那些形态各异的小动物，从我的袖口、领口和裤腿钻进去，在我身上爬来爬去，不时地咬两口，把它们的小肚子灌得红红鼓鼓的。吃饱玩够了，便找一个隐秘处酣然而睡。
>
> 我身体上发生的这些事我一点也不知道。……醒来时已是另一个早晨，我的身边爬满各种颜色的虫子，它们已先我而醒忙它们的事了。这些勤快的小生命，在我身上留下许多又红又痒的小疙瘩，证明它们来过了。我想它们和我一样睡了美美的一觉。有几个小家伙，竟在我的裤子里待舒服了，不愿出来。若不是瘙痒得难受我不会脱了裤子捉它们出来。对这些小虫来说，我的身体是一片多么辽阔的田野，就像我此刻趴在大地的这个角落，大地却不会因瘙痒和难受把我捉起来扔掉。大地是沉睡的，它多么宽容。在大地的怀抱中我比虫子大不了多少。①

“小生命”“小家伙”，如此称谓常人憎恶的虫子，多么亲近。它们“小肚子灌得红红鼓鼓的”，“吃饱玩够”后，“酣然而睡”，“睡了美美的一觉”，“待舒服了”……如是体恤宽容，如是慈悲细心，令人赞叹不已。更妙的是，作者在平静中换位思考：对小虫而言，“我的身体”如辽阔宽容的大地，对“我”而言，在这大地上，又如卑小的虫。虫子们也许朝生暮死，来去匆匆，但它们有自己的快乐，而我们这些自以为智慧的大生命却在短暂的一生中去

---

① 刘亮程：《与虫共眠》，出自刘亮程：《一个人的村庄》，译林出版社，2016 年，第 62～63 页。

面对和寻找痛苦、烦恼，所以，作者发出“在大地的怀抱中我比虫子大不了多少”的感慨。“我”从这些“生命简洁到只剩下快乐”的虫子身上得到的生命反思，如此独特。

这是刘亮程“这一个”作家对虫子的个性精神，史铁生在《我与地坛》、丰子恺在《蜜蜂》、南帆在《蚂蚁》、马克·吐温在《辛劳的蚂蚁》，以及泰戈尔在《萤火虫》等也都有自己的不一样的情思。这种精神的典型性，正是作者言语生命的自我表现，“是人的最本质的需要”“也是人的自我实现的存在性需要”①。

① 潘新和，《语文：表现与存在》，福建人民出版社，2017年，绪论第9页。

# 第三篇　情动意深起涟漪

## 导读

•为学生生命摆渡，写作教学善莫大焉。

•真诚浓郁、深刻纯粹而富有诗意的情感是生活海洋的点点云帆，是撬动写作的支点，即动情点。于涵濡中捕捉动情点，于捕捉后培育动情点，于培育中升华动情点，从而于表达中彰显真我人生，是除当下学生作文空洞、矫情之流弊，兴作文真我表达之本质的妙着。

•“我”感“我思”是生本化作文的灵魂；个性和创意的母体应是体验与思考。生本化作文，就是注重唤醒学生的自我意识，引发学生重新认识自我，表现自我，张扬自我。只有“我感”“我思”的内功修炼得深厚了，作文才能自由施展出什么“降龙十八掌”或“六脉神剑”来。

•学生作文，在师生间架起生命的桥梁。用一种欣赏的眼光读学生的作文，是教学上令人心驰的享受。让学生对写作最终形成浓厚兴趣，是教书的第一要务，是语文教师的第一善事。所谓的作文“批阅”，其实是心心相印的过程，让人乐此不疲。培育学生向师从师的强烈喜好，满足他们，他们会从我们老师的幸福和痛苦中生发更多的思考和写作的热情。研究学生的作文，因为学生作文是我们教文之道的基础，因为学生，就是我们的老师啊。

•我们教师，能以自然而积极的姿态，和学生一起在作文中尽情成长。这多好。

## 写作教学：为学生生命摆渡

我向往做学生生命的摆渡人，因我而使他们爱上写作。

写作，让生命不老。它不仅仅为了考试得高分，不仅仅为了适应社会，更重要的是要以之活出自己，过有诗意的生活。生命的体验和思考，没有文字，终将随处而逝。文字正可为生命记录、保鲜！用文字温馨灵魂，用文字打败时间，用文字拨亮生命的灯草！

写作，让每一个生命充实而幸福。用文字表达生命，实际上就是在不断地挖掘、深化和开阔自己的灵魂。这些文字散发出多么醇厚悠长的香味，挟带的思想气息多么纯粹，诱发的亲切感多么浓郁，漫溯的思考多么深邃！

写作，需要使学生做生活资源的财富拥有者。一条苦苦寻找水的鱼，它不知道，它就活在水的心里。生活如水，是写作的宝贵而巨大的资源。唯凝视，才能发现这些生活资源的无比丰富和美妙，否则，世界还有何意义呢？

写作，还需要使学生收集并用文字洗练体验，需要拯救“活的体验”。虚拟的体验越发膨胀空虚，进而悄然改造着学生们思维和言说的传统方式，其诸多感官悄然变得麻木了，迟钝了。有了“活的体验”，没有文字，情思又怎么涵养得出，心动又怎么更真诚更深刻，“活的作文”又怎么写得出呢？

写作，还需要使学生就着读，写起来。阅读，实乃一场“修炼”，它尊重和唤醒学生的言说欲，以及言说创造的潜能。读写融通，善莫大焉。

文字可以纪录生命，镌刻历程；文字可以温暖孤寂，照亮黑暗；文字可以摆渡命运，救赎灵魂；文字可以净化灵魂，诗意栖居。让文字为桨，让学生为自己摆渡！

如果命运是一条孤独的河流，谁会是学生的生命摆渡人？我希望，是他自己的文字。

## 动情点：让作文灵魂颤动

叶圣陶先生在《作文论》中说：“人是生来就怀着情感的核的，果能好好

培养，自会抽芽舒叶，开出茂美的花，结得丰实的果。”① 真诚浓郁、深刻纯粹而富有诗意的情感是生活海洋的点点云帆，是撬动写作的支点，即动情点。

生活永远涵濡于情感之中，动情点则从中脱颖而出，如钻石般熠熠生辉，令那些脱离生活的故作深沉或潇洒的浮游无着的文字相形见绌，令那些轻薄造作、耍花拳绣腿者自惭形秽。动情点，动的是真情，牵的是真实而深厚的生活原料，荡漾的是源于生活本质的涟漪。于涵濡中捕捉动情点，于捕捉后培育动情点，于培育中升华动情点，从而于表达中彰显真我人生，是除当下学生作文空洞、矫情之流弊，兴作文真我表达之本质的妙着。

## 一、培育作文的生活“动情点”

叶圣陶先生说：“我们要记着，作文这件事离不开生活，生活充实到什么程度，才会做成什么文字。”② 生活要充实，就要聚焦生活，体察、思考、感动生活，就要与生活律动，这样，才能从生活的母体中孕育、迸发出作文的动情点来。然而，正处于社会转型期的学生，极易受浮躁的风气和功利的价值观的影响，加之青春叛逆，学业又重，多觉得生活狭隘无聊、枯燥空洞，折射于作文中，也常常空虚、矫情或抑郁。培育学生作文“动情点”，就必须改变学生对生活的看法，丰富学生生活体验，使他们形成自觉关注和融通生活的追求，否则只是隔靴搔痒，不能治本。作文教学，要跳出教学系统，置于更大的背景下观照和实践才行。当然，培育学生作文“动情点”，也是学生生活教育的一种有效方式。

培育生活“动情点”，一要“放”。目前，作文教学大多实施“圈养”方式，高一侧重记叙，高二侧重议论，高三则放手，整体上习惯于一题一题地练讲。这样安排，当然比较易于系统地教授写作，但容易忽略文体教学的连续性、生活的广阔性和学生个体的独特性，将情感性与思辨性割裂开来了。导致的后果往往就是，学生不能厚积生活体验，不能感悟生活真谛，不能写出真正源于个人内心的文字，尤其到了高三，陋习已成，灵性泯失，加之应试观念作祟，学生更倾向于写死板的精神缺钙的议论文。所以，从高一开始，就要倡导“百花齐放”“百家争鸣”，就要敢于把学生诱引到生活的田野里去

① 叶圣陶：《作文论》，出自叶圣陶：《叶圣陶谈阅读》，江苏人民出版社，2020年，第162页。

② 叶圣陶：《作文论》，出自叶圣陶：《叶圣陶谈阅读》，江苏人民出版社，2020年，第162页。

“放养”，充分尊重学生作文主权和自由，鼓励学生将自己的生活经历和感受用自己喜欢的文字表达方式真实表达出来，并乐于与他人分享自己的文字。只有灵魂与生活不断“触电”，文字才能灵动而厚重。

培育生活“动情点”，还要“引”。乌申斯基说：“教师个人的范例，对于青年人的心灵，是任何东西都不可能代替的最有用的阳光。”① 教师要真爱生活，要有自己的动情点，并能够畅通地与学生对话交流，最好是以文字的方式。比如笔者两多年来所写的《班级故事》已有六十余篇，用文学的方式“于无声处听惊雷”，课上读读议议，或者挂在教室宣传栏内供学生读，学生易受感染，易焕发写作的冲动。另外，教师得和学生常玩到一起聊到一块，平时能随性抓住些生活契机，引着他们议议，想想，写写，就像拈几叶嫩草，馋着小羊往草野里走一样。

## 二、要善于积蓄动情点

遇悲喜而生情，触佳景而兴感，读美文而起怀，若不能及时记录下来，并使其发酵，那将是很大的浪费。坚持写日记和随笔，就是储备和培植动情点的基础工程。“我手写我心”，砥砺了文笔，丰富了素材，对生活和阅读的感触更敏锐，语文素养必然提高。很多学生往往浅尝辄止或半途而废，教师难辞其咎。而反刍日记和随笔，则可以洗去铅华见真情真知，情意更浓郁而深刻。

另外，最好将诸多动情点分门别类，以避免杂乱无序，比如可以按“人与自我”“人与社会”“人与自然”三个向度来操作。学生写考场作文，很不易动情，但可以激活储备的动情点，从而唤起心理能量，让头脑中储备的各种相关刺激、信息蜂拥而来，并不断融汇、碰撞，并在短暂的瞬间围绕提炼出的深刻立意进行有序地排列组合。这样，写得上手，写得从容，也易写得深刻。激活动情点，除了仗着思维的变通力外，就得凭着平素对动情点的累积和整合。

## 三、把个性化的动情点做亮

主体鲜明、强调求异、力避趋同，这是动情点的必然内涵。你对父母有极深沉的爱，你对戏曲有独特的兴味，你对某一作家有真挚的情趣，你对某一瞬有震撼的感受……从自己出发，真切表达，文字才有生命力，才会出现

---

① 王正平：《人民教师的道德修养》，人民教育出版社，1985 年，第 163 页。

“惊涛拍岸，卷起千堆雪”的壮观景象，否则，我们会年年丰收“牛顿的苹果”，年年会看到“屈原往汨罗江跳个不止”，年年会感受“一位位亲人的病逝”……

我教过一个“悲惨”的广西男孩。父亲几年前抑郁去世了，母亲在外打工，没什么文化。当时他自己寄居亲戚家。他单薄孱弱，甚至背似乎有点点弓。他平时不苟言笑，常眉头紧锁，眼神哀怨，又很有些拘谨。他学习基础很不好。他常熬夜挣扎，但仍没多大起色，包括语文。他平时作文真的很糟糕，但有次他写的题为“留在心底的记忆”的作文，却让我默默流泪了。他是这么写的：

燕子去了，还有再来的时候，杨柳枯了，还有再青的时候，桃花谢了，还有再开的时候。——在我记忆里的爸爸，你为什么一去不复返了呢？

爸，我小时候，是生活在家庭矛盾的漩涡中的啊。你和妈妈一吵架，我就会挨你几巴掌。我妈妈就会指着你或我痛骂，我忍不了。但我希望你能回来，哪怕让我遭受更多的巴掌和骂声。

那一次，你还记得吗？我病了，头很晕。从学校回到家门口，还没敲门就睡了下去。等我睁开眼时已经是第二天，望着你和妈妈都布满血丝的眼和忧愁的面孔，我心里感到很甜蜜。你当时说：“儿子，醒来就好。”我流着泪说：“对不起，又让你们操心了。”

爸爸，我永远的好爸爸，我永远对不起的人。可你，为什么却在我九岁那年悄悄离世，为什么？你答应我的还没做到就走，我们拉过钩的呀。爸，我好想你。

每天晚上我都梦见你。我在梦中看着你，刚想和你说话时，你却像蝴蝶般飞去。每次，你只留下一句话：照顾好爷爷奶奶。你知道吗？当他们知道你已去时，他们哭得痛不欲生。

爸，你累了，可以说给我听，烦了，就打我几下。我很想你，家人都很想你。

爸，我爱你。

作文是个体生命的重要生存、生活方式，个性和创意的母体是体验与思考，所以，唤醒学生的自我意识，引发学生重新认识自我，我“感”我“思”，孕育出世间最美的动情花，进而表现自我、张扬自我，当是作文教学的必然要求。平时，我办公桌上常有些新纸张，全是学生给我布置的作业，让我给他搜寻有关什么话题或关于什么事物的诗或文。学生学业太重，时间少，诉求于我，我欣然受命，苦淘几番，觉得可以交差了，就印出来，装订好，一一呈给学生，学生再依着自己的心思整合这些材料，写出来的文字就颇有个性。有了个性就可爱。

## 四、铸就深刻的动情点

动情点有强度，但更求深度。深度的动情点具有一定的理性、一定的超我性，更能贯通于自己的血脉之中。真情实感是写作过程中隐匿的、最具深度的支配力量，同时，我们还得把自己的所动的情，置于时代、历史、人性的星空中来观照其典型性，从而跳出自私小我的圈子，绽放出深刻的情怀来。

亲情，是学生作文永恒的主题，但多泛泛而谈，不易出彩。董浩同学写自己的农民爷爷极雄壮而又平凡的一生经历，写得情真意切，但他并未仅仅停留于此，而是从爷爷参加战争、种田地中淬炼出两个字："尊严"，并联想到了"活着一千年不死，死后一千年不倒，倒后一千年不朽"的沙漠胡杨，并以"尊严，我们生命和意志的坚实支柱"结尾，动人心魄，意境宏大。情感要真，也要深。

因阅读萌生灵感，因灵感又促进阅读，如此一番，深度作文才能写成。学了苏教版《〈史记〉选读》后，王党生同学对汉朝李陵颇为同情和欣赏，在作文《门其实开着》中，他历数武帝之薄情、朋友之寡义、家境之颓败，并振奋于李陵在匈奴之自由。文尾他这样写道：

> 李陵啊，你大半辈子为大汉忠，为武帝活，而你余生却是为自己活，为自己，好好地活，快乐地活。你，最后是在儿孙的簇拥中，静静地，安详地在床上含笑而去的。
>
> 门其实开着，但你已舍弃了门那边的一切，超越了世俗，升华了自我。
>
> 大哉，李将军！

因了阅读的动情点，促进了广泛的相关阅读，才有这视野宏广、立意独卓、透辟入骨的"人本"佳作。动情点是钻头，尖锐有力，只有向生活和阅读的纵深处钻探，笔端才能流淌锦绣华章来。

动画片《料理鼠王》中有句耐人寻味的话"料理无难事"，权且窃用一下，说"作文无难事"如何？拨动生活和阅读的琴弦，奏响真我的动情音符，让作文的灵魂颤动，应是幸福的旅程。——有了幸福，就无难事。

# 生本化作文："我"感！"我"思！

我的独出心裁的创意，像鸽群一般在天空翱翔，只有我才捉得住它们的羽毛。我的设想像珍珠一般散落在海滩上，等待着我把它用金线串起。我的意志向前延伸，直到地平线消失的远方……没有人能替代我，就像我不能替代别人。我很重要。

这是作家毕淑敏美文《我很重要》里的一段话。"我"很重要，其实生本化作文亦如此。

作文是个体生命的重要生存、生活方式的本质决定的，"我"感"我思"是生本化作文灵魂；新课程标准强调作文要有个性和创意，而个性和创意的母体应是体验与思考。唯有丰富的生活经历和真切的情感体验，对自然、社会和人生有自己深切的思考，心灵和生活才能孕育出世间最美的花朵。生本化作文，就是注重唤醒学生的自我意识，引发学生重新认识自我，表现自我，张扬自我。只有"我"感"我思"的内功修炼得深厚了，作文才能自由施展出什么"降龙十八掌"或"六脉神剑"来。然而，平时我们惯于忽略这点，要引起重视并予以纠正。

## 一、重视素材积累

素材主要指所读。高三很多同学对作文指导书上已整理好的现成的素材苦背苦记，这固然需要，但是，这里有两个问题需要思考。

一是这些素材不是依据"我"的理解和目的进行梳理和分类的，"我"是追随者，所以，很容易被这盛宴上的一道道菜肴宠得没了食欲。鲁迅说："运用脑髓，放出眼光，自己来拿！"在积累素材之路上你究竟去往何方？对纷繁芜杂的素材有没有比较鉴别、去粗取精、去伪存真？"我"来创造一个素材的新世界，方能为我所有、为我所用。自己动手主编真正属于自己的素材本，需要你勤读勤思勤于笔耕。

二是很多同学惯于记忆，仅仅是"知道了""记住了"，恐怕难以真正用得精彩。这是个常被忽视的深层问题。对素材进行思维加工，是素材积累的门槛；对素材体味得深理解得深，是素材积累的内核；能有自己独特的视角，并能提炼出"自己的"见解，恐怕是素材积累的核心。这就提醒我们，平时多读书、多摘抄外，还要写札记，对素材从生命、人性、文化、社会等高度进行再加工、深加工，从而将材料化成自己的血液，唯此方能锻造出自己的作文。苏州中学戴苏伟老师说得好："读得深才能写得好。"

当然，我们读书读到至情至理的精彩之处，常感到说出了自己很想说的话，油然萌生一种英雄所见略同的感觉，这时，就不妨快快抄录下来，反复背诵，待到用时，也能倏忽而至，用则恰到好处。

作文分不高，不是技巧不够、积累不足，而是"我"未感未思；我们不是冷漠麻木的旁观者，而是一个体验者、思考者。

"我"情至诚，"我"理至真，这种"我"强烈在场的作文，是新课改作文教学的精神要求，而且，在考场作文中似乎更易于得高分。

> 千山鸟飞绝，万径人踪灭。寒江之上，孤舟斜横，老翁身披蓑衣，手执钓竿，背向而坐，身形巍然，俨如古松。我在想，这是谁呢？姜太公、杜子美、苏东坡……这些人一一在我脑海里滑过。谁都是，又谁都不是。千百年以来，这老翁已化成了意象。面对困境，他心静如水，胸中之气浩然充斥乾坤。身处孤绝之地，他呈给世人泰然自若的大家风范。他是几千年来，中国儒者的集合，雪再大，也掩不住他的形象。
>
> 风渐渐紧了，夹着雪，吹得人脸上生疼。一群青年囚徒在茫茫的原野上向东行进。东边，再向东，是寸草不生的西伯利亚。雪渗透了脚上的靴子，濡湿了身上的棉衣。可没有人叫苦，也没有人回头，望一望圣彼得堡的红顶黄墙。他们是如此决绝，像同自己的贵族身份告别一般。他们知道，自己是向着光明而去的。这雪终有一天会埋葬沙皇拿肮脏的宫殿，建起一个新的世界。
>
> 雪停了，有的开始融化。和着满地的血，流向扬子江。城里，一片惨象。30 万居民被屠戮殆尽，金陵王气在刀光火影之中黯然而收。七十年后，我们化刀铸钟，祭奠枉死的魂灵。每隔 12 秒，一声钟响，一个生命消逝。钟声里是枪炮的呼啸，是母亲的哀嚎，更是中华的怒吼！面对屈辱和苦难，我们不再沉默，而是激起了勇气，拼死反抗。睡狮已觉醒，中华正一步一步，迈向复兴。

这三段文字是陆子惠同学在模考中的作文片段。无论是处于孤绝之境的人格魅力之光，还是青年人决绝突围追求光明之精神，抑或是血性的民族之魂，三个材料中的每句都是经"我"淬炼而成，"我"熔铸在字里行间。更可贵的是，这三个材料形成一种内在的递进联系，"我"的足音隆隆而来，震撼人心。

## 二、重视和开发自我经历

一颗麦粒可能被装进麻袋，堆在货架上，等着喂猪；也可能被磨成面粉，做成面包；还可能撒在土壤里，让它生长，直到金黄的麦穗上结出成百上千颗麦粒。我和一颗麦粒唯一的不同在于：麦粒无法选择是变得腐烂还是做成面包，或是种植生长。而我有选择的自由，我不会让生命腐烂，也不会让它在绝望的岩石下磨碎，任人摆布。

上面这段话摘自《世界上最伟大的推销员》"羊皮卷八：今天我要加倍重视自己的价值"。其实，加倍重视和开发自我经历，亦是作文不老的命题。

每个个体、群体乃至民族的自身经历都具有其丰富、真挚、独特而深刻的文化特色，具有其人生情意的无限开发价值，对儿童时光的不由自主地深刻回味不正是作家们的必做功课吗？学生作文不也应好好书写这种回味吗？然而，此类作文往往平铺直叙，淡而无味，没有精神劲儿，"我"在场，但"我"很漠然而迟钝。

这种落差缘何而生呢？我想，不少师生观念上可能存在一定误区，导致与自身经历的一种隔阂。教师往往居高临下地很轻易很武断地就否了学生的经历——他们没有我辈儿时农村的土炕、大棉袄和童谣，只有高楼、作业和动画，经历如此匮乏、单调、单薄。这种对学生经历独特的文化价值的抹杀其实是一种教育霸权，暴露的是对学生作为"人"内在价值的严重偏离。学生自身也往往自视经历无奇，没有多少深刻感人的东西纳入作文中。这种认识客观上是由学生观察和感悟生活的能力不够造成的，但同时也反映了他们对作文本质的体认和在教育霸权面前自信力压抑乃至缺失。

除了扭转这些错误认识，还要引导学生积极投入地"亮剑"。生活本是繁杂变幻，要"不畏浮云遮望眼"，跳到云端俯瞰自己，平时就要能够静下来，好好整理，认真梳理，淬炼情理，坚持练笔，坚持写日记，在日记中成长。特别是要引导毕业班学生，平时要精选准备、反复推敲、句斟字酌五六个"过硬"的素材。这样，上了考场，就有底气，就能在审好题和紧扣题的基础上，对准备好的材料进行精雕细刻式的深加工，而不是打无准备的仗，否则易从零开始，易于粗糙。如何展现自我经历应对考场作文？我总结了几种方法以供参考：作文反刍、日记反刍、细节抓取、阅读联系、及时记录、变通已写。我们要尊重学生，使其加倍重视自己的价值，并能在平时做充分而精心的准备，用生活的真善美滋养自己的人生。

下了车，迎在站门口的爸爸面色凝重，我一眼看到了他在右臂上沉稳的黑色，却不信，正要开口，躲在一旁的妈妈跑过来搂住我，泣不成声。那一行，天没有亮，是那心中的感激和悲痛把屋子、把周围点燃了。

考试前，背古诗，一句“树欲静而风不止，子欲养而亲不待”一下就将我的眼打湿了。对奶奶的悼念，是对十七年的无穷的回味。我想奶奶。

这些文字是林师朋同学在模考中的作文片段。一种真真切切、实实在在的体验和感悟，极富感染力。需要说明的是，这位同学是河南人，每周六晚上在空洞寂静、灯光凄冷的教室里，默默地忍耐这孤寂的折磨，并且习以为常，我想，享受了这么多寂寞，他一定沉淀了很多，收获了很多。

缪塞有句名言：“擂一擂你的心吧，天才就在这儿!”愿“我”感“我”思在学生作文中绽放出最鲜艳而芬芳的花朵。

## “我”在文方好

我思故我在，我手写我心。“我”的强烈在场感，是作文讲究和追求的。“我”的缺位、淡薄甚至虚假，是学生作文中普遍存在的问题。“我”是谁?“我”当然就是指自己，但这个自己，必须是真实的，是真诚的，是青春的，是有思想的，是遵循核心价值观的。除此之外，“我”还代表着高中生这个特殊的群体，代表着“吾辈青年”。“我”是“真我”“大我”的统一。

[原文呈现]

学生甲《论“生逢其是”》片段：

认可时代，投身时代之人，方为逢时之人。各个时代有各个时代的障碍，只着眼阻碍怨天尤人，抱着脱离时代的愿望埋头奔波，便乘不上时代之势，只能感叹生不逢时。[说理语气太淡，就缺乏了感染力，少了些说服力，自然“我”就没有立起来。]无饥馑之苦，无战火之乱，当今时代已提供了助推多数梦想启航之动力，身逢盛世，更应立时代之理想，乘时代发展之势，让自己人生逢其时。[在新时代，那种青年人的自豪勃发和不怕艰难的劲儿，表现得还很不充分。不充分，“我”就挺不起来。]全红婵听祖国之心声，以年轻之躯创奥运之辉煌，她的道路不无阻碍，但她的梦想和拼搏让她生逢其时；秦玥飞循时代之号召，以广博之才助脱贫攻坚之伟业，他的未来不乏坎坷，但他的选择和奋斗让他生逢其时。[两则实例是典型的，是扣题的，不过，若句势更强些，“我”是否就会更有温度?]他们始终活在时代中，未曾抛却时

代，未曾以时代不顺为由停滞。他们以个人之力投身时代发展建设，时代便也赠他们逢时之便、筑梦之能，将个人理想融入时代追求。不回避时代，方能不囿于生不逢时的空叹。[如果将“他们”和“我”“我们”融为一体，是不是就会有一个“大我”了呢?]

学生乙《破圈有道》片段：

圈，并不是一定要破的。《劝学》讲，“蚓无爪牙之利，筋骨之强，上食埃土，下饮黄泉，用心一也。蟹六跪而螯，非蛇鳝之穴无可寄托者，用心躁也。”如果蚓出圈，蟹守住圈，结果就大不一样了。[例子是好的，除了扣题不紧外，“我”是否太呆板了?]要破，得先明白自己的圈，不然，万一破了，就坏事了。[自己的圈，要守住什么？不能不明，因为这也正是“我”立论之基。]同时，还得明白要入的是什么圈。梁山好汉投到朝廷怀抱，结果遭了殃。不久前，一位颇有影响力的媒体从业者为传播日式服装文化，以彰显圈层魅力，便选择在旅顺博物馆前舞蹈。这一行为，不仅没有传达文化特点，反而将该圈层文化推上风口浪尖，用“另类方式”出彩。而同样媒体从业者的李子柒则凭借精美内容和专业团队，成功让中华传统语文化“出圈”，打破壁垒，不仅让国人重历田园生活美，更让世界惊叹中华文化的独特魅力。[三则实例，是典型的，但是，因为对材料的理解不全、不透、不深，使得整个思维总在平面上滑行，使得“我”畏畏缩缩，舒展不开。]由此可见，“破圈”固然好，也需要注重方式方法，切不可逞一时之趣，而应做好充分准备。

**【升格策略】**

片段观点不可谓不深，思考点不可谓不全，举例不可谓不典型，时代感不可谓不强，然而，如果将“我”通过真情融入、代称重复、语势修辞、例我合一、你我共振，以及将“我”由“小”及“大”提升格局和境界等方法，就会使一个有思想、有担当、有格局的新时代青年，也就是“我”，破茧而出。

**【升格佳作】**

学生甲《论“生逢其是”》片段：

认可时代，投身时代，方为逢时之人。就个人发展而言，哪个时代没有种种阻碍重重困扰？这能以你我的意志为转移吗？[反问，辅以“你我”，对话感增强。]若只着眼于万千浮云，稍遇到点坎坎坷坷，便以此为藉，哀哀艾艾，或是“看破红尘”，与世推移，佛系了，躺平了。生而有翼，竟愿一生匍匐前进，形如虫蚁？你说，这种所谓“生不逢时”，是多么滑稽可笑！[分析，不是训话式，而是假设式，增强现实针对性。其间，列现象，做反问，定评价，辅以“你说”，现场演讲范很足。］当下的新时代，无饥馑之苦，无战火之乱，国泰民安，百舸可争流，万马自奋蹄，身逢其时，实是吾辈之大幸。吾辈自当树时代之理想，怀家国之情怀，铸盛世之伟业，就是处人生低谷之时，也要吞下抱怨，咽下委屈，喂大格局，逆境而上，唯此，我们才有资格自豪地说，我，生逢其时！没有伤痕累累，哪来皮糙肉厚；回头看，崎岖坎坷，向前看，永不言弃。吾辈当如华为人一样，当厚植志气、骨气和底气，披荆斩棘，筑时代和民族之高峰。［在新时代，若论“生逢其时”，“我”就不仅指自己，更指“吾辈”“我们”！排比法，短句式，再融入华为精神，“我”之呼告气势颇巨。］全红婵听祖国之心声，以年轻之躯创奥运之辉煌，虽屡遭挫折，但她的梦想，她的拼搏，让她生逢其时；秦玥飞循时代之号召，以广博之才助脱贫攻坚是之大业，虽数逢坎坷，但他的坚韧，他的实干，让他生逢其时。［两则正例，句式整齐，情理并茂，虽无“我”，但“我”仍强烈存在。］我们当和他们一样始终活在时代中，或者说，心里跳动着一颗时代的心。你我助推时代发展，时代也馈赠你我筑梦之机。生逢其时，时不我待，吾辈大有作为！［将“我们”和“他们”融会，将“你我”与时代共通，最后以“吾辈”结语，反复手法，让一个“大我”赫然而立。］

学生乙《破圈有道》片段：

圈，是一定要破的吗？蚓，若出圈，岂能“上食埃土，下饮黄泉”？蟹，若是“用心一也”，守住自己的圈，又岂可落得非要寄托“蛇鳝之穴”的下场呢？东施非要出圈，非要效颦于西施，结果不是贻笑天下了吗？［用反问句，“我”的思想和情感就似乎有了温度，而素材扣题更使“我”有了底气，有了活力。］所以，要破圈，得先明白守圈之道，否则，守不住核心价值和基本原则，守不住本性，圈一破，岂不就遗失自我了吗？［把圈之内核点透，“我”之论证才有中气。］

其次，你得辨明你要入的是个什么圈，是否与自己价值相合、意趣相投，是否更有助于自己的健康全面成长。［运用“你”“自己”拉近与“我”之距离。］梁山好汉破了圈，主动投到朝廷怀抱，结果一被招安，悲剧频发。“替天行道”的精神追求、价值取向和基本信仰，全部丢到梁山泊里喂鱼了，那宋江实在糊涂啊！破圈败名的事，今天屡见不鲜。近日一位名叫“机智的党妹”的网红，穿着日式洛丽塔裙，在旅顺博物馆门口跳宅舞，你看，多么另类！圈是破了，但因自己对日军对旅顺屠城的历史完全无知，结果遭了痛斥，受了封杀。［语言有对话感，有感慨。因“我”深思，故“我”强在！］

青年朋友们，许多圈，并非如表面那么光鲜美好，青春激情投注了错圈坏

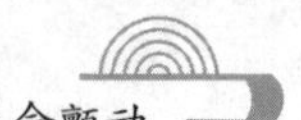



圈差圈，那就不妙了。所以，我们要像鲁迅先生所说，“要运用脑髓，放出眼光”，自己来破！［“青年朋友们”“青春”“我们”，突显“我”的眼光和作为。］

中国文化、中国故事以及诗意栖居的本真的生活方式，是个独特的圈，向世界这个大圈讲好这些，是时代的需要。怎么破圈呢？田园风网红李子柒是高手。一方面，她坚守和弘扬中华文化传统，破圈有根，另一方面，她又深谙全世界人民普遍存在的释放压力的心理需求，以及寻求情感归属感的渴望，破圈有目标，同时，她又善假于物，即创作团队、现代技术及互联网平台。［这则实例，既扣了题，又提升了主题境界——中华文化传统及其世界意义。“我”之大，岂是简单吼出来的？］

立足己圈，面向他圈，顺势而破，不盲从，不野蛮，这圈才破得漂漂亮亮。

［升格小结］

要使“我”在作文中强烈存在，就需要真正深刻理解“我”的内涵，并在作文实践中反复修改。除了整篇修改，也可以选重点段落，全面、深入、细致地修改。而修改的方法，既关乎语言形式，也关乎思维品质，还关乎“我”的角色认同、“我”的境界提升。

## 学生作文，架起师生间生命的桥梁

### 一

一学生很虔诚地捧着自己的作文给我看，央我指点一二。我直说，别急别急，我还在学习思考呢。学生不解。我解释说，其实我拿到这个题目，并不因为我是老师就能说三道四，何况是全班所有同学的作文呢，我也得仔细琢磨，我也心存不少疑惑；怎么办啊，我得不断占有、选取尽可能多的材料，认真研读，学习与评价，在这个过程中，不断开阔自己的视野，丰富和深化自己的理解，这样，我就有了评价和指导每位同学的底气，也能减少一些误人子弟的嫌疑，——即使如此，我也有些担心对谁产生误导。学生释然。

### 二

作文阅卷，我好打高分，惹得同行心存微词。用一种欣赏的眼光读学生的作文，我认为，是教学上令人心驰的享受。看到那些或深思内敛或热烈奔放的文字，哪怕一个词用得妙，哪怕一句话写得经典，我也会叫绝。不是说学生作文没错，但我觉得，比起一味挑剔不足，重于发现作文的美，为师者会更幸福，因为你有这么有才华的学生让你佩服。这对为文者也是种莫大的鼓舞，因为他受到欣赏而产生更大的兴趣，就极可能发挥出我们意想不到的潜能，而且，他会觉得你是有双慧眼的可爱的老师，于是更好地配合你。如果，张口就是这不好那不对，应如何该怎样，甚至是为师者自己欠思考缺体验时，就是再虔诚好学者，也会反感你的啰唆和无知，最终的结果是，他将自己写作才华禁锢起来。如若影响他一生，我们就会受到良知的谴责。让学生对写作最终形成浓厚兴趣，是教书的第一要务，是语文教师的第一善事。

## 三

学生习作，对于我，似乎总有着强大的诱惑，我甘心沉浸其中。我用五笔打字，速度较快，但这并不是我喜欢敲敲打打的原因，真正的原因是，作文中学生对你坦然地敞开心扉，我可以边敲打边走进学生的心灵世界，怎样的情感，怎样的认识，怎样的思维，与我的知情意共鸣、碰撞、交融，平等交流，忘我之境。绝妙的，我径可心怀敬意地照录下来，这很能激励学生；疑惑的，我则能交代我的看法，事后供学生判断选择，这很能促进学生思考；不足的，我直可指弊，提出修改意见，并渴望学生能来与我探讨或辩论。“批阅”学生作文，实是不敢，因为我总觉得自己不够格，这并非自谦。但是，这种心心相印的过程，我倒是乐此不疲。多花些时间，最是夜深人静之时，交流最为通畅，敲打出来的，自己感觉简直就是世间艺术的绝品。你想，印一份，往班内一读一贴，那学生该多美啊。

## 四

说实话，我很懒，但总觉得，平时如果不常思考点啥，不常写点啥，给学生讲为文之道时，就是一种受罪。思考，是种痛苦的幸福；思考积少成多，最终灵光一现，又是一种妙不可言的享受；品茗端坐提笔，心里充满期盼，这种期盼自始至终让人激奋不已。写作过程中，拈掉几须自不必言，为一字推敲而呻吟良久，为一意斟酌而苦坐半天，都是很值得投入的事，这犹如吃辣，辣得越痛快，幸福越淋漓。写作过程的鲜活体验，是讲为文之道的资格证。根据我的经验，只要是自己用心写出来的文字，都是贴心宝贝。拿到学生面前读读，说说自己的构思立意选材，谈谈自己的写作苦乐酸甜，听听学

生的看法，你感到一种坦然的荣耀，同时，学生也会从中深有所获。学生有向师从师的这种强烈的喜好，满足他们，他们会从你的幸福和痛苦中生发更多的思考和写作的热情。点燃了这把热情之火，何愁之有？

### 五

搜集整理学生佳作，是我的爱好，总觉得那里有一种难以抵御的诱惑，不去体味一把那诱惑就是一种刻骨铭心的遗憾。这个过程是很实在的幸福之旅。这种幸福不仅是现时的，还将是来时的。你想，每篇作文背后都有一个个性鲜明的可爱的学生，都能引发很多往事的美好回忆，时光易逝，很多东西都很容易在不知不觉中被时光卷走，现在我用心将它整理出来，不就成了我“今生今世的证据”了吗？并且，今后回味起今天的一切，那种幸福感不就会加倍了吗？常做这个事，也会给你带来很多实惠。依我拙见，为师者提高为文之道，除了博览群书，特别是经典名著外，还要研究学生的作文。学生作文是你教文之道的基础。只是读读、批批，是不能很好深入把握其中的微妙之处的，所以，要研究，经常研究，因此，不常常搜集整理素材不行。这东西一多，往往就会有灵感附身，稍加梳理，再写写，就是一篇很有意义的论文。这种论文，绝不是那种空对空的玩意所能比得了的。为什么？因为我有真实而鲜活的一手材料，因为我的观点就孕育于这些材料中。从这个角度来说，学生，就是我的老师啊。

## 老师，和学生一起在作文中成长

扣题，是写作的大事。我常用高分贝的声音在课堂上强调：作文要“丝丝入扣”！喊了这么长时间，效果不太好，那为什么不“身先士卒”呢？找学生扣题不紧的片段，紧扣一下子，升升格，展示一下，应该很有效。所以，晚自修一下，我就蜷伏在桌前，选好对象，就提笔开始修改。

先把这一段录下：

我要向骑驴远游的陆游倾听潮声，为何那颗爱国之心是如此炙热；我要向把箫而吹的龚定庵倾听潮声，为何他能守住如此的寂寞；我也要向凡·高倾听潮声，追寻他那一路走来一路鲜血的成功之路；我要向提灯女郎南丁格尔倾听潮声，探索那士兵亲吻的身影，那用温馨和爱心构筑的画面。

陆游、龚定庵、凡·高、南丁格尔有什么可用之材，表现出什么独特的精神潮声，这种潮声，我们分别倾听出什么，又该用什么修饰语。原作遮遮掩掩，扣得不痛快。我坚信，我很有改的必要。

然而横扫之势竟然瞬间蔫了。

改的过程好不艰辛。

不知道龚定庵是谁？查！凡·高到底怎样独特？查！南丁格尔有哪些感人之处？查！精读之，泛读之，摘抄之，接下来就动笔写吧。陆游！龚自珍！凡·高！南丁格尔！一个个本该鲜活的人物却一下子变成了木乃伊似的。一张纸，写写，撕掉，再写一张，再撕掉。怎么“无中生有”地变出潮声来，潮声分别有什么特点和内涵，人物有哪些典型细节，你要选择、确定、表述，而且表述得要有点滋味。“绞尽脑汁”什么意思？“黔驴技穷”什么意思？“热锅上的蚂蚁”是什么意思？这种深切的体验诠释得最深刻了。用了多久改得才稍满意？真说不准，反正回家时，小区内几乎所有的灯都熄了。

改成什么样，小媳妇总要见婆婆，我还是拿来吧：

“夜阑卧听风吹雨，铁马冰河入梦来”，激情、壮志再度掀起陆游心中的阵阵热潮，倾听潮声，我听到了激越与雄壮；“少年击剑更吹箫，剑气箫心一例消”，龚定庵的孤独、苦闷化作那冰凉的潮水在月下缓缓低吟，倾听潮声，我听到了低沉与失意。当凡·高用剃须刀割下自己耳朵的那一刻，我仿佛看到他内心的狂潮向那世俗的堤岸发出了穿云裂石般的声响，倾听潮声，我听到了不屈与怒吼。当伤兵流着泪亲吻提灯女郎落在墙壁上的身影的那一刻，我仿佛看到，南丁格尔和缓的心潮水荡漾，倾听潮声，我听到了高贵与博爱。

其实我每天也都写点东西，而且自认为还是爱好动动笔的。然而，这次改写，使我深刻体验到，学生写作是多么不容易啊。考场上时间限死了，要求那么多，要快速构思，要快速成文，要材料丰富，要立意深刻……最后供给我们这些阅卷老师打分。我们用快得惊人的速度就宣判了得分，然后，大笔一挥。学生的命运就这样被我们捏在手里，草草处之。忽然想到动画片《料理鼠王》结尾处那位位高权重的评论家对食神餐厅的一番评论，我试着改写一下，说给我们为师者：

考生必须奉上自己和作文供我们评论，我们以负面评论见称。可是我们打分者必须面对一个难堪的事实，以价值而言，被我们批评为平庸之作的同时，我们的评论也许比他更为平庸，可是有时候我们真的得冒

险，去发现并且捍卫新的作文。这个世界对待新作非常苛刻，新的创作、新人及新的作品需要朋友。

学生写作文真的不容易。不能常写作的老师难以理解学生作文的苦和难，却往往说些不着谱的空话；不能像学生那样常考考自己作文的老师，恐怕也很难将其苦和难体验得那么深切。成长，不只是学生；作文，不只是学生。老师，得以自然而积极的姿态，和学生一起在作文中尽情成长。在成长中，不要隐藏你的写作光芒，当然还有拙笨之处。在这种成长中，我们除了收获写作成果，还有美妙的教育的幸福。

# 第三部分

## 课堂如晤：围文诗话，精神明亮

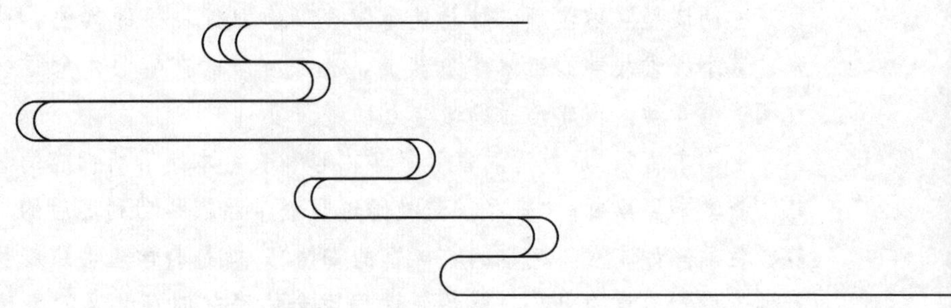

# 第一篇　山清水秀正清源

## 导　读

•学习的意义感和学习内容的生命意义，当是教学的根本驱动力。学习意义需要从功利走向审美，从生活走向生命，从平淡走向深刻，从习常走向批判，撬动语文素养的深度提升。

•课堂要有“动感”，需要正本清源、回归常识、擦亮初心。“动感”课堂有“八观”，即教育观、差异观、内需观、效率观、动静观、冷暖观、思维观和信任观，彼此交融互补，有机构建。它们在实践中易混淆，需廓清。

•语文课堂，主要围绕“文本”和“生活”两个课程载体，通过师生的教学活动，完成载体之间的意义转换和融通，实现文本的生活价值和生活的文本意义，从而提升学生的语文综合素养，“让生命在教育中诗意地生活”。两者共同指向——课程视界下的课堂生命化。

•阅读型互动这颗心脏功能愈健全，像血管一样的其他各种互动才愈偾张，整个课堂教学的躯体才愈健美，整个生命的交响曲才愈强劲。我们要重视阅读型互动，构建全面的教学互动观。

•“丰富”，是教师洞察了教学内容和教育本质后所拥有的智慧，因这智慧，教学丰姿摇曳；“安静”是教师透视教学浮躁和功利之后的心静，因这心静，教学静如流水。教学的“丰富的安静”，就是教学应去躁就静，静中流转着学生们知情意的火花，蕴藉新课程理念的深刻内涵，课的灵魂深邃地流转不已。

•确立自主、合作、探究的新型学习方式，是课堂改革的根本目标之一。内容观、矛盾观、资源观等三个基本观念，是转变学习方式的内核因素。

•语文，应是舌尖上的语文，但朗诵事实上成了语文课堂的洼地和软肋。为什么？这里边藏着“畏”和“逆”。为此，我们必须体认朗诵的价值，让朗诵的主体真正回归，必须强化朗诵的常态指范。

# 学习意义：撬动语文素养的深度提升

为什么学习“这个”内容?

这个问题似乎历来是老师自问、与学生无关的。依据教材内容、学情特点或时代特征，开掘、遴定教学内容的价值，这是教师作为教学主导者的分内之事。但至于为什么学“这个”内容，教师明言直告（也多是知识层面），或者干脆只字不说，要求学生亦步亦趋就是了。这种自上而下的直接灌输，是教学话语霸权的典型表现。这方面，学生基本是被动者和服从者，学习需求无从撬动，学习意义更是一笔糊涂账。学习意义茫然，学生对学习及其内容就谈不上亲近和热爱，就谈不上审视和反思，就谈不上深刻和持久。反之，就会唤醒和激发学生学习的兴趣和热情，并直接关乎学生怎么学和学得怎么样，直接关乎学生学习的动力系统，更容易将学习过程提升至精神层面。

学习的意义感和学习内容的生命意义，当是教学的根本驱动力。这种学习意义，绝非教师简单赋予，绝非几点学习目标所能触及，绝非外界所能强加。它必须以学生的实际生活和知情意为土壤培育、萌发、成长和壮大。以“学生立场”探寻和赋予学习意义，这是一种无声而强烈的召唤；以“学生立场”激发和弘扬学习意义，是最富魅力最为生动的过程。著名教育学家、华东师范大学教授叶澜说：“把外在的知识、价值观念和规范等文化转化为个人的内在精神，是教育活动中最本质的转化。”教学的核心意义不在于帮助学生掌握了多少知识提高了多少能力，而在于有多少次帮助学生明豁当下学习的意义，有效促进学习与素养、学习与生命的转化，让其屏住呼吸，触动灵魂，真正实现核心素养的生长。有没有转化意识和转化能力，则是教学“人的本质力量对象化”过程的重大而潜在的考验。

当下，教学的应试工具性仍占主导，学生被动学习仍是主流，减负增效任重道远。若不寻根究底，重视学生学习感和学习意义的实践研究，切实改变学习意义普遍而严重匮乏的现状，提升学科核心素养就难以落地生根。本文旨在通过真实教学情境中的“学习意义”案例研究，站在学生立场，与学生一起，共同探寻“这个”学习内容的意义，以期捕获学习意义的浸透路径。

## 一、学习意义：从功利走向审美

**【案例】**课题——《相信未来》

师：为什么要读诗？

生1：当然为考试。

师：可是，统考时一般不考《相信未来》啊，一般也不考现代诗啊，不是文体不限的考场作文，也有个括弧——诗歌除外吗？

生2：我觉得有利于写作，因为可以引用，能赚取眼球；还可以记住些漂亮的词或句子，让语言更简洁具体，更富有表现力。以前老师不就叫我们背了不少诗句嘛。

师：那《相信未来》你最欣赏哪句？觉得在什么情境下可以引用这句？

生2：前两节都不错，当然第三节也不错，可有点不懂。当写作文时，写遇到困难仍顽强拼搏，就可以直接引这两节，绝对比引“天将降大任于是人也”强百倍。（许多同学点头）

师：你可真机灵。这几句内涵丰富，意象选得特别好。过会儿我们细细品味一下。除了对写作有用，还有什么呢？

生3：我觉得可以增长知识，比如时代背景啊、作者简介啊、诗歌常识啊，等等。

师：预习《相信未来》，你觉得收获了什么知识啊？

生3：“文革”方面的，我特别看了介绍“文革”的文章，特别是红卫兵运动，觉得真是太不可思议了。还有就是食指，他的名字、他的经历、他的性格，都挺让人震惊的。你说，我要是在作文中用上，阅卷老师肯定佩服我，肯定会多给我分的。

师：真有你的。典型的实用主义者。（众生笑）

生4：我觉得，能提高字词的推敲能力，也就是炼字的能力。

师：是啊。凝练，正是诗歌的鲜明特征。为什么用这个词？换个词成不？就像品碧螺春，慢慢咂摸，口齿留香啊。

生5：我认为主要是提高朗诵水平（师：为什么?）。因为诗歌有音韵美啊，读起来顺了，久了，就有语感了，就能声情并茂了。

师：典型的能力主义者啊。——那今天，我们为什么要读诗？

生6：洗却污垢，净化心灵，返璞归真。

生7：神明自得，圣心备焉。（源于《劝学》，学以致用。众生笑）

生 8：读诗还能写诗。这期《悦读园地》里不是有篇文章写到香菱向黛玉请教如何做诗，黛玉就说，把谁谁谁的诗揣摩个多少多少遍，然后就成了诗人了。

师：说得好。我们读了食指的《相信未来》，有同学就仿写了，是这样写的："当作业无情地堆满了我的书桌/当水笔的摩擦惨叫着劳动的不忍/我依然固执地找出新开的草稿/用断水的钢笔写下：相信未来。"（众生狂笑）诗言志，能表达自己的心声。看来，生活和生命离不开诗。——这又是典型的修身主义者了。（众生又笑）——那如何处理这三种主义呢？

生 9：三者是由外而内的次序，是衣服、皮肉和灵魂的关系，不轻言废弃一方。

生 10：三者应相得益彰，但是，又应从内而外，也就是重点修身养性，修身养性又离不开能力；而功利的考试和作文，则是次要的，但也是瓜熟蒂落水到渠成的事。

师：说得太好了。本次周记，谈心瑜同学就写了三首诗，写得真是好极了，课后印发给大家。大家好好读读。

**【生成】**

现代诗在当下教学中是最易被淡化甚至无视的。考试极少考，学之何益？如果不让学生在实际情境中感触学习现代诗的意义，那他就难以焕发出学习的蓬勃热情，学习效益就会大打折扣。在上面的案例中，我基于学生对现代诗的偏见、对诗的课前预习、对诗的学习方式，通过对话生成，循循善诱，最终使学生感悟到，学现代诗，不只是为了考试的实用目的，不只是为提高一种技能，更重要的是修炼和充盈自己的精神，更多是走向审美。学习意义，从功利走向审美，是浮躁功利教育背景下教学转型的应然之举，是当下提高学生语文核心素养的必然之需，是人心净化、人生美化的终极之道。

20 世纪 30 年代前期，朱光潜先生在《谈美》"开场话"里疾声呼吁："在这个危急存亡的年头，我还有心肝来'谈风月'么？我现在讲美，正因为时机实在是太紧迫了。……我坚信中国社会闹得如此之糟，不完全是制度的问题，是大半由于人心太坏。我坚信情感比理智重要，要洗刷人心，并非道德家言所可了事，一定要从'怡情养性'做起，一定要于饱食暖衣、高官厚禄等等之外，别有较高尚、较纯洁的企求。要求人心净化，先要求人生美化。”[①]“时机实在是太紧迫”，当“怡情养性”，如是振聋发聩，更当引发今天整个教育界的沉思和践行。

## 二、学习意义：从生活走向生命

**【案例】**课题——《写出自己的生活细节》

要求：请拿出张纸，看到屏幕上的话，用词语把第一反应记下来，然后做具体表达。

一问：你早饭吃了什么？你是在什么情境下怎么吃的？什么味道？

生1：反正就是一般的饼。快要迟到了，就用手抓起来吃，谁还记得什么味道啊。

生2：我是在爸爸骑的电动车后座上吃的。吃了香脆脆的油条和甜嗞嗞的麻团，感觉很幸福。

生3：我是在早读课上吃的。饼早塞在桌洞里了，令人垂涎三尺，三块钱从校栅栏外买的，就那位矫健的“鸡蛋饼”老太太的。我是瞅准老师转身的时机，快速往嘴里一塞，然后吧唧一大口，然后再装模作样背书。（全班笑）

二问：秋凉了。丝丝凉风吹过你的皮肤，是什么感觉？你感到空气与前几日有什么不同吗？

生1：就是痒痒的，就像凉水滴滑过。你要想具体知道，你去问树叶，你去问池面，你去问室外的地吧。（全班又笑）

生2：昨天的风吹过，还很劲道，还有灼烧感，火辣辣的。但，今天的风气变柔软了，变沉静了，有点像冷美人了。（全班一片赞叹）

三问：我们教学楼前有几棵树？树的声音是怎样的？看到那几棵树，你想到什么事？

生1：（靠前窗）我来数数……共五棵。

生2：树会发出“沙沙沙”的声音。

生3：我觉得那“沙沙沙”，那是树在说话。我记得，最东面那棵树上，以前曾系过许多条黄丝带，黄丝带随风飘荡，非常醒目。那是为祝福一位身患白血病的学长的。那位学长久卧病榻，深念母校，要回来看看，大家策划了这个活动。后来全校还捐了款，那位学长还写了感谢信，感谢信还在升旗仪式上宣读过。到后来，学长还是去了。我觉得，树是

---

① 朱光潜：《开场话》，出自朱光潜：《谈美》，中国青年出版社，2021年，第2页。

有故事的，是有情有义的，就在那“沙沙沙”的声响里。（全班掌声）

四问：请选位同班同学或任课老师，说说他“不凡”在何处？（说出来，我们猜猜）

生1：他是男生，有刘海，有事没事就捋那绺头发，上课时还偷偷拿出小镜子来照。（全班指认，笑）

生2：胖圆脸，小眼儿，小鼻子儿。人很随和，你骂他，他也冲你嘿嘿笑。（全班指认，笑）

生3：一老师化简式子时，板书几行，就停下来搓手，扭头，冲我们大吼一声：“看我要变形了啊……”（全班狂笑）

五问：回答了这几个问题，你有什么思考？

生1：我觉得老师你很爱窥探别人的隐私。

生2：很多同学谈得很好，可我自己感觉挺麻木的，我常觉得生活没意思，好像看来蛮有意思的，我得关注自己的生活了。

生3：写作文时，要写出自己的观察和体验来。

生4：我觉得不是什么细节都可以写的，要善于抓取那种不一样的细节。

生5：我忽然觉得，作文和生活，关系还挺紧的。

**【生成】**

作文教育的宏观价值导向，我看起码这两点不能不“咬定”。一是怎么对待生活，是生活还是活着，这是基本生活观。二是怎么看待写作，是人的生命表现本能和现代基本生活方式，还是学习的一种艰难任务、考试的一种手段？换言之，是生命的内在需求，还是身外之需？这是基本的作文观。这两者皆是作文的元问题、元认知、元态度。

生活，看似平淡无奇，但当学生有了凝视，有了鲜活而深切的体验和抵达生活本质的思考，潜移转化间，他便会自觉涵养于自己的生活中。对作文而言，他会体验到生活便是需要不断开发的大宝藏，他成长为生活的拾荒者；对生命而言，他已打通了通向生命的光明道路，不断荣获生命成长的滋养。从这个意义上讲，作文教育，既是生活教育，更是生命教育，既生动活泼了，更有了灵魂。作文的品质，很大程度上就是涵养于生活中的生命的品质。

实现从生活走向生命的学习意义，终极提升学生的生命品质，也必须在平素的作文教育浸之润之一以贯之。本案例中，为使学生能够真切认同细节的重要性和自己生活的意义，我从学生都熟悉的生活经历，分别从嗅觉、触觉和听觉三个角度，由物及人，循循善诱，对话引导。学生谈感受，说体验，

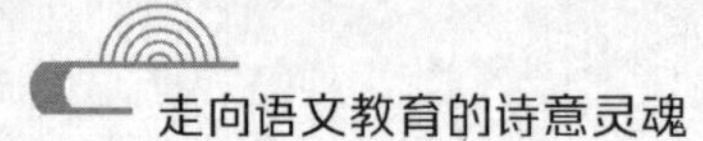


话思考，真诚而独特，愉悦而充实，因为他们不是漫谈生活，而是在向生命的深处，撑一支长篙，漫溯。

## 三、学习意义：从平淡走向深刻

**【案例】**课题——《公孙仪相鲁》

公孙仪相鲁而嗜鱼，一国尽争买鱼而献之，公孙仪不受。其弟子谏曰：“夫子嗜鱼而不受者，何也？”对曰：“夫唯嗜鱼，故不受也。夫即受鱼，必有下人之色；有下人之色，将枉于法；枉于法，则免于相。虽嗜鱼，彼必不能常给我鱼，我又不能自给鱼。即无受鱼而不免于相，虽嗜鱼，我能长自给鱼。”此明夫恃人不如自恃也。（选自《韩非子》）

生1：老师，公孙仪爱吃鱼，怎么全城人都争着给他送鱼啊？

师：是啊，真是怪事。你说，献鱼者是为他的健康吗？

生1：肯定不是，公孙仪担任相，献鱼者应该心中所图。

师：对啊，你说献鱼者会说——我献鱼是假，沽名钓誉捞好处是真吗？

生1：怎么可能！肯定人人都找些好听的话——反正我想不出来。

师：是啊，阴谋总是需要华丽的外衣包装的。大家想想，他们会到相府门前排着队去送吗？

生2：肯定不会，他们会托关系送，或者晚上偷偷送去，或者……我想不出来。

师：你看，虚伪是见不得阳光的。但全城人都做这种龌龊事，大家怎么看？

生3：我觉得太可怕了。鲁国人都削尖脑袋往相府里钻，都这么势利，那鲁国风气多坏啊。

师：没错。风气为什么会这么坏呢？

生4：我觉得，主要是因为官场风气不好，上梁不正下梁歪嘛。

师：说得好。你说，这种风气会有什么后果呢？

生5：非亡国不可。

师：不是有个廉洁奉公的公孙仪吗？

生6：整个社会都这样的，一个公孙仪，我看，没戏。

师：我同意你的观点。大家觉得全城人都去做这种贿赂事，可能吗？

生7：我觉得不太可能，总有些人头脑清醒，洁身自好。（学生纷纷表示赞同）

师：但文章为何写“一城”呢？

生8：我估计韩非子很可能是往大里说，是叫人警醒吧。

师：咱想一块了。大家觉得今天我们读这段文字，除了做做题，还有什么收获呢？

生9：人人都要反腐倡廉，社会风气才好。当然主要还是掌权者了。（众生笑）

师：说得好。

**【生成】**

这则文言短篇，是用来当堂训练的。练习题中，除了字词句的理解考查外，只需要学生归纳概括公孙仪清醒自律、廉洁奉公的思想性格。一般只是对对答案，简单分析下易错点就完事了。但有学生提出一个棘手而深刻的问题，背后关乎这则短文的价值取向，不能淡而化之，需要机智引导。我主要借助语言表述、空白填充、归因推论、理性评判以及现实观照等方法，顺势而为，因势利导，使学生逐渐廓清在浅易文辞背后，潜藏着很多需要静静地、细细地反复咀嚼的用意。这是个从平淡走向深刻的学习过程，是从“训练”走向“修炼”的过程。其间的学习意义，至少有两个层面：一是基于学生提出的问题，结合时代教育的需要，结合学科特点，自然无痕地进行反腐倡廉的德性教育；二是潜物无声地培育学生不唯书不唯文的勇气，是学习观念的默然提升。学习意义，提升了学习境界，开阔了教学视界，并且深化了学习过程，还不失语文的味道。

## 四、学习意义：从习常走向批判

**【案例】**课题——《汴和泣玉》

楚人和氏得玉璞楚山中，奉而献之厉王。厉王使玉人相之，玉人曰：“石也。”王以和为诳，而刖其左足。及厉王薨，武王即位，和又奉其璞而献之武王。武王使玉人相之，又曰：“石也。”王又以和为诳，而刖其右足。武王薨，文王即位，和乃抱其璞而哭于楚山之下，三日三夜，泣尽而继之以血。王闻之，使人问其故。曰：“天下之刖者多矣，子奚哭之悲也？”和曰：“吾非悲刖也，悲夫宝玉而题之以石，贞士而名之以诳，此吾所以悲也。”王乃使玉人理其璞而得宝焉，遂命曰：“和氏之璧。”（选自《韩非子》）

师：你对和氏持什么态度？说说理由。

生1：我挺佩服他的。左足被砍掉了，右足又被砍掉了，最后哭光了泪哭出血，但他依然坚持，多有意志力。

生 2：我为他点赞。他屡遭不测，但他觉得，他手里的就是一个宝贝，他相信只要坚持真理，真理总会大白于天下。

师：大家不要受后面练习的影响，不妨变换角度想一想。

生 3：我挺为他可惜的。他有个宝贝，但玉人是个笨蛋，不识货，那你就想办法证明这是个宝贝啊，但他没有，还一个劲儿往南墙上撞，不只是可惜，还可气呢。

师：你有双慧眼哪。刚才练习时有同学写他很“忠心”，不知其他同学怎么看？

（学生陷入沉思）

师：大家都知道魏征勇于进谏，对唐太宗是忠心耿耿的，对吧？但这个和氏的忠心，是不是和魏征的是一样的呢？

生 4：我觉得大不一样。唐太宗是明君，能纳谏，魏征勇于进谏，是真正的忠心。可和氏的主子净是些昏君，他还这么死心塌地，真是长了猪脑子。

师：这叫“愚忠”，就是愚昧地尽忠，不管是非曲直个中缘由，只管听主子的。和氏的愚忠，可谓感天动地，也可谓蠢到极点。

生 5：老师，我觉得他不是愚忠，他是“愚奸”，他其实有不可告人的秘密。他舍得下血本，就是想捞个一官半职。他献玉，其实是一种政治投资。所以忠心是假象，想当官，想扬名，才是他真实的目的。他最终成功了，只是代价太大了。（全班惊奇、赞叹声）

师：说得太棒了，不知出题者听到你的观点会有何感想。大家看，不跪着读书，多么重要啊。

**【生成】**

今天，大数据浩瀚无垠，无处不在，已在改变着我们的生活，但另一方面，追求自我独立个性的内需越发强烈，两者之间必然产生深刻的矛盾。使学生从习常走向批判，是整个教育的重要功能。我们要克服一味灌输的教学方式，摒弃唯答案的迷信做法，把握文本理解的相对不确定性，正视诸多阅读材料良莠不齐的现实，强调扎根自身，强调有自己的立场态度，做一块磐石而非介草，强调积极主动、不等不靠，强调会选能舍、明辨是非、拨雾见日。我认为，这种批判性价值导向，在学生批判意识和批判性思维严重薄弱的当下，就显得特别重要。本案例中，我引导学生围绕对和氏的态度进行讨论。赞美和氏坚持不懈、信仰坚定，是练习出题者的答案，也是练习中绝大

部分学生的看法。但随着角度不断变换，有人为之叹息，有人斥之愚忠，有人憎之愚奸。这是出题者绝对意想不到的。如果不引导辨清，那所谓的参考答案不知要误多少子弟。语文教学，就要培育学生不跪着读书的习惯和精神。

## “动感”课堂要山清水秀，“五观”“四度”当正本清源

课堂是学校的“定海神针”。课堂不变，教师不会变；教师不变，学校不会变。学校改革的核心环节是课程改革，课程改革的核心环节是课堂改革，课堂改革的落脚点是学生的“动”。我们倡导践行“动感”课堂，也就是以科学的教学目标为指引，通过“五动”方式（兴趣调动、探究生动、问题驱动、师生互动、鼓励随动），使学生“五动”（手动、口动、脑动、心动、情动），高效参与，使课堂富有生机和活力，富有愉悦感、充实感和成就感。课堂要有“动感”，还需要正本清源，回归常识，擦亮初心。“动感”课堂有“八观”，即教育观、差异观、内需观、效率观、动静观、冷暖观、思维观和信任观，彼此交融互补，有机构建。这“八观”在实践中易混淆，需廓清。

### 一、课堂教育观

什么是教育？教书和育人。“教”和“育”，你中有我，我中有你，彼此交融。但长期以来，两者常是割裂开来的，而且所谓的“教”做得还不错，而所谓的“育”做得相当不够。难怪朱永新与朱小蔓在一次教育对话中认为：我们的教育“忘情负义”。当下有些教师以为我只管教书，只要学生考分高就行，至于那“育”，就不是我的事了。谁的事？那是班主任的事、德育处的事。叶圣陶先生说，他决不说自己是“教书”的，他是“帮助学生得到做人做事的经验”。这话观照现实，颇有意味。

什么是教育质量？教育质量就是教学质量吗？教学质量就是分数吗？顾明远先生就一针见血地指斥说：“许多校长、老师口头上说提高教育质量，但把教育质量停留在考试分数上，实际上做着违背提高质量的事，增加学生负担，进行机械的训练，极大地妨碍了学生综合素质的提高。”对老师的评价，一般是单论考分，这是所谓的“干货”，分高了就奖励你就表彰你，至于育人如何，就大而化之、一好百了。这似乎成了教育圈的潜规则了。对学生的评价，无论是学校、家长，还是升学，仍往往简单地以分数论英雄。“立德树

人”挂在口头，写在纸头，但是否真落到具体实践中呢？这是个大问题。

“教”，只是“育”这整个花朵里的一片花瓣。以“教”之偏盖“育”之全，自然囿于根深蒂固的教育偏见，也有着深刻的工业化社会文化背景。今天提教育转型，课堂必先转型，转型的门槛，当是弘扬育人的正道。

课堂教育观，当下集中体现为素养观。核心素养不仅仅是知识技能，更重要的是情感、态度、知识、技能的综合表现。它超越知识和技能的内涵，矫正过去重知识、轻能力、忽略情感态度价值观的教育偏失，是对学习的常识和主体的尊重与回归。素养课堂需要的不是追风，不是运动，不是换汤不换药，而是实实在在地纠偏，而是一场静水流深。

既有教书，又有育人，踏踏实实落在学生核心素养上，这就是我们学校一直提倡的“大质量”观。

## 二、课堂差异观

多样性与统一性的辩证关系，集中体现为差异性上。课堂教学也是一种生态圈，差异性，是其天然的深刻矛盾。解决这一矛盾的出路就在于基于基本教学要求的基础之上，践行面向个体的教学。

我们说学生学习有差异，主要指什么方面呢？主要指学习经验的建构。差异具有必然的哲学合理性。事物是运动的，运动源于矛盾，矛盾蕴含落差，有落差就有动能势能，而“差异”就天然具备这股力道。有差异才会有个性，有个性才能形成互补，互补才会丰富。可我们习惯于怎么做呢？我们往往只着眼于“差”，无视了“异”，只对所谓的“差生”恨铁不成钢，而忘了他是独一无二的存在之“异”，只对所谓“优生”赞赏有加，而忘了他的诸多“差”。“差”也罢，“异”也好，我们的尺度似乎总是分数。

课堂教学中要警惕“以一代全”现象。教师问，找一学生答，若回答不好，再选学生答，直至答出来。这是猜谜游戏，不是真正的互动。这个学生的回答很精彩，要点出他好在哪里，同时特别注意这不代表全班都学得很精彩了，不然就把部分不理解或一知半解的情况给忽视了。如果这个学生发言不好或不对，老师要善于把这个问题转化为全班学习的共同资源，耐心地启发导引他。一个学生回答，其他学生不是旁观者，不是“闲人”，应是评价者和参与者。当然，课堂上不可能每个学生都要回答，因此，除多一些发言对象外，还要善于激发每一个学生的问题意识，使其敢于提问，勇于表现，还要善于观察学生个体的动作、眼神、表情等，解读学生，智慧选择发言对象，以促进学生的个性学习。课堂上，我们常常颇感无奈的是，已学会的不能阔

步前行，未掌握的跟随乏力，都不能相对自由适切学习。这就内在要求使“教”堂切实回归“学”堂，真正把课堂时间归还给学生，并多践行协作学习，以实现同伴互补共进。

## 三、课堂内需观

“一个鸡蛋，从里面打开是生命，从外面打开则是食物。然而，要从里面打开，离不开外面的孵化。”这是基于生命自发自觉的美妙隐喻。

课堂教学真正的引擎力是什么？看起来，似乎就是教师根据教学设计的轨道在推在拉，其实教学设计的背后，正是学生学习的需求。不切合或偏离了学习需求的教学设计，注定是浪费时间或低效的。宏观经济有个热词叫“拉动内需”，我看，课堂教学也必须摸清学习内需，并拉动它。学习有一种极核心的资源或者说驱动力，那就是学生的心；教学就是攻心为上的综合过程。

课堂有种强大的自推力，不是教师的控制，不是教材的要求，而是学生的内在需求。这种需求要用心用情去激，“激水之疾，至于漂石者，势也”“善战人之势，如转圆石于千仞之山者，势也”。应学生之需而教，激其情，激其智，扬其需而教，从聚焦“教师”上课转移到“学生”上课上来，是一个巨大转变。

基于知识点的简单掌握是应试基础上的学习内需，它并不强劲、持久和富有美感。健康的学习内需，需要赋予课堂学习以生活和生命的意义，进一步讲，也就是要在老师、同伴和学习内容之间塑造一种亲近而融洽的关系，正如德国哲学家马丁·布伯所说的“我——你”的关系，淡化“我——他（她）”的平淡关系，避免“我——它”的冷漠无趣的关系。

## 四、课堂效率观

课堂教学效率，不是说教学内容教得快容量大，就高，也不是说学生看起来记了掌握了足够量的知识了，就高。如果教学计划没完成（这是司空见惯的事），课堂容量似乎不够大或过大，从效率角度来说，这都不是多大的事。到底什么是教学效率呢？根在每一个学生学习经验的效率，也就是主动的学习经验的建构。具体来说，包含以下几层意思。

一是效率高低的衡量标尺，在于学生，不在于教师。讲练了多少遍了，为什么学生还是不会还是再错？我们常对此感到惊讶，但又无奈。讲课过程中，再请某学生重复老师刚刚讲的内容。他偏就支支吾吾地答不上来。他灵魂不在场。换个看起来灵魂在场的问问，他偏偏仍答不上来。为什么？因为听而未闻，没落到心里。那再换个问。他啰唆了半天，仍未真正说到点子上。那又为什么？因为他虽有听闻，但不会听闻，不能抓住关键词，不得要领，不能内化于心，也就是信息的编码功夫不到家。即使是靠死记硬背总算“掌握”住了，但一杯茶的工夫，也会烟消云散的。就算他有点编码本事，如果不能赋予内容以生命的能量的话，那学习的内容恐怕也最终难以转化为他自己的。讲了，老师是主体，但讲的效果怎么样，试金石是学生。学生仍不会、不清楚、不掌握，讲得再多、讲得听起来再好、讲得看来效率再高，又有什么用？

二是学习经验的主动建构，不是知识量的简单增加。任何外在条件都不可能直截了当地转化为学生的学习经验。学习经验需要在他自己内心生长，这种生长需要静心、专心、爱心和耐心，是一种自我审视、自我整合和自我更新的过程。学习是一种建构，建构需要生命的投入。

课上学《月迹》一文。我问学生：“‘我们看时，那竹窗帘儿里，果然有了月亮，款款地，悄没声儿地溜进来’，‘款款地’，是一种什么情态呢？”有学生不假思索地说：“‘款款’，就是‘慢慢’的意思，是写月亮上升得很慢。”我继续问：“那为何不用‘慢慢地’，而用‘款款地’呢？”学生陷入思考。在这个时候，他知其意，但不能体验其情，不能感受其趣。倘若考起试来，他也许并不失分，但是，这并不是真正意义的阅读。真正的阅读，是二次创作，是要调动起自己生命中的体验、情感和智慧，与文本进行或碰撞或共鸣，最终交融，形成自己的新的作品，而不会仅仅停留于追随作者的意思，只是为着做题去了。说实话，那只会培养冷漠和投机。调动起生命的积蓄，进行二次创作，是阅读教学的核心使命。我引导学生说：“假如我从远处走来，走得很慢，你能用‘款款’二字形容我吗？”学生说：“不能，因为你年龄有点大。”我就举班内一胖小子继续问：“如果是他呢？”学生说：“也不能，因为他太胖，走起来不优雅。”我又指着班内一高挑面羞的女生继续问：“她走路可不可以用‘款款’呢？”学生说：“可以，因为她走起来很柔美，不急不躁的，叫人怜爱。”你看，整个引导的过程，不只是理解了“款款”的意思，而且，还赋予了“柔美”“优雅”的意味，并且还培育了一种“怜爱”情味。我想，今后，当看到“款款”二字，学生嘴角很可能会露出一丝会意的笑意，因为他脑海中很可能会呈现出一幅画面：一个妙龄女子从不远处向他走来，走得那么气质非凡。“款款”一词，在他心里是活的，是有温度和趣味的。词语活在心中，心里才充盈富足。试想，当他读到戴望舒的《雨巷》或曹雪芹

的《红楼梦》，对那个结着愁怨的丁香一样的姑娘，对那个林妹妹，很可能会心向往之，沉醉其中而欲罢不能呢。一个简简单单的词语，当主动建构起来时，那才是我们所憧憬的美好啊。

三是面向“每一个学生”。几个或大部分学生效率高，不能掩盖效率低的学生，否则这不公平。——事实上现实中又很难实现，所以，课堂总是充满着深刻的内部矛盾。基于自我学习经验基础上，如何实现个体学习效率的提升，是当下课堂教学的重要课题。

## 五、课堂动静观

有些课堂，似乎动感十足：学生积极举手发言，好事者还统计多少多少次；分组讨论，蛙声聒噪一片；声光电影，十八般武艺全上……如果这种表面的“动”确实推动了学生的学习构建，内里是“动”的，那便是真的“动”，是我们所提倡的。否则，任你怎么七十二般变化，任你如何光怪陆离，学生的学习只在平面上滑行，也便一眼看穿，这“动”包藏着个“闹”字。一“闹”，学习的分寸就没了；一“闹”，学习的土壤就贫瘠了。

什么叫课堂的“动”呢？“动感”课堂倡导以下“五动”。

（1）兴趣调动。从教学内容上看，如何与生活紧密联系起来，如何化死知识为活知识，化呆板为新颖；从教学方法上看，学生更喜欢启发式、合作式、讨论式、做中学、学中做等教学方法，发挥他们自主性。另外，教学情境要适合，教学手段要新颖，学生能主动参与，课堂氛围活跃。这些都是兴趣调动的角度和效果。

（2）探究生动。过程具有吸引力，结果有所发现，精神有所愉悦。要探究生动，活动设计要科学，活动方式要多样，活动过程要充分，活动效果有要效，要注重发挥学生主体作用地位。

（3）问题驱动。善于引导学生发现问题、分析问题、提出问题和解决问题，能有效将学生学习问题转化为教学内容，问题设计符合学生认知发展水平，针对性强，促进学生思维能力。

（4）多向互动。要克服知识本位和满堂灌的顽症，警惕“无互动（满堂灌）”“伪互动（有形式无实质）”“单互动（其他学生成了旁观者和闲人）”等现象，切实实现师生互动、生生互动、学生与教学内容的互动。

（5）鼓励随动。鼓励，是为了因材施教，为了发挥皮格马利翁效应，为了发挥学生主体性，为了课堂生成。课堂鼓励的文化建设，是“动感”课堂的内在要求。

什么是课堂的“静”呢？有些课堂，似乎没什么生气：老师唱独角戏，一讲到底，学生们凝神倾听，心领神会；学生们默默读，暗暗想，静静写，教师偶尔与一二学生低语；没有音乐，没有投影，有的只是黑板上几个提纲挈领的粉笔字……如果这种“静”课，出现在公开课上，必定是命运多舛的。逐“动”而摒“静”，实是当下课堂之流弊。但是，这“静”的背后，如果学生们激起的是浊浪排空的情意，迸发的是火光电石般的思考，有一种精神世界的攀登或飞翔在，那么，这是不是一种静水流深式的理想课堂呢？

其实，“动”也罢，“静”也好，最重要的不是其外在表现，而是学生本身内在的“动”。这种“动”，具有强烈的成长意义和价值。若论“以生为本”，若论“动感课堂”，要紧抓住这个牛鼻子不放。

## 六、课堂冷暖观

文本的温度是否能感染众生，课堂对话是冷冰冰还是暖烘烘，主要看：教师有无将教学内容烂熟于心，文本解读专业不专业，是否精心设计了教学过程；学生有没有充分预习，知不知道自己已然和未然之所在；平时师生关系融不融洽；教师教学有没有亲和力，是否能幽默一点，等等。

### 1. 教师备课有境界

境界有高下，课堂自有冷暖之别。对备课，有的老师只是简单浏览下教材，打个腹稿，或者是从网上下载或拼凑篇教案，或者是吃“老本”，看看以前的教案了事。这种敷衍或自负，是不负责任的。有的老师备什么？只备知识不备活动，只备形式不备有效，只备答案不备预设。有的老师则不同，无论他以前教过多少次这一内容，无论他以前教得多么得意，对这一内容，他习惯地要求自己必须从零开始，先是“裸读”多遍，他不满足于读出内容是什么，他更执着于他自己读出了什么，他是否读出了自己。然后，他会搜查相关资料，博采众长，以我为主，最终凝成自己的东西。终于，他才真正开始提笔备课。在这个基础上，他会从教学角度和学生学习需求角度，审视和整合他的前期成果，将其转化为教学内容。其间，他特别注意推敲用何种适切的方式，使学生有趣有效地亲近教学内容，并努力使两者融合为一。他顽固地认为，不这么做就登上讲台，面对学生的眼睛，他就会心生惭愧。你看，他用自己的心把教学内容给焐得热乎乎的。你说，他的话，能不暖暖的吗？

### 2. 学生也要备课

学生预习不充分，课就发涩，疙疙瘩瘩，不顺不畅，课堂效果就往往不好。怎么预习？这个似乎不是事的事，却严重阻碍了教学的有效性。简单看一看，不是预习；只是圈一圈，也不是预习；真正的预习必须深入理解学习内容是什么，哪些不是事，哪些有问题，哪些问题能马上解决，哪些得带到课堂上去。能发见自己的预习、能主动探究的预习，才是真正的预习。有了这种预习，就有了期盼、共鸣与质疑，就有了成就感，自然有了温度，就避免了“剃头担子一头热”的尴尬。

### 3. 课堂要有温度

课堂要有温度，离不开融洽的师生关系。课堂，要有大课堂观，不能仅仅聚焦于一节课，还要前伸后延，多多关注课外。课堂温度，更多是平时师生共同涵育营建的。课堂其实是个小社会，是师生关系的相对集中的体现，是教学活动开展和推进的重要力量。只“教书”而无视“育人”，是对教师职业功能的窄化。没有“育人”的“教书”，只会令人感到坚硬的冷意。

## 七、课堂思维观

一是思维指向系统性。这儿所说的系统，包括两层含义。一是学生内在的建构系统。课堂所学内容，不是孤岛，而是与旧知旧感、学生的现实生活、学生的精神世界紧密相连，“根，紧握在地下”。课堂就要靠思维来确立并稳固这种内在联系，从而使所学内容纳入不同学生的精神世界中。二是外在的知识结构系统。强调知识结构系统，绝不是泛学习化，绝不是抹杀学习内容的主体地位，而是强调一种知识构建的胆识和气魄，强调一种大资源观，强调教学内容的“背景”意识。课堂思维，就是在课堂学习重难点明确而科学的基础之上，追求积极建构而体现出来的弹力，彰显的是学习生命化的价值观。

二是思维指向完整性。学《从百花园到三味书屋》，老师问，百草园有什么特征啊？学生甲说，是乐园；学生乙说，很大；学生丙说，有野草；学生丁说，还有昆鸟……没有一个学生能相对完整有序地表达出来。这暴露的表面上是学生阅读习惯、答题规范等方面的问题，其实更严重的是学生思维的逻辑性和完整性滞后发展的问题。把花瓶打碎，用显微镜观察，你说，叫欣赏吗？当然，学生是正在成长中的人，不能求全责备，但是，实事求是地讲，不少老师对学生思维的无视无措无奈，也不能不说是重要原因。

三是思维指向丰富的可能性。教学预设并不是确定一个所谓的标准答案，拿到课堂上去让学生来迎合，而是像下棋一样，走一步，要考虑学生多种反应的可能，并想出相对应的引导破解之法；并且，很清醒而坚信，很多时候，自己一个人的才智，并不能囊括那么多学生所蕴含的可能性，因此，必须对课堂所谓“答案”持一种相对开放的态度。我们要尊重学生学习主体地位，课堂有宽容有自由，能倾听学生话语，有引导善引导，能激趣善激趣，所谓标准答案只是丰富可能性中的一个。不过，新课改这么些年了，事实上很多老师仍然抱着“标准答案”，摆些噱头，摆着谱，变着花样让学生不断去猜。不是把学生多种可能性（包括错误的答案）给哄出来，进行对话交流从而提升，而往往是无视学生话语中所隐藏的思维闪光点，唯标准答案是瞻。传统教学的桎梏，传统应试的羁绊，加之新课程理念未真正内化于心、形之于行，所以，当下课堂骨子里仍旧民主不够、动感不足，缺乏蓬勃而强劲的生命力。

## 八、课堂信任观

课堂信任，是一种师生间、师生对自己、学校和老师之间等的和谐关系，蕴含着很强的“皮格马利翁效应”。今天课堂信任文化，并未有效构建，失信现象大量存在。失信，基本上源于价值追求和应试重压的深刻矛盾。

一是教师失信于生。学生具有发展的无限可能性；教育要容许学生出错，校园和教室是学生出错的地方；从某种意义上讲，错误是学生成长的宝贵课程资源。但是，事实上看，为追求课堂教学所谓“有效”“高效”，为节约时间计，为掌握知识计，教师往往仍不肯、不敢放权给学生，仍顽固灌输，霸占、逼仄学生试误、释疑和自我生成的时空。纵然有诸多花样和包装迷人眼，但骨子里课堂仍多不是学生的，课堂多是“教”堂而不是“学”堂。

二是教师失信于己。为了上节公开课，为了体现新理念，为了体现多元解读，为了互动生成，为了上出特色，我们往往耗尽脑汁，反复细致地磨课。课往往获得“一致好评”。但反观我们的家常课呢？似乎完全是另一种质地。家常课，自然不会像公开课那样费些劲，但是，公开课体现的那些理念和追求，却很难在家常课中寻觅了，家常课似乎就成了应试场，这不是扯两张皮吗？

三是学校失信于师。学校教学管理往往需要通过多次考试或“监测”，通过纵横精细对比，以控制教学过程、提高教学质量。当下的应试文化，似乎也已成为整个社会的一种集体无意识。作为老师，如果要实现学科教学的自

我价值追求，要踌躇满志地进行自我课堂改革，就必须充分考虑应试风险和由此带来的沉重压力。没有相对的自由度和宽容度，课堂改革往往染上了更多悲情。应试本美好，师者的学科尊严和改革之志又弥足珍贵，但两者却构成一对具有浓重草根气息的但又不均衡的矛盾。徘徊其间，许多老师常有一种撕裂感，常陷入一种内隐的痛苦纠结中。

## 语文课堂：文本生活化与生活文本化

语文课堂，主要围绕“文本”和“生活”两个课程载体，通过师生的教学活动，完成载体之间的意义转换和融通，实现文本的生活价值和生活的文本意义，从而提升学生的语文综合素养，“让生命在教育中诗意地生活”。

“文本”是一种静态的、非在场的语言符号系统，只有通过解读才能进入鲜活的生命形态；“生活”主要指导学生的物质生活和精神生活，是作为文本解读的凭借和归宿。“文本”与“生活”是不可割裂的。离开生活，文本就成为死文本，课堂就成为死课堂；游离文本，生活就失迷失方向，课堂就徒具空壳。

文本生活化与生活文本化，是“文本”和“生活”通往彼此意义世界的桥梁，它们意义指向恰好相反，是构建语文课堂生命化的重要方式。

### 一、文本生活化

语文课堂倡导将“文本”化为“生活”，即文本生活化。

学生已有的生活经验和认知结构，与文本的开放系统之间相互作用了，才能完成文本的第二次创作。现代解读理论认为，文本的意义不是先有的或确定的，而是读者在期待视野的基础上，通过还原和填补、探源和汇聚、颠覆和重建、借鉴和反驳等对话方式来参与阅读，确定文本意义。不能引生活这泓水入文本，真正实现学生的自我意义建构是不可想象的。当然，学生阅读文本的同时，其实也开拓了自己生活的疆域，过“另一种生活”，进而丰富了自己生活的内涵。

文本生活化，功夫全在这“化”字上。“化”，主要是指老师引导学生在易误处、空白处、两难处等地方，这些地方最需要老师的帮助和指导——主要是智慧地引发起学生的生活经验并畅通地融合文本；“化”，好比触电，形象、鲜活、强烈，能触及学生的灵魂；生活化了的文本，转变为学生再次文本阅读的生活，从而实现文本与生活之间的诗意循环。

贺铸的《横塘路》首句“凌波不过横塘路”的“凌波”，似乎并不难理解，何况课本上有注释，说是“形容丽人步履轻盈之态”。但何以知道“步履轻盈”呢？学生回答不上来，因为文本与生活之间还没有贯通。“凌波”这个词源自哪儿？学生们马上发现课本上有答案：语出《洛神赋》“凌波微步，罗袜生尘。”并有学生马上联系到武侠小说《天龙八部》里段誉的功夫。我追问“凌波微步”是哪派的武功，学生齐答逍遥派。我再问学过有关逍遥的课文，学生马上答是庄子《逍遥游》。我说，飘逸轻盈，这正是道家追求的精神境界啊。学生茅塞顿开。我继续追问：“你从‘微步’（缓缓行走）怎么感受到‘轻盈’呢？”这下学生一下子联系到“三寸金莲”。丽人那种婀娜娉婷的走态、那种曼妙的身材、那种姣好的容颜，都一一呈现眼前了。我再问，丽人气质如何？自有学生在“莲”字上见其高雅脱俗。

一个平平常常的“凌波”，层层“化”在学生的阅读积累和生活经验中，产生了新奇深刻的陌生化效果，我相信学生会在生活中诗意地运用这个词。

文本要生活化，要力避只见“生活”，游离“文本”的做法，否则，既不见了“文本”，“生活”也会泯灭。“生活”是基于“文本”的唤醒和激发学生生活经验的生活。

曾听一位年轻女教师讲闻一多的《发现》，发现她像刘和珍一样“始终微笑着”“很和蔼”，特别是她竟用渗着笑意的声音朗诵：“我来了，我喊一声，迸着血泪……”同时发现，学生们也都始终“含着笑”聆听、交流。评课时，发现大家竟皆为师生的“微笑”折服，赞捧整节课是多么的和谐而融洽。文本的表情是“迸着血泪”，岂容用“始终微笑着”的所谓生活表情来分裂、扭曲？

并非所有的文本都能生活化，甚至其文本意义在学生生活世界中是难以找到参照和对应的，其间巨大的距离感和陌生感，使得文本与生活割裂开来。王开岭在《古典之殇》一文中写道：“一边是秃山童岭、雀兽绝迹，一边是‘两个黄鹂鸣翠柳，一行白鹭上青天’的书声朗朗；一边是泉涸池干、枯禾赤野，一边是‘西塞山前白鹭飞，桃花流水鳜鱼肥’的遍遍抄写；一边是霾尘浊日、黄沙漫漶，一边是‘山光悦鸟性，潭影空人心’的诗情画意……这是何等遥远之追想，何等费力之翘望啊！”[①] 我们可以靠想象力，但是，想象力源于生活，想象力当下普遍低下，恰恰是因为生活的贫乏狭隘。从这个意义

① 王开岭：《古典之殇》，出自王开岭：《每个故乡都在消逝》，山西教育出版社，2013年，第35页。

上说，不断增强学生生活的广度、力度、深度以及厚度，是文本生活化的重大课题，也是新课程改革的内在要求。

总之，“文本”与“生活”起摩擦，是语文课堂生成之源。把“文本”摆在学生“生活”的磁力线里转动，便能通出教育的电流，射出光，放出热，发出力。

## 二、生活文本化

学生的生活世界，零乱多样，个体差异很大，蕴藏着丰富的教育价值，是取之不尽的课程资源。作为课程建设的参与者，师生需遴选、整合这些资源，赋予其课程意义。这种生活课程化的“生活语文化”，以“语文学习的外延和生活的外延相等”为信条，践行的是“大语文教育观”。

生活文本化，是生活语文化的重要内容。具体到语文课堂，其生活包括作为学生文本解读的静态生活背景，也包括即时发生的动态课堂生活。相应地，生活文本化，既指将学生“过去”的生活付诸文字，也指将“现在”的生活视为解读的对象。相比较而言，后者比前者更易于被忽视，更富于机智。

生活文本化，需要遵从课程意义和课堂教学目标的要求，不能将生活凭空楔入。同时，要“化”得巧妙，信手拈来，时机恰当，灵动机智。当然，有些内容是可以预设准备的，而有的则突如其来，师生更需机智地契合教育情境来“即兴创作”。

我曾在语文课上引导学生评讲作文《生活的境界》，正板书时，发现一只小虫子在我高举的手边，缘着黑板若有所思地点来点去，憨乎乎如“学垂纶”的“蓬头稚子”，背后传来许多学生由衷的畅笑。我说：“看，我写的字散发着芳香呢。”小超同学马上辩解说：“那分明是从厕所飞来的一只苍蝇。”这话惹得芳颜蹙：“分明是一只小蜜蜂，是映红了我们教室的窗外的紫荆花引来的。”小超同学争辩说：“那真是苍蝇，我在第一排，看得真真的。”马上有同学“批判”他说：“语文课要有诗意，有语文味儿，即便是只苍蝇，此时此境，在我们的眼里，它也应荣升为蜜蜂。”但马上有众同学反驳了：“如果明明是苍蝇，偏说是蜜蜂，那不是自欺欺人？”我参与争论说：“假设那真是苍蝇，开始看时，那确是苍蝇，但我细看细想，觉它可爱，看它就是蜜蜂，结果我心里充盈着诗意的美感，而不是呕感——这就叫艺术，一种虚假的真实。”学生似懂非懂。我“趁火打劫”，说：“‘参禅之初，看山是山，看水是水；禅有悟时，看山不是山，看水不是水；禅中彻悟，看山还是山，看水还是水。’看来，在我这位参禅人来说，苍蝇飞升为蜜蜂但不能再还原为苍蝇，我这‘生活的境界’毕竟还差了一层哲道啊。”众生闻言，莞尔而笑。

笔者努力将这则课堂生活“化”为教学文本，从而更好地达成教学目标；课后，笔者又及时将这一际遇与思考写成文字，张贴在教室供学生阅读，又使生活文本化更进一层。

课堂生活“化”为文本的基本方式，除了视其为解读对象外，还可将其用来供师生写作。这对教师进行教学设计、教育反思以及提升教研水平，都有很好的帮助，更重要的是，它可以引导学生从自己活生生的现实中，发掘心动的素材以品味或反思，进而提高语文的综合素养。

### 三、课堂生命化

文本生活化和生活文本化，虽然逻辑方向上正好相反，看似矛盾，但它们是辩证统一的，即共同指向课程视界下的课堂生命化。

课堂生命化，强调学生灵魂的在场，关注学生自身的个性、价值、需求以及学习的主体地位，指向学生的自我实现，而不是以知识和能力为追求取向，指向学生之外的东西。语文课堂的生命化，则主要通过文本与生活在学生的精神世界里相互作用，关注生命，尊重生命，生成生命化的东西，从而促进生命的成长。

需要说明的是，实现语文课程的生命化，实现文本与生活的意义的诗意流动，必须以语文课程为视界，否则就易于随意、无序而浅薄。

## 重视阅读型互动，构建全面的教学互动观

“互动”是新课程改革教学理念的一个核心概念。教学互动，是建立在这样两个认识基础之上的：教育活动，是教育要素之间的生命本质的交流和沟通；教学过程，是动态发展的统一的教学要素间的交互影响和交互活动的过程。在这样的认识前提下的教学互动，就是通过调节教学各要素间的关系及其相互作用，形成和谐的多边立体的互动，从而产生教学共振，达到教学同融共济、效益提高的目的。

一般来说，我们所理解的互动观是建构在合作学习论框架下的。作为信息互动过程的教学，其互动方式有四种类型：一是单向型，教师（信息发出者）把信息传递给学生（信息接收者）；二是双向型，师生双边互动，及时反馈；三是多向型，强调师生、生生多边互动，共同掌握知识；四是成员型，

强调教师作为小组中的普通一员与其他成员共同活动，不再充当唯一的信息源。

然而，合作学习论是现代教学论的重要组成部分，建构在合作学习论框架下的互动观，着眼于合作，即人与人之间的关系，而人与文本之间的关系，还未被纳入互动观的视野。

现代阅读论认为，阅读行为是读者与文本之间的思维碰撞和心灵交流的过程，读者一方面读出并体验作者在文本中所传达的情感、意志、观念，品味负载这一内容的外在言语形式；另一方面读出自己，以文本观照自身，从中受到情操和趣味的熏陶，从而发展个性，丰富自己的精神世界。这种与文本的对话，其实也就是互动。动，不仅是形式的，更是内容的，是精神和生命的动。我们可称之为阅读型互动。

没有这种阅读型互动，其他任何形式的互动都将可能“贫血”，从而失却了互动的本质。实践中就大量存在着只重互动花样、不重互动实质的“伪互动”现象。我们发现，课堂上很多教师刻意地追求师生互动，一味地推行生生互动，但是，笑声掌声说话声，声声刺耳，声声浮浅、贫白。与此相反的呢，则是课堂沉闷，多是教师一人呐喊于荒野之中。同时，课堂评价指标也过分注重了形式上的互动，甚至到了畸形的程度，比如有的专家还专门总计课堂上发言学生的人数，将此作为一个评课的重要指标。创设各种互动的形式，就好比是铺设畅通无阻的血管，并非难事，最难的是确保血管中流淌着充足新鲜的血液。而这种血液从何而来呢？就源于阅读型互动这颗心脏。在与文本的双向对话过程中，我们不断地产生自己的鲜活的体验和认识，而这些体验和认识就在人的本质力量对象化的驱动下，不断地借助于其他各种互动形式得以交流。在交流中，知识、能力、情感、态度与价值观得以融汇。交流的结果又会反馈给阅读个体，促使他与文本进行更深入地互动。阅读型互动这颗心脏功能愈健全，像血管一样的其他各种互动才愈偾张，整个课堂教学的躯体才愈健美，整个生命的交响曲才愈强劲。

所以，可以说，阅读型对话不仅不能被排斥在互动观之外，还应确立、凸显它在整个互动有机体中的潜在的核心地位。

当然，除以上所提到的外，开放的语文教学还应包括人机的互动、人与环境的互动等。但无论何种互动方式，都必须在学生身上见到预期效果，达到预期目标，必须追求互动双方的知、情、意的交融境界。

# 教学当有“丰富的安静”

“丰富的安静”，周国平用之喻“人生最好的境界”，我窃用一下，专指教学最好的境界。“丰富”，是教师洞察了教学内容和教育本质后所拥有的智慧，因这智慧，教学丰姿摇曳；“安静”是教师透视教学浮躁和功利之后的心静，因这心静，教学静如流水。教学的“丰富的安静”，就是教学应去躁就静，静中流转着学生们知情意的火花，蕴藉新课程理念的深刻内涵，课的灵魂深邃地流转不已。

教学要“丰富”，教师得先“丰富”。教师的“丰富”最核心的是指剥去人为制造的虚假泡沫，紧紧抓住教学的本质。新课改，经由专家层面的理念话语、行政层面的行政话语、学校层面的实践话语不断推进、转化和深入，作为课改的真正实践者，我们一线教师也由学习初的质疑或徘徊或观望或懵懂，到实践初的迷茫或焦灼或迷失或无从，再到实践纵深后的释疑、明朗、从容，积淀了丰富而深刻的体验和理性的宝藏。对作为教改最重要阵地的课堂，一线教师当以当家人的姿态和安静的心态来从微观、宏观上盘点经验和教训，遵循教学规律，实事求是，发出真正属于我们的话语。真爱教育，并能追求真教育，才能真正“安静”下来，才能真正“丰富”起来，教学才能真正“丰富的安静”，正所谓“三尺讲台有真爱，锦绣心机课里藏”。

教学要“安静”，教师得先“安静”。教学并非完全排斥闹，但一闹易躁，虽轰轰烈烈、有声有色，但难掩其思想的空虚和贫乏。从教师的“独角戏”到师生的“双簧戏”到学生的“表演戏”，十八般武艺尽情展示，拳声喝彩雷鸣，喧嚣而张扬，尤以引领风骚的各“公开课”为盛。杨庆余教授曾指出：“表演课已完全偏离了教育教学研究的正常轨道，是一种教学腐败行为，应当引起高度警惕和重视。”时至今日，痛定思痛，躁急何如哉。

教学要“丰富的安静”是新课程改的必然要求。新课改最鲜亮的旗帜之一是学生自主、合作、探究的学习方式，而学习的本质是自我的对话，其他一切形式的对话，如师生对话、生生对话以及与文本的对话，皆归结于学生自我的对话，让学生“自去理会，自去体察，自去涵养”（朱熹语）。没有自我的对话，课堂教学的其他手段只是毛，皮之不附，毛将焉存？难道没有了热闹，搞的就不是新课改？急功近利、追名逐利之浮躁之心不去，课堂教学一日不静，学生学习一日不静，新课改一日不成。反过来说，求得“安静”，

并非无所事事放任不管，而是千方百计地创造渗透着教学智慧的、能孕育和促进学习生成的“入禅”式氛围，践行的是“教，是为了不教”的教学理念。这对教师的挑战更大。

教学要“丰富”的安静。“丰富”指两个层面，一是能“入乎其内”的原内容，二是“出乎其外”的生成内容。

先说第一个层面。内容的“丰富”，我想主要指知识与技能、过程与方法、情感态度与价值观这三大课程目标，这三个层面的内容并非齐头并重，而是每每有所侧重，不过，我们还是太忽视了精神情感的分量，就是重视，也多是形式上的，并未真正触及学生灵魂。同时需要强调的是，这“丰富”的内容是外在于学生的，还是内在于学生的，或者多大程度上内在于学生？丰富的内容由外而内，需要教师创造适宜的条件，我认为最关键的是自由而安静的心理环境，只有如此，才能“入乎其内”。

再说第二个层面。“丰富”的原内容，经由学生内心的选择、整合、淬锻，最终凝成自己的“丰富”知识，并收获精神的愉悦或痛苦。这种学习生成的过程，是静水流深，是默默的地表下岩浆的沸腾；学习的生成内容，是巧夺天工的杰作，是充满灵性的雪之莲。这种“出乎其外”的生成内容，才是学生成长进步的阶梯，才是新课改的苦心之处，才是课堂教学的中心所在，才是课堂教学的最美妙最强劲的旋律。

“丰富的安静”，是教育的定海神针，是教学的真品格。

周国平说：“安静，是因为摆脱了外界的虚名浮利的诱惑。丰富，是因为拥有了内在精神世界的宝藏。”“丰富的安静”，我们教学，当以此为勉。

## 确立新型学习方式的实践反思：内容观·矛盾观·资源观

确立自主、合作、探究的新型学习方式，是课堂改革的根本目标之一。学习方式的转变，必然是以教学行为转变为前提的，而行动决定灵魂，因此，观念转变是最根本的。然而，这种转变，岂是读几本书就能参得透的？唯有行动学习，行动反思，行动研究，坚持不辍，螺旋上升，方可悟得一二。新型学习方式负载什么内容？爆破点在哪儿？其构成要素如何开发最优化？实践中我愈发体味到：内容观、矛盾观、资源观等三个基本观念，是转变学习方式的内核因素。

## 一、内容观

只重花样不顾真效的“伪自主”“伪合作”“伪探究”现象大量存在。比如：课堂上许多老师刻意追求师生互动、师生共同成长，反倒堕落成了教师对学生的百般追问；一味推行学生合作讨论、形式热闹，骨子里却匮乏实质的东西；一些课堂评价指标偏又兴风作浪——有“专家”竟专门总计课堂上发言的学生人数！凡此种种，不一而足。东施效颦之行、花拳绣腿之为，是浮浅、贫白、虚伪的，是教育成本的极大浪费。

为什么会产生这样的偏离呢？

目的不明确实是很重要的原因。《普通高中语文课程标准（实验）》中明确指出：“全面提高学生的语文素养，充分发挥语文课程的育人功能”“注重语文应用、审美与探究能力的培养，促进学生均衡而有个性地发展”“遵循共同基础与多样选择相统一的原则，构建开放、有序的语文课程”。新型学习方式必须以学生为主体，同时，必须紧紧围绕“语文素养”这个中心，以提高学生“语文素养”为归宿。理解这点不难。那深层问题到底是什么呢？

我认为，新型学习方式所负载的内容是什么，这是最根本的，是内核，然后，在这个基础上，再考虑选择什么方式；否则，必然导致学习方式的“贫血”、干瘪、僵死。

新型学习方式，就好比畅通无阻的血管，但能不能确保血管中流淌着充足新鲜的血液呢？而这种血液从何而来呢？我看，就源于前文所论述的阅读型互动这颗心脏。建构于合作学习论框架下的合作学习论，着眼于合作，即人与人之间的关系，而人与文本间的关系（阅读型互动），恰恰被忽略了。

师生与文本之间是否进行了思维碰撞和心灵交流？是否读出并体验了文本所传达的情感、意志、观念？是否品味了负载这一内容的外在言语形式？是否读出了自我，以文本来观照自身，从中受到情操和趣味的熏陶，丰富自己的精神世界？有些老师对课文没细细品读仔细体味，没有个人的深刻体验和独特见解，就竟敢站在讲台上照本宣科装腔作势故作高深，实在可恶。我的课本常被我涂涂画画整得面目全非，但那都是学习和感悟的痕迹，处处彰显着个人鲜活的思想和情感。曾有学生跑来问我：“司老师，别的班都学了《听听那冷雨》了，我们什么时候讲啊？”我说：“等我真搞懂了。”你老师连自己的东西都没有，怎么指导学生学习？你自己都没被感动，你又凭什么感动学生呢？学生预习更重要。很多师生忽视这点，结果合作起来探究起来，效益就差很多。学生不预习，我决不进行指导；预习没疑问，没感触，我决

不讲。我给学生提出一个鲜明而响亮的口号："用烂课本!"检查预习，就查你的课本，看你有没有把文本写满画满。嗷嗷待哺，不自己在文本中老老实实地耕耘，你就是不会学习，课堂上你就会是个局外人，很孤独。

师生对文本有了较深彻的把握，课堂上的学习就会更主动，合作就会更积极，探究就会更有效。我们说，新型学习方式不仅是形式的，更是内容的，而这些内容，最根本的体现为精神和生命。

如学习《林黛玉进贾府》中"面若中秋之月，色如春晓之花，鬓若刀裁，眉如墨画，面如桃瓣，目若秋波"几句时，我先抛出自己的结论："女人味儿太浓烈，恶心!"孩子们有点气愤。我说："我是有根据的，听我细细道来。"接着，我们就一起探讨："面如中秋之月"，脸是圆的，是光洁的，是白皙皙滑腻腻的，不是男人的脸，男人的脸是粗的；"色如春晓之花"，看来，色嫩，肉娇，还有点渺渺的香味儿，不是秋夏的浓烈呛人，这不是男人；"鬓若刀裁"，是二月春风天然而成，那么齐整，怎是男人？男人的就该蓬乱些、随便点；"面如桃瓣"，人面桃花，白里透红，怎是男人？男人的脸就要黑黝黝的；"目若秋波"，秋波盈盈，转盼多情，阴阴柔柔，怎是个男人？男人的眼要有情，但更多的是刚毅坚定。有学生与我争辩说："这是黛玉眼中的宝玉，是'情人眼里出西施'"。我质问说："你说，黛玉能把我看得那么有女人味儿吗？不能。为何？关键是原材料。宝玉自身材料就是浸着股子女人气。——你说那个黛玉也真是的，非看上这么一个人，光看还不够，还想入非非：'虽怒时而若笑，即嗔视而有情'。难怪说是病态。"课后有位学生有感而发，洋洋洒洒写了篇《男人就应该粗糙些》的美文。

如果没有对文本的深入思考，没有精神和生命的涌动，会在自主、合作和探究中产生具有灼热感的问题吗？

唯有精神和生命的交融，新型学习方式才能绽放出最美最和谐的诗。

## 二、矛盾观

矛盾是事物运动、发展的内在源泉和动力。一篇佳作是一个瑰丽丰富的世界，从文章学的角度来讲，它是由诸多因素构成的，而诸多因素之间又有着千丝万缕的联系，这些联系从本质上讲就是矛盾的，辨识主要矛盾和次要矛盾，理清一般矛盾和特殊矛盾，从而确定一个或两个主要矛盾的焦点，这时，我们就探寻到了打开文本之门的钥匙孔。一旦打开这扇门，我们就会步入那个奇妙的世界，尽享其美，并在痛苦思索的煎熬中，获取自己的体验和感悟。反之，只能远观其形，自主合作探究只不过是隔靴搔痒而已。

有的“矛盾点”显眼，有的却深潜；有的学生独立即可捕捉到，有的则需要教师引导。比《孔雀东南飞》的刘兰芝，有学生认为，她因不堪驱使而意决自休之前，难道就没想到严重后果？事实上她非常清醒地意识到，自己的“暂还家”，与焦仲卿就是永别。“举手长劳劳，二情同依依”，何其伤感！“否极泰来”，可嫁郎君，兄长相逼，然而爱誓在先，兰芝何尝不矛盾啊？说得很好，我就引导学生思考仲卿又是处于怎样的矛盾中。很快学生就发现他身处妻母之间，一是爱情，一是孝道，自是忧愁煎迫：惊悉爱妻要出嫁，他一是怀揣坚贞的爱情，一是面对爱妻的“变节”，他就在两难之中作出抉择——“独向黄泉”。在他自缢之前，他还是两难的：年迈老母今后怎样生活？可活着，又怎能和兰芝在一起呢？我抓住时机，启发学生：忠贞的爱情与封建家长制之间到底是一个什么关系？甚至可以推开讲，——个人的忠贞爱情和整个社会文明是一种什么关系？这是个很深刻的问题，自然就能激发学生探究的热情。

寻觅矛盾点，在矛盾的夹缝中挣扎，幸福地战栗，那么，自主合作与探究，都将是自动自发而又高效的。

## 三、资源观

从一定意义上讲，改革就是资源配置方式的深刻的改进革新，基础教育改革就是针对传统教育资源配置方式的一种变革，新型学习方式的确立不容回避地要从这个角度来实践和反思。

传统资源配置方式，呈现资源分布分散、资源利用粗放、资源发展相对滞后、解决单向低效等特征，已严重阻碍了教育意识的整体提升，已严重束缚了整个教育改革的深化。传统的教室内，一个教师面对着五十多名学生，如何分组合作，实施新型学习方式？传统课程结构由学习领域、科目、模块三个层次构成，共设置了八个学习领域，每个领域由课程价值相近的若干科目组成，每个科目又由若干模块组成，现有的资源配置状况能承此重任吗？种种“伪自主”“伪合作”“伪探究”现象的产生，某种程度上不正是因为资源配置的束缚吗？

新课改的目标追求与传统教育体制下的教育资源配置状况不可避免地产生了深刻的矛盾和冲突。资源配置相对落后，新理念的实施也难以有新的更大的突破，甚至会严重挫伤实施者的信心。我们发现，新课改已取得的成果，多留停于观念层，而实践层面的成果却多出于教师的自发，不成系统，多限于局部和表面，相对滞后，就是已有所突破的观念也因相对滞后的实践而难

以更深刻更丰富。旧有的资源配置观念和方式是与传统教育相匹配的，新课改若要实现历史性转变和突破，就必须寻求与之相配的全新的资源配置观念和方式。

新课程改革要以新课程理念为基础，构建形式灵活、追求教育实质的、立足校内放眼校外的教育资源配置机制，而不能只拘于课堂。抛却狭隘的教改意识，擎起全面的统筹观，不断配置和发掘教育资源，是提升整个教育意识的内在需要。而通过这种资源配置和发掘得以提升的教育意识，又会为教育的进一步发展提供更强大的精神动力和智力支持。

新课改要追求学生完整的生命价值，真正让教育回归人性化，实现协调而可持续的发展，目前就需要解决教育存在和教育意识之间深刻的矛盾冲突。激活现有资源、发掘新资源、整合所有资源的资源配置方式，是新课改的契机，同时也是严峻挑战。物质第一性，意识第二性，但是意识又具有不可限量的主观能动性，这是辩证唯物主义的基本原理。所以，在进行新型资源配置的实践探索中，我们还要对“人”进行反思。

教师以真情真爱与每位学生进行坦诚的沟通非常重要，而沟通中的不失时机地适宜鼓励至关重要。陆子惠爱写作，功底也非常扎实。我常向她索要她的近作来读，是她忠实的读者。她阅读写作热情高涨，佳作迭出，令人惊叹不已。有学生常在读了课文后就写首诗给我看，我抄在黑板上全班欣赏，结果，每个学生都主动写诗了，所以就有了《三峡诗评》《现代诗评》等。

教师要勇于“下水”。要求学生用烂课本，教师你要先用烂课本；要求学生背诵，教师你要先背诵；要求学生写作文，教师你也要写。教师要鼓励学生检阅自己，也要敢于展示自己。学完“月是故乡明”专题后，我就将拙作《流浪》《思乡之痛》等印发给学生；学完《道士塔》后，我就把自己的小说《洪荒茫茫》印发给学生。这种做法效果很好。

另外，我勤于装订。学生写的作文、文章接龙（如《我的同学——洪点辉》《我与语文老师》）、对课文做的书面点评（如《“大家”评班评红楼》《俺来侃红楼》），我每次都设计精美的封面装订好，有的还装订成文集（如《居曦美文集》《兰草集》《静水流深》《三峡诗评》《现代诗评》等）。

# 学生畏逆朗诵探因及破解之法

## 一、学生朗诵“畏”“逆”探因

### 1. “畏”

(1) 矮化自我

从自然基础条件方面看，有些学生认为，自己嗓门质量差，声音不堪入耳，既做不到“珠落玉盘”般甜脆，也做不到“幽咽泉流”般低涩，也不能给自己的声音美美容，无计奈何！这种定势效应，使学生做不了朗诵的“张口族”。

从心理因素方面看，大部分学生主要有“二怕”：一是怕朗诵，“朗诵就像衣服旮旯里咬啮你的虱子，抖也抖不掉”。二是怕公开，无法承受朗诵面众时的压力之重，易忘词，像受审，怕被众人嘲讽。

当然，还有其他因素，比如：从性格方面看，有部分学生认为，自己情感内敛，不好意思，放不开；从内容把握上看，自己阅读理解力不强，无法领略更无从读出其中的意境和心境；从时间条件上看，也有学生认为，自己每天作业负担超重，真是没时间整朗诵。

(2) 挫化自我

这主要是从自己的朗诵实践经验来讲的。有学生认为，自己从来都没有朗诵过或参加过什么朗诵会，没实践经验；参加过的，则又多倾诉自己的不幸和糗事，结局几乎是叫听众笑话，欲哭无泪，自尊心受到严重摧残。当然，也有学生认为，在用气发音、控声吐字等方面的朗诵技巧上，自己没受过训练，比起朗诵“弄潮儿”，自己难以望其项背。

有个学生这样申明自己的理由：“本人天资愚钝，嗓鸣如驴，临文呕哑，愧不能当。鄙贱之人，若不自量力，两股筛糠，登台献丑，只会再污人耳目，徒增笑柄而已。为大众所娱乐，亦应是职责，但在清明这庄严又神圣不容侵犯的日子里，则实为不妥。知人不必言尽，留些口德；才华不必傲尽，留些内涵……思量万千，郑重决定将这千载难逢的机会留给那些有抱负有能力的同学，我甘愿做一名台下优秀的默默的支持者，做一个站在路边鼓掌的人。”幽默诙谐，不卑不亢，字里行间藏着“畏”，也潜着个“逆”。

**2. “逆”**

（1）俗化朗诵

部分学生认为，朗诵不过就是装模作样、装腔作势地读一读，令人毛骨悚然，冷汗直流，全身泛起一层一层的鸡皮疙瘩，颇有哗众取宠、矫揉造作之嫌，而朗诵会则只不过是低级表演，只能制造些空洞的热闹，演绎些庄重的荒诞，是褪高雅为庸俗。朗诵和朗诵会，都属无事找事、不务正业之举。

（2）神化朗诵

与俗化朗诵正相反，有些同学则认为，朗诵是高雅艺术，是天籁，等闲之辈不得染指。无深厚的文学底蕴，无心灵的共鸣，无停顿、重音、语速、句调等方面的娴熟技艺，如果硬要去背、去念，对诗文，是莫大的亵渎，对听者，是漫长的煎熬。有学生叹曰：“‘明知山有虎，偏向虎山行’，勇气固然可嘉，殊不知，‘强扭的瓜不甜，强摘的花不香’哪。”

（3）窄化朗诵

有的学生对搞朗诵会很抵触，认为：诗，最好自己一个人静静地朗诵，归有光在《项脊轩志》里不就“偃仰啸歌，冥然兀坐”吗？最多三两笔友，促膝而坐，品茗而诵，就像林徽因的“太太的客厅”一样。——如果圈子再一大，就闹了，就浮了，朗诵的美妙感觉就消逝了，伤不起。当然也有学生反诘道：喜欢一首诗一篇美文，难道非要用朗诵的形式吗？我默默地读不行吗？我字字地录不行吗？请问，爱一个人，难道非要对着他（她）朗诵一首情诗吗？

## 二、朗诵的意义与主体性回归

作为最具传统教学意义的朗诵，正由于当下教育生态的日趋恶化、功利教育的膨胀，萎缩消逝。——即便还能听到些朗诵声，但走过场、无序低效、点缀者为多。要想真正弘扬朗诵这一优良传统，笔者认为，必须深刻体认朗诵的价值，让朗诵的主体真正回归。

**1. 朗诵价值的体认**

（1）塑造文化共同体

朗诵，是跨越时空的灵魂抚摸和精神对话，是对传统文化的亲近与内化，是寻根之旅，同时也是在创造一个重要的仪式。正如台湾作家龙应台所说，是在一个“社会共识体验营”里认识彼此，加深感情，建立共同的价值观。

已倡推多年的诵经行动，其初衷不正是要萌发“生命共同体”意识，逐渐形成文化认同，塑造公民社会吗？

（2）朗诵培育美感

朗诵具有强大的美育价值，融形象、情感和娱乐为一体。在轻重缓急、抑扬顿挫中，音高、音色、节奏等将文字融成了听觉形象，转变成了情书。用生命热情唤醒和激发生命热情，用激动和战栗激荡起激动和战栗，朗诵者和聆听者共同进行精神的洗礼。美育，我们不要把朗诵的钥匙丢了。

（3）朗诵是种文学再创造

朗诵的前提是朗读。朗读强调的是对文本的综合理解，是因声达诂的再现手段。朗诵则是在朗读基础上，将自己的阅读情意与文本自身固有的情意交融共生，并用自己的语音塑造听觉形象，抒情达意。朗诵本身蕴涵着一种自由创造的召唤，充满着创造美妙可能性的个性化魅力。当然，这是以不超越阅读阈限为前提的。

（4）朗诵不让语文“断气”

剑有剑气，字有字气，人有人气，文也有文气。文气何来？朱光潜先生认为，古文家教人作文最重朗诵，因为想得古人之气，不得不求之于声，求之于声，就不能不朗诵。学语文，就要花真功夫朗诵。今天的语文课，对朗诵似乎是重视的，但很多是假象或低效。若有人来听课，朗诵就会突显，没人莅临的家常课，则常给抛到脑后去。学生就是朗诵，似乎也成了花边，读便读了，至于读得好不好，应该怎么读，则全不被理睬，更不用说什么示范或指导了。

**2. 朗诵主体性的回归**

（1）转换角色：处理好“我”与文本的辩证关系

忘记自己是名朗诵者，走进诗里，置身于景里，你就是一叶一水，或他或它，文本里的景或人所要告诉世界的，我将拥抱整个生命来告诉世界，连同我自己的情感体验。角色转换，不是简单地去反映文本情感，而是融带着自己被激活的灼热的情感积蓄，来演绎文本。学生读辛弃疾《破阵子》，声若无骨，软塌塌的，糯软腻歪，不仅触及不得那伟大的灵魂，还是对稼轩的不敬和羞辱，实为无礼无德。艾青曾说，一首诗是一个心灵的活的雕塑。唯有扎上真情的翅膀，才能让朗诵飞翔。

（2）个性化：处理好“我”与朗诵阈限的辩证关系

朗诵，不苛求统一。文本，可有多元解读，对文本的朗诵，也应因解读

差异、朗诵水平有高下、现时情境不同等诸多原因，呈现出个性化的特点。另外，我们还要辩证处理好朗诵指导与朗诵自由之间的关系。朗诵指导，是在尊重文本的前提下的指导，不越轨，不游离；朗诵自由，也是在尊重文本的前提下，“戴着镣铐跳舞”。朗诵相对排斥齐读这种“集体舞”。

## 三、朗诵的常态指范

朗诵，应成为语文课堂的常客；语文，应是舌尖上的语文。而事实上，对朗诵日常教学在骨子里忽之任之，学生自然缺乏相应的朗诵尝试和体验，朗诵成了语文课堂的洼地和软肋。当然被听课时，朗诵则每每被揪出来点缀应景。很多老师认为，朗诵确实可以增强语感、陶冶性情，但对短期提高分数意义不大，不实惠，于是仍热衷于条分缕析“虐待”文本，扎在题里艰于呼吸视听。教师指导、示范缺位，遑论朗诵美育和语文本色。加强朗诵的常态指范，笔者认为，主要从以下方面入手。

### 1. 朗诵环境适宜

（1）求内外安静

一方面，外在环境要静，不能喧嚣嘈杂，越静越好。另一方面，求静，尤以内在安静为甚。朗诵者要克服畏怯心理，摒除杂念，潜下心来。

（2）营造氛围

一是创设与诗境相应的氛围很重要，比如场景、音乐、视频等。如果两者不协调，没有烘托和互文，常会导致画蛇添足，显得不伦不类。所以很需要对相关的艺术知识有了解并灵活运用，实在不行，就多花些时间淘选，再不行，就素读吧。比如《肖邦故园》最后几段，若以舒缓、优雅而素净的“肖邦 E 大调”为背景来朗诵，和谐而美好，仿佛你就漫步于这个朴素、淡雅的故园，园中飘荡的是轻柔的曲子，你整个身心完全沉浸其中，你已幻化成曼曼音符，还有整个故园。没有十足的把握，最好不要乱点鸳鸯谱，否则，文非文，曲非曲，活活糟蹋一番。

二是朗诵氛围的营造需要不断激发。相比课堂教学，语文早读更需重视这点。早读前需要将朗诵内容、具体要求予以板书，但绝不是就此完事大吉了，还需要进行过程激发和指导。我曾在早读上要求学生读几个课文片段，但全班始而嘤嘤嗡嗡，如老僧昏昏然念经，我便戏曰，诸君不在教室。继而再读，如窗外寒雨凄凄，我再戏言，还在来教室的路上呢。转而再读，如群马踏石板，哒哒清脆，此起彼伏，我止之而曰，路漫漫其修远兮，君等尚需要努力再努力。再读之，如群蛙奏鸣，不由入“稻花香里说丰年”之境，我仍曰，快到教室里了。再读，如风驰电掣，如雷电交加，我凛然而立，昂然而笑，笑而不语。

**2.** 朗诵内功扎实

（1）品读文本

由文逮意，由意披情，由情而发声。朗诵，往往离不开对文本的品读。诗歌、散文等文体的语言精练精粹，意蕴丰富含蓄，空白处又多，需要不断地推敲和研磨，真正潜到文本的深处，读出真味真道，读出真正自己的体验和感觉来。不然，朗诵时，就只是“念词”，扯两张皮罢了。反过来看，解读和品味文本，朗诵又不失为一种极好的手段。理解到什么程度，文章之美感触到何程度，可以朗诵一下，一听，就听个八九不离十了。

（2）修炼技巧

轻重缓急、抑扬顿挫，学生需要了解和掌握，但不能简单地讲解灌输相关知识，不可尽抛些华而不实的概念，不要简单地要求“要有感情地朗诵”。对“学生腔”和假朗诵，不能不管不问，放任自为。要“做中学”，即让学生在具体朗诵实践中修炼技巧，这自然就要求教师将指导融入平时课堂，结合具体文本和语言形式，划分音步，掌握语调，探讨分析朗诵的方法和技巧。学生身体正发育，心灵正成长，朗诵也正在路上，因此不要要求过高，有这样那样的问题，很正常，关键是多指导，指导到位，多让其体验，在体验中提高。

（3）放飞想象

朗诵，离不开投入的想象。放飞想象，才能读出画面感和质感。“绝域苍茫无所有”，就要收腹挺胸，眼眺远方，仿佛亲睹那荒凉无垠的景象，然后，才可能借助伸展出去的缓而重的声音，表现出那肃杀劲来。朗诵，话里有画，才可能有境有情，才可能身临其境，才可能把文本读活，彰显出语言神灵的生命力来。

**3.** 示范导引到位

（1）躬范引领

语文教师自身朗诵功夫要硬，自身要多亮亮嗓子示范。鲁迅的《从百草园到三味书屋》中，那位朗诵“铁如意，指挥倜傥，一坐皆惊呢……；金叵罗，颠倒淋漓噫，千杯未醉嗬……”的私塾先生，“微笑起来，而且将头仰

起，摇着，向后拗过去，拗过去”给予少年鲁迅的应是景仰之情和模仿的冲动。笔者观看语文特级教师程翔的《将进酒》课堂录像，他那一嗓“君不见，高堂明镜悲白发，朝如青丝暮成雪”，悲情尽现，勾魂摄魄，让人终生难忘；多年前聆听过语文特级韩军朗诵的《大堰河，我的保姆》，字字浸情，句句催泪；多年前现场听过语文特级唐江澎老师朗诵《不自由，毋宁死》，至今萦绕耳际，心潮澎湃……一个优秀的语文老师，必须是朗诵的好手。这对提高学生朗诵兴趣和水平有着鲜活、直接又高效的作用。

（2）同伴效应

高中阶段是学生心理发展的特殊而敏感的时期，同伴的朗诵价值取向、朗诵兴趣和表现，对学生自身朗诵素养有着特殊的意义。爱朗诵的，能朗诵的，对激发同伴朗诵需求，提高同伴朗诵水平，往往会起到重要的正作用；相反，则会起到副作用。对有一定朗诵水平的，要重在提高上；对朗诵水平较差的，要重在体认朗诵价值和培养朗诵兴趣上。

（3）名家效应

可以播放名家朗诵的音视频给学生听看，引引他，馋馋他，让他感受朗诵的无穷魅力，从而有效提高朗诵的教育意义。网络信息社会，朗诵视频音频极其丰富。但如果选取的材料不适宜不够格，将直接导致破坏朗诵氛围、环境和内容，所以，教师要凭借自己的朗诵素养，在网海里反复“淘”，对朗诵材料的音调、音乐和内容三者间的结合程度予以谨慎审视。淘的宝，平素还要善于用心“攒”。

# 第二篇　课研双桨来荡起

## 导　读

•课堂教学，是研究的母体，需要阅读、自由和哲思。要行走在课堂实践研究中。

•课研，发轫于课堂，聚集于课堂，是“听课”“评课”“写课”和“查课”等教学研究的连锁过程。它视教师同伴的教学表现为教师专业成长的重要课程资源，强调互动的品质和质量。

•通过课堂微观察，发见教学“五不得”：“配合”不得、“重复”不得、“很好”不得、“温柔”不得、“真实”不得。

•学生，才是听课的焦点，比如听课的位置、观思学生礼仪、观思学生落实、观思学生而问、观思细节背后、观思精神挺拔、观思学生评课。

•“动感”课堂之“动”，本质内涵指向学生学习生命的律动，是精神世界建构过程中的振动。学习内容要生命化，学习过程要趣味化，学习效益要经济化，都需要转化。

•课，一要观，二要摩。观，既要面子，更要里子，既要观上课老师，更要观学生。摩，非得有真货真情。课，非观无以摩，无摩又何必观呢？

•追求文本的高附加值，既追求课堂教学的有效性，又将目光关注到课外的学习效能和精神状态，是以更博大的胸怀和更宽广的视野来贯通课堂内外，是追求更高层次的教学价值。

# 行走在课堂实践研究中

## 一、课堂教学，是研究的母体

课堂教学研究是教师专业成长之路。课堂是我们生命成长和绽放的主场地，教师参与课堂教学研究，由课堂教学而研究，围绕课堂教学而研究，为课堂教学而研究，实事求是研究，极利于自身专业水平的提高。不确立课堂教学的核心地位，教学研究就使去了归宿和价值，教师也失去了专业成长的阶梯。生成性课程是时代发展的要求，具有生成性特征的课堂教学，是新课程教学研究的命脉。在这种课堂中，师生对话所碰撞出的思想火花，一个独特的疑惑，一个新颖的见解，一个小小的错误，一个温馨的幽默……在这种充满生命意义的课堂中，作为教师是很幸福的，不仅因为可尽享其乐，还因为课堂赐予我们灵感和让灵感蓬勃壮大的力量。课堂教学，是教学研究的土壤；教师就如安泰，只要接触了大地母亲，就会精神抖擞力大无穷。所以，教师需要融入课堂，与学生齐呼吸。

## 二、反思，灼热教研的心

每节课一下，我所做的第一件事，就是立刻坐在电脑前，把课堂的感想、新收获、课堂中有意义的小事记在个人博客中，长话则长，短话则短，零零碎碎，只求记下来。这件事，有两点我感觉很重要。一是尽快记下来，否则稍纵即逝。有人常记在本子上或纸片上，教训告诉我，这样很可能会让那些文字睡大觉。我发现记在个人博客上，既方便快捷，又能广纳四方网友来讨论，是对教研时空极大的拓展。二是贵在坚持。坚持得久了，记的东西多了，你再纵观这些文字时，常常有令人怦然心动的发现，这种发现的欣喜会让你对其魂牵梦绕，从而，你自然就会不断地往纵深处思考；同时，占有和消化越来越多的相关资料，那么，你对这方面的研究自然就会更加成熟，最终将迫使你提笔挥就。

## 三、读书，为教学下蛋

有人说，写作是读书下的蛋，但若说教学研究是读书下的蛋，那么，这个蛋往往是空心蛋。若把读书说成鸡，那么，课堂教学就是鸡孵化的蛋，经过教学研究的心灵跋涉，最终诞生新的研究成果——也就是破壳而出的小鸡。毋庸置疑，读书对教学研究至关重要，可是，不以课堂教学为参照物或指南针，把教学研究拔高到纯学术的学院派高度，恐怕是揠苗助长。我们高中教师工作往往是超负荷，压力大得不得了，更何况还有来自家庭和社会的压力呢，所以，用有限的一点时间，来阅读对自己教学研究非常有用的书很重要。读什么，不能不选，选和课堂教学紧密相关的书，应该说有针对性。读这些书时，你心中得有个佛，也就是课堂教学实效，这样，你就会不迷信书本和所谓的专家名师，就不会被危言耸听的语言唬住，批判继承，吸纳运用，为我所用，为我的课堂教学所用，为我的课堂教学实效所用。在这样的过程中，就会萌生教学研究的许多点，抓住这些点，选取对课堂教学实际应用价值较大的加以研究，就会有不小的效益。

## 四、听课，拨动教研的心弦

以研究的心态去听别人的课。不少老师把听别人的课，作为学校布置的必须完成的任务，这是消极态度。听课时，认真记，教学环节如何，板书如何，记得非常详尽，记得非常仔细，但是，听完课之后呢？就把听课笔记束之高阁了。对教学研究来说，这是多么可惜的资源浪费啊。为何不在听课过程中不断“放出眼光，运用脑髓”，审视这节课，或者联系自己的课堂，对比反思，或者把发现大而化之，推而广之呢？无论这节课如何糟糕，终有可取之处；无论这节课多么完美，终有掩玉之瑕。所以审视你正身处的这个课堂，纵飞你的心，让它飞翔在这节课堂的天空中，让手中的笔沐漓地挥洒灵感，哪怕你的字大如斗，歪歪扭扭不成样。就是这样的字，比起那规规整整的字来，简直就是艺术。为什么？正因为这是思考的结晶，有崭新而滚热的内涵，是教学研究的爆发点。

## 五、自由，是教研的空气

围绕课堂教学的闲谈或辩论，也易于迸发灵感。生活化的随心所欲的交流、无拘无束的自由交流，最易于触动人心、萌发灵感了。你有一个很心动的话题，找一两个亲密同事，品茗而谈，斜倚而坐，谈笑风生，思接千载，不可遏抑，收获奇多，岂不快哉！这种教研，不同于那种正襟危坐式的虚伪的教研活动，冠冕堂皇不痛不痒的对话没有思想的交锋，只会扼杀才情。合作是教学研究的好途径，但是，也易于使思想陷于虚伪之死地，没有了自由，没有了思想的伸展，是研究不出什么好玩意的。所以，围绕课堂教学，以我

为主，择两三同事最好。当然，若是大课题那就另当他论了。

### 六、哲学素养，是教研的阳光

提高自身哲学修养，会使课堂教学研究具有高度、深度和广度。我们常会发现，面对同一现象，不同的人看法优劣悬殊，为什么？思维方式差距大，又为什么？哲学素养差距大。哲学，是从诸多学科中提炼出来的，是教我们如何思考的，是我们教研的有力武器。哲学思维不过硬，你的灵感的种子，就会长得畸形，长得不健康，长得不壮实。关心人生，不断追问本质，坚持独立思维，不断从思想本身获得快乐，同时，与现实保持一定的距离——哲学的沉思给了我们一种开阔的眼光，使我们不致被烦琐的现象所羁绊。课堂教学研究需要相应的哲学素养，但很多教师认为，哲学不实用、虚空，反而恰恰冷落了它。

## 课研“四部曲”：听课、评课、写课和查课

课研，发轫于课堂，聚集于课堂，是教学研究的连锁过程。它视教师同伴的教学表现为教师专业成长的重要课程资源，强调互动的品质和质量，以教师内化为归宿，必然地推动学科共同体的建设。

如何课研呢？笔者在教学实践和管理中总结出“听课”“评课”“写课”“查课”四部曲。

### 一、听课：需要“丰富的安静”

以一种什么样的听课观去听课，直接关系到听课的姿态。心不在焉地坐满一节课，然后拍拍屁股走人。这种听课，是灵魂不在场的听课，不是我们所倡行的听课。我们所需要的听课者，不是居高临下的审判者，不是冷漠的旁观者，而是真诚的欣赏者、积极的学习者、执着的探讨者和勤恳的反思者。坦诚和自由，是听课的精魂。学习和发展，是听课的主旋律。尽量多听课、智慧听课，是教师专业成长的必然内需和幸福之旅。听课者和开课者，都能放下拘束、担忧、不安，共享课堂教学和教研的苦乐之美，把听课境界从被动提升为自觉，从行政任务提升为自由“玩课”。

听课，需要有备而来、有问而来。要上什么内容，可先研读下相关材料，可试着想想要是“要是我来上……”，有没有什么疑困或期待。在课堂现场，

也要多问为什么，如上课老师为什么要设计这么个环节？有没有更好的设计？这个问题这么引导好不好？有没有更好玩的有效的办法？学生的课堂反应，怎么解读？“要是我”该如何机智应对？……听课，就是不断困惑和发见的头脑风暴的过程。

听课，需要速记。听课，是个动态过程，你激情投入，情意激荡，恐怕认认真真地记就跟不上趟了。因为检查逼近，便抄来抄去，再怎么认真，也是浪费时间。那些龙飞凤舞、圈涂满面的记录，再怎么丑和乱，也让人觉得真和美，因为有种东西在里面游走。那听课需要记什么呢？我认为，在尽量详细记录和做好简评的基础上，尤其要重视个人的反躬自省。上课要有重点，听课也有，重点就是某种机缘偶遇，引发了你情意起兴，那涟漪和浪花就是记录的重点。只是机械地记录教学过程，没有听课生成，其实意义并不大。

听课，还需观和思。听课，也可称之为观课或思课。观察什么？观现象或细节，观群体或个体。思考什么？基于听和观，多些刨根问底和“剥洋葱”追问，尤其是多些观念思考。教学设计、教学过程和细节背后的观念，是课之门道，最需要审视和体味。

## 二、评课：真诚，直到永远

听课是第一幕，基本是个体行为，而评课则是第二幕，是集体活动。评课是听课的自然延伸，是让听课的体验和思考活起来，在共鸣、碰撞和吸纳中提升。没评课，听课就有残缺。

评课，到底怎么评？评课，自坐冷板凳，灵魂不在场，不深入交流，或者仅在平面上滑行，甚至有的充满了吹捧，不是我们所需要的评课。评课，重形式，轻内容和实质，停留于统一下进度、安排下作业、分分工，这不是真正意义上的教研共同体，不是真正的评课。

评课，要少点“捧”。我参加某次语文学科骨干教师教研活动，时隔四五年，记忆犹新。评课时，主持人先主要说好，又点了点开课的“自己人”的瑕疵。然后有位男老师登台赞了四点，具体内容不记得了，就是说好。再往后，大家就缄默了。主持人只好点兵点将。被点的有男有女，皆唱赞歌。我越发感到不解和憋气。问题是再明显不过了，为什么大家偏偏就掖着藏着不直言呢？用好听的话捧来捧去，怎么对话碰撞呢？我一直没被点到，看架势主持人要画句号，大家也急着就午餐了。我不管不顾，忽地把手举得高高的，主持人只好让我说。我说，对《项脊轩志》语言不敏感不深味，即便其他教学活动的设计再有新意，活动再热闹，也会显得中空无物。我说的是常识，

评课主要对象不是上课的人，而是所上的课。值得学习的、值得商榷的，以及值得改进的，都可以说，大家不能光说好，不好的话不好意思说，反而就不真诚了。“巧言令色”和“狂轰乱炸”当然都不妥当，都易引发人的厌烦，但不易察觉的倒是这清一色的捧，用鲁迅先生在《捧与挖》里的话来说，大家都想着做个“伶俐的人”。谨慎取代了直言不讳，捧哏抹杀了交流碰撞，熨帖代替了内省，似乎与评课的初衷渐行渐远了。

彼此尚不熟识，或许存有几分顾虑，但问题是，我们平常在校内组里评课，不也是这样吗？如果是有些资格的老师的课，大家就纷纷竖大拇指叫好，除了好，什么不好也没有；如果是资质弱点的，大家也非费些功夫恭维一番不可。若论不足，那简直是资格老的权利，资格老的说的话包装得好，委婉动听，就是有点触及不足的地方，也不会有什么风险。评课，大家自觉不自觉地喜欢上了说好话，相互捧，且心照不宣，这不能不说是个坏风气。

## 三、写课：走好最后一公里

课，听完了，又评完了，是不是完事了？我看最好不要，还需要“写课”。写，是最好的反思手段。听课和评课，只是一时心动，再激动再美妙的想法，也容易随风而逝。不能等，不能靠，少点借口，先写起来。写，就是反省的最好方式之一。要写，就得及时写，写得自由而真实。

写课，需要多些课程意识。既入乎其内，又出乎其外；既要跳出本课，还要超越本课。哪怕就是评课后，还要主动交流探讨，还要主动去查读相关资料。

写课，是为今后留下丰厚的教研资源。听课本应成为个人课后思考探究的好帮手，日子越久，越有价值。把听课、评课，看成一种难得的机遇，看成新鲜的宝贵的不可再生的资源，去珍惜它，去提炼加工它，就会有更高的含金量。

写课，写什么呢？一是写听课和评课的后记。记课堂故事，记质疑，记反思，什么触动你，就记什么，联想到什么，就记什么。这就是阅读课堂。这后记，要常反刍，常前后勾连，令人怦然心动的“伟大发现”常在沉闷许久后降临。二是要写论文。写论文需要慢火温火熬和煨，但很多时候需要趁热打铁。有次开公开课，课题是《雅舍》，在评课基础上，我一口气写了五篇论文《课，活在生活心里》《追求语文课堂的大境界》《追求文本的“高附加值”》《因文悟道贵在导》《让文本精神内核光耀课堂》，收获很大。目前，对听课和评课的资源浪费严重，这是很令人痛心的事。三是通过写，从这些课堂和教研资源中，淬炼出自己的理论来。当然这需要时间的积淀。

### 四、查课：要重“里子”，轻“面子”

查课，查什么？学校一般是查听课的数量和记录的认真程度。听了多少节课，在某种程度上当然可以反映是否好学谦逊，以及教研的姿态，但是，课听得越多并不就意味着越好。你要检查，我可以凭空编造，可以把同事的教案拿来编制，可以把同事的听课本拿来略加改造。查记录的书面，那更是表面现象。写得仔细有条理，该写的都写了，就可以评个“优”吗？最关键的是听课过程的质量。听课和评课的质量只看外衣，不看里子，如此评价，只会误导教研走向空洞的热闹。到底如何既科学又不失人文地评价，的确是个棘手的问题。

查课，还需要指导。学校教务部门，要转变职能观念，变结果检查为过程指导，变终结性评价为发展性培训。就目前来看，只检查不培训，并非少数。

不过，现在的记录本，本子小，而且“教学过程”占页面的大部分，旁边的“评议”局促得很，最后的“总评”是狭长的一小溜。用起来不舒服，不给力。这既不利于听课记录，也与听课目的和课程理念相违背。除了用大开本，如果把“教学过程”和“听课点评”占的空间比例设为 3∶7，是不是会好些？再说了，课堂实录除了文字记录，不是还可以用手机、录像机吗？

## 课堂微观察：教学“五不得”

### 一、“配合”不得

观摩公开课、比赛课、优质课，课尾时，上课教师常要很真诚地说一句：“谢谢同学们的配合！”大概是借班上课讲礼仪之美的缘故吧。但我想，“配合”一说，实乃狗尾续貂画蛇添足。一“配合”，本是主体的学生岂不个个成了配角？一“配合”，课岂不有表演之嫌？这不是瞎抬杠。就是一句口头禅，恐怕也要细掂量——在潜意识里我的教学观是不是有问题？潜意识对言行的影响，很大。改变潜意识，好难。观课，察细节，读细节，悟细节背后的启示，内修观念，外衍行为，如此可有大进步。

## 二、“重复”不得

今天课，这么个上法，明天课，还是这么个上法，后天还这么个上法，总是唱“同一首歌”，再好的上法，学生岂能不腻烦？

课怎么上，最重要的，莫过于找到学生学习需求、教学内容特质、教师教学个性三者之间的最佳契合点。三者彼此肘制，矛盾动荡，正因此，才会萌生鲜活的适宜的那个契合点。每节课都应是独特的，每节课都有活泼泼的生命。如果在课堂上惯用一种模式，岂不把教学内容的鲜活气息给封闭了？把学生的学习激情给压抑了？因循守旧，味同嚼蜡，何其苍白惨淡。这是教学观念问题。另外，老师也要敢于自我否定，勤于动脑，甚至逼逼自己。我们要意识到，客观而言，老师在教学上易形成惰性，教的时间一长，就会形成一种个人的课堂模式和教学文化，它会给你提供安宜舒适的心灵温床，麻痹你的创新神经，因为文化有黏性和惯性。大胆尝试新课，上有思想有态度的课，如探险，有激情在，有好奇在。所以，建议先把原备课本“封杀”，把教参抛弃，把网络断绝，“裸”备课，“N”次备课，非备出新激情新内涵不可。

## 三、“很好”不得

学生回答问题，为什么那么多老师总是回应说“很好”呢？

这看似寻常，实不正常。学生当然有很圆满地回答的，但如果这样，就说明问题设计有问题，学生已懂，再问何益？这样的圆满多了，就有表演之嫌。另种可能就是，学生的回答似懂非懂、似是而非、大而化之、肤而浅之、有待商榷甚至是完全错误，而老师偏大赞其“很好”。究其原因，可能是因为问题一提出，老师就撵着学生回答，不给学生留足够的思考时间，但更多时候，恐怕还在于“很好”背后的心理和观念问题。“很好”不是真正的鼓励和表扬，而是“别生乱子”的不自信，是献媚，是失职，其着眼点不在于如何引导学生思考和解决问题，而在于寻寻觅觅于已预设好的答案，眼里有问题没学生，结果思维潜深不了，碰撞不了，课堂对话只在平面滑行，课堂如赶场子一般。

不断发现并引导学生解决存在的问题，以此为契机通过课堂对话提升学生思维精神，才是正途。师生对话中，要特别留意学生表达背后思维的碎片化问题。比如学《从百草园到三味书屋》，老师问百草园有什么特点？一个学生站起来说“是乐园”，然后坐下，另个学生站起来说“很大”，然后坐下……如此东琢西挠，东拼西凑，只言片语，只见树叶树木，不见森林，无甚章法。老师要敏锐意识到，学生的阅读习惯和方法亟须规范，学生思维的逻辑性和完整性要加强。另外，敢于评说不好之处，是种课堂生命的真诚，善于把不好之处启悟得好，是种职业素养。现在这种真诚和素养恐怕少了些。

## 四、“温柔”不得

学生回答问题时声音普遍不高，而且，年级越高，声音的分贝整体似乎越小。老师似乎多不在意，好点的就“鹦鹉学舌”，再向全班重复一遍学生刚说的。最窝心的就是不重复，且师生二人声音都轻且细，你一言我一语，聊得让其他学生如堕五里雾。也有反反复复提醒学生大声点的，而且急红眼训人，但学生多应景地提提嗓门，然后就蔫巴了。任尔东南西北风，且奈我何？当然，也有微笑着变着法子激励的，但人家不大买你的账。且为之奈何？小孩子逐渐长大，心里藏着的“怕”也会长大。守着这么多同伴，说错了，出了丑，颜面会扫地。如果他很肯定自己的答案，可能分贝会提高点，但问题是，他就是知道答案，声音也怯弱无骨。最难耐的是细皮嫩肉或五大三粗的“伪娘”，总是轻声细语、近乎柔媚。此番阴功，此种气场，一拨一拨，一茬一茬，一届胜过一届，且为之奈何？

“温柔”的声音背后其实交织着很多东西。一是教师要有激情，语言、表情和动作要真诚而富有感染力。老师声音要响亮而富有变化，不然半死不活咿咿呀呀，就易让学生觉得没精神没意思。二是教学设计也要来点陌生化，能搔到学生学习痒处，让学生保持新鲜感、满足感和成就感。这里边有个观念和机制的问题。观念就是变老师的“教”为学生的“学”，变学生“被动学”为“主动学”，变学生学习“需求”为“诉求”。有这种观念，学习中出现的问题就具有了现实的教学价值，学生就有了自由安全的心理环境，班级就易于形成热烈的发言氛围，“小大炮”“小钢镚”“小锣鼓”就容易涌现。机制就是运用最适宜的活动和手段，使面前的学生全身心投入。尤其要善于借力用力，就是让声音响亮的多与声音柔弱的接接火，对对话，同伴（尤其是异性同伴）的影响作用很大。三是变“温柔”为刚劲，恐怕不是一日一课之功，非要有个相应的班级文化才行，这个班级的任课老师也有个协调一致的问题。四是尊重学生个体差异，区别个性心理与声音高低关系，并不说只有高嗓门才是好的。

## 五、“真实”不得

片段一：

课堂上教师问一年级小朋友，“冰花”是怎么来的啊？小朋友个个说得很认真：是妈妈趁我睡着时画上的；是奶奶绣上的；是花姑娘吻上的。老师说，其实啊，是因为室内外温差……

片段二：

课堂上老师教孩子如何用“它”。老师说，没生命的东西，要用“它”，比如动物和植物。学生很天真地质疑，老师，大熊二熊就有生命。马上小朋友们纷纷说，狮子王、黑猫警长、汤姆猫和杰克鼠、葫芦兄弟、孙悟空……也都有生命。还有的说，我家的小乖乖狗狗怎么会没生命呢？我们家里的花长着长着，就开花了，也有生命啊。

片段一中，孩子们的想象充满童趣，非常动人，而教师却将其“科学”得没一点诗意了。片段二中，教师完全以一个成人世俗的狭隘无趣的眼光看待事物，与孩子们构建的神奇的童话王国之间，似乎形成了深刻的矛盾。以神圣教育的名义，以真爱的名义，以师道尊严的名义，把自然而活泼的生命、丰富溢趣的想象、美妙动人的关怀，眼睁睁地毁灭给你看，这是不是我们教育常做的事？现在基础教育很大的问题，我觉得，是教育成人化横行。从课程到课堂，从校园到家庭，哪一个方面不是在催熟孩子世俗，缩短他们的童年期呢？教师可以很轻易地误导、伤害甚至摧残孩子们天真幼稚的心灵。他们的心灵就像绿叶上的水珠，你得小心呵护，你得真正蹲下身子，先化成他们中的一员，走进他们的童话世界。就像呵护绿叶上的水珠一样，面对小孩子少些自上而下的理直气壮，多些谨慎和反思，虚心向孩子们学学吧。

# 学生，才是听课的焦点

学生，本是课堂中心，听课，我们不也得把学生作为焦点？听课，很大程度上，就是观思学生。

## 一、听课的位置

当然是教室最后排了。自有听课以来，就要坐到后排去。这是祖宗自然之法，早就成为代代听课者的潜意识了。我觉得（我也早开始这么去坐了，目前还是个孤独者），去教室听课，得主动坐到侧前排，侧身面向学生们，因为这样可以直观他们的表情和眼神，阅读他们的学习反应，把握师生互动的情况。一直坐在后排，只能看到学生们的一个个后脑勺，只能看老师一个人的教，不能真切观察众学生学的反应，听起课来，就有些主次颠倒，总是大缺憾。听课，从后排挪到侧前排，其实是从重“教”到重“学”的转变。

## 二、观思学生礼仪

铃声响后，一男生从走廊疾驰而入，似乎有声含糊的“报告”，但并未减速，而是直入座位；后又有一男生，竟直接推后门入，亦径直入座。老师竟然皆未觉察。老师要养成“俯瞰全局”习惯，学生当养成预备铃响即进班、做好上课准备的习惯，迟到要光明正大地走前门，并喊报告，得允方可去入座。正如集体起立相互问候环节，你臀部尊贵屈尊不起，你脊梁软弱身不直，你问好声暮气沉沉参差不齐，我看，都是不敬。这不敬，是由平时散漫懒惰滋养成的。课堂，即学堂，学堂得讲礼。仁义礼智信，好传统要化成习惯，才真正能继承下来。

## 三、观思学生落实

几位学生脚下有地，地上有揉成团的纸巾一二，有飘零的讲义一二，有坠落的签字笔一二。教师最好早到教室几分钟，在教室转一圈，除督促课前准备外，最好也能指点下有意外的地面。只需要拍其肩，手一指，就可解决。自己脚下一平方范围内就是你的领土、你的地盘，你得做主！一个一个一平方领土清洁了，教室就差不多干净了。

教师在讲台后边驻扎良久，老不出城巡视自己的疆域，虽正告学生“记下来”，但我目之所及明明看到许多学生并没有记下来。初中有相当一部分孩子就是这样，听而不闻，老做行动的矮子。老师总以为，我说了，要记下来，你就应该记下来了，而且肯定记下来了。结果是很多落了空。

听讲认真，是极重要的学习品质。但有的学生，看上去倒是正襟危坐，没东张西望，可其实你注意他的手和眼，手搗进桌洞里，眼总时不时往下瞄，或者以臂为枕侧伏，眼神迷离，或者化身雕塑，神情木然，眼珠凝滞。我可以明确地告诉你，他的心啊，早就远离学习了，魂飞千里，神游太虚去也。而这一切，老师可鸟瞰扫视、尽收眼底，自然就可提高分贝棒喝，可踱近其身拍其肩击其桌，可提问，可眼送秋波或射冷箭……却不能任其潜滋暗长、杂草生根。课要有种粘力，粘住每个学生的情意。这不容易。

## 四、观思学生而问

问谁呢？有学生手举得高高的，有跃跃欲试的，我看，尽量不要叫他们，因为他们多半是会的。叫那些茫然失神的，叫那些手在桌洞里捯饬什么的。他们多半回答不上来，有的甚至不知何所问，此时，你一问他，他就有些窘了，就意识到露馅了，就知道收敛精神，好好听讲了。有时学生呱啦呱啦说，有的嗓门很高——他当然高，因为他的答案多半是对的。我觉得，不要听那“海豚音”，因为这喧闹掩蔽着许多沉默的不知。我们老师得察言观色，喊准学生来答。

## 五、观思细节背后

有个学生竟然瞌睡了。瞌睡的滋味真不好受。我君临他侧后，他强打精神做样子，但才下眉头，又上心头，欲睡而不能，不能偏难禁。我真不该坐这儿。以前在高中遇到过，有孩子在我的课上睡着了，我唇竖食指，示意全班不扰他好梦，让他睡好了，再说，你就是叫醒他，他能听得进？他就是勉强听得进，那接下来的课岂不是瞌瞌依旧？所有老师都喊打，那可怎么让这可怜的孩儿活。谁都有过瞌睡的滋味。但是，我也曾棒喝过，也曾亲睹领导巡见瞌者，便闯入教室，拉出学生训话的。对这个学生，我除却不忍外，还觉得这里边很可能有要关注的问题。他昨晚怎么睡得那么晚呢？作业太多？夜阑人静玩网游？课下一问，原来这位是昨晚补习三门课，睡得太晚了。真要这样，就要深入了解，帮他参谋下。

有个女生竟然一直趴在桌上，老师竟然一节课都没意识到。听说，这似乎是个超级爱臭美的丫头，课间要到卫生间补补妆的。轻轻走过去，轻轻拍拍她的肩头，冲她笑一笑，她应该就不会自暴自弃了吧。你看，她摊在桌上的手下，是张开的课本，课本的下面，哈哈，是刚才课间在教室外游戏的跳绳。这细节，非常明白地提醒我们：这丫头，你得多关注多关怀下。

## 六、观思精神挺拔

有个肥硕魁大之男生被提问。男生初一怔，觉得似乎不可思议，然后惶惶然，面露难色，继而提臀，弯腰，但他头是如此沉重，所以，整个身躯就扭成了C形。C形人脸与桌面平行，而且两者具有深深的吸引力。抓头挠腮，支支吾吾，不知所云。阳刚之气，真是当下中国中学教室里最最稀罕的资源！鲁迅有一文，题目叫“中国人失掉自信力了吗”。听过那么多课了，我也想问：学生失掉自信力了吗？不然，他们回答问题怎么就那么怯弱，那么迷茫，那么黯淡。飞扬的激情安在？万岁的青春安在？

### 七、观思学生评课

学生评课，让教学泡沫破灭，让感觉的误区廓清，让学习主体回归，让教和学并轨，更进一步说，是教并入学轨。课，教得好不好，谁真正说了算？非自己，非听课老师，更非专家，而是最底层的受众，即学生。学生打分和文字描述（问题困惑乃至批评建议），与老师的感觉和判断，一定会存在着天然的差异、错位和矛盾，而这些，正是老师需要掌握、廓清和转化的关键资源。这让教学反思更有深度，后续教学改进更为精准，让“以学定教”理念更为坚定，成为美好的可能！

近期曾听一节“感恩”主题班会课，与两学生聊聊课。俩人说课很好，比如形式多样、学生主持、有些感动。我问，感恩，人性之美，“我们”的感恩到底是什么？“我”的感恩到底是什么？概念，不是虚头巴脑的词，不能只笼统地看到共性，还要切实搞清楚独特群体和具体个体的特殊内涵。“我”对爸妈、对老师或对他人，平时，到底应怎么感恩？有反思吗？有具体的行动上的清单吗？没有行动，没有持之以恒，只是一场游戏一场空。俩人陷入沉思。良久，说，这节课确实空，似乎从认识到行动，并没带来什么改变。我击掌点赞，正是，那该怎么上好呢？俩人又陷入沉思。

## “动感”课堂的转化艺术

“动感”课堂，是以科学的教学目标为指引，通过兴趣调动、探究生动、问题驱动、师生互动、鼓励随动等方式，使学生手动、口动、脑动、心动、情动，高效参与，使课堂富有生机和活力，富有愉悦感、充实感和成就感。“动感”之“动”，本质内涵指向学生学习生命的律动，是精神世界建构过程中的振动。

要实现课堂之“动”，首先要有料。这儿所说的料，自然是指学习内容，但绝不是简单地指教科书上的，而是指投注了教师真情实意的，就像诗词的意象，绝非客观的景物，而是有情有意的。光“有料”还不成，还要转化到“有趣”“有效”上去。学生学习的意志力、理性水平等发展还相对薄弱，若无趣的话，则容易导致低效或无效。“有效”，并不是说内容教得快容量大，

也不是说学生看起来记了掌握了足够量的知识，而是每个学生学习经验的主动建构。学习经验需要在他自己内心生长，这种生长是一种自我审视、自我整合和自我更新的建构过程。由此看来，学习内容要生命化，学习过程要趣味化，学习效益要经济化，都需要转化。怎样转化呢？下面试以笔者在《核舟记》字词教学过程中的几个案例谈一谈。

## 一、联系拈引，同类相连

“尝贻余核舟一”的“贻”，有注释“赠送”，但怎么真正记在心里呢？恰好，有人冒出一句“杨舒贻”。（有同学笑）杨舒贻，是班内一女生。我便抓住这个机会，问：“杨舒贻，为何起‘舒贻’呢？”有学生解读为“送人玫瑰，手留余香”，一桩舒心事。我再问：“好像这个‘贻’在《梦溪笔谈》里是学过的，原话是……？”思忖片刻，便有学生说出“贻以宝钗”，许多学生恍然记起。我便板书给记不起的同学看。我继续追问：“其实，杨舒贻，还可以叫杨舒——（板书：“遗”）。这个字读什么呢？”有学生读 yí，我便让学生组词，“遗留”“遗产”。我说：“但现在的意思是‘赠送’，它就不念 yí 了，而念……”有多名学生说：“念 wèi。”我便接着说：“杨舒遗，杨舒贻，都是一个人，都是指你噢。”（全班笑）我敢打赌，杨舒贻同学恐怕好多年都不会忘记这个知识点，好些同学也忘不了。

学习内容是资源，周围环境因素也是教学资源，整个世间万物万象皆可为教学资源，但如何将学习内容生命化，还需要教师敏锐把握准学生普遍的关切，机智自然地拈引进来，同类相连，与学习内容产生生命共振。

## 二、辨字析意，创造情境

“箬篷覆之”的“箬”字，课本也有注解：同“箬”，是一种竹子，可能来防雨，自然叶大。“篷”，自然是“船篷”。“箬篷”自然就是用箬这种竹子做的船篷了。这不难理解，暂时记住，也不难啊，问题是记得不长久。轻轻松松地，开开心心地，记长久了，这才是好的学习方法。联系，与生活联系，与生活奇特联系，不失为一种好方法。我便说，你逛周庄，看到街河里有乌篷小船，你不妨便说，咦，这篷如果是“箬篷”岂不更简朴雅趣？你想，那船娘闻听，一定会大为赞赏，便问你，你是哪个学校的？你便从从容容地告诉她。（学生大笑）。笑之余，我又板书“石器”，学生说，是石头做的器具。我再板书“棉衣”，学生说，是棉布做的衣服。

文中还有个“糁”字（“石青糁之”句），注释为“涂抹，黏附”，但怎么记得好玩呢？我问："过年贴对联，用什么贴？"有学生说用胶水，有学生说用糨糊。我说："你看'糁'字的偏旁是'米'，看来，它应是个名词，是粥。我们做点粥，也就是糨糊，也就是'糁'，但现在，涂抹在门楣上贴对子，这个涂抹的动作，也叫'糁'了，看来，它的什么悄然改变了？"学生说是词性，现在成动词了。我憧憬道："以后啊，再贴对子，往门上涂抹糨糊时，你就做这个涂抹状，并且告诉别人说，这个动作叫'糁'。其他人一定大为惊赏。"（全班笑）

上面这两个例子，都是通过辨析字形、揣摩意义，又结合注释，努力奇特有趣地联系现实生活，当然这种生活也有些虚拟。这样的智慧转化，就使看似枯燥的学习内容充满了生机，学习过程也引人入胜，效果自不待言。

## 三、奇特想象，不愤不启

"中峨冠而多髯者为东坡"的"髯"字，要求学生写对，也要记住是指"两腮的胡须"。学生说，记住了。但真掌握了吗？我看撑不了一会儿不少学生就忘了。我便引导学生说："这个'髯'字下边是'冉'，也就是'冉冉升起'的那'冉'。两腮的胡子，冉冉升起了。"（学生大笑）我很得意地问："这个说法好在哪里？"有学生说好在想象很奇特，有说好在以动说静，髯是静的，却说成动的，把髯从腮下到腮上的情态形象生动地说出来了……全班叹服。我继续问："但是，如果这'髯'太浓重太繁茂，比如像张飞的、像李逵的、像马克思恩格斯的，还能说是'冉冉升起'吗？"学生大笑，皆说不能。我问："为什么呢？"学生陷入思考，但一时又说不出来，也许正所谓"可意会不可言传"。不愤不启，我说："我们常用'冉冉升起'说什么？"学生说国旗啊。我说："因为国旗怎么样？"有学生说国旗轻柔啊。我说："是啊，如果是轮船，就不能说'冉冉升起'（学生笑），但如果是轻烟，是不是就可以呢？"学生纷纷点头。

转化讲究陌生化，越奇异怪诞越好，越新鲜好玩越好，但绝不能飘离了学习内容天马行空，否则就易变成闹剧。另外，是谁来转化呢？我看整体上多是老师主导，不过具体转化过程，则需要激发学生学思的兴趣，因势利导促使学生积极深入探讨，甚至多创设思考"卡壳"的安静，从而最终实现共同的转化。

## 四、调动肢体，互动内化

"矫首昂视"的"矫"，学生极易写错。我便引导学生从字形入手辨析——左边是"矢"字，是"箭"的意思，那"矫"和"抬"，有什么关系

呢？马上有学生做了个拉弓向上射箭的动作。我也做了这个动作，然后问学生："你们想到什么？"学生反应快的，说想到"只识弯弓射大雕"。拉弓射大雕，得要抬头，便谓"矫首"。到此为止，火候还不够，我便板书"矫首遐观"，其意思不难理解，不过，我要求站着以动作来诠释。于是，学生纷纷先抬头，继而作远观状，还有的学生学毛主席左手叉腰，右手挥向远方，以示眺望，还有的学生学孙猴子，手搭凉篷。

全班互动非常愉悦，更重要的是，"矫"意思的掌握不是靠死记硬背，而是通过肢体语言传达和内化的，是活知识，恐怕一辈子难忘。实验发现，一个人要向外界传达完整的信息，单纯的语言成分只占7%，声调占38%，另外55%的信息都需要由非语言的体态语言来传达。充分调动学生肢体语言，是"动感"课堂教学重要的转化手段。

## 摩摩"观摩"课

何为观摩课？课，一要观，二要摩。

观课，应带着一种约会时热烈的期待和好奇的发现心。赴一场约，想想，那种身心投入的美好该有多么浓烈。端坐在堂上，常见观课者或枯坐发呆，或埋首批作业，或偶尔傻笑，或得机打盹，或不断窥窥手机，或溜出室外接听极重要的电话，便替他感到难过和遗憾，觉得他是个灵魂不在场的坏学生，他错过了好些心动的时刻。观课，我认为，应是上课之外一群靠谱的人的极好的精神旅游。你看，观课时，得睁大眼睛览大局察细微，得龙飞凤舞写写画画，得竖起耳朵听真听切，最重要的就是要有"神思"，正如刘勰《文心雕龙》所说的"寂然凝虑，思接千载"。堂上之人，看似不怎么动，其实心里翻江倒海着呢。所以，这"观"字，实在是"看""记""听""感""思"等身心活动的代言而已。课观得好不好，重点不在老师教得如何学生学得如何，而在于观者自身，是否用心观了，是否观出门道，能否观得心动观出发现。所以，观课既要面子，更要里子。

观上课老师，更要观学生。坐哪儿观学生呢？似乎自然是全班学生屁股后边了。恐怕这种课堂教学格局出现以来，大凡听课，就拎着凳子往最后边安臀去。祖宗自然之法，似乎早就成为代代听课者的潜意识了。我偏不，我安坐于教室前排，侧向学生们，他们的表情和眼神便可直观，他们的学习反应一目了然，师生互动情况尽收眼底。要是坐在后边，就只能看老师一个人的教，只能看到学生们的一个个后脑勺，就不能真切观察众学生的学。这就有些主次颠倒，总是观课的大缺憾。观课，从后排移到侧前排，其本质是从重“教”到重“学”的转变。

那什么叫“摩”呢？摩者，相互切磋，所谓“如切如磋，如琢如磨”。

摩，非得拿出观课的体验、见地或问题来，还得有那么股子真情激情投入，还要有可平等对话碰撞的同仁。只充当看客听客，赔赔笑脸，便觉得没多大劲。只奉献些恭维语肉麻话，便觉得他虚伪滑头，便直暗送他白眼。要是卖弄些时髦新词搅扰他人阳光心情的，便觉得这人不食人家烟火，想驱逐他于场外。但若正襟危坐，哼哼哈哈，叽叽歪歪，像老学究做漫长而无聊的报告，便觉尿意十足，想趁机早早逃掉。最可憎的是有的所谓“诊断式”观课者，课上到室外重要电话接了好几次，重要文件阅览了半天，课还未窥得其详，居然也有指点江山，排出个一二三来的，真神人也。

摩课，最惬意的莫过于几位同仁好友一起“玩”课之后了。所谓玩课，就是谁有教学好创意好发现，便招好友来观其课；课后自有一番摩课。摩课，无拘无束，随性自由，可春风化雨，可幽默诙谐，可激情和鸣，当然，也可凛然辩论，高分贝，拍桌子，挥斥方遒，自有天下英雄舍我其谁之气概。课，摩得悦耳动听，摩得火花四溅，人人心里激荡着一种莫可言说的愉快、满足和充实，颇似“太太的客厅”。这“客厅”，有时在办公室，捧茶水，要站要坐要扭腰，都可，有时挪移到小餐馆了，捏二锅头，夹辣椒土豆丝，都行。有时课后无从聚首，便得机趁热打铁，在键盘上敲打或手机上捏捏这课后的观感，发在群内分享。课，经这么一摩常摩，自然出好课。摩出的又何止是好课，还很容易诱引你动笔的冲动，摩出好文章呢。

课，非观无以摩，无摩又何必观呢？

不然，观摩课岂不成了“应景”课、“空心”课和“断崖”课了吗？

## 追求文本的“高附加值”

《雅舍》是苏教版《高中语文读本（必修二）》上的一篇，但我课上偏偏就不用“读本”，我用《梁实秋散文精品》[①]，不时还招摇《梁实秋自传》[②]。

① 梁实秋：《梁实秋散文精品》，江苏文艺出版社，1992年。

② 梁实秋：《梁实秋自传》，江苏文艺出版社，1996年。

我其实是想捧在手里，这么着炫耀一节课，能“隐性”地诱引学生，课后可以找更多的梁实秋文章来读。

读《金岳霖先生》，学生喜欢得不得了。光喜欢“这一个”，那不成，你得喜欢“那一群”才行，所以，待学生读罢文本唏嘘不已之时，我则重击那条关于“西南联大”的课本注释。注释说“西南联大”当时被大后方称为“精神圣地”。我怂恿他们去图书馆淘有关“西南联大”的任何书籍来读，结果图书馆竟然没有！我就让他们发动父母去买，或者在淘宝网上购买。“精神圣地”，不可不读；一读，肯定欲罢不能。

读巴金的《忆萧珊》，我就鼓动他们去找巴金的《随想录》来读，结果七八位同学人手一册捧读，问其味道，则曰快哉。不仅嘴上说快哉，手里还摘抄，还写日记记感想。

随笔《书香袅袅，真爱融融》发表在《语文世界》上，写的就是想法子勾引学生去借书读书的几桩乐事，好像自己俨然就是个书籍推销员。

现在，不少学生竟能受着课堂的启发自个儿去借书捧读了。比如说“归去来者”（自命），预习《雅舍》时，他竟已在喜读李渔的《闲情偶寄》了，学了东坡和稼轩词，他竟借来《宋词三百首》埋头研读，近来竟然又发现他在读《西厢记》《关汉卿》，前天又听说他在写戏曲了，担任剧本修改的是正在研读《红楼梦》和古代言情小说的“西山道人”（亦自命）。有比这更令人幸福的吗？

追求文本的“高附加值”，是否应该成为我们的教学追求？

我所说的文本附加值，是指原文本产生的阅读效能，具体说，是指受到原文本精神魅力的感召、激发和促动，学生主动去寻索相应书籍文章来读，不断扩大阅读视野，并沉浸其中，使原文本价值不断延伸、充实和创新，从而使阅读者的语文素养和精神境界得到不断提升。这个过程具有鲜明的主动性和精神性，既提倡学生的学习自主性，并关注学生的精神成长。追求文本的高附加值，既追求课堂教学的有效性，又能将目光关注到课外的学习效能和精神状态，是以更博大的胸怀和更宽广的视野贯通课堂内外，是追求更高层次的教学价值。

要追求文本的“高附加值”，仅仅给学生制定阅读书目是远远不够的，还应持续地开拓和激发学生阅读的兴趣和热情。

第一，得找准内容。文本中最能触动学生心灵最柔软处的内容，经过互动对话的“二次创作”变成了让学生真正尝到兴味并欣喜不已的新内容，这些新内容能充分将学生肚子里的馋虫引出来，然后，教师不失时机地推介此文彼书，这时，学生才会乘兴而动。而所推介的内容，也一定要有个兴致的线牵引着学生，也得正合学生的胃口，惹得他们欲罢不能，废寝忘食，疾书摘抄，撰写心得，甚至，竟能由这内容引发出对其他相关材料的阅读渴望来。“一波未平，一波又起”的阅读教学追求，是大视野，是种大境界。作为起点上的内容不能与学生情投意合，自然就会“水波不兴”了。

第二，得找准路子。对学生读书来说，文章是起点，文中的一句话甚至也可以成为起点，但由起点不断向前冲的发动者和引导者是教师，在于教师对学生读书乐趣和读书价值的唤醒、提升，在于教师的智慧。其一，生活化的促膝而谈的自由，亲切幽默的语言沟通，深入人心的阅读享受，将会使学生燃起渴望阅读的熊熊火焰。其二，兵法讲的“转圆石于千仞之山”“激水之疾，至于漂石”等策略，“推波助澜”，就可以很好地激发学生的阅读期待。其三，尊重、信任并保护学生的阅读欲望和阅读选择权，并能加以正确引导。教是为了不教，在这“教”和“不教”的征途中，用青嫩的草儿馋着这群小羊往前走，待他们习惯了，再慢慢让他们自个儿去寻好吃的，这应是教师牧羊的好法子，也是积善成德的美事。

第三，得以身示教。教师的阅读体验和感悟对学生起着非常重要的感染和引导的作用。没有自己的较为深切的阅读心得，搬弄些不痛不痒的文字，阅读眼界狭隘，精神贫乏，是感化不了学生的，也应是语文老师所不齿的。苏霍姆林斯基曾说，集体的智力财富之源首先在于教师的个人阅读。真正的教师必是读书爱好者：这是我校集体生活的一条金科玉律，而且已成为传统。他在《给教师的建议》中还有一句很要紧的话：“把每一个学生都领进书籍的世界，培养起对书的酷爱，使书籍成为智力生活中的指路明星，——这些都取决于教师，取决于书籍在教师本人的精神生活中占有何种地位。”① 当然，你还得将自己的阅读快感和困惑经常和学生交流，有时还得请他们启发你。

哈罗德·泰勒有句名言：“教师的责任就在于运用各种方法、手段让学生置身于一个可以活跃心灵以及充满智慧与人类经验的环境中。”追求文本的高附加值，就是很幸福的途径。

---

① 苏霍姆林斯基：《给教师的建议（上）》，杜殿坤编译，教育科学出版社，1980年，第67页。

# 第三篇　课例现场亮智慧

## 导　读

• 构建诗词教学对话生成的“一体双翼”教学策略，即以课堂教学资源优化为主体、唐诗宋词“再创作”为左翼、文本选编为右翼，是有益的实践研究。

• 整本书阅读，要实现核心素养的有效提升，需要学生的深度学习，需要基于学生的言语表现。笔者结合《精神明亮的人》整本书教学实践，探讨了“构建‘主动词汇’的言语世界”“基于‘原点思想’的思想网络”“指向‘言语表现’的情境群落”等策略，并且对情境资源的开发、思想的转化以及表现的立体化等予以特别关注，以期克时弊、守正道，引起同道的真切关注和实践研究。

• 本篇附以教学设计、课堂实录等精品案例，以飨读者。

# "一体双翼":《〈唐诗宋词选读〉读本》对话生成的教学策略

苏教版《〈唐诗宋词选读〉读本》①,是语文选修部分"诗歌与散文"系列的四大模块之一,精选了唐宋不同时期重要诗词流派的诗人和词人的代表作品,共形成了12个专题,学习这些作品,是提升人文素质和语文素养的有效途径。从大量具体的实践来看,目前,选修课必修化,教师重传授轻探究,课程资源视野狭隘,教学模式相对僵硬单调。基于对话生成理论来研究《〈唐诗宋词选读〉读本》教学,可提供新的思路和视角,激发学生学习诗词的兴趣,利于诗词个性化、多元化阅读,开拓学习诗词的文化视野,提高学生诗词审美能力和语文素养,是选修课教学的一种有益尝试。实践研究中,我构建了《〈唐诗宋词选读〉读本》对话生成的"一体双翼"教学策略,即以课堂教学资源优化为主体、唐诗宋词"再创作"为左翼、文本选编为右翼。

## 一、主体:课堂教学资源优化

课堂教学是学生生命成长的主阵地。在《〈唐诗宋词选读〉读本》课堂教学中,要避免老师牵着学生走的低效困境,就要充分尊重师生生命活动的多样性和教学环境的复杂性,在预设教学目标的基础上,在诗词空白处、在争议分歧处、在看似矛盾处,在反思批判中、在动态的可变的教学过程中,从诗词探究、教材运用、文化探寻等三个向度,运用有效的教学手段,促进教学的对话生成。

诗词探究。因为个性化阅读的客观存在与阅读追求,以及教材编用问题、课堂教学中实际遇到的问题等,师生需要从"积累·整合""感受·鉴赏""思考·领悟""应用·拓展""发现·创新"等不同的层面探讨《〈唐诗宋词选读〉读本》课堂对话中的生成手段,这是课堂教学的重中之重。实践中我总结出了"诗词典型意义开发""传统意象探究""诗词多义性辨析""歌词编唱""'四位一体'(诗书画曲)共生""以'共振效应'会意词语""朗诵涵泳""诗词审美性运用""诗词真假辩证""诗词关键词点击""评点"等策略。

比如诗词默写,学生难免出错,但这些错误并不能全盘否定,有很多是

① 丁帆、杨九俊主编:《〈唐诗宋词选读〉读本》,江苏凤凰教育出版社,2011年。

生成性课程资源。默错的主要类型，我归结为音同（近）、形近、义近、境近四种。无论何种错误，我认为，都要审慎之、探究之，以追寻其最大的生成价值。有学生将杜牧诗《九日齐山登高》首句“江涵秋影雁初飞”的“涵”字写成“含”。同音，意又相近，孰好呢？我意识到这是个具有很好的生成价值的问题。经与学生们一起探讨，我们发现：第一，“涵”是书面语，而“含”则是口语，从全诗来看，宜用书面语；第二，由“涵”，我们很容易想到“包涵”“涵养”“海涵”“内涵”等，由此可见，“涵”字重于内在美，而“含”仅是把江和秋影的位置写明而已，太表面化；第三，江水是流动的，是荡漾的，秋影和雁影，“涵”于水，“涵”字极具灵动感，这绝非镜子所可比拟的；第四，秋影包容于水，水波荡漾，而影亦婆娑，彼此难分，“涵”字又多了“交融”之意。还有什么比源于学生的学习错误的生成更为深刻，更为精彩，更有意义的呢？

教材运用。首先，通过“换、删、调、增”等方法创造性运用教材，这是对话生成教学的重要策略之一。比如，山水田园诗是盛唐两大流派之一，“声律风骨兼备的盛唐诗”中，只选了王维的《山居秋暝》，不足以显示其独特性和重要性，我就增补王维的《竹里馆》。专题中所选的张九龄《望月怀远》和李颀《送魏万之京》都是送别诗，删掉，孟浩然虽是山水田园诗的代表，但所选的《与诸子登岘山》不是田园诗，我就换成他的《宿桐庐江寄广陵旧游》。又如，苏教版必修教材中也选有部分诗词，可与之联系，加深理解。比如李清照的《声声慢》在必修四中已入选，在学习《〈唐诗宋词选读〉读本》中李清照的《如梦令》和《醉花阴》（这两首皆为靖康之变前的作品）时，可把这首诗回顾一下，把握后期沉痛哀伤之风，从而能够整体把握。再如改专题名称。“声律风骨兼备的盛唐诗”之“声律”指律诗，而所选《燕歌行》和《走马川行奉送出师西征》属歌行体，所以全班最终干脆改成“盛唐风骨”，既能突出其高昂雄浑、阔大恢宏的大唐气象，又与“建安风骨”相应。

文化探寻。《〈唐诗宋词选读〉读本》蕴藏着丰富的文化知识，开发这些文化，使学生能初步领略民族的审美情操与民族精神，是对话生成策略的另一内容。比如：由宋词人的号可窥知宋人崇雅；由《〈唐诗宋词选读〉读本》中涉及“秋千”的诗，学习《摇荡千年的秋千架》（发表于2007年5月25日《中国教育报》），可破译秋千文化的诸多密码；由晏殊《破阵子·春景》的斗草游戏，搜集相关资料，可审视古典儿童游戏的文化价值……一本《〈唐诗宋词选读〉读本》，就是一部中华古代文化史，学之不尽。

## 二、左翼：唐诗宋词“再创作”

接受美学将读者的接受活动看作文本含义再创作过程。“再创作”是秉承“以读促写、以写促读、读写共融”的教学理念，以诗词“写意”为主的新写作形式，可提高学生与文本的对话质量及写作水平。具体来讲，它指在充分理解诗词的基础之上，创造情境，充分发挥学生的想象和联想力，挖掘诗词的典型意义，对诗词进行再创造，这些创造，要通过优美形象生动的语言进行书面表达。这种“再创作”形式，打通了读与写的壁垒，充分利用了诗词富含的再创造潜质，是学生对美的自觉熏陶和精神境界的主动提升。

诗词再创作，诗词鉴赏是基础。对诗歌内容理解得是否深刻，对意象感知得是否充分，对意境体验得是否真切，能否知人论世、咬文嚼字，能否想象联想、入情入境，这都是诗歌再创作的前提。诗歌鉴赏是诗歌再创作的前提，没有鉴赏，鉴赏不充分，就不会有美的再创作文字。

诗词再创作，名家示范引领。众多名家经典美文能给予许多诗歌再创作的启发，我们所学的课文中就有很多例子，随举两例：如韩少功的《我心归去》，有句“但假若你在旅途的夕阳中听到舒伯特的某支独唱曲，使你热泪突然涌流的想象，常常是故乡的小径，故乡的月夜，月夜下的草坡泛着银色的光泽，一只小羊还未归家，或者一只犁头还插在地边等待明天”。再如郁达夫《江南的冬景》写“冬霖寒村”的那段。这些皆是很典范的诗性文字，我们平时要注意留心细细揣摩。当然，同学之中也有写得极妙的，切磋交流，自然会受益匪浅。

诗词再创作，语言要追求诗意。诗歌用极其精炼的文学语词非常集中地表情达意，诗歌再创作追求诗意的语言，濡染诗歌之风，是提升语言修养、提升作文境界的好途径。而我们知道，作文阅卷时，那些富有文采的文章很容易得高分。追求语言的诗意，绝不是片面地追求华丽的辞藻，卖弄修辞技艺，而是言之有物、言之有味、意味深远；追求诗意的语言，注重的是意象和意境的精心营造，而不是抽象的说理。站在诗词大家的肩膀上，吮吸词歌之文言精华，再用现代汉语将自己的情意与诗歌的融汇之意，诗意地表达出来，是个幸福的过程，也恰恰正是语文学习的最值得用功之处。

诗词再创作，要放飞想象联想。填充诗歌的艺术空白，就需要我们充分发挥想象和联想的作用。从作文角度来讲，联想和想象是写作的羽翼，只有拥有丰富的联想和想象能力，写作时才可海阔天空、任意驰骋。诗歌再创作，运用想象和联想，除了填补艺术空白外，还得注意将自己置身于诗歌情境中，

并注重多和现实“触电”。但无论如何想象和联想，一定要符合情境、紧扣文旨，切莫画蛇添足。

诗词再创作，要追求个性精神。诗歌再创作要尊重原作，但是并不拘泥于原作。任何没有个性精神的创作，都是毫无价值的。个性精神缘何而来呢？我们是不是可以从以下几个角度来思考：其一，把诗歌置于创作时的时代以及我们今天时代的大背景之下来观照，那么诗歌的典型性和独特性是不是就会更突出呢？其二，对诗歌，不能仅作静止的观照，而应将之置于奔流不息的历史长河中，这样，我们对诗歌的优劣或价值大小，是不是就会有着更为坚实的把握？其三，把诗歌置于人性的发展过程中来观照。中国诗歌是情诗，是人性美的最充实的体现，是中华民族精神的载体。这种人性美，有其一贯性，历经千年不变，甚至更加突出。其四，我们每个人都有自己独特的知识背景和阅历，都有自己独特的思维优势，要发扬它，再创作出“我自己的这一个”来。

读写互促的教学理念，要求我们在对学生进行诗词审美教育的同时，还要兼顾学生学习语言、训练写作，以读促写，又以写促读。古典诗词具有“再创作”的丰厚潜质，如篇幅短小、词语凝练、跳跃性强、空白点多、启发力强、创造性阅读的空间大等。读一首诗，就是面对着写作的无限可能性，以审美的心态，用诗意的语言，解读某种可能性的过程，其实就是对学生进行个性化写作训练。但我们很惋惜地看到，学习诗词时，学生只是“知之”，而不能以写作的名义“创之”，这实在是课程资源的过程性浪费。反过来，当学生带着写作的目的来阅读诗词时，他就会咬文嚼字，就会放飞想象和联想，就会沉浸其中感同身受，就会多方搜集资料，就会纵横联系，就会深入探究，甚至会进行哲学层面的思考，从而又训练了鉴赏诗词的技巧。写，确实是诗词教学的一种高效方式。如学习“‘龙腾虎掷’的稼轩词”一专题前，我首先布置了本专题的作业，即以“龙腾虎掷最孤独”为题写作。具体自学过程中，学生们搜集资料，博采众长，知人论世，精细阅读，咬文嚼字，涵泳体验，个性解读，拓展概括，群雄争辩，慷慨陈词，所迸发出的阅读激情和智慧，是很难想象的。当读到王尚同学“郁孤台下的一泓清水，不知有没有混入你的辛酸泪。西北望去，早已没有了那射天狼的豪气，挥挥手，你叹着这可怜无数山，发出鹧鸪一样的悲鸣”的语句，当读到高颖瑛“凭他的身手本可以等封侯将相，他也怀着‘了却君王天下事，赢得生前身后名’的抱负，辛弃疾在等着，在‘众里寻他千百度’，但是等来和寻来的是‘献愁供恨’；他握利器时刻准备着，却只能把‘吴钩看了’；他想向别人倾诉，却‘欲说还休’”的语句时，当读到刘晗同学“他头顶着千里清秋的楚天，乘着孤寂的断鸿，飞翔在江南上空，已有千年。临安的烟华早已颓倒在异族的金戈铁马中，他的眼，却始终望着北方，千年不改”的语句时，我坚信，诗词“再创作”的路子走对了。

诗词“再创作”以“写意”为主，其他多种形式补充。诗词写意，是戴着锁链跳舞，既受诗词的牵限，又能够自由地再创造。初学者最好品读湖南作家曾冬的《唐诗素描》一书，该书篇篇堪称写意典范。最好选其中相对浅易的诗词，模仿写作。可以引导学生对指定的诗词进行集中写意，也可以专题为单位或以某一诗人的诗集为单位写意，比较借鉴，妙语连珠，佳作迭出，美不胜收，印之成册，快意融融。除此之外，还可以对作者进行写意，如“致诗（词）人系列”，类似于写颁奖词，这需要在对作者有了较为全面深入的理解后才可起笔，是对学生对话生成的整合和检验。另外，还可对整个专题写意，对唐诗或宋词整体写意。我编写了《宋词写意读本》，又为学生诗词个性化解读和再创作提供了借鉴。我要求每个学生有个“写意本”，几乎每堂必写，半学期下来，诗词鉴赏题得分率高了，写作素材丰富了，语言形象生动了，写作素养大幅提升了。当然，这种写意驾驭难度较大，应量力而行。诗词写意固然实效性强，但若没有其他形式的辅助，学生兴趣也会衰减。给诗词写赏析性文字、写诗词读后感这些做法，学生熟练，可偶尔试之，“改写成独幕剧”“故事新编”“诗词改写”“古诗新唱”等新鲜的做法，常能激发起学生的写作欲望。

## 三、右翼：文本选编

我们可根据《〈唐诗宋词选读〉读本》，开发富有人文气息的文本资源，提高学生与文本对话的广度和深度，以促进形成高效的对话过程和高质量的生成。具体来讲，就是师生共同从该书所涉及的众多诗（词）作者（或诗词本身）中，按一定标准精选出一定数量的作者（或诗词），然后，再从众多现当代名家针对其撰写的文章中，鳞选出富有人文气息的散文化文章，最后，将选出的文章按一定体例汇编成册，供学生学习《〈唐诗宋词选读〉读本》时配套使用。整个过程，其实就是一个师生基于唐诗宋词对话基础上的收集、阅读、比较、鉴定的发散性的综合活动，实质上就是一种对话生成的过程，这个过程中学生是课程资源开发的参与者。

教材因篇幅有限，对诸多诗人和诗词的介绍，常是寥寥几言，学生很难了解诗人经历及其独特魅力，并且这些介绍语言枯燥乏味，令学生印象不深。而基于教材的选编文本，则能以丰富的知识、诗意的语言、真切的情感、深沉的哲思，将活灵活现的诗人及关于诗人的思考充分展现给学生，引人入胜。

这样，学生就能更好地与诗词通畅自然地对话，并生成更多的东西。

比如"'风神初振'的初唐诗"中对王勃的介绍文字："字子安，绛州龙门人。官至虢州参军。初唐诗人，……王勃赴交趾探望父亲，途经洪州，参加了都督阎公为名流们在滕王阁上举行的盛会。王勃作了此诗，并即席作《滕王阁序》。王勃在前往交趾的途中，因渡海坠水身亡。"读之，淡而无味，了解甚少。文本选编中的《流泪的滕王阁》（潘碧秀）、《千载心香域外烧》（王充间）、《雨中登滕王阁》（熊召政）等文质兼美的散文，不仅为学生提供了大量丰富的背景知识，还奉献了对诗词的个性化的解读，而且这种解读多能提升到哲学高度，读后，再捧读教材中的《滕王阁诗》，自是游刃有余、入木三分、多有心得。

文本选编，为学生诗词对话生成插上了腾飞的翅膀。读《读柳永》（梁衡），让我们深切地理解柳永这位市民词人，有助于赏读柳永的《八声甘州》；一篇洋洋洒洒的《乱世中的美神》（梁衡），让我们追思那位千年前的李清照，沉浸于《如梦令》和《醉花阴》的诗境中；读《夜读岳飞》（李元洛），让我们读出岳飞的傲然脊梁和浩然正气，不由浩歌《满江红》；读《在西域读李白》（夏立君），能使我们从异国情调、漂泊情怀的角度理解李白的"豪放飘逸"；读《草堂·诗魂》（佚名），让我们走进这位沉郁顿挫的诗圣杜甫；读《郁孤台之魂》（徐南铁）、《把栏杆拍遍》（梁衡）让我们更能理解"龙腾虎掷"四个字的内涵；读李木生的《唐朝，那朵自由之花》，还可以了解唐朝女诗人薛涛的坎坷人生和不凡成就，拓宽学生视野；读吴克欣的《唐诗里的中国》，能让我们诗意地整体把握唐诗。

## 基于言语表现的整本书深度学习的实践策略

### ——以王开岭《精神明亮的人》为例

整本书阅读，只有能够转化为"表现"，才有意义。整本书阅读要以言语表现为本位，这是实现语文教育范式由"生活、阅读本位"的"实用吸引"型转为"为了言语生命自我实现的、表现本位"的"发展创造"型的需要①，也是实现语文立德树人、以核心素养为本、注重实践性和时代性的内在需要，更是最终实现语文核心素养的最关键路径之一。

---

① 潘新和：《语文：表现与存在》，福建人民出版社，2017年，第56页。

然而，纵观当下整本书阅读，不难发现其四个通病。

一是“散”，也就是零碎杂乱，未能构建起良好的内在联系。这既指向内部各章节，又指向整本书外部。

二是“浅”，也就是理解肤浅，深潜不下去。这自然与阅读心态有关，但也与学习方式有关。就是说，仅停留于“读过了”，仅辅以惯用的所谓书面概括，而不能通过适宜的内外勾连、情境设置、迁移运用的“写”的方式走向深刻。

三是“空”，也就是整本书阅读完了，就想当然地画上句号，缺乏相应的系统化观照与情境化运用，造成“强弩之末势不能穿鲁缟”的结果，导致课程资源的白白流失。当然，这很可能与课时紧张有关。

四是“差”，也就是整本书阅读的综合效益不够，凝成核心素养的力度不够，既体现为学生费时多但理解相对粗浅，又体现为读得似乎多但情境迁用力弱。

基于以上四点，笔者结合王开岭《精神明亮的人》[①] 教学实践，深入探讨基于言语表现的整本书深度学习之道。

## 一、构建“主动词汇”的言语经验

语言文字是最重要的交际工具和信息载体，是思维和文化的载体。语言教学是语文教学的优良传统。丰富语言积累、发展学生词汇，其本质上就是发展学生思想。真正能发展学生思想的，不是那些被动的僵死的词汇，而是深层的、高度整合的、主动的词汇。“主动的词汇”，体现为两个方面：一是学生能在阅读的语境中真正理解，二是在写作中能积极运用。前者为基，是译码；后者为本，是编码。积累和构建“主动词汇”，不能脱离具体的语言实践，不能脱离适宜的情境。

那么，如何发展学生的“主动词汇”呢？笔者在教学中总结出了“辨字析意”“分类相连”“发散想象”“创造情境”“生活解释”“生命体验”等多种方法，然而，就《精神明亮的人》整本书而言，“精选”和“分类”显得特别重要。首先应当学会精选，除了精选那些让人“怦然心动”“耐人寻味”的词汇外，应当尽可能精选那些体现“大观念”的上位概念。除了精选，还要分类，分类的关键是找到已精选词语的内在逻辑线索，从而确定分类的维度。

比如张景添同学从感情色彩的角度分类：否定讽刺意味的，如“罐头”

---

① 王开岭：《精神明亮的人》，书海出版社，2021 年。

“巫婆”“玻璃球”“灵魂萎缩”“古典之殇”“占领”“成熟”“物化”“物理人生”“消费星空”等；赞崇意味的，如“天使”“宝石”“天真”“向死而生”“仰望星空”“迎接晨曦”“幼稚”“战俘的荣誉”“大地伦理”“私奔”“卑微”等；还有重要的中立概念，如“共同体”“升旗仪式”“精神大字报”“精神姿势”“角色体验”“现场感”等。而钱逸凡同学则从自然——如“雪的骸”“冬之废墟”“雪之墓地”等，从生活——如“出走”“在路上”“精彩逆行”“淋浴晨曦”“按时看日出”“无处安放的哀伤”“和平与温厚”等，从人性——如“个”“死亡印象”“精神犯罪”“飘踪不定的面具”等。

由精选到分类，实际上正是深度学习的过程，也就是学生自我构建主动词汇、梳理和运用思想的过程。词汇精选是否质高量丰，分类维度是否科学精准，学生之间必有差异。我们要尊重这种基于个体学习的差异性，保护学生自我构建的学习生态。

## 二、罗结“原点思想”的思想网络

整本书阅读的目的，从“术”的角度讲，有读书方法、习惯和能力等层面，从“道”的角度讲，则有文化和思想层面。就整本书而言，需要对话和汲取的好思想珍贵而丰富，但是，其内容相对庞杂，其体系相对复杂，我们经常会搞成思想的杂货铺，而不是构建指向核心素养的思想系统网络。要构建这个网络，就必须将诸多思想分等级。引导学生给思想划分等级，本身就是磨砺思维和内化思想的学习过程。至于等级划分得是否科学，与学生的沉思与探究相比，当属其次。这个思想体系中，哪个等级的思想最有辐射力而魅力无穷呢？我想，应当是最高等级的思想，也就是“原点思想”。原点思想，是最上位的概念，是体现事物本质的元思想，也是能产生其他思想的母思想。发现、整合并内化支撑整本书的原点思想，是提升整本书阅读的素养效益、提升语文学科核心素养的重要任务。

《精神明亮的人》共分四辑。这四辑背后的原点思想，诸如人本思想（个体人格、仁爱价值、生命意义、人权思想等）、精神立人（资源流失、成长过程、生命意义、真正爱国、英雄情怀等）、大地伦理、向死而生、返璞归真、乌合之众……教师需要指导学生去发掘，而发掘的路径其实就是具体篇目思想的归纳概括。深潜探寻“冰山”下的那些原点思想，对提升学生思维境界和品质大有补益。

当然，原点思想如果从具体语境中概括获得，表述为几句简单抽象的句子，那么，则显得僵硬干瘪。要让其丰满生动、充满思维的张力，并尽其所能内化为自我的思维素养，笔者认为，在整本书阅读过程中，还需要推进以下三种做法。

一是搜读。也就是搜集相关资料来阅读，以对原点思想进行真正准确、全面而深刻地理解。资料的搜集，具体可由学生完成，除图书期刊外，更多要借助网络资源，当然，必要时，老师也可以择机提供。如作为《精神明亮的人》整本书的原点思想“大地伦理”，其创立背景、哲学基础、具体内涵、深刻影响，以及与部编教材内容的关系，与低碳经济和绿色发展的关系，都很有必要通过专题再阅读进行主动地、深度地学习。那种凭感觉的臆想假想、那种浅尝辄止的懒学，需要引起我们教学中的警惕。

二是回读。也就是回归原语境，学习原点思想的思维之道。整本书体现原点思想的语境，是提升学生思维能力的重要示范资源，非常难得。以“大地伦理”作为思想武器，作者是如何深刻剖析时弊，如何警醒众生的？教师可引导学生回读《大地伦理（四章）》《鹿的穷途》《森林被杀害，童话被杀害》《仰望：一种精神姿势》《人类如何消费星空》《古典之殇》《我们无处安放的哀伤》这类文章，回读这些生动又富借鉴意义的案例。

三是运用。也就是开发设计配套的情境任务，使学生实际运用原点思想。我将在下文中重点论及。

## 三、指向言语表现的情境群落

言语表现强调学生的言语主体性，强调学生选择、开发、转化、创造的实践过程，强调创设真实、富有意义的情境任务，而整本书阅读正具备这样得天独厚的课程资源优势。《精神明亮的人》整本书，文质俱佳，人文思想丰厚，思维品质高，富有时代感和生命意义，启发性强，借鉴价值大，那么围绕其中情境任务的言语表现要求，“资源开发”“思想转化”“立体表达”这三个策略就显得尤其重要了。

（1）开发：让内在学习更强劲

学生是情境资源的发见者和设计者。发见，即阅读凝视中的价值选择；设计，即勾连中的思维导向。二者实质上都是内在学习，不容忽视和代替。

在情境资源开发过程中，要处理好“放”“收”“整”的辩证关系。所谓“放”，就是大胆放手，信任学生去发现和选择，鼓励学生去联系和设计，并且尊重学生开发的差异性。“放”为内在学习赋能；而“收”则又提升了资源开发的学术价值。所谓“收”，即按开发的基本规范而为。开发的规范，可以通过引导学生研究近三年新高考作文真题得出，比如：要符合主流价值，要

有鲜明而深刻的思辨性，要有新时代中国青年角色的定位，要富有时代感和生活气息……开发的情境资源，开始常常是零散的，但随着渐成规模，就必然需要“整”，也就是归类成群，而相对独立的情境群落，也必然会有一个核心词来统摄。

情境资源的开发，应当以整本书内部为主，同时又向外部自然延伸，从而形成内外互补共振的意义关系。在《精神明亮的人》整本书之外，作家王开岭还有许多佳作可开发为情境资源，比如：《对悲剧的深沉纪念》一文中关于“犹太人遇难者纪念馆”注重“个”的设计的深思，可作为《打捞悲剧中的“个”》一文的思想迁用情境；《耳根的清静》关于一画家在荒野里“总能听见茗树梅绽放的声音”的沉思，可作为《仰望：一种精神姿势》一文的思想迁用情境；《人类如何消费星空》《古典之殇》《森林被杀害，童话被杀害》这些整本书内部的文章，又可对应整本书外同类文章，形成互补，比如《丢失的脚步》对胡同与长安街对比分析的潜思、《人生树下》对村首老树的追思、《荒野的消逝》对大地被水泥封死的忧思、《谁偷走了夜里的“黑”》对“巨鲸肚”餐厅消费“黑”的反思等。在很大程度上，这也是对“主动词汇”和“原点思想”的再具化和再运用。

（2）转化：让思想内化更坚实

知道了这个思想，学生往往并不能直接去分析以解决相关问题。而实际教学中，整本书一读完常常戛然而止，结果导致短效、低效甚至无效，很难真正提升学生思维素养。究其原因，恐怕是缺乏一个具体而亲近的言语实践的转化环节，即充分开发整本书所提供的丰富而典型的情境，并充分发挥其无可比拟的言语表现上的引导和示范效益，从而使思想转化得更深切，更广阔，更富有能量。

思想转化，可分三步。发掘整合整本书内外那些不可多得的情境资源，尤其是关乎典型现象的，并设计为写作的情境任务，这是第一步。第二步就是根据情境任务进行具体的写作实践。这写作，不是唯原文是瞻，不是阅读印象的简单复现，不是作者思路的刻意追随，而是原文思想的具体运用。因为，毕竟情境具有一定的思维开放性，而个体学生也具有一定的思维差异性。第三步，写后即与作者相应文字做对比分析和借鉴，可称之为“跟着作者学写作”。

以整本书内的《古典之殇》为例。有学生选取的是对《荷塘月色》追问式反思的文字，并予以自我深思——当然，也因部编教材第一册恰有《荷塘月色》一文，得天独厚，恰逢其便。

且说那国人争诵的《荷塘月色》吧。那可仅仅是1927年的遍地风景呵。今天都市的孩子谁有缘重温清华园里的那场夜游呢？即使荷塘犹存，即使不乏“田田”的甚至被喂养得更“田田”的叶子，但“树上的蝉声与水里的蛙声”呢？如今的城市，连一处真正的泥土都难觅了，地面早已被水泥、柏油、沥青和钢化砖砌得奄奄一息，一丝气缝都不剩（蝉幼虫要在地下襁褓里睡数年呢），无穴可居，无枝可栖，何来蝉声？还有，那“如梵婀玲上奏着的名曲”之月色呢？想要“叶子和花仿佛在牛乳中洗过一样”，空气要清洁到何几？再者，在市声鼎沸、霓灯狂欢的不夜城里，那养耳的寂静、养眼的清疏，又何处寻？连“孤独”做起来都不容易。

有学生从“古典之殇”“精神资源的流失”的角度去剖析，也有些学生基于此批判当下审美教育，倡议追求一种诗化的生命意义，也有的学生从“大地伦理”角度批判，认为今天的我们过于冷漠，对世间万物匮乏一种“同胞感”。写完了，再和作者原文进行对话，再与其他同学做分享，“同题异构”，自然有得。

（3）表现：让言语实践更立体

言语表现，以写作为主。围绕整本书的写作体系，是综合性和开放性的统一，具体包括三点：从写作空间来看，是由整本书向生活和生命的散点联通、辐射外延；从写作形态看，以微写作为主，又得机写大作文；从写作语言看，由模仿作者逐渐实现个性化。第一点前文已阐明，不再赘述，仅对后两点说明。

微写作，包含三层意思：取向的微型化，关注的是学生整本书阅读的言语表现过程中的具体问题；建构方式的微型化，采用以自下而上的归纳式建构方式；教学形态的微型化，体现为内容不多，组织较为松散①。微写作具有精准针对、灵活多变、表达自由、反馈迅捷等优势，自然成为言语表现的主要手段。但除了微写作，还要大写作。从微写作到大写作，是整本书学习的素材走向更宽广天地、思维更自由施展、效益更贴近实战检验的必然发展。大写作，写什么呢？笔者认为，高考真题质量更高，学习资源更丰，实战价值更大。比如对《精神明亮的人》的大写作，笔者就选练了2022年天津关于“烟火气”、2021年北京关于“成熟”“论生逢其时”的真题。

基于整本书阅读的写作，离不开语言表达问题。学生“向王开岭那样思考”，某种意义上，也是“向王开岭那样表达”。王开岭式的表达策略，有哪

---

① 邓彤：《微型化写作教学研究》，上海教育出版社，2018年，第32页。

些值得我们去学习的呢？放手让学生去阅读发现，自然会比教师讲给学生听，成果更丰，视角更新，意义更大。比如除了善用比喻、排比、拟人、疑问等修辞手法外，学生发现王开岭还善运用引号和省略号，多移用词语以获得陌生感，频频连用近义词，常会变换人称，每用追问方式深化思维，惯以小见大见本质，等等。这些表达策略，鼓励学生在具体情境中有意识地选择运用，也是整本书读写的任务之一。

整本书阅读，不应止步于信息的解码和输入，还需通过深度学习的多种方式，不断实现自我构建，从而提升为语文核心素养，而其间尤其要侧重学生的言语表现，这既是走向深刻的重要手段，也是语文核心素养的重要体现。本文结合个人教学实践以抛砖引玉，渴盼引起更多同道的沉思和研究。

## “煮”出文字的真味来

### ——梁实秋《雅舍》课堂教学实录

师：（板书：煮）煮米，应该怎么做呢？

生1：先得淘洗适量的米，去除杂质；然后锅里要放适量的水，将淘洗的米放入锅里；接着得烧开水，过一阵儿，喷香的米饭味就出来了。当然，掌握火候很重要，不然，要么煮不熟，要么就煮煳啦。（众生笑。）

师：那要是“煮”字呢？（在已板书的“煮”字上加引号，并板书“字”。）

生2：我认为，得选择经典的文字，得投入。

生3：我觉得，必须得慢点，不能急躁。

生4：我觉得，要有兴趣，也就是有点玩味的意味。

生5：得要有不一样的发现才行，不然，没多大意思。

生6：有一点不能忘了，那就是——不能抛开文本，不然，就把字给“煮”糊了，不好吃了。（众生笑。）

师：说得好。今天我们就来“煮煮”《雅舍》。文章挺长，课前多数同学们说第三段最好玩，很有趣，那我们这节课就来“煮”第三段的文字。但要“煮”字，就必须得读对，读顺，读懂。哪位同学来读一读这一段？其他同学在听读的过程中，请一定要用笔圈圈画画，以便确定“煮”哪些字。

（生7读，教师板书读错的“喁喁”“鼠子”“玉蜀黍”。）

师：读得挺流利。有些特别难的，这位同学也读对了，比如“咿唔”“岑寂”。当然，有的也要再商榷一下。比如“喁”是个多音字，既读yóng，也读yú，但文中应读——（学生齐答：yú。）这个词和“咿唔”一样，是象声词。那“鼠子”应怎么读呢？

（部分学生答：读轻声。）

师：读成zǐ、zi意思上有何不同吗？

生8：轻声显得老鼠可爱、机灵，也感觉亲切。（教师追问：读三声呢？）挺拗口的，也觉得老鼠个头大，挺恶心的。

师：字还是那个字，但声调变了，语感上、意义上、审美上就完全不一样了，真神奇。其实这段，除了“鼠子”，还有——（不少学生回应：蚊子。）“蚊子”，（低首向旁边一男生）你说对吧，“小子”？（众生笑）我们来看“玉蜀黍”的“黍”应读什么？（学生多数回答：shǔ。）没错。“玉蜀黍”是指什么呢？（众生茫然。）我查了不少词典，查到了，是指“玉米”，是方言。（众生释然）但，这样解释不出味，咱能不能拆分开解释呢？

生9：我觉得，“黍”粒小，排得很密，可见被蚊叮咬得很惨。那个“蜀”，不是指四川嘛，天府之国，土地肥沃，那“黍”粒也一定很饱满。（教师追问：那“玉”呢？）

（其他同学忍不住回答：像玉一样，晶莹剔透。）

师：没想到，拆字析意，竟这么好玩。接下来，老师再读一遍，请再次确定你要“煮”的字。

（教师捧读《梁实秋文集》①，做示范朗读。）

（读后，众生鼓掌。教师笑对第一个鼓掌的同学说，你入戏最快！众生大笑。）

师：下面，我们开“煮”。谁试一下？

生10：我来。“满屋里磕头碰脑的全是蚊子”，我觉得“磕头碰脑”用得好。（师追问：怎么好？）蚊子特别多，特别密，而且“又黑又大，骨骼都像是硬的”。（师再问：这是意思上，那读起来呢？）读起来感觉像是大白话，挺上口的。

师：这段用了不少的白话，还能找个典型例子吗？

生10：“一阵咬便是一个洞洞”，这个“洞洞”很好玩。

师：“洞”和“洞洞”有什么不同吗？

① 梁实秋：《梁实秋文集》，吉林摄影出版社，2004年。

生 10：“洞”显得缺口有些大，而叠音“洞洞”，则显得小，但多而密。

师：一般什么人说“洞洞”这类词啊？（有学生应：小孩子。）对，吃“饭饭”，睡“觉觉”，尿“尿尿”。（众生笑。）你们知道这时的梁实秋多大年龄了吗？37 岁的老爷们了。你不觉得矫情吗？

生 10：不觉得啊。倒是感觉梁实秋挺可爱的，很有童心。

师：这倒叫我一下子想起一个人来，他叫金岳霖。（众生释然。学生抢答。有说，他养了只斗鸡，和他一起吃饭；有说，他上课时，从脖颈里捏出个虱子，还炫耀说，我这儿有个小动物；有说，他好和小孩一起玩比赛，输了就到处去买梨。）这些大师，童心未泯，真有意思，不过，反倒是咱们越来越成熟，童心消弭了。话扯远了，言归正传。这段中除了白话，好像还用了些文言词语呢，试着找找。

生 10：（思考）“邻人轰饮作乐，咿唔诗章，喁喁细语”，就用了文言词语。（师：那“以及”后面呢？）“鼾声，喷嚏声，吮汤声，撕纸声，脱皮鞋声”用得尽是些口语。

师：声音真够琐碎扰人的。那这样表达有什么好处呢？

生 10：文白相间，雅俗共赏。

师：好极了。下一位同学。

生 11：“均随时由门窗户壁的隙处荡漾而来”，这个“荡漾”用得真好，就像是涟漪一样，一圈一圈地传过来。

师：那说明这个声音有什么特点？

生 11：声音不大，而且连绵不绝。

师：自习课上如果班里嗡嗡成一片，我们班长会有什么反应？（多数学生笑答：别吵了！）可是梁实秋呢？

生 11：他好像还挺享受这种声音哩。

师：《荷塘月色》中朱自清引用了《采莲赋》，首句“于是妖童媛女，荡舟心许”，你说，荡的只是舟吗？（众生笑答：还有人的心。）对，所以有“春心荡漾”一词嘛。（众生大笑。）再比如郁达夫《江南的冬景》有段“冬霖寒村”，说最好是在门前泊一只乌篷小船，你是让船儿静默不动，还是荡漾起来？（众生：荡漾起来。）为什么？（不少学生：这样显得悠闲。）梁实秋不就是这么悠闲地享受这些声音吗？我们刚才运用了什么法子来“煮”字？一是联系生活经验，二是联系阅读经验。请你再将“篦墙不固”到“破我岑寂”这部分再读一遍，注意读出情味来，好吗？

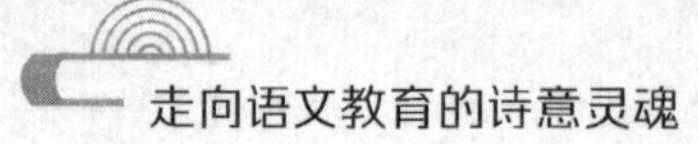


（生 11 再读。）

师：“荡漾”一词读得缓而不断，又有点小得意、小悠闲。不错。好，接下来，我们“煮”什么？

生 12：我“煮”“鼠子瞰灯”的“瞰”。

教师导问：“瞰”是什么意思？

生 12：从高处往下看。

教师再问：还有其他意思吗？

（有学生言：偷偷看。）

教师引导：请综合这两个意思，再解释“瞰”。

生 12：从高处偷偷地往下看。

教师：照正常的写法，从梁实秋的视角，应怎么写“鼠子”？

生 12：应仰看到“鼠子”在房架上，听到“鼠子”搬核桃的声音、烛台被推翻的声音、在帐顶上跑叫的声音、在门框桌椅上磨牙的声音。

师：但梁实秋却偏是从“鼠子”自身的视角来写的。让“鼠子”“喧宾夺主”，显得特有情趣，特和谐，真是物我合一啦。这就是想象，是虚写了。你能想象一下鼠子是如何“瞰”灯的吗？

生 12：（沉思片刻）天刚刚一擦黑儿，鼠子就倾巢而出，移师于房架上，小眼儿叽里咕噜地转，露着狡猾的表情——噢，核桃在那儿，哈哈，灯油还在……（众生大笑。）

师：偷灯油的小家伙，真机灵。（众生再笑。）大家说，我们又用了什么法子“煮”字？（众生应：想象。）有请下一位同学。

生 13：我觉得“聚蚊成雷”这四个字夸张得够劲儿。

师：说得没错。“‘聚蚊成雷’真有其事！”这四个字为什么加引号呢？为什么说是“真有其事”呢？

生 13：看来，是引用，是以前听过的。

师：那是什么意思呢？试着猜猜，如何？

生 14：声音很多，很有声势。

师：如果赋个比喻意，可能会是什么？

生 14：可能是议论声太多了，能把人给毁了。——差不多和“众口铄金”一样。

师：非常好。事实即是如此。那作者在这儿却偏用表面意，是不是显得特别幽默机智啊？这段还有一个地方，用法类似。请大家试着找找。

（学生自读，检索。）

生 15：是不是“相鼠有牙”啊。

师：说得没错。“相鼠有牙”这四个字，出自《诗经·国风》。原文有这样的句子：“相鼠有齿，人而无止！人而无止，不死何俟？”（板书。）“止”通假字，通“耻”。全句是什么意思啊？

生 15：老鼠都有牙齿，可是有人却无耻；人要是没了羞耻，不去死了，还等着干什么？

师：“相”是什么意思？（学生茫然。）就是“看”的意思。你觉得梁实秋这么用“相鼠有牙”，好不好？

生 15：好。梁实秋真是文学大师，信手拈来《诗经》，又自然妥帖，又新颖有趣，真是了不起。

师：“煮”字，真是有意思。好，再请一位同学。

生 16：“洋鬼子住到‘雅舍’里，不也是‘没有法子’？”我觉得“洋鬼子”这个用得好，很自然很轻松地就点出了抗日战争的时代背景。

师：你有一双慧眼啊。能具体说说吗？

生 16：文章后附着的补充材料中说了，这篇文章写于 1940 年的重庆。1939 年，梁实秋是随国民政府教育部迁到重庆北碚的，也就是“雅舍”所在地。

师：读文章要“知人论世”。文中似乎还有透露出时代背景的语句，能找到吗？

生 16：（思考良久）最后一句，“冬天一到，蚊子自然绝迹，明年夏天——谁知道我还是否住在‘雅舍’！”他颠沛流离，也说不准。

师：你揣摩到家了。梁实秋在北碚过得到底怎么样呢？在《梁实秋自传》里有这么两段文字，我读给大家听：

北碚不是重要的地方，但是经过好几次突袭。第一次突袭出于意外，机枪扫射伤了正在体育场上忙碌的郝更生先生。那时我正在新村的一小楼上了望，数着敌机编队共有几架，猛听得嗞嗞的几声划空而下，紧接着就是嘭嘭的几声响，原来是几颗燃烧弹落下了，没有造成什么损失，我在楼前还拾得几块炸弹残片。又有一次轰炸机北碚对岸黄桷树的复旦大学，当时何浩若先生正和复旦文学院长孙寒冰先生在室内下象棋，一声爆炸，何浩若钻到桌下，孙寒冰往屋外跑，才出门就被一块飞起的巨石砸死！①

---

① 梁实秋：《梁实秋自传》，江苏文艺出版社，1996 年，第 184 页。

同学们，这就是梁实秋先生戏称的“跑警报”。还有一段，不妨再读给大家听：

到达重庆之后，我先在临江门夫子庙一带巡视，看见街上有一列盖着草席的死尸，每人两只光脚都露在外面。在戴家巷二号坐了不久，警报又呜呜响，我们没有躲避，在客厅里坐以待弹。果然一声巨响屋角塌了下来，尘埃弥漫，我们不约而同的钻在一张大硬木桌底下。随后看见火光四起，乃相偕逃出门外，只见街上人潮汹涌，宪兵大声吼叫：“到江边去，到江边去！”我们不由自主的随着人潮前进，天已黑了下来，只有火光照耀，下陡坡看不见台阶，只好大家手牵着手摸索下坡，汗如雨下，狼狈之极。摸索到了海棠沙洲之上，时已午夜，山城高耸一片火海。竹筑的房屋烧得噼噼啪啪响，有如爆竹。①

同学们，邻人声音、鼠蚊的骚扰，我们无从忍受，本来是“苦”（板书：“苦”）可梁实秋偏偏化“苦”为“雅”（板书“雅”）！这是一种怎么磊落恬淡的胸襟啊。但是，话又说回来，他真的那么潇洒如斯文吗？20 世纪 80 年代，梁实秋写过一份遗嘱，最后有“一生劳劳”“不胜凄怆”之语，可见其一生内心多么凄苦。不知同学有没有发现，这段中有个“岑寂”一词。何谓“岑寂”？（众生：高而静。）“高”，好理解，下文说“地势较高”；而“静”呢，那可是一种清冷之静啊。此时的梁实秋与家人相隔千里之迢，数年不相见，虽有常有来客，但夜阑人静，情何以堪？梁实秋在《快乐》中说：“叔本华的哲学是：苦痛乃积极的实在的东西，幸福快乐乃消极的根本不存在的东西。所谓快乐幸福乃是解除苦痛之谓。”这“雅”里面可藏着个“苦”字啊。

（众生再齐读全段。）

师：面对苦难，有的人迎难而上，奋力抗争，绽放勇士的风采，比如毛泽东、鲁迅；有的人则沉思于苦，吟出动人的诗情哲思，比如史铁生。而梁实秋则属于另一类人，即达观超脱，淡而处之，承继着中国文人的儒雅风度，同时，又不时会流露出一个“苦”字，体现着生动的真实。

短短几百字，我们“煮”字，“煮”出了“雅”，也“煮”出了“苦”，更“煮”出了“精神”。《雅舍》还有其他 6 段，语文还有其他经典，你我还有精神的修炼……好，今天的课就到这儿。下课。

---

① 梁实秋：《梁实秋自传》，江苏文艺出版社，1996 年，第 185 页。

# 耐人寻味的“登高”文化

**【学习目标】**（1）提高对“登高”群诗的理解评价力、审美鉴赏力；（2）提高对“登高”现象思维的深刻性、独创性；（3）提高对“登高”文化评论的言语创造力；（4）增强继承和弘扬传统优秀文化的自觉力。（第3个目标是重点，第1、2个目标是基础，第4个目标是内核。）

**【课前基础】**已指导学生在自学了单元“学写文学短评”指导文字的基础之上，分别对本单元《短歌行》《归园田居（其一）》和《登高》三首诗进行“文学短评”微写作。学生对单首诗词的文学短评已有较好的认知和体验。

**【课前准备】**印发讲义。讲义分两部分内容：一是阅读“登高”诗文，如第三单元的《梦游天姥吟留别》《念奴娇·赤壁怀古》《永遇乐·京口北固亭怀古》《登高》，再加上已学过的《望岳》《登幽州台歌》《滕王阁诗》《九日齐山登高》《登黄鹤楼》；二是学习任务——“我心中的‘登高’”，对“登高”之因、之景、之情、之法进行整合分析，并对“登高”这一中华传统文化现象提出自己的独特发现。本部分内容需要学生至少一课时自读。

**【设计概述】**学生在对单诗（尤其是《登高》）进行文学短评的基础之上，能够通过整体阅读“登高”群诗，对“登高”这一文化现象，审美鉴赏，以古鉴今，有所发现，通过更高层面的“文学评论”言语实践活动，发展和提升学生的思维素养。课后印发王开岭《消逝的地平线》，供学生阅读学习，借鉴提升。

[支撑理念] 单元学习任务的设计，是一个容易忽视的课题。从课时教学到单元重构，是课堂落实核心素养的必经之路。教师应在积极的言语实践活动中，特别是相对复杂的综合情境里，通过学习任务的驱动，推进学生审美鉴赏力和思维水平的提升。

**【教学过程】**

## 《登高》是一首诗，引人漫溯

**【“回眸”导入】**（PPT再现）

**1. 杜甫《登高》为七律之冠。同学们在文学短评中尽展风采**

杜甫沉的是情，郁的是心，顿的是步伐，挫的是人生，但永远昂扬的，是他骨子里的浪漫与不变的风骨。——郑晨怡只是这样一段悲景，又有何人解？又有何人能解？大概只有更辽阔的秋景了。杜甫也明白，于是他与景同悲，反悔自己的悲景之悲。——徐誉天

《登高》诗，其实就是一首盛唐之丧歌。——李睿君

重阳佳节，一定不要忘记登高远眺，也许你正和一千两百多年前的诗圣看着同一片云霞。——王心妍

怎能不心疼这位穷困潦倒却一生想达到“致君尧舜上，再使风俗淳”的病弱老者呢？一千多年后的我们，纵然心里有百般怜惜，终是无从给予这位孤独的老者一份温暖、一声鼓励！——刘乙辰

**2.“文学短评”写法，引导学生概括**

板书：真理解　深感触　小口切　见解独

## “登高”是一群诗，耐人寻味

**【学习任务一】**“登高”诗文的阅读成果分享与交流。

**1. 项目**

因、景、情、法。

**2. 组织**

①四选一，先确定自己的项目；②按四个项目，学生分别举手表明自己的选择；③自由寻找选同一项目的伙伴；④交流课前阅读心得；⑤学生自荐展示，每个项目3分钟，教师择机引导，其他学生补充。附预设表1。

**表1　耐人寻味的“登高”**

| 项目 | 预设 |
| --- | --- |
| 因 | 重阳风俗；有种逢高即上、遇巍则攀的冲动；可放牧视野；能孜求彻悟；辞秋；抒怀酬志；思念远客；追念往事；心中有“高”，尊高，尚高，仰高…… |
| 景 | 秋高气爽；远阔；雄壮；疏旷；肃杀…… |
| 情 | 大自然的赞美；时光流逝的叹息；对远人的思念；别离之不舍；对家国的忧患…… |
| 法 | 用典；情景交融；虚实结合…… |

## “登高”是一个背影，令人沉思

**【学习任务二】**

**1.** 铺垫引导（PPT 再现）

王开岭在《消逝的地平线》中说：“把重阳节改成敬老节，是文明的粗暴，是生存美学的大损失。当沥青覆盖了旷野，当城市沦为蔽日峡谷，当石阶变成电梯，当丘山被逼得纷纷自杀，当天然之巍被夷为平地、化作砖头水泥，当世人和媒体眼中只剩下‘珠峰’……登高节，只剩下一个遥远的背景。”

**2.** 问题明确

以古鉴今，读古省己，你认为，与古人相比，关于“登高”，我们缺乏一种什么宝贵的品质？

**3.** 小组讨论，教师引导（3～4 人组）

预设：缺乏一种审美，一份安静，一气从容；缺乏一种浪漫和诗意；缺乏一种天人合一的追求和境界；缺乏一种精神的仪式感……

## “登高”是一种文化，促人创作

**【学习任务三】**

**1.** 微写作（PPT 呈现）

请结合你对“登高”群文阅读和交流的成果，抓住自己感触最深的地方，写一篇“文学短评”。题目自拟，字数至少 200 字。

**2.** 交流分享（投影展示，同伴点评）

**【结束语】**同学们，爱上“文学短评”吧。它既可让你“入乎其内”地解读、鉴赏文本，又可让你“出乎其外”地放飞情思，阐发新见。它馈赠给你的，是与你自身融通为一的精神素养！

**【课后作业】**认真阅读讲义（王开岭《消逝的地平线——纪念古代“登高”》），借鉴学习，修改自己的课堂短评。

# 秋雨，在心中下

## ——“想象和联想”专题作文课实录

### 一、姓名激趣，异样入题

师：看到我的姓，同学们会想到什么？

众生（接二连三问）：和那砸缸的司马光有什么关系吗？和写《史记》的司马迁有什么关系吗？和司马懿有关系吗？

师：其实，一毛钱关系也没有。人家是复姓，我是单姓。我是“司令”的“司”，是“司机”的“司”。（学生笑。）咱们班内有不少同学的名字就很有想头。比如“思渊”（全班看向该同学）。看到这个名字，我眼前出现了一幅画面：有丛林掩蔽深处，有一深潭，水面像一张极大的荷叶……进而，我想，这个同学应该是宁静而有内涵的，对不对？（不少同学笑，摇头。）

师：咱班还有叫“雨澜”的同学。看到这个名字，你眼前出现什么画面？

生1：浩渺的湖面上，雨正下得紧，风起了，波浪此起彼伏……

师：我猜这个同学，应该是宽容而有激情的，对吧？（大部分学生笑着点头。）同学们，我们刚才运用了什么方法进行思考的？

众生：联想和想象。

教师板书：联想和想象。示疑释疑，明确目标。

师：课前同学们预习后提出了不少问题。比如杨可欣、沈雨阳、孙易文等同学就问：老师，联想和想象有什么区别啊？谁来解释下。

生2：联想就是由一事物想到与之相关的另一事物。想象就是头脑中创造中未曾有过的新的形象。

教师板书：此——（相关）——彼；旧——（创造）——新。

师：有同学问，怎样才算是好的联想和想象呢？

生3：自然恰切，合情合理，有新意。（教师板书。）

师：好多同学提出一个焦点问题：怎么联想和想象？有同学非常坦率地问，怎么联想和想象，在考场作文中才能得高分？要解决这个问题，

有两个主要途径：一是读，跟着作者学联想和想象的方法；二是写，只有写，才会写，才能更好地联想和想象。

## 二、品赏阅读，生成方法

PPT：当田野上染上一层金黄，各种各样的果实摇着铃铛的时候，雨，似乎也像出嫁生了孩子的母亲，显得端庄而又沉思了。这时候，雨不大出门。田野上几乎总是金黄的太阳。也许，人们都忘记了雨。成熟的庄稼地等待收割，金灿灿的种子需要晒干，甚至红透了的山果也希望最后的晒甜。忽然，在一个夜晚，窗玻璃上发出了响声，那是雨，是使人静谧、使人怀想、使人动情的秋雨啊！天空是暗的，但雨却闪着光；田野是静的，但雨在倾诉着。顿时，你会产生一脉悠远的情思。也许，在人们劳累了一个春夏，在收获已经在大门口的时候，多么需要安静和沉思啊！雨变得更轻，也更深情了，水声在屋檐下，水花在窗玻璃上，会陪伴着你的夜梦。如果你怀着那种快乐感的话，那白天的秋雨也不会使人厌烦。你只会感到更高邈、深远，并让凄冷的雨滴，去纯净你的灵魂，而且一定会遥望到在一场秋雨后将出现一个更净美、开阔的大地。

教师配乐朗诵。

师：你最欣赏哪句话呢？作者是怎么样联想和想象的呢？

生 4：雨像母亲，端庄而沉静。运用了比拟修辞。

师：雨和母亲有什么相似点吗？

生 4：雨是秋收后的，母亲是生过孩子的。两者的气质相同。

师：看到秋雨，联想到母亲，因为两者关联。如果是看到夏雨，你会想到怎样的母亲？

生 5：当万物疯长、青春勃发的时候，雨，似乎像孩子正叛逆期的母亲，焦躁而又猛烈。（全班鼓掌，笑。）

师：你创造了一个新的夏雨形象。端庄而沉静的秋雨形象，也是作者新创造。这便是想象。你看，联想和想象，两者既有区别，但也会综合运用。

学生板书：运用修辞。

生 6：我喜欢“雨不大出门”这句。它运用了拟人手法，很新颖。

师：雨本是一种自然现象，无门可谈，但作者却把它想象成了一个产后的母亲。作者没有自身的情感投入，恐怕是想不到的。

学生板书：身心投入。

师：那夏雨呢？

生7：夏雨，就像甩门而去的猛汉子，出门就一声吼……

生8：我喜欢“忽然，在一个夜晚……是使人静谧、使人怀想、使人动情的秋雨啊！”因为“忽然”，就是有起伏变化。

生9：我也喜欢。我在想，为什么秋雨让人产生这些美好的感受呢？秋雨声音“沙沙沙”“淅淅沥沥”，能让人静下来，如果是“噼里啪啦”“唏里哗啦”的夏雨，就不会这样。（学生板书：创设情境。）

生10：我喜欢“雨在倾诉着”。用了拟人手法。

师：怎样才算是“倾诉”呢？比如，“我”遇到烦恼了，“我”来到你跟前，大声说“我很苦恼”，然后走人。这是不是倾诉？

生11：不是。倾诉，说话声音得轻点，慢点，说的时间还得长久点。

师：“倾诉”的雨，有什么特征？

生11：轻、慢、久。

师：概括得真好。但怎样才能抓住事物特征呢？

生12：要观察细致。

师：怎样才能观察细致呢？

生13：要热爱生活才行。

学生分别板书：抓住特征、观察细致、热爱生活。

生14：我喜欢最后一句。我觉得作者的联想和想象很大气。秋雨应该落到地上，或者人脸上身上，可作者却说“去纯净你的灵魂”，而且还遥望秋雨后的“更净美、开阔”的大地。感觉好深刻。

师：分析得很好。与作者比起来，我们欠缺什么呢？

生14：我们可能只是看到了秋雨，熟视无睹，或者只是引发点愁绪而已，我觉着我们平时生活不怎么用心，可能太浮躁了，太忙活了。

学生板书：静心思考。

师：同学们，秋雨具有细密、绵长、下得久等特点，作者是爱秋雨的。谁来试着用一句话来概括全段内容？

生15：我爱细密、绵长、下得久的秋雨。

师：课前有同学提出，想象和联想有什么好处啊？两者对比，你什么发现？

生15：原文内容更丰富，更形象生动，更能充分具体表现出作者的

观察和情感。

师：这是从作者表达的角度，那从我们读者的角度来看呢？

生 16：读起来，也可以引发我们的联想和想象。我心里也会出现一些画面，也会想关于秋雨的一些人和事。

师：你说得太棒了。联想和想象就是有如此神奇的魅力。同学们，我们跟着作者刘湛秋学到联想和想象的哪些办法呢？

学生齐读板书。

## 三、写作实践，分享探讨

师：凡有作文之处，必有联想和想象。下面，我们先欣赏两分钟的“秋雨”微视频，然后，请充分发挥联想和想象，为“自己心中”的秋雨写一段文字。

播放微视频，然后学生写作 12 分钟，同时循环播放 Chow Sensai 轻音乐《秋雨》。

师：我们先写到这儿。我们前后桌四人一组，分享交流，要推选出最好的作品来，朗诵下，然后说明推荐理由。

学生分小组交流讨论。约三分钟后自荐交流。

[小组 1]

组员 1 朗诵推荐的作品：“秋雨不同夏雨，她绵绵如丝，就像天上垂下的丝线，只要手一碰，就会断掉似的。她和春雨也很不同，春雨是暖的，有些调皮，机灵灵的，而秋雨则有些凉意，有些内敛，从容容的。秋天是瓜熟蒂落麦稻收割的季节，所以秋雨啊，似乎浸透着一丝一缕温馨醉人的香味。秋雨是金黄的，是被那成熟的稻谷、灿灿的银杏林映照的吧。一尘不染的她，不仅能冲洗大地表面的灰尘，还能冲净我们的心灵，使我们的灵魂得到升华。这就是秋雨。我真爱秋雨哪。”

组员 2 推荐理由：我们认为，这段文字抓住了秋雨的特点，还将秋雨写得有味道，有颜色，还能学以致用，纯净我们的心灵，很富有联想和想象力。

师：这位同学既有对比，又能观秋雨，触秋雨，还嗅秋雨，注意调动自己的感官，从不同角度展开联想和想象，非常棒！

[小组 2]

组员 1 朗诵推荐作品：“在凄清的冷夜，在孤寂的午后，一个人，一座城，听着雨打芭蕉的单调声音，心中无端生出些许忧伤、些许怅惘。我独自卧坐在窗台上，怀里捧着画本，手握着画笔，遥望窗外，想画下这秋雨。秋雨似乎是造物主演奏的轻音乐，不用放CD音乐，便能赏到这舒缓悠远的天籁。秋雨似乎是自然的橡皮，便能轻轻地洗去世间的尘埃，不用我睡一觉，就能涤尽我心中所有的烦恼。秋雨似乎是一首诗，你听，窗外，雨打芭蕉，簌簌作响，怎不会遥想，那个凄清的夜，李煜听着那芭蕉雨声，禁不住问：夜长人奈何？我迫切地想画下秋雨，但却不知，要怎么用画笔停留住这动人的秋雨。我只知道，秋雨在我脑海中，挥不去，又抹不掉。”（全班鼓掌。）

组员2推荐理由：这段文字如诗如画。秋雨是音乐，秋雨是橡皮，秋雨是诗，还想到古人，很新颖，很贴切。巧妙的是，还创设了画秋雨，却不知如何画的镜头，更是含蓄地表达出了对秋雨的爱。

师：写得好，说得也好。大家看，同样是爱秋雨，但不同的人，却有着不同的表达，毕竟联想和想象力不同。

[小组3]

组员1朗诵推荐作品：“秋雨，总是脉脉含情。它很少出门，但出门后总是不大回来。她是倾诉者，我们是倾听者。人们都说秋雨凄冷，可我发现，万物经秋雨的洗涤后更纯净和清亮了。秋雨端庄而温婉，既不倾盆瓢泼，也不会矫揉造作，最是江南的魂啊。我的秋雨！”

组员2推荐理由：这段文字模仿了作家刘湛秋的，有真情有创造，比如说秋雨是江南的魂，就很好。

师：这段文字，给我们一个很好的启示，那就是：模仿，对我们学习写作来说，太重要了。它使我们“傍”着作家，学到真功夫，然后不断注入自己的联想和想象，最终表达出自己的个性和情意来。不过，这段文字，与前边同学似乎也有所不同，是什么？

组员3：字数是不是有点少了？

师：没错。当然字数少不说明写得就不好。但我们还是听听这段文字的作者在写的过程中的感受。

组员3（笑）：这是我写的。我写时，说实话，脑海中出现的画面有些模糊，有的想不出更好的有关联的东西来，而且写的时候，心有些乱。

师：说得多好。同学们，请大家为他鼓鼓掌。（全班鼓掌。）看来，做生活的有心人，多观察，多思考，绝不是一句空话，对吧？

## 四、总结生成，推荐阅读

师：余光中有一散文名篇《听听那冷雨》，也写到秋雨，我们一起读一下。

（PPT：大陆上的秋天，无论是疏雨滴梧桐，或是骤雨打荷叶，听去总有一点凄凉，凄清，凄楚，于今在岛上回味，则在凄楚之外，再笼上一层凄迷了，饶你多少豪情侠气，怕也经不起三番五次的风吹雨打。一打少年听雨，红烛昏沉。再打中年听雨，客舟中江阔云低。三打白头听雨的僧庐下，这便是亡宋之痛，一颗敏感心灵的一生：楼上，江上，庙里，用冷冷的雨珠子串成。他曾在一场摧心折骨的鬼雨中迷失了自己。雨，该是一滴湿漓漓的灵魂，窗外在喊谁。）

学生齐读。

师：同学们，也许随着时光流逝，随着我们阅历的增多，我们才会不断读懂这段文字，但我们坚定一点，联想和想象让我们身处的世界和我们的内心更加丰盈，更有诗意。这节课我们聚焦秋雨，可以说秋雨不是下在地上，而是……

学生：下在心中。

教师板书：秋雨，在心中下。

师：最后，推荐大家阅读：郁达夫《故都的秋（节选）》、张爱玲《秋雨》、余光中《听听那冷雨》；杜甫《秋雨叹三首》、白居易《秋雨夜眠》。这些文字已整理在讲义上了，课后会印发给大家。好，下课。

# 《秋颂》教学设计

教学目标：（1）通过对语言文字的想象与欣赏，感受文境并知晓作者将感悟融入秋景的写法。（2）整体欣赏全文，深入领会作者欣赏的明澈淡泊的人生境界，明了借景说理的章法。

教学重点：想象欣赏秋景，知晓“写景＋感悟”式的写法特色。

教学难点：深入领会作者所欣赏的明澈淡泊的人生境界。

学情分析：刚上初中的学生，正处于形象思维阶段，抽象思维能力还很不足。《秋颂》借景说理，哲理深刻，所以教师需要结合文本，通过多样的教学活动，带领学生入乎秋景，悟得秋景中蕴含的哲思。

教学准备：学生预习作业（熟读课文，列出文章结构图）；教师图素准备

（枫树、树叶、落日等）

教学方法：据文组图、朗诵品赏、缘文创诗、以文解文、讲解归纳等。

教学过程：

## 一、诗歌导入，激趣引思

“远上寒山石径斜，白云生处有人家。停车坐爱枫林晚，霜叶红于二月花。”多么和谐美动人的深秋山林秋色图，多么强烈的惊喜！

“枯藤老树昏鸦，小桥流水人家，古道西风瘦马。夕阳西下，断肠人在天涯。”多么凄凉的游子深秋远行图，多么悲苦的离愁！

罗兰的《秋颂》也写秋景，非大喜也非大悲，那是什么呢？让我们一探究竟吧。

## 二、整体感知，初识章法

（1）请同学们自由朗诵全文。

（2）请同学们选用文中词句用句式说课文：《秋颂》，颂秋之（　　）。

［学生回答可能有两个方向：一是秋物——“枫树”“落日”“秋院”“闲云”“秋风”“秋水”“野鹤”；二是秋意——“明澈”“洒脱”“孤傲”“凄楚”“清寂”“纯净”“闲逸”“淡泊”。］

生成小结：有的同学认为《秋颂》颂的是秋物，有的同学认为颂的是秋意。我们不难发现，这篇文章在写秋物之后，都要阐明秋意。可见，这篇文章采用的大体结构是“写景＋说理”。

## 三、依文组图，体会秋意

（1）教师提供图素，学生两人一组，一位在屏幕上组合画面，一位根据课文描述画面。

［教师提供：枫树干、落日、枫叶、秋院］

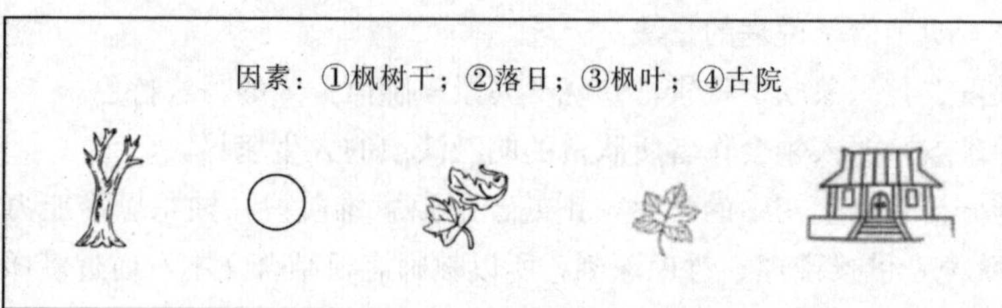


图1　教学图素

[点评学生作品围绕如下要点：少些枫叶，体现“萧疏”；体现“临风的飒爽”，既有挺拔的躯干，也可用几片飘落的枫叶体现；“静静掩住一园幽寂”，更具想象的艺术感。]

(2) 分角色朗诵第 3～5 段（女生读描景部分，男生读抒情议论部分），引导学生明确段落内部结构“描写＋感悟”。

生成小结：作者写景，不是作为一个旁观者，而是作为景中之人，把自己真切而深挚的感悟，融入这景中。我们读这些文字，不由自主地被作者笔下的秋景迷醉。秋景是“动人”的，是可视可感的，更是“耐人寻味”、可想可思的。

## 四、创组小诗，沉浸秋境

(1) 作者写秋之景物，还写了云、风、水、鹤，这些景物作者认为更加地“耐人寻味”。让我们尝试着选择课文中的相关语句，把它们组合成一首秋的小诗。

秋　颂

秋颂，颂的是那秋日的闲云
澹澹然、悠悠然，悄悄远离尘间。
……

[预设：秋颂，颂的是那纯净的风
爽利地轻轻掠过园林，不眷恋，不流连。

秋颂，颂的是那明澈的水
不忧心，不紧张，不执着。

秋颂，颂的是那野逸的鹤
淡如秋水，远如秋山。]

(2) 组织学生朗读集体创作的小诗，在朗读中、讲解中领会秋的淡泊明澈。

秋　颂

（女）秋颂，/颂的是那/秋日的闲云（——尾音拉长）

（男）澹澹然（……慢读）、悠悠然（……慢读），/悄悄（△△轻读）/轻远离尘间。

（女）秋颂，/颂的是那/纯净（▲▲重读）的风（——尾音拉长）

（男）爽利地轻轻掠过园林，/不眷恋，/不流连。（▽▽顿音，收得快）

（男）秋颂，/颂的是那/明澈（▲▲重读）的水（——尾音拉长）

（女）不忧心，/不紧张，/不执着。（▽▽顿音，收得快）

（男）秋颂，颂的是那野逸（▲▲重读）的鹤（——尾音拉长）

（女）淡如秋水，/远如秋山。（——尾音拉长）

## 五、以文解文，深悟主旨

过渡：同学们，在20世纪八九十年代，每晚夜深人静时，广播电台主持人罗兰，用她那温暖的话语，描绘着一幅幅自然美景，娓娓道出那背后的人生哲思。罗兰的话语如诗如画，含蓄隽永，睿智通达，随着电波，传遍海峡两岸，走进了多少人的心里。

（1）美美地赏景之中，作者总是自然而然地发表着她的思考，同学们看看文中很有思考性的语句里，有没有你觉得特别有深意的，请你圈画后读一读。

（2）着重赏析“他拥有一切，却并不想拥有任何”。请同学们在文中找到能解释这两个词语的词语或者句子。

［关于“一切”，学生的回答可能有“明澈”“秋眸”“秋一样的风神”“飒爽”“洒脱”“孤傲”“纯净”“一尘不染”“闲逸”“透彻”“淡泊”等］

［关于“任何”，学生的回答可能有“世俗繁华”“俗世的悲欢扰攘”“生死”“赞美”“宠爱”“功名”等］

小结：罗兰在颂秋，颂秋的明澈之美。但是，我们发现，无论是写秋树、秋林、秋日、秋院，还是写秋云、秋风、秋水、秋鹤，最终是为了思考那淡泊的人生哲理啊。因为明澈的秋之美，使淡泊的人生哲理更加形象而深刻；因为这淡泊的人生哲理，使得那明澈的秋美，更加动人，更加耐人寻味。这种手法就是“借景说理”。

（3）全班自由朗读最后两段，比较朗读文章最后一句。

［教师出示三种读法］

①“而只愿做一个闲闲的远远的可望而不可即的秋。”（中间不停，一气读完）；

②“而只愿做一个/闲闲的，/远远的，/可望而不可即的，/秋！”

（中间停顿，“秋”字重读）；

③“而只愿做一个/闲闲的（△△轻读），/远远的（△△轻读），/可望而不可即的，/秋。”（语速舒缓，“秋”字尾音拉长）

生成小结：通过对比朗诵我们发现，第③种方式最能够传达作者心中那淡泊的秋境一般的心境。传情达意的、给我们美感的，除了文字，还有标点，更有我们朗诵。

## 六、课堂小结，引发启思

同学们，罗兰借景说理以“颂秋”，给予我们审美和思想上的享受。你眼中的秋景，又是怎样的呢？秋景背后藏着什么哲理吗？如果你觉得罗兰的《秋颂》已写尽了你心中的话，那么，春呢，夏呢，或者冬呢？或者一片叶子，一只虫子，一处景呢？还记得《小王子》里那个狐狸的秘密吗？对，“我们用心才看清楚，用眼睛是看不见本质的东西的。”好，下课。

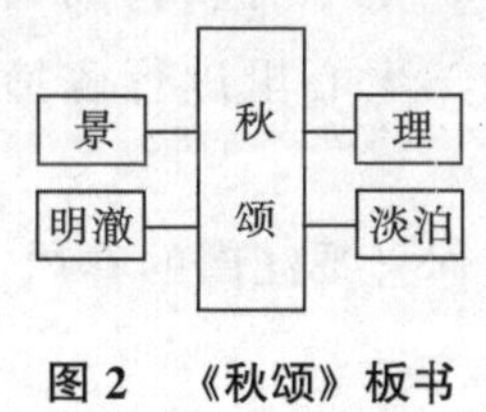


**图 2　《秋颂》板书**

# 不一样的春风

## ——朱自清《春》和林斤澜《春风》对比阅读课

**【教学目标】**

（1）本课志于通过朱自清《春》和林斤澜《春风》两文由浅入深的、多角度片段式的阅读对比，引导学生体味“不一样的春风”及其背后的美，从而提高学生鉴赏审美的兴趣和能力。

（2）通过对比品读方式，如分为“婉约派”和“豪放派”两小组、朗诵对比、品读写法和特征，引导学生深切体验和鉴赏“不一样的春风”“不一样的读”。

（3）在品鉴“不一样的春风”的基础上，通过朗诵对比、风物分析、添加风物想象、质疑品鉴等活动，引导学生体味两种文本中“不一样的物”。

（4）在“不一样的读”“不一样的春风”和“不一样的物”的基础上，通过文中人的活动对比，深入分析“不一样的人”，深刻领悟“不一样的灵魂”。

（5）在全面品鉴了诸多“不一样”之后，再引导学生溯源于“一样”，即因为有爱，才会有美，无论是大美，还是小美。

**【教学重难】**

重点：通过朗诵、品析、想象等阅读对比活动，引导学生体味“不一样的读”“不一样的春风”和“不一样的物”，并领悟这些“不一样”背后的“一样”，即“一样的爱”，因爱而美，从而提高学生文学审美的兴趣和能力。

难点：品味语言文字，引导触及文字背后的精神。

**【学情分析】**

本课授课对象是苏州的七年级学生，是在学习了朱自清的《春》之后的对比拓展课。学生对江南的春和春风，是熟悉的，有着比较丰富的感知，但对于西北的春风及其壮美，学生的感性了解是相对贫瘠浅薄的。林斤澜的《春风》文质兼美，是不可多得的对比审美材料。通过对比阅读，两种不一样的春风，在学生心里进行碰撞，这是语文教学创造的难得的好契机。

**【课前准备】**全班分组：你喜爱江南的春风，还是北国的春风？一组叫“婉约派”，一组名“豪放派”。

**【教学过程】**

## 一、不一样的春风，不一样的读

（1）朱自清的《春》春风段：

齐读：沾衣欲湿杏花雨，吹面不寒杨柳风。

生读：“吹面不寒杨柳风”，不错的，像母亲的手抚摸着你。……牛背上牧童的短笛，这时候也成天嘹亮地响着。

齐读：牧童归去横牛背，短笛无腔信口吹。

请同学点评应该怎么读？

指导：①慢点，柔和点，欣喜感；②看表情！有想象！身临其境！③体验式解读：角度——感觉、嗅觉、听觉、视觉；特征——温暖、温馨、温柔、清新、润湿、明快（明亮）、婉约、曛暖、和煦、和风习习……

（2）林斤澜有篇文章《春风》，我选了其中一段：

背阴的岩下，积雪不管立春、春分，只管冷森森的没有开化的意思。

是潭、是溪、是井台还是泉边，凡带水的地方，都坚持着冰块、冰砚、冰溜、冰碴……一夜之间，春风来了。忽然从塞外的苍苍草原，莽莽沙漠，滚滚而来。从关外扑过山头，漫过山梁，插山沟，灌山口，呜呜吹号，哄哄呼啸，飞沙走石，扑在窗户上，撒拉撒拉，扑在人脸上，如无数的针扎。①

全班齐读。读后分析：叠词“苍苍”“莽莽”“滚滚”的拖延音，读出宏大；动词要重读，辅以动作；短句，铿锵有力；象声词，要拟得像。

再齐读：教师先读（大风，音乐响起）——学生齐读。读后分析：这是写什么风的？（北风、冬风，似乎不是春风，但就是春风，是北国的春风。）

北国派或“豪放派”：写法——有铺垫，再动词，再象声；特征——凛冽、刺骨、烈烈、粗暴、摧枯拉朽、刚猛……

## 二、不一样的春风，不一样的物

（1）婉约派（朱自清《春》节选）

“吹面不寒杨柳风”，不错的，像母亲的手抚摸着你。风里带来些新翻的泥土的气息，混着青草味儿，还有各种花的香，都在微微润湿的空气里酝酿。鸟儿将巢安在繁花嫩叶当中，高兴起来了，呼朋引伴地卖弄清脆的喉咙，唱出宛转的曲子，跟轻风流水应和着。牛背上牧童的短笛，这时候也成天嘹亮地响着。

婉约派选用了什么事物（指出选写的事物）：泥土气息、青草味、花香、鸟巢、繁花嫩叶、流水……

再让你加点苏州的丰物，你觉得加什么好？——小桥、太湖假山石、乌篷船、春水、油纸伞、旗袍、绿茶……（具有小家碧玉、温润婉约的特点）

配乐朗诵。

（2）豪放派（林斤澜《春风》节选）

轰的一声，是哪里的河冰开裂吧。嘎的一声，是碗口大的病枝刮折了。有天夜间，我住的石头房子的木头架子，格拉拉格拉拉响起来，晃起来。仿佛冬眠惊醒，伸懒腰，动弹胳臂腿，浑身关节挨个儿格拉拉格拉拉地松动。

---

① 林斤澜：《春风》，出自林斤澜：《随心所选本》，中国文联出版公司，2003年，第4页。

麦苗在霜冻里返青了，山桃在积雪里鼓苞了。清早，着大靸鞋，穿老羊皮背心，使荆条背篓，背带冰碴的羊粪，绕山嘴，上山梁，爬高高的梯田，春风呼哧呼哧地，帮助呼哧呼哧的人们，把粪肥抛撒匀净。好不痛快人也。①

请豪放派读这两段。读后点评：①读石头房子，不能大声；②“好不痛快人也”，读出痛快。婉约派自然要“好不痛快人哉”。

指出选写的事物：河冰、石头房子、麦亩、山桃、大靸鞋、老羊皮背心、荆条背篓、冰碴的羊粪、山嘴、山梁、梯田……（大气、雄浑、本土）

质疑：穿得那么土，有“带冰碴的羊粪”，“把粪肥抛撒匀净”，太脏了，不美。怎么看？化丑为美。美在劳动，美的春风的通人性。

## 三、不一样的春风，不一样的人

北国的山民，喜欢力大无穷的好汉。到得喜欢得不行时，连捎带来的粗暴，也只觉得解气。要不，请想想，柳丝飘拂般的抚摸，细雨滋润般的体贴，又怎么过草原、走沙漠、扑山梁？又怎么踢打得开千里冰封和遍地赖着不走的霜雪？②

“豪放派”再读。分析：你是什么人？黄土高坡上的庄稼汉子。对劳动，对庄稼，情有独钟。力大无穷，豪放，不拘小节，坦率，真诚，直率，刚烈……

——坐着，躺着，打两个滚，踢几脚球，赛几趟跑，捉几回迷藏。

——傍晚时候，上灯了，一点点黄晕的光，烘托出一片安静而和平的夜。在乡下，小路上，石桥边，有撑起伞慢慢走着的人，地里还有工作的农民，披着蓑戴着笠。他们的房屋，稀稀疏疏的，在雨里静默着。

——天上风筝渐渐多了，地上孩子也多了。城里乡下，家家户户，老老小小，也赶趟儿似地，一个个都出来了。舒活舒活筋骨，抖擞抖擞精神，各做各的一份儿事去。

“婉约派”分析：你是什么样的人呢？（貌似没写，其实是你感受到的）文人，温文尔雅，江南式的。

---

① 林斤澜：《春风》，出自林斤澜：《随心所选本》，中国文联出版公司，2003 年，第 4 页。

② 林斤澜：《春风》，出自林斤澜：《随心所选本》，中国文联出版公司，2003 年，第 5 页。

## 四、不一样的春风，一样的爱

两派都从文中找找：江南的春风，好不好？（结合语境回答）

（1）“婉约派”：好。

“暮春三月，江南草长，杂花生树，群莺乱飞。”这样的名句是老窖名酒，是色香味俱全的。这四句里没有提到风，风原是看不见的，又无所不在的。江南的春风抚摸大地，像柳丝的飘拂。体贴万物，像细雨的滋润。这才草长，花开，莺飞……①

（2）“豪放派”：不好。

如果我回到江南，老是乍暖还寒，最难将息，老是牛角淡淡的阳光，牛尾蒙蒙的阴雨，整天好比穿着湿布衫，墙角落里发霉，长蘑菇，有死耗子味儿。②

“婉约派”，你们觉得北方的像什么，有什么味？学生说。

（3）作者：开始觉得不好，后来到了北方，下了乡，就觉出了好。作者看法是变化的。

（4）天下的美，有大美，也有小美，你可以爱沙漠戈壁黄土地，你也可以爱小桥流水人家，你可以爱馍馍煎饼卷大葱猪肉炖粉条子，你也可以爱用蟹八件垫敲劈叉剪夹剔盛慢慢品尝阳澄湖大闸蟹……所谓萝卜白菜，各有所爱。关键是有爱。有爱，才有美。

**【板书】**

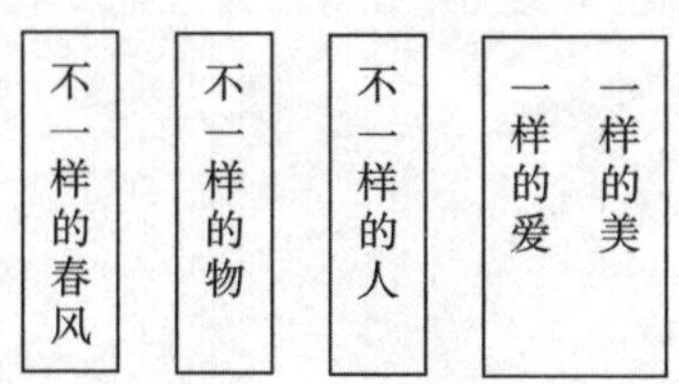


**图 3　本课板书**

**【课后作业】**品读林斤澜《春风》，对自己的喜欢的句子认真做好批注。

**【教学反思】**

教学设计确立的点小且巧，对比鲜明，引人入胜，效果不错。朱自清

---

①　林斤澜：《春风》，出自林斤澜：《随心所选本》，中国文联出版公司，2003 年，第 3 页。

②　林斤澜：《春风》，出自林斤澜：《随心所选本》，中国文联出版公司，2003 年，第 4 页。

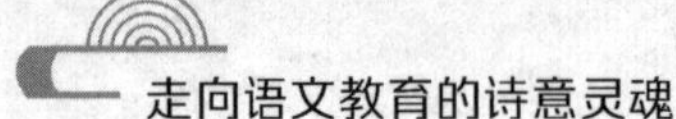


《春》和林斤澜《春风》，从“读”“物”“人”和“爱”四个角度，由浅入深，多种对比方法品读，又借助想象，引导学生深刻领悟“不一样的灵魂”。这样，又由大美和小美的诸多“不一样”，找到“一样”的“爱”上来。既符合文本阅读规律，也符合学生审美规律。

# | 第四部分 |

## 沉思如曲：痛痒苦甜，静水流深

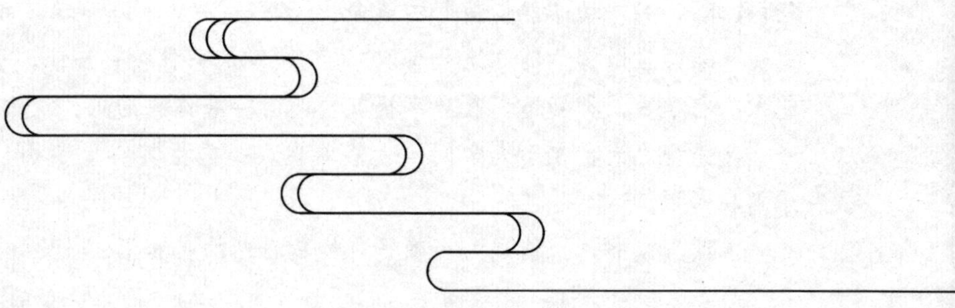

# 第一篇　优雅姿态见精神

## 导　读

• 教育对话，从训诫到聊天儿，在本质上是一种民主平等的人本教育理念的主动觉醒，以及这种理念的自觉行动。怀揣着教育的真爱，自然本真地“撩”，定然会聊出教育的一片天来。

• 有没有一种高分，不是悲壮地获取，而是幸福地生成，并蕴蓄着一种向前的自我精神和向上的成长力量，成为学生一生的滋养和美好的回忆？如果可以实现的话，那么，教师到底应以什么样的姿态什么样的途径去追求呢？我们整个教育到底能不能形成这样一种好气象：教师幸福地追求学生幸福而得的高分？

• 教育文化文体，是指学校文化构成的规格和模式，是学校发展积淀的文化产物，折射着学校的管理价值取向和文化内涵。期盼，从“絮语体”到“行政体”，有一场“静悄悄”的革命。

• 老师应做阅读的“惠”者。“惠”阅读是一种教育责任，也是一种创造艺术。有了责任和创造，教育幸福就会时时轻敲你我的心。

• 先生之大，在于大学问、大修养也。小先生其实也不小，蕴含着无穷乐趣和幸福。

• 默默读书，悄悄流泪，确是种纯粹自然的美和福。

# 教育对话：从训诫到聊天儿

训诫是中国传统教育中与孩子对话的显著特色，但今天越来越不适应发展需求；而聊天儿，有利于“人”的发现和尊重，有利于扶植谦和的教育姿态，有利于构建新型的教育关系，有利于使教育充满诗意。从训诫到聊天儿，在本质上是一种民主平等的人本教育理念的主动觉醒，以及这种理念的自觉行动。怀揣着教育的真爱，自然本真地“撩”，定然会聊出教育的一片天来。

## 一、在训诫中叹息

何为训诫？训诫就是用典式法则来教化告诫。训诫，维护着父父子子的伦理等级和师道尊严的权威，维系着中国传统教育家长特色盛久不衰。“叨陪鲤对”就是训诫教育的典范，语出《论语》：

> （孔子）尝独立，鲤趋而过庭。曰：“学诗乎?”对曰：“未也。”“不学诗，无以言（说话没有依据）。”鲤退而学诗。他日，又独立，鲤趋而过庭。曰：“学礼乎?”对曰：“未也。”“不学礼，无以立（立身没有准则）。”鲤退而学礼。①

诗以立言，礼以立身，不可不学。对自己的独根苗孔鲤，孔夫子甚是疼爱，但同时，又仗着自己满肚子的学问，明察秋毫，逮着鲤儿就说教，教诲起来语重心长严正严明，告诫起来掷地有声不厌其烦。孔鲤呢，一见老爸，则毕恭毕敬谦慎有加，连过院子都是“趋”着（即快步跑），一聆听父亲训诫，就当即“退而学”。只是孔鲤一生没出息，又死得早，枉费了老爸的诗礼之教和英名。不知这是为什么。

孔圣人训诫的功夫，后人不断发扬光大，巍巍乎如泰山，浩浩乎如沧海，时至今日，仍不见有些消停。比如父母难得与孩子坐下来说说话，但尊口一开，就是“最近学习怎么样啊”“考试了吗”“考了多少分啊”“要好好学啊”“你看人家谁谁”……好像“家长”二字，把“社会家”“学问家”“教育家”等诸“家”全囊括了一样，天然享用“训诫”的权利。你再看看孩子如何反应。一是爆炸型的：一听父母“学习乎”“考试乎”之类的话，就噌地站起

① 《论语·季氏》，出自杨伯峻译注：《论语译注》，中华书局，1980 年，第 178 页。

来，爆一声“你烦不烦啊你”，一甩袖，一转身，冲回自己的房间，门“咣”一声关上了；父母呢，呆愣良久，“长太息以掩涕兮”。你要是动武打他呢，一来孩子功夫好，逃得快，二来逼急了，孩子会出走或跳楼，风险高。岂不枉将你气杀也么哥？另一种是明哲保身的沉默型：一听父母要训话了，就训练有素似地低下头，还常用一脸的忏悔状和点头动作来配合父母，在父母很愉悦地享尽训诫的快感之后，感觉自由安全了，就依旧绽放出笑来，一切“涛声依旧”。这第二种在校园最常见。明目张胆抵触老师，学生大多不敢，可还得表露自己的“重新做人”的悔恨之意，面对怒不可遏的“恨铁不成钢”的老师，只好“钳口结舌”，并在沉默后呈上“我不对，我有罪”的上千字的检讨书。“一切为了学生”的严师，多数似乎不太懂得学生的沉默之道，仍是威严写满了脸，动辄喊来学生劈头盖脸就训。看到那么好看的脸，因气愤不已而有些扭曲变形，我既能掂出这位老师多么敬业爱生，又莫名地感到一种恐惧和不理解。

我们往往承认着却又“无视”着这样的需求和挑战：青春期的孩子叛逆心正盛，情感世界充满风暴，自我意识急剧膨胀，个性需求不断张扬；社会价值多元化了，社会竞争日趋激烈了；我们的教育目标不是培养好孩子“孔鲤”，而是要培养具有质疑和批判精神的全面发展的适应时代发展的新人。因此，我们惯用训诫，在越来越不好“管”的孩子面前，顽固地用话语霸权掩饰自身日渐暴露的无知和虚伪，竭力表白自身苍白的所谓尊严。于是，彼此之间兀然竖着一道“危乎高哉”的屏障来，彼此的心离得越来越远，而且，不仅严重失语的孩子们，越来越不买我们的账，甚至竟敢于挑衅我们的权威了，而且惯于训诫的我们，也在教育失落的阴影下唏嘘不已，倍感教育简直就是一种挥之不去的心痛了。

痛定思痛，我们不能不在深刻的自省中探寻能提升教育精神境界、提高教育效益的新型教育对话方式，而弱化训诫、享受聊天儿，笔者认为，就是这样一种好方式。

## 二、在聊天儿中提升

“聊天儿”何意？若解释为“谈天”，显得古板无味，释为“闲谈”，虽道明了“闲”的自由劲儿，但书卷气太浓；同时，又不同于“侃”，因为“侃”虽音容并茂，但疾风骤雨，絮聒不休，太霸道了。齐鲁人称“聊天儿”为“拉呱儿”，香茗瓜子，围炉漫话，形象生动，平实质朴，又洋溢着自得，妙。

最能抓住了它的神儿的，当数朱自清先生，他称之为“撩天儿”！这“撩”字，其意既有“撩拨”或“牵搭”到“四方八面去”，又有“捞取”，再配以儿化音“天儿”，轻轻松松，随随便便，风味十足，岂不胜“聊”字百倍千倍？——但既已约定俗成，就称“聊天儿”罢，但这儿化声是断不可丢的。

挚爱教育的人，必爱和孩子们聊天儿；聊天儿，必将收获厚重的教育启迪。

聊天儿，利于把孩子们作为“人”的发现和尊重。从训诫到聊天儿，表面上似乎不过是教育方式的改变罢了，但在本质上却是一种民主平等的人本教育理念的主动觉醒，以及这种理念的自觉行动。学生不是知识的容器，孩子不是家长的私有财产，他们有自己的独立人格和尊严感，有着成长的无限可能性。苏霍姆林斯基说：“孩子们所喜欢的是那种本人就喜欢孩子、离开孩子就不行，而且感到跟孩子交往是一种幸福快乐的人。”作为最常态的教育行为，聊天儿能使我们深入到孩子们的兴趣中去，和他们互相倾诉心肠，把他们视为朋友、志同道合者。

聊天儿，利于培养谦和的教育姿态。有位学生私下和我说，就是不愿上某老师的课，原因是这位老师上课总是一副救世主的面孔、一种万事通的表情，还有时冲学生发火，一看到他，学生就条件反射似地厌烦，一上课人的整个精气神一下子就蔫了。他的遭遇使我想起上高中时的那位地理老师来了。其实那位地理老师根本没教过高中，课本上的很多知识他也不懂，但他很谦虚，很真诚，很卖力。他主动向我们请教，和我们一起探讨。全班很爱戴他，地理没一个差的，最终创造了高考奇迹。你看，谦和，其实是种教育力。李希贵、魏书生、黄厚江的讲座我听过许多，完全是种拉家常的风格，亲切，平等，不摆谱，绝少说教的玩意，——他们平时一定和自己的学生也很聊得来。

聊天儿，利于构建新型的教育关系。聊天儿中，孩子们纯粹的笑、洋溢的青春活力、纯真而敏感的心，都将深深感染着你，甚至潜移默化地引领着你；聊天儿中，孩子们会教会你单靠自我努力无法企及的东西，这些东西，是你今后持续发展的滋养；聊天儿中，孩子们成长中出现的这样那样的问题，又为你提供了免费实践的机会；聊天儿中，一起享受着教育的幸福，——这种幸福那么真诚而纯粹，那么本真而热烈，它常擦拭去你心灵上的尘垢，不断温暖你的心；聊天儿中，你会不断触及教育最本质的东西，并促使你不断拷问自我和现实……对孩子们而言，他们也将在聊天儿中变得更积极更真诚，更充实更可爱，收获的将是书本上所没有的。一种理想的新型教育关系在聊天中得以确立，并不断用爱的幸福来巩固。

聊天儿，使教育充满美好的诗意。实现了从训诫到聊天儿的嬗变，必将使教育沟通舒畅，必将使真诚和信任成为沟通的基本原则，必将使教学相长的合作精神得以发扬，必将使教育充满无尽的期许，必将使教育根植于现实生活的土壤深处，必将光大教育的本质诗意，最终必将使教育和成长成为一种无上的享受。常登陆李镇西老师的博客，沉浸于那充满爱与智慧的文字。他像孩子一样和孩子们快乐地聊天儿做游戏，在我们觉得似乎微不足道的教育细节上，他却不断擦亮我们的眼睛。《青春期悄悄话》《爱心与教育》《走进心灵——民主教育手记》《教育是心灵的艺术》《风中芦苇在思索》等，他的每一部作品，几乎都是从聊天儿中来，又走向聊天儿。聊天儿，能聊出成长快乐精神充盈的孩子，能聊出一方真教育的天。

## 三、聊出一片天

朱自清在他那篇《撩天儿》中说，对说话，18 世纪还说“彼此启发”，19 世纪只说“消遣”，20 世纪更只说“哼哼”。你看，聊天儿说成“哼哼”，既干脆透彻，又轻松幽默，就像逢着去学习的熟人打招呼说：“喂，干啥去呢?”人家回应说：“玩去哩。”听，人家兴味独具啊。聊天儿，不要以为和教育一勾搭，就习惯性地绷起脸来，挂起神圣的表情来，其实就是“哼哼”着“玩”，关键要遵循自然天性并能真诚享用聊天儿过程。——但是，这“哼哼”可不是胡来，也讲究些技艺。且听我“哼哼”来。

第一，需要自然本真。聊天儿，求的就是无拘无束、轻松自在、不掺假、不唬人。可以来办公室或教室坐着谈，可以在校园路上走着或站着聊，或者到池鱼边蹲着说，也可以在周末 QQ 上图文并茂地聊；可单聊，也可群聊，春风细雨，天马行空，任君乐逍遥；想蹙眉就蹙，想咧嘴笑就咧，想瞋目就瞋目，想挠头就挠头，想喝茶就喝茶，想吃糖就吃糖，自然任性，有何不妥?聊什么?信手拈来，一切皆可入聊。聊学习和生活：考试的苦乐、作业的繁重、班内的新鲜事、熬夜苦读、上课犯困难抑、午饭什么菜最可口、有首歌听来荡气回肠……聊社会：NBA 季后赛风云、欧冠南非世界杯、乒乓苏州巡回赛、H1N1 流感、大学生就业、奥巴马……聊文章：《中青报》那篇“冰点”直砭时弊，《杂文选刊》有篇真是一针见血，《散文百家》有篇读来想哭，小陈的系列诗《有个女孩》，小超发表的那篇《出格》……你埋在心底的疑

惑、好奇、赞许和批评，尽可坦然地说来，“我能谈恋爱吗”“你对爱情是怎么理解的”“你对同性恋持什么看法”“我真是太崇拜你了”“我觉得你那事做得不对”“你最好这么做”……自由和安全，是教育的本义，与推卸教育责任的放纵和无为根本不是一回事。

第二，要怀揣着教育的真爱。和孩子们聊天儿，就“要用我们的力量、我们的思考、我们的明智、我们的信念和我们的情操”等“巨大的丰富的精神财富”（苏霍姆林斯基），去建立跟他们的友谊，就必须做他们的朋友，主动深入他们的精神世界，同忧同乐，志同道合，从而达到交往和谐的境界。如果“缺乏这种精神丰富性，友谊就会变成一种庸俗的亲昵关系”，之间的聊天儿也褪去教育的意义而庸俗化了。你是教育者，你潜意识里融着“教育”两个字，你自然会用睿智、幽默和愉悦，在某种程度上影响学生的情感和思想的前进方向。但是，我们也要提醒自我，要收敛自己的教育意图，遵循教育的规律，付出巨大的艰辛，正如苏霍姆林斯基所言：“任何一种教育现象，孩子在其中越少感觉到教育者的意图，它的教育效果就越大。我们把这条规律看成是教育技巧的核心，是能够找到通向孩子心灵之路的基础……”① 常读学生随笔，偶尔想起那本《傅雷家书》来，父子之间，既是闲话家常，更是心灵对话，期待与我的学生也臻于此境。

第三，要掌握些“撩”的技巧。捧着颗教育的真爱之心，“撩”得再自然本真，聊天儿真要变成“樯橹灰飞烟灭”的“谈笑”了。归结有三：一是要讲人话，讲孩子听得懂也爱听的话，讲源于生活的话；二是能幽默些，不枯燥；三是能煽情催思，三十六计皆可来。此非聊天儿精魂之处，还是一笔带过罢。

## 优雅地追求高分

我们的教育到底是培养怎样的学生？在今天的应试狂潮中，追求学生的高分，是否只能以野蛮压榨的教育异化的方式，以葬送学生的自我发展力和个性为代价？有没有一种高分，不是悲壮地获取，而是幸福地生成，并蕴蓄着一种向前的自我精神和向上的成长力量，成为学生一生的滋养和美好的回

---

① 蔡汀、王义高、祖晶主编：《苏霍姆林斯基选集（五卷本）：第 4 卷》，教育科学出版社，2001 年，第 19～20 页。

忆呢？这种高分，究竟是不是一种天方夜谭呢？如果可以实现的话，那么，教师到底应以什么样的姿态什么样的途径去追求呢？我们整个教育到底能不能形成这样一种好气象：教师幸福地追求学生幸福而得的高分？

到底是谁剥夺了教师的幸福呢？教师的幸福指数低，抱怨、责骂与失望、绝望铺天盖地而来，抱怨应试制度，责骂管理者的枉为和无能，失望于待遇的低下，绝望于教育的渺茫前途，发出被折磨的痛苦的呻吟声。这些声音不断地刺激着我们本就疲惫的神经。做教师累，真累，不得不累，做教师苦，真苦，不得不苦，可总不能苦海无边累海无涯吧？应试环境，我们改变不了；评价机制，我们改变不了；工资待遇，我们也难以改变……但我们教师有追求职业幸福的权利和主动性，我们得自己拯救自己。很少有人愿沉沦于悲观而不自拔，静心思之，我们其实很清楚，我们不要也不能永做失意的宠儿，我们得变。大环境大制度，我们无能为也，但是，我们可以改变我们自己啊。幸福在我们自己的手里，谁也难以最终从这儿夺走！也只有我们自个儿才能真正赐予自己幸福！

到底我们追求怎样的幸福呢？我们渴望钱袋子鼓鼓的，我们渴望告别贫寒，我们渴望社会地位的更大提升……我们很渴望自己教的学生都得高分。其实有一部分教师，扮演着应试狂潮的弄潮儿，激情澎湃轰轰烈烈地忘我地执着地“死囚”学生，根本无视学生精神需求和成长，他死盯着高分并乐此不疲，因为高分可以换取名利。我们敬佩这种“幸福”的老师，但是同时，也鄙视之。这种教师成就越大，贻害越大；他的蜡烛般的燃烧精神，焚坏了学生。当然我们也时常扮演这种角色，并在与分数的博弈中同样渴望满足自己的虚荣心，可我们时常反省、自责，甚至拷问自己的良心和作为教师的良知。我们憎恶现状，我们希望能踏踏实实地踏上一条幸福光明之征途。但是当我们想要披荆斩棘时，路在哪儿呢？我们可以从琴棋书画、影视歌曲等个人爱好中觅得乐趣，但是，我们是教师，最大的幸福应源于一种精神的不断丰腴成长，而这种成长一定是源于自己的学生。苏霍姆林斯基说：“没有丰满的内在精神世界，没有劳动和创造的欢乐，没有个人的尊严感、荣誉感和自豪感，就不可能有幸福。”① 要幸福就要有种精神的追求和快感。提及的苏霍姆林斯基在33年的教育生涯中充满了紧张的探求和思考，他总是激情饱满地探索造就全面发展的人才的事业。我们读《帕夫雷什中学》，很轻易就能感触

---

① 蔡汀、王义高、祖晶主编：《苏霍姆林斯基选集（五卷本）：第4卷》，教育科学出版社，2001年，第12～13页。

到那种对教育的痴醉、睿智，以至心尖幸福得都要发颤呢。对此，我们神往不已。我们不难得出这样的启示：教育本应富有伟大的精神魅力和道德力量，必须满足学生的精神需要，提升他们的精神力量，如此，一个真正幸福的、真正能配得上“教师”称谓的人方诞生。

我们所追求的幸福绝不能限于教师自我的感觉良好，而应充分体现在对学生精神世界的积极影响上，也应不可回避地体现在取得高分上。武断地全盘否定应试，是不明智的，而应走一条鱼与熊掌兼得的中庸之道。影片《春风化雨》（*Dead Poets Society*）中的基廷先生，在孩子们的心中播撒了真爱与个性的种子，当这些种子破土狂长时，基廷先生却离开了学校。他离开时的背影告诉我们：教育理想主义者要用双脚站在现实土壤上，更聪明地思考和行动。若是学生因真正幸福的教师的教育价值光辉的照耀和深刻的生命关怀，从而对知识深深倾注了理性、道德和审美情感，并最终收获高分时，我坚信，这种高分是稳固的，这种高分蕴含着不可思议的无限成长的潜能。高分，似乎也并不能仅仅是横向的对比，恐怕更应偏重于自我的纵向进步；高分除了分数，是否还理应包括其他方面的长足进步呢？苏霍姆林斯基说得好：“最主要的是，要在每个孩子身上发现他最强的一面，找出他作为个人发展根源的‘机灵点’，做到使孩子在他能够最充分地显示和发挥他天赋素质的事情上达到在他的年龄可能达到的卓著成绩。”① 因此，我们在“精神生活背景”上追求高分，师生因爱皆幸福！我们和学生都需要这种醉人的幸福，这种感觉会渗入我们的灵魂，成为我们的信仰和习惯，荣耀和金钱自然随之而来，锦上添花。

我们自己悟出了一条真正光明的路，路上荆棘密布，充斥着苦恼、不解、失望、孤寂，但是，我们要靠自己，最终要靠自己的人格魅力和学识素养。踏上这条路，其实也就是选择了一条教师自我成长的康庄大道。

学生幸福地获取高分，我们教师也幸福地发展，同融共进，何其美哉！

教师幸福地追求学生幸福而得的高分，当是一种职业境界、一种人生境界！

——适彼乐土，爰得其所；乐土乐土，谁之永号？

---

① 蔡汀、王义高、祖晶主编：《苏霍姆林斯基选集（五卷本）：第4卷》，教育科学出版社，2001年，第18页。

# 教育文化的“絮语体”与“行政体”

我所说的教育文化文体，是学校文化构成的规格和模式，是学校发展积淀的文化产物，折射着学校的管理价值取向和文化内涵，主要有“絮语体”和“行政体”两种。

絮语体，是散文说法，又叫闲聊散文。“闲”，即闲适，闲话，冲淡平和，讲究性灵情趣；“聊”，即絮语，会朋友，谈家常，态度亲切，娓娓道来，不端架子，不强说愁，没有旺盛肝火，没有怒目金刚。兴之所至，思接千载，随心所欲，发散琐碎。絮语，无意于追求博大深邃的思想，却常波动着智慧的涟漪。絮语，也无意于追求和谐民主、自由审美，却自有平实朴素的美妙启悟在。絮语，也无意于追求一种教育的企图，却有一种回味悠长的滋味在，因为她是那么真实又真诚，她是心与心的倾诉和对话。

与之相应的，或许我们可以称之为“行政体”。如果说絮语体是偏向柔软的，那么行政体则是偏硬的。偏硬的是底线、原则、规则、制度教育，这是教育的根基所在。没有这一部分，校无以成校，学生难以自立成人。但如果行政体过盛，就会逼仄师生发展空间，就会助长学校官僚气，就会颐养一种唯上的坏风气。如果没有行政体为堤，絮语体就会出轨变乱。这两种文体，相互支撑，相互补益，相得益彰，共同推进教育文化的持续发展。

行政体和絮语体有种辩证关系。从时间上看，创始阶段，要务是立章建制、推选规矩、奖惩分明，并使其成为学校持续发展的文化先河，所以，行政体当为主。但此时如果行政体唱独角，不积极扶持和培训絮语文化，老师自动自觉的觉悟就会被束缚，就会愈感压抑被动，幸福感就会越来越被严重挫伤。于是，行政力量便不得不增强。可怕的是，另一种学校管理的毒瘤——官僚文化，潜滋暗长，慢慢吞噬掉学校民主自由和真善美之基。本来相互推进的两种文体，成为对头，其间的矛盾不断激化。学校管理不因势“换档”，对其未来发展的深层深远的负影响将非常大。随着第一阶段规则和制度文化的逐渐确立，行政体就应渐现渐隐，絮语体要唱起主角来，最终，絮语体当成为学校教育的一种新常态，一种现代的学校管理体系也就此构建而成，一种最贴近教育本质、最能唤醒和激发人之潜能、最具教育影响力和可持续发展力的教育文化就此在校园中激荡。那是一种令人无限向往和流连

的教育精神家园。

然而，从现实来看，太多的学校卡在第一阶段无法突破，或者无意突破。整个教育体制和教育者观念，是行政体的，甚至呈现诸多根深蒂固的官僚化。若谈去行政化，说起来好听，其实寸步难行。但有些事，还是可以做做。可以彼此聊读书，聊学生，聊课堂，聊心得，聊困惑，聊得自由自在，聊得推心置腹，聊得醍醐灌顶，聊得流连忘返。就是教研活动，就是这会那议，我看，把那种一本正经哼哼哈哈居高临下的调调，老老实实地放下，多说说真话，说说体己话，说说有感染力的话，该多好。

絮语体，是种好玩的对话体，好玩才有好教育。它，没有刺鼻的官味，没有肉麻的吹与捧，没有冷硬的话语霸权，没有无聊的说教。它孕育着生动的校园文化、体己的诗意的教育生活，以及智慧教育的幸福。

我期盼，一场“静悄悄”的革命，起码能够先在“局部”发生。

# 做一个“hui”阅读的老师

## 一、“hui”阅读的三种解读

“hui”阅读，我认为有三种解读：“会”是方法和技能层面，“慧”既指有才智，也指一种精神和状态，指向内在，“会”和“慧”都属个体层面；“惠”则是在“会”和“慧”的基础之上，由个体内在转向人与人的关系，属于意义和价值范畴，是哲学层面。

大部分老师当然“会”阅读，但“会”阅读未必就自然完整地过渡为“慧”的精神层面。“会”阅读，不是依然不自觉地把自己的头脑堕变成别人思想的跑马场了吗？不是依然变异为“被阅读”，成了一种自我标榜或心灵安慰了吗？不是依然把阅读变成了湮没个性的泥淖了吗？没有一种真诚的内在阅读需求，没有一种啃读经典的精神，没有一种自我言语表达的个性，就不可能拥有“慧”阅读的状态。老师的阅读，首先是作为人的发展需求，同时内含着教育的责任，既是超利的，也是功利的。这就是“惠”阅读。

然而，一个“慧”阅读的老师，并不必然地就“惠”阅读，并不必然地对他的教育生活产生有积极意义的影响。我想，现实中可能基本造就三种类型：第一种是阅读自足型，无意于通过阅读改变自己的教育行走姿势，仅满足于“自娱自乐”；第二种是阅读分裂型，读着很美的东西，面对着骨感的现实哀怨不已；第三种是读作自在型，即老师阅读本质力量的对象化，内在的思想精神在教育现实中能够不断“兑现”，哪怕是多么艰难。当然，我们并不能无视现实对阅读的巨大反作用。“惠”阅读，不仅是老师推进学生读几本书，或者喜爱上读书，恐怕更多的是提升阅读的能动性，让冰冷坚硬的物质变得温暖而柔和，让校园的景象化为有个性摇曳的风景，让现实与学生产生某种深刻的内在联系，让教育散发出浪漫的理想色彩，从而构建教育的“惠”文化。老师应做阅读的“惠”者。从这个意义上说，老师阅读，不是简单的个人私事。

## 二、“慧”阅读的三种追求

### 1. 一种精神——寂寞中放歌

今天，信息充塞着生活，生活肆虐忙碌的病毒，忙碌制造着喧嚣，但我们越发感到雾霾般的迷茫和黑暗般的孤独。我们还能唱出真正属于自己的美妙的寂寞歌声吗？生命应具有褪去虚荣、虚假和虚华的能力，不然又怎么能走向自我的本真和完满呢？

某个阶段，我工作身心俱苦，只好向老乡陶继新老师倾诉遭遇，并寻求办法。陶老师很快就给我回信，对我说：“要是自己觉得没有价值的事，就力争不去干。比如，我曾经向山东省教育厅齐涛厅长写过辞职信，几乎不参与山东教育社的宴会招待，也为此让一些人不愉快。可是，我不管，我由此争取了一些读书与写作的时间。所以，失去一些东西，也得到了一些东西。人的生命就那么些，如果不去尽可能地做一些有益的事情，就可能浪费掉再也回不来的时间与生命。那么，你应当如何办呢？我觉得，一要让自己活得有尊严，有人格；二要有文化，有品位。与之相悖的东西，尽可能地舍弃。其他人的感觉不重要，重要的是自己的感觉；表面的‘荣华’不重要，关键是自己内心的充实。”

2013 年暑期参加北京举行的“语文名师成长大讲堂”，遇到陶老师。你不会相信他已是 64 岁的人了。他比魏书生高而胖些，清脱文雅，风趣可亲。他主讲“读书与老师生命成长”，引经据典，纵横古今，视界恢宏，幽默深切，引人入胜而无稿在手。老师说从 49 岁时开始背书，每天一般不间断，64 岁开始背《大学》《中庸》。清晨，先生在背书。默默留存这剪影，怀揣上前年的信，上路。

尤其在今天，走进书里，与别人对话，与自己对话，很幸福，也真的很难。

**2. 慧阅读：一种姿态——经典，要慢慢啃读**

"如今人们对着手机屏幕的浅阅读盛行，真正对经典以'啃读'进行的有效阅读，却日益式微。"民进中央副主席、全国政协委员朱永新如是说。读书，读经典书，今天，太需要静下心来，慢慢读，细揣摩，正着读，歪着读，对着读，联系着读，投入地读，切己地读，温火煮读，慢火烹读，读得宽，读得薄，读得透，读得深，读得明亮，读出世界，读出自己。

真正的阅读，要以内心不断丰富的获得为准，而不是简单的量的累加，也不是微博微信上的浏览。正如作家王蒙所说："长期使用这种高度舒适化、便捷化、海量化的手段来获取信息，用网络浏览代替阅读和思考，人类就会变成白痴。"这应是当下老师阅读不得不警惕的倾向。

"慧"阅读，就要像孔子学琴那样，这其实揭示的是一种慢的生活姿态，是对本色生活的一种回归，是对不断飞转的生活节奏的一种抗争。慢阅读，慢书房，慢生活，就是一种"慧"生活。

**3. 慧阅读：一种目标——创造自己的作品**

"慧"阅读，是基于教育意义的"惠"阅读的坚实基础，是老师教育可持续发展的文化资本。它既是文化的接受和吸纳，也是构建和创造。"慧"阅读，排斥"被思考""被体验"和"被表达"，倡行的是源自心灵、主动构建和积极表达。只是读或说别人的话和故事，不能化为自己的表达，只是信息传播、自嵌花边、自戴花冠、扮高深神圣唬人。虽出其口，虽出其笔，但并非自己的，就像学生写作文，引用的不少，就没几句是自己的。言语表达系统，固然有其相应的范式，但从根本上讲，表达应是充满独特的生命气息，是排斥统一性的。众口一词的表达背后，透露出的恰恰是阅读生命的苍白和滑稽，也就是"慧"阅读的缺位。

一是思考。读书有风险，思考是救纤。要思，非得问，要有意义追问的意识，始终对问题和现象背后的意义保持浓厚的兴趣和强烈探究的冲动。读书，是在别人思想的帮助下，建立起自己的思想。

二是和合。你正阅读的，与你手头正做的、心头所想的、口头所说的、笔头所写的，是一体的，过的是一种和谐的研究的，而非分裂的两面的教育生活。这样，就能将阅读体系化和生命化，更好地将阅读和自己的内在生命产生深刻的生命关系，把外在信息纳入自己的语言系统，自然流转吐纳，真气收放自如，就如金庸笔下的段誉最终使用“六脉神剑”一样。

三是转化。把阅读的生成，自觉地从教育的视角联系和解读，从而转化为自己的教育体验和沉思。要化，就要有种教育情怀，如教育朝圣者行走。把阅读和生活慢慢升华为一盏氤氲的碧螺春，不知不觉中，向教育最深处漫溯。

四是表现。“慧”阅读是对自我言语生命的冲动的唤醒、呵护、诱导，对言语生命主体性的培养，否则，就如余秋雨所说：“不被表述的灵魂无法不断地获得重组。”而写作，则应是今天老师教育行走的重要方式，是老师职业生命精彩的“内功”。

## 三、“惠”阅读：让幸福轻敲你我的心

我们老师的阅读，到底能给学生的学习、生活、思维和精神，带来什么？除了分数。

“惠”阅读是一种教育责任。校园里的树，在学生眼里只是一棵树，仅看到枝繁叶茂、高大等直观表征；校园里的校训石，在学生眼里只是一块石头，光滑滑的，上刻红字的校训，仅此而已；校园内人和物、人与人，仅是使用和被使用的功利关系，不能用文学方式超越生物性，总是隔膜共存；课堂，没有温情和想象，不能使学生课堂上发生一种深刻而积极的生命联系；教育总是围绕着“应试”和“应世”，不能终极指向人的精神世界……那么，作为老师的阅读，从教育责任的层面上来讲，又能有多少积极的教育价值呢？苏霍姆林斯基认为：“要进行教育，首先是要关切地、深思熟虑地、谨慎小心地触及年轻人的心灵。为了掌握这一门艺术，就应当多读书和多思考。”①

“惠”阅读是一种创造艺术。它需要通过精神感召和活动影响，不断推动学生对身处的客观生活，投注想象、温情、精神和自由。它能动地改变着教育行为，并且它已经突破学科课程范畴，面对着教育的全部生活。作为“惠”者的老师，则成为实际意义上的学校文化的构建者和责任者，而不是冷漠者、旁观者和无为者。

有了责任和创造，教育幸福就会时时轻敲你我的心。

---

① 苏霍姆林斯基：《给教师的一百条建议》，天津人民出版社，1981 年，第 103 页。

# 从“大先生”到“小先生”

好些挺素净挺纯洁的词语，已被今天这个娱乐大酱缸给调戏得不成样子。但还好，“先生”一词，还保存着那份厚重修养和真诚敬意，还散发着一种温暖，称来亲近而大气。“先生”，还在。

称鲁迅，必缀以“先生”二字。这是多少年来中国人的文化习惯。阿累在《一面》中，对鲁迅，是无限深情地称为“先生”。称鲁迅，还当在“先生”前加个“大”字——“大先生”。学者陈丹青就称鲁迅为“大先生”。他著有《笑谈大先生》一书，讲大先生的生活琐事和好玩性情。因见其亲近平易，虽琐小，但见其大。毛泽东则以其诗人大情怀和大视界，推崇先生几近于神——“最伟大和最英勇的旗手”“中国文化革命的主将”“伟大的文学家（思想家、革命家）”“骨头是最硬的，没有丝毫的奴颜和媚骨”“最宝贵的性格”“最正确、最勇敢、最忠实、最热忱的空前的民族英雄”。先生之大，峨峨兮洋洋哉。

鲁迅大先生，是民国大先生群体中之大员。梁启超、刘文典、沈从文、闻一多、启功、辜鸿铭、章太炎、王国维、黄侃、吴宓、钱玄同、金岳霖……这些响当当的民国大先生们，在那个波澜壮阔的时代，在南渡北归的颠沛中，以怎样的人格魅力和学术修养，以怎样的不朽建树，深深吸引着、震撼着后人呢？神往不已，唯叹其大。又因其大，便自然又是我和学生共同的先生。有次，班内偶然看到一同学埋头读本我似曾相识的书。一看，竟是《民国范儿》，再一翻，竟是以前送给某同学的生日礼物。于是，与学生相视一笑。读先生轶事，看先生文章，聊先生之行，先生便成为心头一座座精神的雕塑。

先生之大，在于大学问、大修养也。先生之大，当高山仰止。

要配称得上“大先生”，太难矣，更多的，还是“先生”。

读钱理群教授的《我的精神自传》，他称自己的父亲为“天鹤先生”，我心里不禁一动，有些羡慕。我不能称我父亲为先生，因为他连小学也没毕业。我小的时候，母亲似乎倒是称父亲为“我家先生”，可能这么称谓觉得比较体面吧。那时称先生的，还有大夫。谁有个头痛脑热的，就去“看先生”。依稀记得，我曾在一个黑漆漆的晚上，战战兢兢地捏着手电筒，历险般逃去叫先生，因为家里有人病了。我模糊的记忆中，村儿小学里好像还有类似私塾的设置，私塾先生要挨家被伺候的。伺候先生的人家，家里再不济，也起码弄点老白干酒，炒碟花生米，炖点白菜豆腐什么的。算命的和算账的，似乎也都叫先生。我母亲当年曾是大队里算账的，但没人称她先生。

不过，“先生”并非就是男性的专利，女性也同样适用。2002 年 9 月，在北师大跟着导师张罗陈香梅教育理念与实践国际研讨会，在逸夫楼会厅，有人发言，称陈香梅女士为“先生”，我愕然，同我愕然的还有近旁的几人。后来一查，方知自己学识竟如此浅陋。当时博导王炳照先生也与会，可惜 2009 年去世了。作家魏巍在那篇选入初中教材的散文《我的老师》的开头就说：“最使我难忘的，是我小学时候的女教师蔡芸芝先生。”教诲于我，可称其为“我的先生”的，颇有几位。想起先生们的音容笑貌来，心里总感到许多温暖亮敞。

我有幸做我一届又一届学生们的先生，竟已近整整二十年了。我教过的学生，有称我为老师的，有称小强的，有称强哥的，但我希望能做他们的先生，且不辱没这个称谓，就像我的老师给我留下的先生印象一样。

先生虽称不上大，却恪守良知，惠泽于人，受人敬重爱戴。

现在有个时鲜词语，叫“逆生长”。我目前似乎正越来越倒着长了，——不想做大先生、中先生，朝着小先生有滋有味地进发了。要做小先生，就不能摆老师的正经架子，不能要师道尊严的谱儿，要和学生心心相印，萌在一起，打成一片。陶行知先生倡导做小先生，著名特级教师于永正先生说把自己教成孩子，李镇西先生也爱没大没小地和他的学生疯玩……所以，我觉得小先生其实真不小，是蕴含着无穷乐趣和幸福呢。

先生，淘洗了几千年的称谓，浸透着大修为，烛照着前方路。

“云山苍苍，江水泱泱，先生之风，山高水长。”范仲淹先生如是说。

## 默默读书，悄悄流泪

早读前，是同学边交交作业、边拉拉呱的醒觉时光。刚进门，就听有人说，昨晚的“李将军”（指作业）完了吗？有人应道，的确完了。又听吴为低低地说，昨晚看到那儿，我都落泪了。好像有点炫耀，又像有点难为情。闻者莫不诧异。吴为淡淡地说，他引刀自刭那儿。对“李将军”，我不知读了多

少遍教了多少回，心动过，叫过好，但还从未为之落过泪。

今天，你我还能想象这样的画面吗？——夜阑人静时，一盏台灯下，一个男孩展卷，掩卷，舒眉，蹙眉，冥然，兀然，竟至于悄然涕下。这么美妙的画面，恐怕你我很少也很难去憧憬吧？燥气弥漫，利欲焚心，阅读就像吃泡面一样，你我还有阅读流泪的能力吗？与之相比，煽情剧会赚足你我的泪，那种感动的叩击，劲道就太薄弱了，姿势就太滑稽了。这种泪，落了就落了，一扭脸就能笑；但这泪不这样，它是从心窝里经过了九曲十八弯，一点一点，渗聚出来的，融着纯纯正正的滋滋味味。读书，或流泪或笑，只要以生命拥抱生命，这比再高的高分都高尚！这种越来越稀少的体验必将沉淀入体验者的灵魂。

希望吴为的哭，能烛照出你我阅读姿态的阴影，刺痛你我阅读板结的心肠，打通你我近乎闭塞的阅读泪腺。

当然，我不是蛊惑大家看书就得哭，像泪做的种——黛玉——那样。但是话又说回来，黛玉那种生命化的阅读方式，却像吴为同学一样震撼人心，是值得效仿的。《红楼梦》第二十三回，黛玉听到有人唱“原来姹紫嫣红开遍，似这般都付与断井颓垣”，十分感慨缠绵。又听到：“良辰美景奈何天，赏心乐事谁家院”时，“不觉点头自叹”，略得其中趣味。再听“则为你如花美眷似水流年”，便不觉心动神摇。继听“你在幽闺自怜”等句，“亦发如酸醉如痴，站立不住，便一蹲身坐在一块山子石上，细嚼‘如花美眷，似水流年’八个字的滋味”。忽又想起“水流花谢两无情”之句，词中又有“流水落花春去也，天上人间”，又刚读了《西厢记》“花落水流红，闲愁万种”的句子，“不觉心痛神弛，眼中落泪”。眼前，心中，都融在一起，“落泪”也是自然之事。这和吴为的哭一样，都是风景。我们现在在看风景，偶尔也要做做风景才过瘾。

我们还在哭，但多是因何而哭呢？我们的眼泪还纯正吗？我们还真的会哭吗？

默默读书，悄悄流泪，确是种纯粹自然的美和福。

风情有万种，泪仅占其一。

# 第二篇　真难真好“心”中事

## 导　读

• 真德育，是基于当下德育流弊而提出的，是去伪存真、去表就里、去繁就简的德育，是对德育的原点回归，是真实而本色的德育，是素淡而简朴的德育。做真的德育，追求德育的本真质地；做“消极”的德育，追求自由的德育；做有“低度”的德育，做平等的德育；做有故事的德育，追求有情有义的德育；做有书香的德育，追求有文化底色的德育；做有感悟的德育，追求有个性表达的德育。尊常识，有真货，做真人，做真德育真难，真好。

• 实现班主任专业化，要实现“四大”转身：在主体实践性上，从追随者到侧重自我生成；在观念重心上，从“我”所为转移到“学生”所受；在行为方式上，从班主任个体的控制式到与学生精神的互动式；在评价主体上，由他评为主转向侧重自评为主。

• 教学≠教育，教育就是唤醒，还学生完整的课间十分钟，越教越笨的风险，教育需面向个体……且教且思。

# 我心目中的“真德育”

真德育，是去伪存真、去表就里、去繁就简的德育，是对德育的原点回归，是真实而本色的德育，是素淡而简朴的德育。当下，德育重形式轻生命，重活动轻品质，重结果轻过程，重管制轻自由，重单向轻互动，重服从轻批判，流弊甚重。再细读陶行知德育思想，笔者更坚信了还原“真德育”本色的重要价值。

## 一、做真的德育

先讲个自己的故事。

教师节那天。上课铃响，全班主动起立，皆面带诡异的笑。PPT 放，齐读 PPT 上赞颂老师的话。我惊奇，然后欣欣然享受这份荣耀，但越听越肉麻，越觉得空洞无物，越觉得刺耳。什么“蜡烛”啊、“灯塔”啊，什么“点亮智慧”啦、“辛苦园丁”啦，简直是严肃的荒诞。我打断大家，说了句感谢的话，转而一句一句地“点评”。然后问，谁写的？群指一男。一男颇有些难为情，实话实说——“百度”来的。

大家用真情朗诵的竟是百度来的！这么大而空的赞许全班竟这么自自然然堂而皇之地读给“敬爱的”司老师听，这么大排场，那么精美的 PPT，那么深情？这节课读给我，上节一定读给了“敬爱的”张老师听，下节又得读给“敬爱的”徐老师听，不一样的老师，一模一样的祝词和爱？就不能默默地专门给我写一两句，比如“祝老师头发掉得再慢点，再少点”，或者什么也不写，谋个面，嘿嘿一笑，说声“节日快乐”。这不比你折腾了半天结果说了些废话、虚伪的话要强？只要真诚，哪怕幼稚，也强过虚伪，更何况是习惯性的虚伪、集体性的虚伪和成熟性的虚伪？就在课前操场升旗仪式上，演讲的学生“深情讴歌”老师，但一听那话，满嘴空大，满天飞假，十之八九是从网上扯下来拼了拼凑了凑。朗朗乾坤下，主席台下，五星红旗下，全校师生静静地听，然后热烈地鼓掌。好像也没什么不妥，又一个庆祝活动结束了。

我想，我们当然有充足的理由去批评学生，但这不正是教育的报应吗？教育中的假话、空话、大话以及连自己心里都怀疑的鬼话不少，有的说多了，连自己也信了，而这些话，我们充分借助于教育者的话语霸权，以居高临下的姿态，或以谆谆告诫的语气，或以恨铁不成钢的心肠，说教于学生，学生是听着，但是，他们究竟在想什么呢？他们多数是在心里嘀咕这些话的真伪，并因青春年龄的天然的逆反情绪而生抵触。不过，看起来，他们多数很乖。可他们心里却已在革我们的命了，我们在培养与我们的想法截然相反的学生。甚至，当这种教育愈甚，这种偏离就愈大；甚至，他们今后很可能会继承我们教育的虚伪精神，并极可能理所当然地发扬光大；甚至就是此时此刻他真地是对我们的虚妄之语深信不疑，但事后，必当悟及那些话的空虚和可恶，并加倍痛恨和排斥整个教育。他们的心底会回响着“告诉你吧，世界，我——不——相——信！”的声音。这太可怕了。不仅如此，他们的心还必会远离我们，用另种虚假来蒙蔽我们的眼睛和判断。

“千教万教，教人求真；千学万学，学做真人。”“做真人”就是陶行知的德育目标。他经常教育自己的孩子，要“‘追求真理做真人’，不可丝毫妥协……决不向虚伪的社会学习或妥协”。为此，他给孩子取了“问真”“探真”的学名。要培养“真人”，就要有“真教育”和“真教师”。先生说：“真教育是心心相印的活动。唯独从心里发出来，才能达到心灵的深处。”“教师只能说真话。说假话便是骗子。”

教育者应是我们这个价值迷乱时代的良心。当下教育还存在着深刻的多元矛盾冲突，如何在喧嚣中保持一份独立、本真和智慧，让教育本质慢慢地不断彰显出来，让自我人格永葆完整和向上，这也许是当下教育者需直面的心理挑战。说真话，做真人，搞真教育，只有教育者和受教育者“双剑合璧”了，教育的潜能才能爆发，光芒才能四射。台湾大学的傅钟为何二十一响？源于台湾大学校长傅斯年的名言：“一天只有二十一小时，剩下三小时是用来沉思的。”教育需要这种沉思的精神。教育需要一场深切到骨髓里的反省，不是一个两个人，而是整个教育。

## 二、做“消极”的德育

水满溢，月满亏。当下德育责任无限，内容包罗万象，形式五花八门，挤簇逼仄，结果呢，老师整天忙得要命，德育却往往低效甚至无效。黑格尔说：“现实上很高的利益和为了这些利益而做的斗争，使人没有自由的心情去理会那较高的内心生活和较纯洁的精神生活，以致许多优秀的人才都被这种环境所束缚，并且部分地被牺牲在里面。”教育，我主张要“消极”些。

“消极教育”，是卢梭在其教育论著《爱弥儿》中力倡的。他主张“人性

本善”，主张教育目的在于培养“自然人”，主张改革现行的教育内容和方法，顺应儿童成长的本性，让他们的身心自由发展，“让孩子像野草一样自然成长!”与“消极教育”相应的是“无为而治”思想，道以自然为本，对待事物应顺其自然、无为而治，让事物按照自身的必然性自由发展，使其处于符合道的自然状态，不对它横加干涉，不以有为去影响事物的自然进程。

陶行知先生强调“消极”德育，他认为：“我们德育上的发展，全靠遇了困难问题的时候，有自己解决的机会。所以遇了一个问题，自己能够想法解决它，就长进了一层判断的经验。问题自决得越多，则经验越丰富。若是别人代我解决问题，纵然暂时结束，经验却也被旁人拿去了。”① 教育者的“消极”，智慧地培育出受教育者的“积极”。

做“消极”教育，要确立正确的树人观。一是学生观，要顺天致性，一切为了学生，高度尊重学生，真正信任学生，全面依靠学生，允许学生出错，敢于放手，还德育以本来面目。二是教师观，教师是学生的服务者、帮助者、保护者，唯独不是他们的代替者。三是课程观，以学生为本，教皈依学，让学生处于美好的德育生活中。四是策略观，紧扣“自主”，融于生活，注重“体验”（情感体验、审美体验、道德体验），强调“内化”。

做“消极的”德育，要多给学生和老师留点空儿，多些自主和自由。一方面，需要重新审视学生出现的问题和所犯错误的教育成长价值。压制问题和错误的产生，事实上是阻碍学生新的进步，是淡薄教育者的职责。学校就是学生出错的地方，某种程度上谁犯的错多，谁的进步就大。教育非万能，有些可为，有些不可为。不乱为，不胡作非为，不折腾，不添乱，不自恋，不自大，不抓狂，做该做的。班主任要有足够大的舞台和安全的心理环境，有激情有智慧去创新经营，切莫以精细管理的名义压抑了他们的激情和智慧。有胆识多放手，允许他们出错，做他们的知心朋友、坚强后盾。另一方面，无论是对学生还是对老师，“消极”一说，并非放任不为，而是积极培育和发展。梅洪建老师在《不再做一个瞎忙的班主任》一书中提出“培育—发展”理念，不妨将其外延扩大至整个学校德育——所谓“培育”，就是为学生和班主任的发展搭建尽可能广阔的、动起来的、可持续发展的平台；所谓“发展”，则是指学生在班主任的指导下，班主任在学校搭建的平台上，充分地舒展灵魂、习得知识和发展能力，使得每个学生和每位班主任都获得可持续发

① 陶行知：《学生自治问题之研究》，出自陶行知：《陶行知文集》，江苏教育出版社，2008年，第58页。

展的能力。如此，校园可以少些喧嚣、厌恶和无益的劳苦，独具闲暇、快乐及坚实的进步。

做“消极”的德育，需要厘清三种关系。一是德育和活动的关系。“活动”不是德育的全部，甚至本应是德育极小的部分。最基础最核心的德育应是活动之外的时空，或者可以这么认为：德育如盐，融化在生活和学习的方方面面。菜无盐不香，你吃的是菜，还是盐？诸如“德育活动”“学科德育渗透”之说，非要扯德育大旗立山头，其实是搞德育和生活的对立。二是德育队伍和全员德育的关系。德育处似乎是学校德育的职能部门，班主任似乎是学校德育的具体实施者，但我们又有“全员德育”一说。全员德育，听起来多么美妙，但除了德育处和班主任，没多少人会承认自己是个德育工作者。人人德而育之，处处德而育之，我看除了要转变德育观念外，恐怕还要真正构建起全员德育的有效机制来。三是德育实效和德育荣誉的关系。评价德育高低优劣，根本标准不在于你荣获多少相关荣誉，而在于德育新常态里学生的行为习惯和精神状态的提升。德育搞特色、创品牌，无可厚非，但德育究竟好不好，还是要看学生的精神变化。

“消极”德育是“盐化”的存在，是空白的艺术，是平常的生活，是精神的提升。

## 三、做有“低度”的德育

笔者曾在校园里拍过两张照片。一张拍的是偏于一隅的嫩草，小草坚挺上冲，如果拍摄角度再往下一点，那就可以直插云霄了。另一张是紫玉兰花苞。枯枝嫩叶之隙，蓝天做背景，翘立枝头，身材丰腴，气质优雅，辞柯欲飞，叫人爱怜。其实，花苞仅与我胸齐，我是极力下蹲才拍得这幅《玉兰飞天图》。调整视角，降低高度，就会有奇趣心得。德育，要有足够的低度。

我们德育习惯于“高大上”，习惯于“师道尊严”，习惯于俯瞰式的指训，习惯于板着脸，习惯于教条式的表情。学生就觉得没意思，没意义，没劲，没诱惑。他们希望同样是人的有着七情六欲的老师，表情是丰富的，人是可亲近的，是有意思的。前教育部新闻发言人、现语文出版社社长王旭明做客岭南大讲坛时，对小学生守则做了个对比。他说咱们的守则空洞，什么都对，都没问题，但一个小学生他不知道怎么做。反观英国小学生守则，则大不同。第一条，平安成长比成功更重要；第二条，背心、裤衩覆盖的地方不许别人摸。小秘密要告诉妈妈；不喝陌生人的饮料；不与陌生人说话；遇到危险可以打破

玻璃、破坏家具。最后，坏人可以骗。我们空洞的德育，太需要降低高度。

有低度，是基于学生心理发展特征和成长需求的平等民主的教育视角，是一种“蹲下来和孩子说话”的教育姿态，是一种美好而深刻的教育理念，是一种自然而融洽的教育方法。笔者倡行“蹲下来，到学生中去”。这是基于教育的良知、教师职业的特性和过一种诗意人生的梦想提出来的。陶行知先生曾言：“您若变成小孩子，便有惊人的奇迹出现：师生立刻成为朋友，学校立刻成为乐园；您立刻觉得是和小孩子一般儿大，一块儿玩，一块儿做工，谁也不觉得您是先生，您便成了真正的先生。”① 所以一个教师，来到学生身边，来了就是来了，自然得像一阵风。到了学生中，妙绝的灵感、鲜活的发现以及莫名的机智，总是不失时机来到，情谊的美好、青春的激情以及人生的幸福，总是幸福得让你心颤不已。“到学生中去”，是构建起一种师生互动的精神脐带，是探寻一种真实的灵魂诉求，是追求一种平等对话中的教与学无从理清的境界，是寻求一种真诚的理解和纯粹的情谊，是收获一种青春不老的幸福。坚持到学生中去，成为诸多先生的自觉行为，成为一种不用标榜的文化，那么，先生才能称得上真先生，教育才称得上“新教育”“真教育”。

有低度的德育，就是要尽可能地摒除教育成人化影响，还原学生德育主体性，还原学生的生命真实和本色，还原德育的生活化和生命化，创造美好的童话世界，让孩子真正成为校园生活的主人。李镇西在博文《给孩子一个撒野的地方》中写道：“近年来，参观过许多新建的学校和一些名校的新校区，校园一个比一个气派——豪华教学楼、现代雕塑、塑胶跑道，还有演讲厅、体育馆、LED 显示屏，有的学校甚至还有天文馆、音乐喷泉……可我总觉得这些豪华学校缺少点什么。缺少什么呢？缺少树木，缺少野草，缺少泥土……缺少一块让孩子尽情嬉戏的地方。”② “给孩子一个撒野的地方”透露着丰富的教育启示，不断警醒着我们：把高度试着再降了降，再降一降。

## 四、做有故事的德育

今年 3 月 19 日，李镇西老师莅临我校，为全园区德育干部做了一场题为《幸福比优秀更重要》的报告。李老师是哲学博士，是知名教育家，是校长，

① 陶行知：《师范生的第二变——变个小孩子》，出自陶行知：《陶行知文集》，江苏教育出版社，2008 年，第 399 页。

② 引自李镇西博文《给孩子一个撒野的地方》，http://blog.sina.com.cn/s/blog_54c61efa0102e17x.html.

但他并没讲什么大道理，而是一开始通过一幅幅旧时照片，深情而幽默地讲述了一个个动人故事。三十年的故事，是那么纯美淳朴，仿佛全场一下子回到那个泛黄而又动人的时代：和学生郊游探险、学生们在站台上奔跑着挥手告别、大片橙黄的油菜花里和学生诵读美文、雪地里身体拼写“一班”、雪地里“活埋”后悼念、三千银杏叶书签赠给三千学生、大街上的忽然拥抱、“未来班”20年后聚会的惊喜和激动、全班和著名女作曲家谷建芬的美丽情谊、纯粹得令人心醉的班歌音符、一封批评信……笑声激荡，深情凝望，热泪盈眶，沉思回味，全场莫不动容。一个个美丽的故事，背后蕴含着深刻的思考。

校园的故事就是师生个体的故事集。师生其实就是时时在写故事，有的是构思设计过的，有的是不期而遇的，有的淡如青烟，一会儿就飘逝了，有的则不断长高长大，矗立如山，有的幸福得叫人心颤，有的则令人沉思如潭。每一个故事都是独一无二、永远鲜活如新的。故事里的每一个人，都是主角，都行走其间。活在自己的故事中，用文字记载和思考故事，富足和智慧就会充盈心间，教育就有了温存而深刻的表情。听听，有没有流传的好故事，看看，有没有好故事集。这就够了。

陶行知先生就是一部故事书，一个个美丽动人的故事背后，折射出先生“捧着一颗心来，不带半根草去”[①] 的赤子情怀和“教育即生活”“社会即学校”“教学做合一”等深邃的教育思想，堪为万世师表，真教育之旗手。

所有伟大的教育概念和旗帜，若没有教育故事的滋养和支撑，就显得那么苍白空洞，甚至卑陋粗俗。没有美好故事的学校，其实是教育的荒漠，即便你中考高考 GDP 多么高，即便对学校内涵，你笔头写得多华丽口头吹得多悬。学校应该是不停地孕育故事、演绎故事、流传故事和沉淀故事的地方。每一所真正的好学校，都拥有并开发着丰富的教育故事资源。校园故事，是校园文化的活化石，是校园里飞舞的精灵，是灵动的文化风景线。

这种叫人心动不已、迷恋忘返的校园，如此抵达教育和幸福的真谛，这种教育那么醇厚、芳香而美妙。用爱心培育爱心，用激情点燃激情，用智慧点亮智慧，怀揣着教育故事上路。因为有好故事，才真会有好课，才真会有好文化，才真会有人文。

---

① 陶行知：《捧着一颗心来，不带半根花去》，出自陶行知：《陶行知文集》，江苏教育出版社，2008 年，第 384 页。

## 五、做有书香的德育

苏霍姆林斯基曾说："热爱书、尊重书、崇拜书的氛围是学校和教育工作的实质所在。"① 阅读能积累语言、发展表达力、滋养心灵、完善人格，是最基本、最经济、最有效的教育和培养。没有阅读就没有教育。教育诸多问题都可归结为阅读问题。从苏霍姆林斯基到叶圣陶，从杜威到陶行知，从怀特到第斯多惠，从雅斯贝尔斯到雷夫，古今中外的教育名家都劝导要阅读。学校的基本责任就是培养学生的阅读兴趣与习惯。

书香校园，不只是好听。首先，师生个体要过阅读人生，"一个人的精神发育史就是一个人的阅读史"；其次，班级、教研组等团队要过阅读生活，一个团队的发展潜力和前途，其阅读氛围和习惯至关重要；然后，才谈得上书香校园、学校精神境界。同时，积极推动家庭阅读，促进书香家庭建设。每位教师是书香教师，每个学生是书香子弟，每个教室是书香教室，每个团队是书香共同体，更多家庭成为书香家庭。这样，才能称得上是书香校园。中国教育报 2014 年度推动读书十大人物候选人物，从学科教学、班级管理、团队建设、学校管理以及区域发展不同层面推进阅读，真是善莫大焉。

全校职能部门中，可能最忙活最无奈的就是德育处了。阅读本应是德育处最重要的抓手，但现实中德育处却往往熟视无睹，或者认为应是教务部门的事。可是，教务处认为，这应是语文组的分内事。语文老师却往往因为课业负担重，结果把阅读说得重要教得稀少。如何在真正意义上重视阅读对学生成长的作用，如何旗帜鲜明地竖起阅读的旗帜，如何智慧地协调与课业的关系，如何让阅读沉淀为师生的一种习惯，如何让教育者和受教育者在阅读中享获福足感，是当下学校德育需直面的挑战。

读书，要智慧。一是读活书，读书活，活读书。陶行知指出："我国的教育历来只是教员教书，学生读书，刻板式的自古迄今不稍易变，就是读死书、死读书、读书死，因此弄成整个死的教育！"② 所以，读书不能离开生活，但必须从生活中滤出真理来。二是不迷信书本，要有批判意识。陶行知提倡以用书验真假。他说："我们与其说'读书'，不如说'用书'。书里有真知识和

---

① 苏霍姆林斯基：《帕夫雷什中学》，吕玢译，长江文艺出版社，2021 年，第 21 页。

② 陶行知：《仍在不辍研究中的"活的教育"》，出自陶行知：《教育的真谛》，长江文艺出版社，2021 年，第 62 页。

假知识。读它一辈子不能分辨它的真假；可是用它一下，书的本来面目便显了出来，真的便用得出去，假的便用不出去。”① 三是“闻知、说知都是安根在亲知里面”“行是知之始，知是行之成”②。

德育为先，先智读起来。

## 六、做有感悟的德育

读陶行知先生文章，见字如晤，读如围炉夜话，宁静而温暖，对教育常生发洞然的感悟。“教育是什么？这个最简单最普通的问题，还需要问吗？……我们不用教科书上的语言，都能用自己的感悟，个性化地独到地表述出教育是什么吗?”这是苏州十中柳袁照校长的善意寻问和提醒。而陶行知先生正是在艰苦卓绝的教育实践中能放出自己的歌的歌者。

德育言语表达系统，固然有相对的范式，但从根本上来说，德育是个体的个性的，是充满独特生命气息的，是排斥统一性、抗拒教条的。众口一词的表达背后，透露出教育生命的苍白和滑稽。鲜活的、有温度的体验和凝思，应充盈在德育言语中。我们要吸纳、内化他人智慧，坚守自己的言语系统，呵护自己的言语表达欲望，构建属于自己的德育言语王国，绝不背弃自己的德育言语操守和尊严。用心感悟教育，用言语流载感悟。

当读到海伦·凯勒《假如给我三天光明》下面这一段话时，我感到她是用最温柔的语言，引导着如我一般的“明眼人”，去触摸教育，感悟美好。

> 我常这样问自己，在森林里走了一个多小时，却没有发现什么值得注意的东西，这怎么可能呢？我这个有目不能视的人，仅仅靠触觉都能发现许许多多有趣的东西。我感到一片娇嫩的叶子的匀称，我爱抚地用手摸着银色白桦树光滑的外皮，或是松树粗糙的表皮。春天，我满怀希望地在树的枝条上寻找着芽苞，寻找着冬眠的大自然苏醒后的第一个标志。我感觉到鲜花那可爱的天鹅绒般柔软光滑的花瓣，并发现了它那奇特的卷曲。大自然就这样向我展现千奇百怪的事物。偶尔，如果幸运的话，我把手轻轻地放在一棵小树上，就能感到小鸟放声歌唱时的欢蹦乱跳。我喜欢让清凉的泉水从张开的指间流过。对于我来说，芬芳的松针

① 陶行知：《读书与用书》，出自陶行知：《陶行知文集》，江苏教育出版社，2008年，第559页。

② 陶行知：《行是知之始》，出自陶行知：《陶行知文集》，江苏教育出版社，2008年，第258页。

地毯或轻软的草地要比最豪华的波斯地毯更受欢迎。四季的变换，就像一幕幕令人激动的无休无止的戏剧，它们的行动通过我的指尖流过。①

一路走来，一路感悟。柳袁照校长出版了好些书，隔几天会就在报上刊发感文，他的微信常发些图片，再配着文字。这些文字，几乎是他对教育的深刻而美好的感悟。他看到“门里有门，庭院深深”，慨叹说：“常常我们以为入了门，其实，没有入门。办学校也是，多少年在学校，以为理解了学校、懂得了学校，其实，只是浮在表面，并没有真正理解教育，没有真正进入教育的本质。”因此，他把感悟教育作为自己教育行走的一种方式，或者说是一种生活方式。他用诗性教育触碰教育的本质，构筑了属于自己的开放的教育言语系统：教育是有生命质感的，如自然般美妙；是一路有风景的，能在阳光下个个绽放；敢于摔跤，能超越常态；甘于卑微，能在静谧中坚守；有一份迷蒙与神秘……

教育感悟从哪里来呢？

第一，具备“合和”力，也就是你手头正做的、心头所想的、口头所说的、笔头所写的，是一体的，过的是一种和谐的、研究的，而非分裂的、两面的教育生活。第二，要有意义追问的意识，始终对问题和现象背后的意义保持浓厚的兴趣和强烈探究的冲动。第三，要有转化的本领。万物归一，大道至简，从看到、听到、感受到、想象到的表象和表征中，总可以用教育的视角去解读，转化为自己的教育体验和沉思。第四，要对教育有种宗教情怀，如教育朝圣者行走，或者有种恋人情意，朝思暮想，如痴如醉。把生活和自我用思考慢慢地升华为一盏氤氲的碧螺春，与君品尝，不知不觉中，向教育最深处漫溯。

当你长时间盯着某一事物时，你就会发现它背后隐藏的意义。我在某校园看到一景，觉得有意思，就拍下来，反复看，就品读出了教育的些许滋味：“我扭头猛然发现她，她正明眸脉脉地望着我。如偶遇梦中情人般，我颤抖着赶紧定格这一刻。她那深情而深邃的目光，散发着诱发沉思的魅力。踏实的稳定感、自然的融合力、优雅的圆满融通气质，以及虚空的儒道圆心内核，都让人潜静而神往。与我眼神交汇的是历史的眼睛、文化的眼睛。这眼睛静静地闪亮在校园一隅，温和地看着教育的尘嚣，默默散发着无香的启示……”追随着陶行知先生和柳袁照校长，在教育生活中执着于慢的感悟，就如文火

① 凯勒：《假如给我三天光明》，朱原译，二十一世纪出版社，2014 年，第 4～5 页。

温养，含光默默，温温不绝，绵绵悠存。

刘良华教授曾说：“有幸福感的人，是那些拥有创造性生活的人，是那些‘生活在自己的作品中’的人。”因感悟而幸福，教育因教师而摇曳多姿，灵动深刻。

愿感悟继续温柔地敲打你我。

## 做真德育真难，真好

### ——在江苏省第七届“行知杯”颁奖典礼上的讲话

尊敬的各位陶子：

大家上午好！

能荣获特等奖，真诚感谢各位评委的青睐，还有忍耐，忍耐我那篇长达8200多字的文章，里边有许多无聊的废话，编辑大刀阔斧地给它减肥，在《行知研究》杂志上的，就精神了许多，不过，有些也不见了，很叫我心痛。我的文章虽长了点，但说的是实话，是老生常谈，说的是用自己的心表达的常识。我写教育常识，而且对陶先生的书也没读几本，没有专门深入研究过陶先生的思想，结果，暑期收到电话，说我获特等奖了，初感高兴，但内心隐隐不安，总觉得不配。不过，我转念一想，写常识能获特等奖，充分说明，我们今天的教育多么喧嚣浮躁，多么深奥莫测，非常需要最最寻常的常识、尽量多的常识，来重新审视自我，保持清醒和本真。我们园区爱好读书的老师们有个“玖玖雅集”读书会，目前正读的是王栋生老师的《课堂上究竟发生了什么》，目前我们学校正搞个教师图书漂流活动，漂流的就是这本书。今年暑假我读了两遍，写了近万字的读后感，我凝成两个字，就是：常识。读王栋生文章，读苏霍姆林斯基文章，读陶行知文章，皆是平白如话、亲切如晤，说的是真心话，尽是些常识。常识，最耐人寻味，最引人入胜。尊重常识，弘扬常识，按常识思考，按常识办事，我认为，应是当下陶子们不可推卸的职责。这或许应该是评委相中我论文的最重要原因，或许也正是给予教育界的一种暗示。

这是我要表达的第一个关键词：常识。

第二个关键词：真人。

我的论文核心词是真德育。我认为，真德育就是一种常识，就是陶行知

先生说的“千教万教，教人求真；千学万学，学做真人”。现实情况是怎样的呢？前几天课间，我跟学生讲，我要录节课（一师一优课），是篇课外文，学生一下子围上来，纷纷说：“老师，你不要选生课文，要从已经学熟的课文里选。”我挺疑惑地说：“那不是上过了吗？”学生回应说：“学过的，大家才熟，才好录。”我说：“那不是造假吗？”学生应道：“那不就是一节课嘛。”我无语。后来跟同事聊起这事，同事说，有什么好奇怪的，小学时他们就和老师高度默契了：举右手是会的，举左手是不会的……但没有不举的。全班高手林立。我实在无语。目前我任教的是初一。我原来在四星高中任教。高中教巴金的《怀念萧珊》一文，几个学生课间跟我聊，说，做个红卫兵，真过瘾哪。我当时一下子被震住了，感到恐怖，心里想，会不会再来一场“文革”，要真来的话，我会不会被眼前的学生批斗？读巴金《随想》，读季羡林《牛棚杂忆》，读流沙河《锯齿啮痕录》，读筱敏《幸存者手记》，常想到自己的学生，常感到忧惧。一直想出套“文革”散文读本，但因种种原因，一直没成行。真希望我是杞人忧天。我纵观小学、初中和高中学校，见过的假教育反教育太多了。陶行知先生讲：“教师只能说真话。说假话便是骗子。”我做过班主任、德育主任、校办主任，也负责过学校德育，听过太多假话，还说得掷地有声，见过许多骗子，骗得理直气壮，但自己也说过许多假话，当过多回骗子。我认为，教育者应是我们这个价值迷乱时代的良心，应是这个时代的真人。当下教育还存在深刻的多元矛盾冲突，如何在喧嚣中保持一份独立、本真和智慧，让教育本质慢慢地不断彰显出来，让自我人格永葆完整和向上，这也许是当下教育者需直面的心理挑战。

第三个关键词：真货。

我心目中的“真德育”，本是由六部分组成，和大家见面的，成了五部分。第六部分，“做有感悟的德育，追求有个性表达的德育”，被无情删掉了。但我想借这个机会说一说。

德育言语表达系统，固然有其相对固定的范式，但根本上说，德育是个体的个性的，是充满独特生命气息的，甚至是排斥统一性、抗拒教条的。鲜活的、有温度的体验和凝思，应充盈在德育言语中。但我们日常生活中、论文写作中，听到看到的，多是众口一词的表达，其背后透露出教育生命的苍白和滑稽。也就是说没自己的真东西。

“互联网＋教育”，就像浩瀚无边的海洋。这种大数据非常危险，海量的数据每时每刻都在影响我们每个人，诱惑我们的眼球，搅乱我们的判断定力，改变我们的言行，往往会让我们不自觉地随波逐流，被裹挟绑架，被大数据温柔地淹没，教了一辈子书，也没教出自己来。我认为最好提“教育＋互联网”和小数据。“教育＋互联网”则强调扎根自身，强调有自己的立场态度，做一块磐石而非介草，强调积极主动、不等不靠，强调会选能舍、明辨是非、拨雾见日。而要有这种能力和境界，非要有自己的真货不可，也就是小数据。在今天大数据时代，非要用心经营属于自己的小时代。这是不被湮没的挪亚方舟，也是自己教育的个性和尊严。小数据源于自己的教育实践和思考的点点滴滴，当下所做，当下所感，当下所思。用小本本随时记下以外，手机微信、QQ 动态、微博等都是很好的记录和存贮工具，既要从大数据里打捞有价值的信息，更要原创，多多做教育的联系和转化。数据越丰厚，其开发价值越大。怎么丰厚？离不开个勤字。怎么开发？离不开一个思字，要培养反刍数据的习惯。

各位陶子，各位同仁，常识、真人、真货，我就跟大家汇报这三个关键词。

北京大学钱理群教授有本书叫《做教师真难，真好》，现在钱教授不理我们了，在敬老院图清静了。其实，教授退休时对当下的教育近乎绝望。我视教授为当代的鲁迅。所以，再翻那本书，总觉得，书名应该叫《做教师真好，真难》。我发言的题目原定的是《做真德育真好，真难》，我现在再重新调整下，叫《做真德育真难，真好》。

谢谢大家。

## 实现班主任专业化要实现“四大”转身

班主任专业化，是当今推进素质教育的强烈需求，是教师职业发展的重要趋势。班主任专业化发展，要有政策保障，要培养和选用班主任人才，要大幅提高班主任待遇，这些固然不可缺少，但此皆外因，而从根本上来讲，最终要依靠班主任个体自觉追求的文化价值和发展。“君子务本而道生”，正确的班主任教育观念，就是其“本”，“本”立了、正了，多样有效的班主任工作技能，才可能汩汩而生。笔者认为，当下适值班主任专业发展转型之机，要实现“四大”转身，否则，班主任专业发展就极可能陷入空虚的热闹中。

## 一、主体实践性：从追随者到侧重自我生成

从“知彼然”到“行我然”，最终成为一种文化自觉，成为一种观念自我更新的良性循环，班主任的主体实践是促进班主任内涵式发展的最根本动力。

班主任的主体实践，要注意以下几点：一是需要加强理论学习，但是，绝不是简单地拷贝书本或文件中那些静止的所谓的教育理念的文字符号，这些符号，并非圭臬，而往往是批判的靶子、超越的对象和自我审视的镜子；二是对自己头脑中诸多旧思想的发展惯性和黏性，要有足够的敏感和深刻的解剖，并在不断的自我实践中纠偏；三是绝不能割断与传统教育的脐带，不能脱离自我教育的背景、矮化或抛却自己的教育实践、弱化自己的教育自信。

主体实践性侧重追求自我生成。

要生成就要有自信。在教育本质的个性化体认、教育幸福的美妙享受以及教育困惑的痛彻侵扰面前，我们这群中国教育最前沿最能触及教育实践灵魂的班主任们，要高昂着头，保持一种高贵的教育姿态。

要生成就要珍惜实践资源。我们身边看似单调乏味却又纷繁复杂的教育现象，我们那些充满了无限发展可能性的一个个、一群群教育对象，以及我们自身的教育经历和心理的千番滋味，其实，正是我们握住教育脉搏、提升教育品质、迅速提高自我教育专业发展的独特的宝贵财富。无视这笔财富，从根本上说，就是无视自己脚下的这片教育沃土，以及站在这片沃土上的自体。

要生成就要沉思。沉思，无疑是摒弃喧嚣浮躁的教育心态、淬砺教育资源、提升个体教育价值的钟南捷径，是实现班主任专业发展的必由之路。能沉思的班主任，是幸福的；能用文字沉思的班主任，是最幸福的。

## 二、观念重心：从“我”所为转移到“学生”所受

一提起班主任工作，恐怕一个词就会马上映入脑海：“苦累”！大凡一评价班主任工作，恐怕另一个词即刻就会脱口而出：“奉献”！“苦累”“奉献”，对班主任工作而言，似乎应是其应有之意，也似乎是班主任的文化传统了，但若缺失了超越管理行为的更高的价值追求，或者若是本着功名利禄而苦累，那么，不仅陷于烦琐困于挣扎中一点点无谓地消耗自身的生命，体验不到教育的幸福，而且，还极可能导致学生付出青春的代价，几乎在客观上造成学生发展的严重障碍，甚至越是乐于“奉献”，这种障碍就越严重。更严重的是，这种障碍几乎被虚躁的“高尚”二字掩饰了，得不到集体性的深切重视

和痛彻反省。

很多人潜意识里存在着一个简单的逻辑，即我“做了多少”就理所当然地相应地“得到什么”，包括学生对我的感恩；对学生的不领情，就会感到不可理喻、愤怒甚至“另眼相待”。其实从“做了多少”到“得到什么”，之间常有着巨大的距离，有时甚至可能是背道而驰的，因为除了施动者的素质高下、所做事情的品质优劣、传统“师道尊严”观念根深蒂固，以及诸如代沟等文化隔阂的客观存在等因素外，“得到”还与千差万别的学生的接受有关。为做而做，为苦累而苦累，并不能真正走入学生的心里、促进学生的健康成长，那么，这种“奉献”又有什么价值呢？但是，我们也常看到，有的班主任做得似乎并不多，如魏书生、李镇西等，但是，学生拥戴他，他所得到的远大于他所做的，之间的距离又似乎特别贴近。究其原因，也正是因为他的所为真正被学生吸纳、升华，并加以积极的反馈。

班主任工作，本立而道生，这“本”就是学生的心。离开人的本质力量的对象化谈意义，是荒谬的。由“我”所为转移到“学生”所受，看似一个简单而朴素的道理，其实，也正是现代班主任专业发展的本质需要，是班主任自我价值真正得其所哉的必然要求。弥补这一普遍存在的巨大的文化缺失，我们班主任要走很长远的路，要开展一场自我拯救、自我超越。

## 三、行为方式：从班主任个体的控制式到与学生精神的互动式

行为方式，是指一定的社会角色在社会生活中形成的程序化、规范化、模式化的活动。班主任的传统行为方式在一定程度上具有鲜明的霸权控制特点，如过多地停留于卫生、纪律、学习等日常管理的表面，班主任视其为己任，并翻来覆去地讲，意欲培养“听话的好学生”，越雷池者常受到批评。当下社会普遍担忧的“男子汉教育”问题似乎可做明证。这种“保姆”兼“君主”式的行为方式，使班主任自身和学生都被异化为工具，并凭借其强大的文化惯性，依然顽固地占据着很多班主任的头脑。

今天的班主任到底应有怎样的基本行为方式呢？

回答这个问题，就必须对班主任的角色进行准确定位，即遵从班主任专业和现代教育发展的内在要求。教育部《中小学生班主任工作规定》提出：“班主任是中小学日常思想道德教育和学生管理工作的主要实施者，是中小学生健康成长的引领者，班主任要努力成为中小学生的人生导师。”“实施者”“引领者”“人生导师”，这样的角色定位，不难发现，班主任从事的是影响人

的心灵、建构人的精神世界的崇高工作，精神性正是其鲜明的特征和要求。

这种精神性，又必然具有互动性的特征和要求，即在生活实践中，班主任要与学生情感交融、心灵互动、相遇相依、德性共长，与学生成为精神、人格和生命上的动态的成长关联体。南京师范大学道德教育研究所班华教授认为："班主任对学生的精神关怀是双向的情感交流过程，是师生双方相互了解、相互悦纳、相互勉励、相互鼓舞、分担痛苦、共享快乐、共同发展的过程。这是班主任的精神劳动，也是班主任的情感生活。"追求与学生精神的互动，应是班主任工作的根本指向。

## 四、评价主体：由他评为主转向侧重自评为主

教育评价，是长期阻碍班主任专业化发展的拦路虎，根本障碍在于评价的人文性与科学性没有有机统一。问卷题目设置是否科学全面，是否切实能直指班主任专业本质，是否能涵盖得了千差万别的个体、班情和反馈的过程以及班主任的教育个性，而不是成为严肃的摆设却经不起推敲和论证？作为评价主体的学生，其评价动机、评价素养等在反馈过程中，是否能够遵从于基于真善价值准则的自我真实判断，而不是快意恩仇或受他人诱导？单纯地用数据说话，并以此作为绩效考核的最重要标准之一，这种貌似公允平等的做法，真能相对真实地评价班主任的所思所为，以及由此产生的教育效能？是否显得太冒失、轻率，抖搂出对教育评价主体的霸道心态？作为评价施动者，是不是骨子里无视教育评价的多元化，太陶醉于"盖棺定论"式的评判，结果在客观上导致发展性评价成为一种美丽的"传说"呢？是不是掩盖了教育的人文性和长远性的本质属性？

对班主任的评价功能低下，这是令人痛心的事实。同时，我们也不得不承认，目前仍有相当多的学校，仅有对教师的教学评价，淡漠或无视班主任的存在价值。这些，其实正深刻地告诉我们，立足于人生命和专业的动态发展，克服狭隘的传统评价观，并真正将此从口头渗淀为潜意识，班主任专业化的文化外构，必将有着非常遥远的路要走。

在当下教育评价条件下，我提倡班主任兼顾他评结果，但要侧重自评。自评，不是应景式、行政性和阶段性的，不是当下泛滥的自吹自擂，而是深刻体验式的、常态化的，是自主关怀所从事的德育工作的意义，是非功利的。班主任要怀揣着对学生真挚的爱心和坚定的责任心，心中有德育规律这杆秤，通过自评，不断盘点德育得失利弊，不断发现、创造和享用德育意义，不断

实现自我超越，从而“幸福”成长。真正优秀的班主任，从来不是“他评”制造出来的，而是遵循德育规律，在“自评”之路上“仰望星空、脚踏实地”，自然而成。

# 我的教育漫话

## 一、教学≠教育

教育质量就是教学质量吗？教学质量就是分数吗？

如果不是，那为什么大家一说到教育质量，就直接跳过许多内容单论分数呢？顾明远认为：“什么是真正的教育质量？许多校长、老师口头上说提高教育质量，但把教育质量停留在考试分数上，实际上做着违背提高质量的事，增加学生负担，进行机械的训练，极大地妨碍了学生综合素质的提高。”其实，这正说明，我们“教育”工作者并不名副其实，也说明当下的教育是多么功利。

什么是教育？教书和育人。马云说：“中国的教相当好，中国的育相当不够。”这句话是有一定道理的。但我认为，教和育，真不好简单分割开：教里没有育，教还称其为教吗？育里没教，自然也不成。但我们教育圈内人却一般认为，教书就是奔着分数去的，滚滚红尘皆为捞分而来。至于“育”，那得由班主任和德育部门来负责。课堂上学生违纪了，上课老师课下就甩给班主任，让班主任去擦屁股。有老师不问青红皂白，噼里啪啦把某学生一顿好批，学生闷得难受啊，他也得排遣下不是？结果一排遣就违纪了，结果天网恢恢而不漏，就被班主任给逮住好批。叶圣陶老生说：“因为用了‘教’字，便表示我有这么一套本领，双手授予学生的意思；而我的做人做事的本领，能够说已经完整无缺了吗？我能够肯定地说我就是一个标准的健全的公民吗？我比学生，不过年纪长一点儿，经验多一点儿罢了。他们要得到他们所需要的经验，我就凭年纪长一点儿、经验多一点儿的份儿，指示给他们一些方法，提供给他们一些实例，以免他们在迷茫之中摸索，或是走了许多冤枉道路才达到目的——不过如此而已。所以，若有人问我干什么，我的回答将是‘帮助学生得到做人做事的经验’；我决不说‘教书’。”难怪朱永新与朱小蔓在一次教育对话中认为，我们的教育忘情负义。

所以，你就会看到，对老师的评价，一般是单论考分，这是所谓的“干货”，分高了就奖励你就表彰你，至于育人如何，就大而化之，你好我好大家好，一好百了。只要你守住师德底线，只要没人举报你，你师德也是过硬的。于是，育人便交给教育良心和良知了，于是，没有一位老师说我师德有点问题，我育人有点差劲。统统没有，有的只是千篇一律的自我讴歌了多少遍的好词好句。育人评价机制，就像被骗了一般，好不尴尬。其实，“教”只是“育”里一小部分而已。

今天不光教育圈子，就是整个社会文化，对教育根深蒂固的偏见就是——以“教”之偏盖“育”之全。苏霍姆林斯基有段话很有启发：“不要让上课、评分成为人的精神生活的唯一的、吞没一切的活动领域。如果一个人只是在分数上表现自己，那么就可以毫不夸张地说，他等于根本没有表现自己。而我们的教育者，在人的这种片面表现的情况下，就根本算不得是教育者——我们只看到一片花瓣，而没有看到整个花朵。”

忽然我问自己，你是干什么的？你是教育工作者，还是教书工作者？真难启齿。

## 二、教育就是唤醒

这是德国教育家第斯多惠的著名论断。我视之为陌生的教育常识。

（一）要激励、唤醒和激发每一位学生的成长热情和智慧，转变学生学习方式，发挥学生强大的自主和互助作用，是整个教育改革转型升级的按钮，是我们教育实践智慧之所在，是教育幸福之源泉。我们要真正了解眼前的个体学生，倾听他的声音，了解他的诉求。我们要观察和思考当下自己的教育生活，既坚守好传统好做法，又能在内心冲荡着不安分的想法，并能扎实而坚韧地进行教育行动研究。我们要构建充满正能量的融洽向上的师生关系，因为这是教育进步的基石。我们要力避诸如“你说的，我都懂，但是……”“家庭教育有问题，我无能为力”“学生自制力这么差，怎么可能……”“考试成绩一旦下降，谁买单”“阻力太大”“枪打出头鸟”“随大流吧”“何必自讨苦吃呢”这些消极退缩的念头，而精神丰满意志丰沛地创造自己的教育幸福。不同学科老师要突破学科本位，协同兼顾，形成合力，共同作用于具体学生的成长，绝不能只见分数不见人，只见自己不见他人，绝不能牺牲学生的身心健康而简单地“盯”“抓”“囚”。因为我们的割据混战，会在孩子内心留下伤痕和鄙厌。我们老师要打造文化契合、精神契合、理念契合的发展共同体，凝聚起强大的教育合力和张力。北京十一学校李希贵校长说："学校在转型，每一位教师都要转型，这种痛苦是共同的。当您感觉很累的时候，不要选择放弃、抱怨，要寻求帮助。大家相互搀扶，才可以走得更远。我们都是只有一只翅膀的天使，只有互相拥抱，才能飞得更高。"

（二）我们的管理要"群策群力"，应需而为。

一是管理模式要明确，少些越级，要讲纪律，讲规矩。

二是构建"群策群力"的部门文化。加强部门间的深度沟通和合作，从工作计划拟定，到实施和评价，要突破本位、有大局观。要多深入广大老师，激励大家参与管理，倾听大家的质疑和建议，凝聚大家的智慧，发现大家的创意；要多深入广大学生，倾听学生的真实声音，尊重他们的心声，让更多的事情通过协商、协调、协作来解决。部门许多安排，要进行充分调研、激烈碰撞，这是全校师生积极性的发动机和智慧的联合点。部门要多说"大家看怎么办"，少说"大家照这个执行"，多让老师就教育教学中的问题以项目团队方式进行实践研究。要把唤醒和激励学生自我教育作为工作的重心，把汤匙交给喝汤人的手里。没有广大师生的真正参与，学生不能真正处于学校中央，时间一长老师就易于职业倦怠，工作就会大打折扣，学生就只会被动和服从，部门工作与广大师生的距离就会越来越远。

三是要增强服务意识。没必要交的材料就不要再收，没必要开的会就不要再开，能整合的就整合，自已能跑跑腿的，就少让老师跑腿，努力减少老师不必要的麻烦，没征求多数老师意见的决策，一般就不要直接发布。老师有什么困惑问题，需要学校提供什么帮助，是管理层应主要考虑的问题。要调查了解，走访老师，整合数据，为计划奠基。部门最根本的服务对象是学生，要站在学生的角度思考问题，要以学生的发展需求为线索、作统领。

四是学校管理者，必须和学生、老师打成一片，投入课堂中去，投入到校园生活中去，做教育教学的探索者、示范者和引领者。没有敏锐的教育观察，没有深切的教育体验，没有澎湃的激情，没有冲撞的思想，怎么可能准确把握校园生活和教育的脉搏呢？

（三）家庭教育同样是唤醒。什么是"家长学校"？家长学校，不是学校通过讲座、家长会、"告家长书"、短信等教家长如何进行家庭教育，不是灌输，不是上课，而是激发、唤醒、分享、商讨、碰撞、互助、共进，是家长们的共同体。从这个意义上来说，"家长学校"的叫法其实很有问题，我建议改成"家长共同体"，这样更贴近本质和初衷。

## 三、还学生完整的课间十分钟

我想，要不要订个规矩，以保障学生们课间十分钟的权益。

你看，课拖个三五分钟，学生去个厕所，喝点水，聊句天，讨论个问题，准备下节课，就得投入下节课中去。如果老师再把他逮到办公室，他来也匆匆，去也匆匆，被辅导效果差，又惴惴不安，因为担心迟到，喊报告又影响全班，厕所也许上不了，水也喝不得，自己想办的事也没办成。这位老师课间抓学生，那位老师心里一紧，也得盯啊，谁不明白，学生时间有限，时间就是分数啊。自然，蝴蝶效应就出现了，教师们很负责，甚至爱恨有加，但被侵权的往往是学生。给学生完整的课间十分钟，维护他们课间十分钟的权益，是尊重学生。尊重学生，才是真地爱学生。这是其一。另外，从口头到行动细节，从拼分数拼“盯”功到智慧教育，不同学科老师恐怕要突破学科本位，协同兼顾，研究学生，认真观察每一个学生，共谋个体学生教育之策，从而形成合力，共同作用于具体学生的成长。

叶圣陶在《如果我当老师》一文里说：“我无论担任哪一门功课，都要认清那门功课的目标，如国文科在训练思维，养成使用语言文字的好习惯，理化科在懂得自然，进而操纵自然之类；同时我不忘记各种功课有个总目标，那就是‘教育’——造成健全的公民。”① 这便是我们的教育大局观了。常言“只见树木，不见森林”，我说，森林我要见，树木我更要见。

## 四、越教越笨?

同事戏说，教初中多年了，真是越教越傻了。就学习力和思考力整体而言，我感觉，高中老师要比初中强不少，而初中老师又比小学强不少。这当然有着教学内容深浅宽窄的原因，但更有着来自教育对象的反作用力。我们常说教育学生，其实，老师一个脑袋，面对那么多独特而具体的脑袋，在互动中，很多时候，老师对学生的正作用，远低于学生对老师的反作用。这种反作用，悄无声息地每天发生着，不同的个体学生以不同的视角影响和改变着我们的思维和视野。如果不经常跳出这圈子，在云端俯瞰自己的教育生态，很可能就越教水平就越低了。而跳上云端的好办法，不外乎多读书、多思考、多实践，多研究自己的教育生活。

---

① 叶圣陶：《如果我当老师》，出自本社编辑部编：《智慧之泉——〈我的老师〉征文选》，教育科学出版社，1986 年，第 8 页。

## 五、教育需面向个体

校园里一节课一节课地上，一个活动接一个活动地来，皆是为何？当然是为学生？是为集体的学生，还是为个体的学生？当然是后者。是啊，每个个体学生，学了语文学数学，学了外语学物理，上了体育上艺术，皆是为何？为了全面地进步和成长。这恐怕都是常识，但问题恐怕就在有违常识上。我们的教育对象是完整的人，是有血有肉有喜怒哀乐有诉求的统一体，是独特而具体的个体。我们的教育应当是面向个体的教育。大家都谈“因材施教”，但恐怕很难做到，于是我们便降格以求，倡行“分层教学”，但层分何据？主要依据分数，划个线，编编班，走走班。但科学吗？我们太骄纵于自己的那一套了。这是个大问题。懂得，才能赢得，但我们教育工作者，很多时候，恐怕并不懂得自己眼前的一个个具有天然差异性的教育对象。如何像李希贵校长和他的北京十一学校同仁一样，在“面向个体”的教育理念上相契，在建设“为自由呼吸”的教育体系上文化相契，在思想碰撞和精神自由上同携共进，是我们绕不过的课题。

# 第三篇 “爱”“美”之心人当有

## 导读

• “让学生学会爱”是当下学校教育的重大课题。本文从意义关怀、现实关怀以及策略关怀三个层面，探讨爱的教育的内涵与特征，提出从多元文化在学生精神世界冲突、融合的辩证统一视角来现实审视学生爱的教育问题，并提出唤醒、体验和惩戒等三种“爱的教育”的基本策略。

• 有了爱就有了一切！因为爱使教育者把教育的学问变成了生命的学问，把学生的生命落在自我生命的核心里，同时又把自我的生命化进学生的生命里，成为其今后生命成长中的核心资源！教育就是回归生命之家，路就是——爱啊！

• 感恩是灵魂上的健康、人生的底色。感恩的底色，是良心、良知、真诚、善良、尊重和敬畏。

• 教育，其实就是建立发展一种由外而内的联系。这种联系构建的前提是，赋予共同生活以纯粹的美好意义，并且彼此认同，从而彼此需要、彼此呵护。好教育，必有好联系；要更好地教育，必须发展更好的联系。

• 教育尤其是“心”事，尤其要“人心净化”“人生美化”。在当下浮躁功利的教育背景下，“教育审美”因其深刻而丰富的教育内涵，且“时机实在是太紧迫”，当引发整个教育的沉思和践行。

• 学校内的各种建筑和景物，难道仅仅是为师生提供学习和生活的场所和环境吗？我看不止。它们更应是走向生命化的精神家园，是能够通过物我相融、以文化人、故事堆满等方式构建，最终使人与物、人与人的关系从相隔走向相融。

• 庄子曰：“朴素而天下莫能与之争美。”教育本质朴，你我何必浮华。寻找、唤醒和激发那些朴素的力量，注入有些虚空的教育现实中，汇成强大的教育能量，是我们当下教育人共同的责任。

# 让学生学会爱

“没有爱，就没有教育”，这是苏霍姆林斯基对爱的教育的经典概括。在多元文化既冲突又融合的今天，如何审视学生爱的教育问题？又如何让学生学会爱，让学生不断拥有健康纯洁、无比强大的道德核心，不断使自己精神上更富有更完美，并能使世界因自己而幸福呢？

## 一、意义关怀：爱的教育的归向

爱与智慧是心理学的真谛，是哲学的本质。教育是人的灵魂的教育。以爱育人，对学生进行人文关怀，已远超出了一般的职业素养和职业要求，绝不是爱的教育的全部和终极目标。爱的教育是激发学生感受和体验爱的情感，学会主动付出爱，即通过自己的行为关心、尊重并最终影响对象，从而成长为具有爱心和关怀品质的人。

爱的教育具有三重属性：一是双向性，即爱应是师生双向间的情感的美丽互动；二是非功利性，即师生彼此间流动、交融的爱是平等圣洁、非功利的；三是主体性，即在双向性和非功利性基础上，强调理性掌舵，并在教育者爱的奉献的基础上，强调让学生学会爱是教育者更大的责任。

那么如何理解爱的教育内容呢？中学生处于自我同一性的阶段，探索自我、探索社会是青春期的心理特征。根据“人与自然”“人与自我”“人与社会”等三个向度，可将爱的对象分为“爱自然”“自爱”“爱他人”“爱国”，再具体细化，可划分为“三个层次九个爱”：第一层次——爱自己、爱父母、爱他人；第二层次——爱健康、爱学习、爱劳动；第三层次——爱学校、爱家乡、爱祖国。学校要根据实际情况，实现爱的教育内容的校本化和特色化。当然，无论如何划分，都离不开“尊重”“信任”“关怀”“感恩”“共享”“责任”“勇气”“信仰”等爱的美好品质。

然而，在功利化德育和市场经济背景下，爱的教育的“爱”，被掺杂了许多市侩成分而大行其道，“爱的教育”基本上被狭隘地理解为“教师对学生”的单向活动，泯失了学生的主体性，客观上导致爱的“教育”属性的缺失。爱的教育，唤醒和培育学生爱的能力，让学生学会爱，在当代道德教育中应具有核心地位。

## 二、现实关怀：多元文化从冲突到融合

从前，一只猴子和一条鱼被凶猛的洪水卷走。猴子动作灵活，又有经验，因此有幸爬到一棵树上，脱离了危险。他朝树下翻卷的大水一看，发现鱼正在激流中挣扎，一下子把鱼从水中捞起。可是猴子奇怪的是，鱼对于猴子的帮助并不感激。

猴子“见义勇为”，可鱼并不感恩，这正源于“鱼文化”与“猴文化”之间的矛盾冲突。若猴子明白这两种文化的差异，也不会为自己的壮举而自豪，为鱼的不领情而伤感了。

真切深入地把握学生所处的多元文化冲突焦点的地位，是让学生学会爱的前提。文化，是一个复合整体，包括知识、道德、信仰、习惯、能力等诸多因素，同时，又具有不同的文化形态。今天的学生正处于家庭教育文化、学校教育文化（课程文化、制度文化、目标文化、班级文化等）、网络文化、市场文化等多种文化的包围之中。这些不同的文化形态和文化要素，或隐或显，或深或浅，共同作用于正在成长中的学生个体，学生个体由而产生并立互补、排斥冲突或融合更新的辩证关系。

今年高考查分那晚，一男生因语文分数低，网上发帖号召同学们去刷语文老师的屏，集体声讨之。其实他逢周一就请语文老师辅导，并主动找老师聊聊天，但为什么做出这种似乎不可理喻的事呢？正因应试教育文化、家庭教育文化等汇集于一身，在矛盾冲荡中，个体教养溃堤，为低分找一个宣泄的借口。因此，多元文化矛盾激烈冲突于学生精神世界，这对具有成长无限可能性的学生而言，充满着机遇与挑战。

多元文化从冲突走向融合，不是一个由此及彼的单调过程，而是冲突新要素不断加入、原融合状态不断被打破的动态发展过程。然而，在波澜起伏的湖面下，学生个体自我的道德原则和良知起着“定湖神针”的作用。这些道德原则和良知，即学生从冲突到融合过程中的判断、抉择与行动，又必然积淀着平日的训练与考验。

我曾教过的一个学生，她家境不好，但对老师、同学礼让谦和，体贴热心，有难必帮，师生莫不为其竖大拇指，大家也尽力帮助她。上大学后，她给我和我女儿织过围巾，还特意让她来苏州打工的弟弟给我送来两只家鸡。寒冬，她还会给教过她的老师们发来“天寒添衣”的温暖人心的短信。应该说，家境不好的她吃了些苦头，精神上多了些磨砺，并深受虽无文化但质朴憨厚的父母的影响，并且，她常将自己的进步和成功与周围的人、集体密切联系起来，怀揣着一颗感恩之心，并将感恩之心及时表达出来。她是一个学会了爱的人，也正因为如此，她的前途将充满机遇和温馨。

所以说，我们要从文化角度给学生定位，从文化矛盾的辩证统一的角度更深入地剖析教育现象，更真实更贴心地理解学生，更积极更和谐地施教于学生，从而实现学生从文化冲突、抗争走上平和、融合之路。因此，教育者需要正视今天学生的爱之“未成熟状态”，理解这种“未成熟状态”就是一种积极的势力或能力——向前生长的力量，需有更大的教育耐心和教育智慧。

## 三、策略关怀：唤醒·体验·惩戒

教育活动关注的是人的潜力如何最大限度地调动起来并加以实现，以及人的内部灵性与可能性如何充分生成。……教育是人的灵魂的教育，而非理智知识和认识的堆集。

人只有靠教育才能成人，学生会爱也当依靠爱的教育。下面，探讨爱的教育的三种基本策略。

### 1. 唤醒

“唤醒”，用其比喻意义，即使人觉醒。唤醒的前提有两个：一是客观存在着可唤醒的具有巨大发展能量的东西，即潜伏于心的善性、人的天性以及成长规律；二是使之觉醒的合理性，即教育形成人的必然性、教育者能够唤醒教育对象的可能性。唤醒的策略，就是通过爱的教育使学生爱的美好品质受到生命的刺激，催萌德性顿悟，从而付诸爱之行动。笔者认为，要从以下三方面具体实施唤醒的策略。

第一是耻感教育。

当下，廉耻、道义、责任和良心越来越淡漠，片面追求权钱的自我价值的导向，以及传统文化在开放、多元文化背景下的精神流失，都曲折而深度地作用于学生身上，将羞涩变成珍稀品。诸如“害羞”“脸红”“羞赧”之类的洋溢着人性诗意的词汇，似乎正成为古典之殇。——而羞耻凝结着尊严，驿动着爱的良心，是人性中最高尚和最有价值力量的内在感情。没了羞耻，不仅没了“身体的遮蔽物”，也会没了“天然的灵魂罩衣”。教育需要唤醒学生的羞耻感，从而帮助学生树立积极的生命观，注重生命质量的提升，追求生命的健康成长。

如何唤醒、激活学生自爱的情感呢？一要积极培植学生对肯定的自我价值的感受，强化学生自身的尊严感，这样，在面对龌龊丑陋的东西，他的羞耻指数就会比较强烈。二要增强学生自我内省、自我修复的能力，即反观自我的形象，检点自我的缺陷，发现丧失的良心和呵护高贵的尊严。三是培养学生选择以高尚的精神养料滋养精神的自觉追求，避免羞耻的种子被污风浊雨侵蚀而夭折。

四是要让自己灵魂栖于信仰之巢，才能体验耻感，从而方可构建民族的耻感文化。

第二是榜样教育。

苏霍姆林斯基说："没有足以使儿童、少年和青年感动、钦佩、赞美、受鼓舞的榜样和理想，就不能想象有自我认识和自我肯定。"价值导向于怎样的榜样，并向学生阐释榜样之所以为榜样，固然重要，但榜样教育只有进入学生灵魂，并使学生理解、接受它，才能成为催萌爱的精神瑰宝。否则，单纯靠灌输和说教，榜样不能与学生灵魂对话，这不仅将导致低效、无效，甚至很可能造成学生的逆恶、排斥。弘扬学生的主体性，而非为德育而德育，这就是以榜样唤醒爱的首要原则，也即生命内化原则。

生活化，则是榜样教育的第二原则。其具体有两层含义：一是以学生的生活为起点，以学生的生活为逻辑，设计符合学生"最近发展区"需要的榜样内容，同时，榜样内容必须能反映学生的现实生活、理想生活之间的德育困惑，催生学生的道德冲突；二是榜样教育过程具有必要的爱的教育观念和价值的传达、指导，具体在无时不变的生活中进行。

第三是反思教育。

反思，不是简单的回顾，而是自我剖析，甚至是灵魂的拷问。它可以照亮自己的善性，具有自我警醒、自我检验和自我完善的作用。反思教育，主要是指在爱的教育活动中，教育者要有意识地、适当地引导教育对象根据爱的教育的内容展开反思，从而形成反思习惯和文化自觉。

有个高三"后进生"，在高考前两个月，因无视校纪班规被班主任第三次劝退回家。这个学生看着自己的父亲厚着脸皮向班主任求情，然后，又跟着默默无语的父亲回家。那天深夜，他听到已离异的父亲在客厅里号啕大哭的声音。第二天，他独自返校，跪求班主任再给他最后一次机会。他终于得到这个机会，并珍惜了这个机会。只经过两个月的拼搏，他竟然考上了一本院校。父亲绝望的恸哭，成了这个学生反思、觉醒的契机。试想，如果在生活

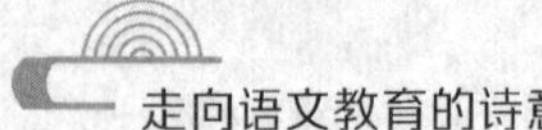



中，教育者（包括班主任、父亲等）能有意识地引导这个学生的自我反思的意识和能力，也许情形会更好。当然，从这个后进生的巨大转变中，我们也感受到，反思对成长的非凡意义。

**2. 体验**

晚自修时，一个学生神秘地走到班主任跟前，请他到班级去一下。班主任走到教室门口，发现教室漆黑一片。他赶紧打开门，这时灯突然亮了，全班一起向老师鞠躬，并齐声喊道："老师，您辛苦了!""老师，我们爱你!"然后，同学们纷纷表示："老师，您以后晚上不要来学校了，您放心，我们一定专心学习。""老师，您上次没收了我的游戏机，我当时恨死您了，今天我明白了，谢谢您。"……为什么全班一下子这么懂得感恩了呢？原来，这些学生刚参与了一场主题为"不要让爱你的人失望"的互动报告。彭成老师语言生动、活动、风趣，他讲述自己是如何跪在背负着整个家庭重担的妈妈面前，默默立下自己的誓言："我一定要改变我的一生!"一个泪流满面的男生冲上台喊出了自己的人生目标，更多的同学纷纷登台，把自己埋藏在心底的那句"爸爸、妈妈，我爱你们"喊了出来，喊声振聋发聩。一位女生更是将自己的母亲请上台，跪在母亲面前，许下自己庄严的诺言："妈妈，我爱你，我一定用最好的表现和成绩回报您!"还有的同学拨通自己家长的电话，忏悔自己常去网吧……心灵受到洗礼，灵魂得到震撼，感恩就在身边，让爱遍洒人间。

由此可见，爱的教育离不开学生的爱的体验。而引导学生进行道德体验，要注意以下几点：一是必须确立学生道德体验的主体地位，促其自觉性和主动性，避免一味说教和灌输；二是尽可能从学生生活世界的遭遇与挫折，从学生内心世界的德育冲突，选择德育内容，并采用通俗鲜活的语言、喜闻乐见的形式和疏导的方式，让学生在生活情境中亲身经历和体验；三是引导学生感受行动带给外在世界的积极变化，体现内心所获得的愉悦，感受生命的充盈和美好。

**3. 惩戒**

惩戒，就是通过对不合规范的行为施以否定性制裁，从而避免其再次发生，以促进合乎规范的行为的产生和巩固。惩戒教育，则是教育者对教育对象违纪行为进行惩戒，是以教育为前提，以惩罚为手段，具有教育和制裁的双重性质。

在今天提倡个性化和多元化的时代，表扬教育、成功教育大行其道，惩戒教育却愈发展现出爱的教育的本色光芒。有这样一名男生，多次严重违纪，每次他的父母都会到校向老师苦苦求情，庇护孩子。结果，这名男生平时只要觉得学习生活不顺，或者做错了事感觉要被批评或处罚，他就会回家。父母似乎总能为他“逢凶化吉”。但临近高考时，这名男生竟伸手偷窃小卖部的东西，被当场擒住。惩戒教育缺失，“是不完整的教育”，是“虚弱的教育、脆弱的教育、不负责的教育”（教育专家孙云晓），很容易导致教育对象心灵比较脆弱，责任感淡薄，行动易于失范。

惩罚具有教育性。惩戒前要将违纪的来龙去脉摸清，要找准违纪生思想脆弱点，要从违纪行为可能导致对他本人及他人、集体的后果进行训育，训育语言要刚柔相济，要理直据实地予以相应处罚。另外，家校要结成教育共同体，将违纪作为教育的起点和契机，想方设法促进学生的道德反思，鼓励其勇于承担处罚；若是处分，则应设置考察期，考察期内予以跟踪教育。整个教育过程中，以爱育贯穿始终。

我们反对棍棒教育，提倡相互尊重和对话，不为处罚而处罚，但是，我们绝不能放弃正确的惩罚方式。正如约翰·洛克在《教育漫话》中所说：

> 意志里面如果具有顽固不化的成分，如果是一种有意的、有决心的反抗，那么惩罚的分量不能根据他所犯的过失的大小，而应该看他对于父亲的命令不敬重、不服从，究竟到了什么程度；父亲的命令必须永远严格地执行，否则便应不断地加以责打，直至责打的力量达到他的内心，你能看出一种真正忏悔、羞耻和自愿服从的表示。①

教育具有制裁性。学校即社会，学生只有养成遵守校纪的好习惯，踏进社会才可能做一个守法的好公民。违了纪，就要受到相应处罚，绝不能打着人文教育的旗号，姑息迁就，纵容放任。马卡连柯训斥过学生，他甚至也打过一个孩子的耳光，在他看来，只要对学生的精神成长有利，可以运用非常手段。若是处分，还应将处分决定在适当范围内公示，以儆效尤，以示严正。考察期内要及时监督教育，若再违反，加重处分；考察期结束，师生要民主投票，德育小组集体决议是否撤销其处分。

---

① 洛克：《教育漫话（第3版）》，徐大建译，上海人民出版社，2014年，第71页。

# 感恩"大爱"行

各位老师，亲爱的同学们：

大家上午好！

"感恩的心，感谢有你，伴我一生，让我有勇气做我自己。感恩的心，感谢命运，花开花落，我一样会珍惜。"这首《感恩的心》，很多人都会唱。"谁言寸草心，报得三春晖""一日为师，终身为父""滴水之恩当涌泉相报""知恩图报，善莫大焉"……这些关于"感恩"的话，我们耳熟能详。

感恩是灵魂上的健康，没有感恩就没有真正的美德。感恩，是人生的底色。感恩的底色，是良心、良知、真诚、善良、尊重和敬畏。

著名主持人崔永元在一篇书序里说，当他走进北京十一中，看到学生脸上就写着一句话："学校是我的，欢迎你来到我的学校。"这话，从心而外通透着一种极富感染力的自豪和幸福！这是多带劲的一句话！同学们，你看我们的校园多么美丽，我们的老师多么敬业，我们的教育环境多么优越，我们没理由不感恩我们的学校。

上学期期末，我去贵州松桃盘信镇民族中学支教，那儿的教育条件是无法与我们相比的。食堂，是工棚式的，设施很简陋，很多同学是站着或蹲着吃的。吃完饭，要自己拿着自己的铁碗去食堂外的水龙头处洗刷。我发现，有的同学大冬天早上甚至直接用水龙头的水洗头。那所学校没有我们这么漂亮这么标准的操场，只有四块坑坑洼洼的水泥篮球场地。教室的地面基本是黑乎乎的，墙皮许多是脱落的。教学楼都没有厕所，全校一千五百多名学生，课间要上厕所，得到球场边的旱厕去。气温稍高点，校园就会飘荡着厕所的气息。全校大部分学生都要住宿，十几个人一间，条件很差。他们一般是两周才休息一天。我去过 8 所村小学，设施很差，根本没法与我们比。村小学只有一至三年级，一般一个年级一间教室，也有三个年级一间教室的，学生人数最多的村小学有 54 人，也有六七个的，甚至有一个学生一个老师一所学校的情况。一般，一个老师要教好几门学科。小学高年级都要去镇小学，大部分同学也要住宿。

我给盘中的同学看我们学校的照片，他们羡慕死了。苏州是天堂，他们觉得，咱们学校是天堂中的天堂，在这个校园里学习成长，是世界上最最幸

福的事情！甚至有个九年级的女孩，后来发短信悄悄问我，她要考多少分，才能考上苏州的高中。

下面，给大家介绍一位师哥。他是我在盘中学校迎新文艺汇演时认识的，二十多岁。他有好几个身份：一，自己组建了一个乐队，叫“阿雄部落”，他是主唱，主唱苗歌，歌声高亮，特别好听。这个乐队当地小有名气。二，他是当地一幼儿园的老师，是全镇唯一的一个男幼师。三，他还是盘信镇最大村落的村长，正着手搞招商引资搞乡村旅游开发。他是盘中的毕业生。母校文艺会演，他出设备，出节目，跑前跑后，尽力尽力，全是无偿的。这便是对母校的感恩。

“学校是我的，欢迎你来到我的学校！”我希望，我们每个人，脸上都写上这句话，并用实际行动践行这句话！

在盘信，有个村子，叫大湾村，坐落在一个大山坳里。村小学就两间教室，还有个简易的露天厕所。学生大概不到十人。村小学只有一位女老师，姓欧，二十多岁，个子不高，略显单薄，但爱笑，一笑两个甜甜的酒窝，很美，很像沈从文《边城》里的翠翠。见到她时，正是中午，她刚从山那边骑车，带一桶水回来。那儿的山路崎岖，又陡，真替她捏一把汗。她其实是位志愿者，家就在山那边村子里。她一个人，在这个村小学，已默默待了三年，每个月工资只有两千元。感恩家乡，再华丽的誓词，与她默默的付出相比，都显得无比苍白。

再给大家介绍一位老人。我从盘中去镇上的大超市，徒步要走近 40 分钟，来回要一个多小时。第一次购物回来，走着走着，店铺渐少，灯光渐稀，后来漆黑一片，又不时有车亮着刺目的光擦身而过。我背着一包方便面、咸菜，走啊走啊，后来，我确信，我是真迷路了。在距离自己的家、距离大家三千里外的茫茫山区，漆黑的夜里，我迷路了，有点手足无措。正好遇到个老人，佝偻着腰。我努力说明，我迷路了，要到盘中去。老人说的话，我听不懂，我的普通话，老人多数听不懂。我连说带比画，反复解释说，我是来盘中支教的。老人终于明白了，不是指给我路，而是领着我，慢慢走了不少路，拐到距校门不远的地方，才止步。各位，一位素不相识的老人，将我视为当地学生的贵人，慷慨相助，因为心存感恩。

感恩身边的人，感恩我们的学校，感恩我们脚下的这块土地，我们的生活，才会更有故事，才会更有温度，才会更加美好。我们才有资格说，我爱我们的园区，我爱我们的苏州，我爱我们的祖国！心怀感恩之心，颜值才真正高！

老师们，让我们心存敬畏，用心上好每一节课，用心教好每一个学生，用心做好每一件工作，共同实现“享智慧教育，筑幸福人生”的美好愿景！

同学们，让我们心怀感恩，通过自己不懈的努力，成长为具有“厚德、博学、创新、健康、乐观、雅行”优秀品质的独墅学子！

新学期新目标，在前进路上，为每一位同学、为每一位老师，加油、喝彩！

最后，我提议，让我们以最热烈的掌声，预祝初三 56 位同学、六年级 29 位同学，拧成一股绳，搏尽一份力，狠下一条心，共圆一个梦！

我的讲话到此结束。谢谢。

## “小王子”的教育领悟

有一个教育秘密，藏在《小王子》里，请让我，轻轻地告诉你，好吗？

玫瑰驯养了小王子，小王子驯养了狐狸，因阅读了《小王子》，于是你我也便被驯养了，从而，我们彼此就成为这世界众多同类中的“独一无二”了，一种深刻而美好的生命的内在联系得以建立。这种联系意味着爱和责任——使教育如此美好的，就是我们藏起来的爱和责任。

教育，其实就是建立发展一种由外而内的联系。这种联系构建的前提是赋予共同生活以纯粹的美好意义，并且彼此认同，从而彼此需要、彼此呵护。好教育，必有好联系；要更好的教育，必须发展更好的联系。

你和我，拥有为每一个学生成长的纯粹而坚定的责任心，拥有洞悉每一个学生发展需求并睿智满足他的专业心，拥有能把教育生活从烦琐平淡转化为美好温暖的敏感心，拥有与每一位学生共同成长的学习心……我，是他独一无二的老师；他，是我独一无二的学生。岁月虽会老去，名利终会风逝，但是，这种日久弥醇益香的生命联系，可滋养一生幸福一生。

与我们的每一位学生，因某种机缘而相逢在这美丽的校园，彼此驯养，彼此全身心地投入这场有意义的爱恋，成就这世上最美好的事，缔造这世上独一无二的最美校园。这儿荡漾着温馨的气息，演绎着成长的故事，拨发着生命拔节的音符；这儿连生长的痛苦也会散发着甜蜜的芳香，鸟儿的啼鸣总是那么清澈，连一花一草也含着笑。坚硬的冷漠、狭隘的自私、庸俗的名利、

无聊的折腾，只会让清净的校园蒙尘覆垢，只会让纯净温润的心难以安放。而在这童话般的校园里，每个人都能学会"自我驯服"，即找到当下生活学习的意义，并能眺望诗意的远方。就像茫茫沙漠如此美丽一样，校园某处也藏着一眼泉水。找不到这眼泉水，校园就空虚如漠。

园有榉树初长成。一进校门，你就能看到。就像美国儿童作家娜塔莉·巴比特的《不老泉》中，温妮家林子里那棵白蜡巨树一样，它拔地而起，直冲云霄。树冠广阔，树体雄伟，密密的红褐色树叶，在晨曦中婆娑摇曳，旭鸟欢鸣，如金属般合奏……榉下也有卵石，黑、白、红、墨绿、青灰等各色间杂。卵石缝隙，有泉水细细渗出，慢慢汇聚，然后，轻轻流淌下来，流到基下的池里，发生叮叮咚咚的声音。这泉水里，有丰富的营养成分：天真、本然、朝气、好奇、善良、梦幻、快乐……榉树下，"不老泉"，遇到最美丽的教育。

——"这就是我的秘密。其实很简单，我们用心才看清楚，用眼睛是看不见本质的东西的。"

## 教育审美，让校园真正美好

有故事的教育才是真正的教育！

校园应是孩子们的"百草园"、童话世界、游戏园地，应是情感的寄托地、精神的乌托邦。这个园子里的每一座建筑、每一件设施、每一处地儿、每一棵树、每一片叶，都有自己独特的想象、灵性和故事。在这个园子里逢着的每一位老师，都能浸润孩子的心。走进校园的每一个孩子都有一个独一无二、引人入胜，却没有完成的故事。优秀教师知道如何读懂这故事。读懂故事，就是读懂孩子，就是读懂教育，就是读懂自己。和孩子一起愉悦地编织故事，让我们和孩子的生命互相重叠交相辉映。这是教育的意义和幸福所在。校园因为有了美丽动人的故事，激荡着教育的情感、思考、智慧与幸福，从而摇曳生辉……

让校园堆满故事！

在学校微信推送的"独墅故事""卷首语"中，我如是写道。

20 世纪 30 年代前期，朱光潜先生在《开场话》里疾声呼吁"讲美"以解决社会大问题，今天听来，依然振聋发聩：

> 在这个危急存亡的年头，我还有心肝来“谈风月”么？我现在讲美，正因为时机实在是太紧迫了。……我坚信中国社会闹得如此之糟，不完全是制度的问题，是大半由于人心太坏。我坚信情感比理智重要，要洗刷人心，并非道德家言所可了事，一定要从“怡情养性”做起，一定要于饱食暖衣、高官厚禄等等之外，别有较高尚、较纯洁的企求。要求人心净化，先要求人生美化。①

教育尤其是“心”事，尤其要“人心净化”“人生美化”。“审美”，若是针对艺术作品，我们当不陌生；但若是针对我们身边运动变化着的人和事，且是从“教育”视角出发的，那么，“审美”似乎是一个高远而奢侈的词汇。但在当下浮躁功利的教育背景下，“教育审美”因其深刻而丰富的教育内涵，且“时机实在是太紧迫”，当引发整个教育的沉思和践行。

## 一、教育审美，倡导一种闲暇精神

在古希腊，闲暇就是学校，没有闲暇就没有学校。亚里士多德认定：“人唯独在闲暇时才有幸福可言，恰当地利用闲暇是一生做自由人的基础。”闲暇精神，相比闲暇本身，更强调闲适心态和善用闲暇，更强调教育的生命价值和自由创造的提升。例如校园故事的持续表达，从根本上，意欲养育校园人的敏锐感觉和美好心境，从而使其于闲暇中找回自由的心灵，以使教育主体回归。

无闲暇精神，遑论教育心肠柔美。校园故事，不能当饭吃，不能当分数用，但予以审美，绝不是浪费时间。我们需谨防把这种教育审美硬生生地拉回到功利的分数上来，回到实用和科学态度上来。在实用和科学态度之外，在繁乱浮躁之中，多些审美，多些真实真诚，发掘并体验这些美好，如此“无所为而为”，眼光不就会变得柔和些，职业幸福指数不就会高些，校园不就会更令人爱恋些吗？

## 二、教育审美，提升一种育人品格

要上课便上课，要备课便备课，要开会便开会，要填表便填表，对熟悉得不能再熟悉的身边的人和事，没有感觉，或者有感觉没有审美，这是很多人的教育常态。朱光潜先生评价这种状态是“俗不可耐”！一个学科专业素养

---

① 朱光潜：《开场话》，出自朱光潜：《谈美》，中国青年出版社，2021年，第2页。

很硬的老师，可以上堂似乎完美的好课，可以写篇功底深厚的好文，但是，如果不能将审美的情感投注于这熟悉的人和事，不能表达些美好的校园故事，我看，这依然是育人品格上的缺失。富有真诚的教育情怀的审美者，教育生活中有“源头活水”，心中有“天光云影”。

对教育以审美，需要专注、真挚又深刻的品格。第一要具备“和”力，也就是你手头正做的、心头所想的、口头所说的、笔头所写的，是一体的，过的是一种和谐的思考的，而非分裂的或两面的教育生活。第二，要有意义追问的意识，始终对问题和现象背后的意义保持浓厚兴趣和强烈探究力。第三要有转化的本领。万物归一，大道至简，从看到、听到、感受到、想象到的表象表征中，总可以用教育的视角去解读，转化为自己的教育体验和沉思。第四要对教育有种宗教情怀，如教育朝圣者行走，或者有种恋人情意，朝思暮想，如痴如醉。教育审美，就是把教育生活和自我真情用思考慢慢地升华为一盏氤氲的碧螺春，撑一支长篙，向教育最深处漫溯。

### 三、教育审美，积淀一种动人文化

人心硬、人情冷、人际僵，这是缺乏教育审美文化的表现。校园不能是仅有分数和制度的精神荒漠，这儿必须要有审美文化弥久激荡留传。教育审美，其实是种直击心灵的软文化，由内而外，其间产生的自我教育力量是多向多重，更持续，更有效。人的心灵要靠人的心灵来培养，要靠文化积淀。对校园生活持一种真诚丰富而深刻的情感，并且能够保持适当的距离进行审美，我认为，这本身就是一种教育创作，收获职业幸福和教育思考，并得以流传。这些故事在，并且不断有新故事被发现并积累下来，那么，多年后，这个园子对后来者永远还是那么亲切。这便是校园文化的积淀了。

需要特别补充的是，教育审美需要全员参与。教育审美的主体，首先主推我们老师，因为这里有育人的使命和自我发展的需求，但更应通过老师们的教育审美，使更多学生、教育管理者和家长参与进来。这些人，更需要审视和发现、表达和发表——这个过程其实就是自我心灵净化的过程。

## 校园：构建走向生命化的精神家园

学校内的各种建筑和景物，难道仅仅是为师生提供学习和生活的场所和环境吗？我看不止。它们更应是走向生命化的精神家园，是能够通过物我相融、以文化人、故事堆满等方式构建，最终使人与物、人与人的关系从相隔走向相融。

## 一、物我相融

现在大多数学校乍一看，都美得很，可转转、观观、品品，便觉出其中景我相隔的别扭。有一景观，长藤芭蕉石板路，美则美矣，可偏置于校园一隅，众生又被管束得紧，很少来走一走、坐一坐的。若究其意义，我觉得实在寥寥。教学楼前后，除了光秃秃的水泥地外，倒有杂花灌丛高木浓荫，不过无幽径可履，亦无椅凳安臀倚背，只可擦身而过，瞥作观瞻。有学校自称苏式校园，粉墙黛瓦，小桥流水，也有楼亭轩榭，但偏偏缺了最重要的景，那就是学生！景中有人，人融景，人在景里，景化人。人在景中行，人是景中人，人与景有一种情思勾连融通，这才是苏式建筑的精髓。图书室和各实验室一般都离教室远，本来学业又紧又重，借阅图书的少得可怜，除实验课外学生也基本不去实验室。现在大家都争着搞课程基地，花了不少银子，费了许多精力，装潢辉煌，技术先进，设计前卫，但很少见学生来，反而参观者不少，受惠学生很少，反而媒体宣传不少。本为学生而建的校园，却不能应众生所需，被众生亲近和享用，即便看起来再漂亮再高大上，岂不是摆设和浪费？岂不是中空的形象工程？

校园建设，不是为建设而建设，而是真正从学生立场出发，按学生的需求而设，提供一种教育的供给侧，提供重要的教育资源，为学生成长服务，展现的是深刻的生本教育理念。因此，校园建设非要突出以学生为中心的“融”字不可——校园“物”要与学生空间上尽量贴近，时间上要有去亲近的闲暇，还要激发一种想象的力量，从而最终达到一种“物我相融”的生命关系。

## 二、以文化人

校园重景观，也多设置些文化。文化多标语，如校训、学风、教风、校风或办学愿景等，努力让每面墙说话。我曾做过一个实验，课上我先让学生全都向后转，不得再回首，然后问：“黑板和天花板之间的墙上，写了什么？”众生莫不愕然惘然。此室已朝夕相居三载，每日矫首以望不知多少回，何以不知其详？怪哉。众生不能与那文字产生深刻的生命的本质联系，再居几载，再望几年，必仍是视而不见，何怪之有哉？校门内有一榉树，但在学生眼里那只是一棵树，仅是枝繁叶茂、高大挺拔等直观表征；榉树下有校训石，在

学生眼里那只是一块石头，光滑滑的，上刻“独树一帜”，红的。那么所谓的文化建设，所谓挂一挂贴一贴便完事大吉，就实在荒诞不经了。

校园有株桑树。小朋友常来掐摘以喂自己的蚕宝宝。如果就在这桑树下，用童稚体写下《诗经》里好听的桑句，并特别注明《诗经》提到最多的树是桑；或者，就在这桑树旁，让小朋友们盘膝围坐着，共学齐诵乐府《陌上桑》，告诉他们这树下蕴荡着“桑中之约”的自由而美好的爱情，并且告诉他们“惟桑与梓，必恭敬止”这句话，因为这里有孝之礼和乡之情；再或者，在这树旁，和小朋友们一起悠悠然背诵“鸡鸣桑树颠”，让那份闲适自得浸润心间；甚至，还可以在这树下，给小朋友们讲“桑与丝绸之路”，让他们明白，桑，实乃蚕之奶娘、丝绸之路之滥觞、中国传统文化之子宫啊。这样，这桑树，就成为真正的文化了。

比如“树人”，非要研究“树”文化不可。校园里有哪些种类的树？每一种树有什么特征？分别有什么文化意蕴？可创发什么教育内涵？用什么形式把这种文化内涵与学生的精神相融通？是选班级或个人承包呵护“意向树”，还是往“心愿树”上挂自己写上字的丝绸，还是树下朗诵关于树的诗，还是……？是否可以提炼出“树人”理念，比如“时间”“不动”“根基”“向上长”“向阳”“羞避”等？是否可以开发成“树人”校本课程？

园中一物一景一字．仅是使用和被使用的功利关系，总是隔膜共存，不能使众生认识、理解、体验、融通于心的话，那便是没有灵魂的躯壳、纯粹的工具，便不能称为真正的文化建设。真正的文化建设，一定是终极指向人的精神世界，与学生发生一种深刻的生命联系，有一种审美的情感化和人性化。

活的才是真文化，变活才是文化建设。以文化人，文化便汩汩而来。

## 三、堆满故事

曾有个学生就是不愿上学了，总是不停请假，到医院看心理，也看不出什么，家长强制他上学，他便哭闹，便关在房间里，甚至一周不出门。不过到培训机构学习后，他却症状全无。主客观因素很多，但有一点要引起我们足够的反省：为什么他不愿到自己学校呢？因为这儿让他压抑难忍，让他有难以承受之重，特别是学业。要知道，初中生是没长大的大人，心理是非常脆弱的，意志力也是很不强的。但我想，如果他与其他同学建立了一种很积极很温暖的伙伴关系，有人及时帮他排难，有人耐心听他倾诉，有人不时鼓励他，他心里有些美好的教室故事，我敢肯定，他是不可能排斥这个环境的，因为这个环境给了他一种认可感和归属感。只简单地重常规教育和学业成绩，不重伙伴关系，不重学生精神成长，有的学生就会找不到自己的位置，就会让他压抑、憎恶、厌倦，最终选择逃离。

有故事的教育才是真正的教育！校园应是孩子们的“百草园”、童话世界、游戏园地，应是情感的寄托地、精神的乌托邦。这个园子里的每一座建筑、每一件设施、每一处地儿、每一棵树、每一片叶以及每一个同伴，都有自己独特的想象、灵性和故事。在这个园子里逢着的每一位老师，都能浸润孩子的心。走进校园的每一个孩子都有一个独一无二、引人入胜，却没有完成的故事。老师和孩子一起愉悦地编织故事，和孩子的生命互相重叠交相辉映。这是教育的意义和幸福所在。

校园因为有了美丽动人的故事，激荡着教育的情感、思考、智慧与幸福，从而摇曳生辉……让校园堆满故事！

## 当下教育要彰显朴素的力量

对教育的站位，我不属于保守派，也不属于改革激进派。什么派真不重要，重要的是遵从教育规律。看到许多所谓的改革创新，其实是郑重其事地胡折腾。其实所谓的改革者心里也明白这是掩耳盗铃之举，但仍像穿所谓新装的皇帝一样，神圣着，荒诞着，没有戳破它。剪去了大清的辫子，你以为就是革命，拿个文明棍，就装假洋鬼子，可不是鲁迅小说里才有，今天也不少。说这些，并不表示我反对教育改革，对真改革，我举双手赞成，但对扯改革大旗，搞乌七八糟玩意的，我不但反对，而且鄙夷之。另外，还需要申明，我也不是一个教育抱残守缺的顽固派，我也懂得些去旧守正的道理。什么派也不是的我，今天，特别想呼吁下：教育要彰显那些朴素的力量。

这种朴素的力量，蕴含着一种真诚实在，焕发出更加强大的价值。在我们每个人成长的过程中，我们身边的人，一个朴素简单的动作、眼神、语言或其他细节，却给予我们深刻的影响。寻找、唤醒和激发那些朴素的力量，注入有些虚空的教育现实中，汇成强大的教育能量，是我们当下教育人共同的责任。

提到教育朴素，一下子就想到了老徐。老徐是校长，我和他共事仅一年。当时我初从德育处调任校办，和老徐天天接触。老徐似乎也没提出过什么宏大动听的口号，但其质朴无华以身作则的教育管理作风，就像他自然内敛的

性格一样，给人印象很深。高中夜有自修，虽班有值班，但老徐就老在各教学楼层转过来转过去，三节自修，每节他都得过一遍。这似乎成了他每天的健身项目。一发现问题，他就打电话给年级组长，话不多，就说有什么问题。老徐的话却比起那些严厉的批评似乎更有分量。当事人事后知晓，难免羞愧。每周一——也许还有另天，老徐就老早站在校门口。学生一个一个推车或徒步进校门，他就默默地看着，很严肃的样子。但只要你跟他一说话，他往往憨憨、羞羞、灿灿地一笑，然后用很洪亮的嗓门跟你说。早上来得稍迟点的学生或老师，见到老徐候在门口，总觉得挺难为情的。老徐后来调去了宿迁做新校校长，也是一方之福了。模样不张扬，性格也低敛，教育管理也质朴。这种人和风格，在今天似乎已是越来越少了，与扭着腰肢扯着嗓门喊吸眼球自我标榜的太多人相比，就显得寒碜了。这种“寒伧”的人，似乎有一种日久弥深的魅力。

自然想到一位小学校长。听一朋友讲，他遇到过一个难忘的小学老校长，常熟的，常在校园里背着个小筐拾捡地上的被随手扔的废纸。小学生们见了就慢慢自觉了。我相信，不光在那所校园里，就是今后，想随手乱扔垃圾时，脑海中就会现出那位老校长背筐捡纸的样子，也就不敢再扔，或者看到地上被随手扔的纸，也会自觉地拾起来。

你有没有发现，不知从什么时候起，我们看到、听到或说到的新词慢慢多起来，现在就像闹了蝗灾。前段时间去参加规格不低的课程基地培训，三天下来，满脑满耳的，竟是些高大上的概念。事实上，我也郑重其事地抛了不少所谓的新玩意。说实话，那些词所表达的意思，完全可以非常简洁明了地予以表达，但这显得不理论化没品质。现在大家似乎都兴这个，简单的事，你本来懂，经我这么一说，你就晕乎乎了，我的水平就显出来了。这应是件非常丢人的事。我看老辈人写的教育文字，包括苏霍姆林斯基的，觉得亲如晤语，非常好懂。我们可能丢失了骨子里很老实很美好的传统。直觉告诉我，浮躁功利是当今教育的毒瘤，好传统不能断送在我们手里。

除了人和事，校园里那些朴素的美也多被所谓高大上的现代设施给取代了。没了裸露着的泥土，没了可撒野的树林，到处是水泥。

华东师范大学李政涛教授认为，教育的本质一定是静默的，而不是喧嚣的，因为人的成长，是内在的成长，其过程必然是安静且朴素的，而不是招摇和华丽的。虽然，躁动偶尔会主宰人的心灵，但无法遮掩生命生长的静默本质。教育需要安静下来，过于喧嚣的教育已经背离教育，已经不是教育！的确，真正的教育生活，是师生共同体验静默、思索静默、实践静默的生活。

大家知道音乐中有一种叫做休止符的，也有称之为细拉，歌曲乐曲中间的休止符，就是为乐音的进行提供短暂的间歇，从而使整首歌乐更加富有生气、充满动力、节奏鲜明。我国唐代大诗人白居易不是早就说过“此时无声胜有声”吗？就是说此时的休止符比有声的音符还要重要。教育也是如此！静默的教育比喧嚣的热闹的杂乱的教育更加富有生命生气，更加充满动力动能，更有创造力创新性！教育在众声喧哗中会失魂落魄，而有静默的教育，才会成为有智慧灵光的教育，静默的创造力，就是教育的创造力。一位诗人说：“禁闭的唇中含着生存的奥秘。”就是在这样的安静中，学习悄然发生，思考悄然进行，智慧悄然增长，教育才成为教育！

庄子曰：“朴素而天下莫能与之争美。”教育本质朴宁静，你我何必浮华喧嚣。

# 第五部分

## 故事如水：澄澈宁静，真香无痕

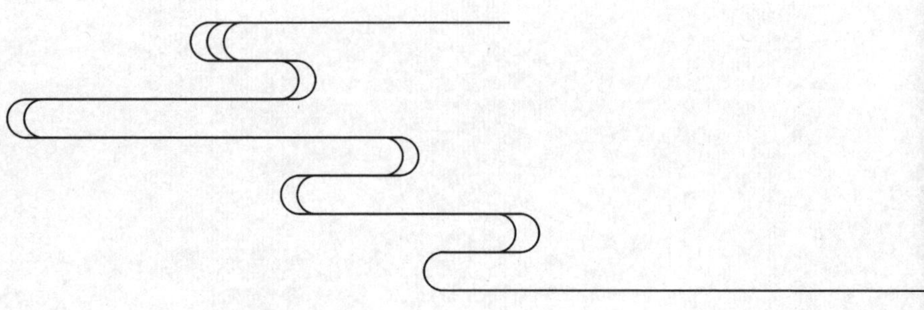

# 第一篇　春风化雨在教室

## 导　读

• 优秀教师有个共同的品质：知道如何读懂故事。读懂故事，就是读懂孩子，就是读懂教育，就是读懂自己。和孩子一起愉悦地编织故事，让我们和孩子的生命互相重叠交相辉映。这是教育的意义和幸福所在。教室因为有了美丽动人的故事，激荡着教育的情感、思考、智慧与幸福，从而摇曳生辉……让教室堆满故事！

# 书香袅袅，真爱融融

## 一

讲墨子的《非攻》，我先讲“止楚攻宋”的故事，讲得眉飞色舞，绘声绘色，极尽能事，学生们自然听得津津有味，笑声不止。然后，我再讲墨子，说他面目如何黧黑，然后说：“墨子，无论是在‘理科’还是在‘文科’，都有着很深的造诣呢。他为‘力’下定义——‘力，形之所奋也’，比你们物理课本上的定义强多了。弹性力学、小孔成像、杠杆平衡原理、滑轮受力、斜面受力等，他呀都做了详细阐释呢。不止如此，他木工做得好，制瓷手艺棒，冶炼水平高，皮革工艺牛。匪夷所思的是，他创立的墨家学派是中国最早的民间武装团体，是个军事家、教育家，伟大的思想家啊——兼爱、非攻、尚贤、尚用、节用、节葬、非乐、非命、天志、明鬼十大政治思想主张，就是在今天，也是意义重大啊……”火候已佳，我自然就不失时机揭开谜底，亮出我带来的《墨子》一书，挥舞着说：“同学们，你想知道有关墨子更多更精彩的故事吗？想更深入地理解墨子的思想吗？我强烈建议，到图书室找来有关墨子的书，好好过把瘾，精彩不容错过。”

后来，果然就发现有学生借来了看，还有的小懒虫从我手里借走了去读。想想，真有些得意忘形了。

## 二

有学生问，《廉颇蔺相如列传》中“其势必不敢留君”的“势”字如何翻译？我说：“‘势’字呢，有很多义项，比如‘情势’‘形势’‘势力’等，这些我感觉不够味不够劲，但确又找不着个恰如其分的词来解释，别着急，我想你最好读读《孙子兵法·势篇》，你会有更深刻的理解的。”后来，我问他读了没，他说读了。我又说：“有人说其他几篇比《势篇》还厉害，比如前天学的《烛之武退秦师》就应了兵法中‘百战百胜，非善之善者也；不战而屈人之兵，善之善者也……’一句。”我很得意地说：“我也曾有诗句抒发个人情怀——‘自齐及吴以长居，常羡穹窿之峻，叹兵圣之思……’”

学生未等我说完，笑着说：“侬在读着呢。”闻言，乐陶陶也。

## 三

学生写议论文在考试中得分普遍低，杂文却均分高出不少，所以，多读些杂文多试着写写杂文，就成了《拿来主义》的教学目标了。课文学完了，规范也略知一二了，但不多读几篇杂文，怕是写不来的。所以，在班上我就挥舞着我的《经典杂文》说："好书啊，又便宜，才三块钱。"接着，我就给孩子们读了一段有关厂家给蛋起名叫"王霸蛋"的文字。学生喷笑。我接着说："还有一本相当畅销的杂志，叫《杂文选刊》，相当便宜，相当中看……"课后，有学生追问我，哪儿可以买到《经典杂文》《杂文选刊》，有人干脆就把我的《经典杂文》借了读，至今未归还。归期遥遥，其乐滔滔。

## 四

《谏太宗十四疏》尾句提及的"无为之大道"，掩卷沉思，让人神往不已。于是，就把"萧规曹随，无为而治"那档子事儿以文言的形式印在学案上供学生享用。课堂上，我油然而发，旁征博引，左右疏通，情之意之，感慨良多。劲儿也憋饱了，我就说："我们知道'无为'和'道'是什么了，可'无为而治'就是什么也不做吗？'无为'和'有为'之间是什么关系？'无为而治'要具备怎样的条件呢？如此种种问题，要解决，就不能不去图书馆找资料。首先，你就不能不去找老子《道德经》细细读读。"最后，我就"洋洋得意"地背诵："道可道，非常道，名可名，非常名。无名，天地之始，有名，万物之母。故常无欲，以观其妙；常有欲，以观其窍……"。学生呢，自是有些羡慕了。于是，就有学生到我办公室，赖着我给他打印《道德经》了。

学生吩咐的事儿，我是放下手里的活立刻就做，且做且喜。

# 文里文外话男人

讨厌没男人气的男人。

课堂上有男生回答问题，细声慢语，就像从地底下飘出来的，我就会暴跳如雷，就会劈头盖脸地呵斥："拿出点男人的气概来！"我常说，中国出了姚明和刘翔后，男人总算是稍稍挺挺腰杆了，咱男人够寒碜了，可不能再糟蹋"男人"这个伟大的称号了。

看到谁走路弓着腰，或者撇着腿，或者左右晃着身子，我就会叫住他，

传授男人走路诀窍：收腹—挺腰—抬头，除了让人家走两步外，还正告人家说："男人的气概，就是这么走出来的。每次走路前，先默念三遍。"

讲朱自清的《荷塘月色》所引用的《采莲赋》时，我的看法让孩子们统统晕倒。先把赋写下：

> 于是妖童媛女，荡舟心许；鹢首徐回，兼传羽杯；棹将移而藻挂，船欲动而萍开。尔其纤腰束素，迁延顾步；夏始春余，叶嫩花初，恐沾裳而浅笑，畏倾船而敛裾。

我引导学生理解"荡"不仅指小船儿摇来摇去，还指那"妖童媛女"心儿摇曳；"徐"回，虚写人儿依依不舍；藻"挂"，突出人儿缠缠绵绵，丝丝连连，难舍难分……接着，我说："读来一点都不美，就像吃块肥肉，腻歪得很，不干脆，——你说，到底嫁不嫁给我？来句利落话，别扭扭捏捏的，楞整那没用的，快点。"听这话，学生能不晕？我接着说："我不喜欢《荷塘月色》，情缓中正，絮絮叨叨，像个老太太，没多少男人味；我喜欢他晚年，慷慨激昂，掷地有声，铮铮就是个爷们儿。"于是，我下命令，男生把全文撕掉。这些家伙个个都傻了。——结果当然没撕。

再论《林黛玉进贾府》时，我又旧病复发。先把写宝玉的那儿句话拎在这儿：

> 面若中秋之月，色如春晓之花，鬓若刀裁，眉如墨画，面如桃瓣，目若秋波。

"女人味儿太浓烈，恶心！"我先抛出自己的结论。孩子们有点气愤。我说："我是有根据的，听我细细道来。"接着，我们就一起探讨："面如中秋之月"，脸是圆的，是光洁的，是白皙皙滑腻腻的，不是男人的脸，男人的脸是粗的；"色如春晓之花"，看来，色嫩，肉娇，还有点渺渺的香味儿，不是秋夏的浓烈呛人，这不是男人；"鬓若刀裁"，是二月春风天然而成，那么齐整，怎是男人？男人的就该蓬乱些、随便点；"面如桃瓣"，人面桃花，白里透红，怎是男人？男人的脸就要黑黝黝的；"目若秋波"，秋波盈盈，转盼多情，阴阴柔柔，怎是个男人？男人的眼要有情，但更多的是刚毅坚定。有学生与我争辩说，这是黛玉眼中的宝玉，是"情人眼里出西施"。我质问说："你说，黛玉能把我看得那么有女人味儿吗？不能。为何？关键是原材料。宝玉自身就浸着股子女人气。把个血气方刚的男子汉给折磨成这么个腻歪的玩意，不能不叫人想到龚自珍的《病梅馆记》。封建礼教害人不浅，吃人无数啊。——你说那个黛玉也真是的，非看上这么一个人，光看还不够，还想入非非：'虽怒时而若笑，即嗔视而有情'。难怪说是病态。"

后来，有位学生有感而发，洋洋洒洒写了篇《男人就应该粗糙些》的美文。我奋笔疾书作评：

“让每个男人记住：你是男人！”

## 我不懂你的温柔

学生回答问题时声音普遍不高，而且，年级越高，声音分贝整体越小。老师似乎多不在意，好点的是贴着学生的老师重复学生刚说的，最窝心的就是不重复，你一言我一语，聊得让其他所有学生如堕五里雾。也有反复提醒大声点的，但收获的是无奈。也有急红眼的、训人的，但你急，学生不急，当然也能强迫学生大声点，但顶不了多少时候。当然，也有微笑着，变着法子激励的，但人家愣是不买你的账。

小孩子逐渐长大，心里藏着的“怕”也会长大。守着这么多同伴，说错了，出了丑，颜面会扫地。如果他很肯定自己的答案，可能分贝会提高点，但问题是，他就是知道答案，声音也怯弱无骨。最难耐的是细皮嫩肉的“伪娘”，总是轻声细语，近乎柔媚。此番阴气，此种气场，一拨一拨，一茬一茬，一届胜过一届，且为之奈何？

我多次遭遇课堂阴柔功的摧残。那是三年前的事了，因苏州市高中语文优质课评比之故，我班学生被借用。上课的老师是位男士，但一讲话，情意绵绵又殷殷，语言轻轻又飘飘，如缕不绝，如坐针毡，感觉不久自己就要发疯了！这位温情脉脉的男老师，请丁学生起来回答问题；丁悠悠地先欠起身来，终于站直了，但声音极细极柔极软，絮絮叨叨，腻腻歪歪，聚起全部精神来听，也难闻其详。我有些火了，死死地盯着那两位似水柔情的师生，牙咬得嘎吱吱响。我又炸着头皮“享受”“春风化雨”。但过了一会儿，男老师又提问一位袁学生，袁学生身材很棒实，弓着身子，身子似乎柔美无骨，声音同样柔美无骨，竟还有点嗲甜。教室真是静啊。但我感觉自己似乎要爆炸了，我直想冲上前去，把他拎起，一脚踹出门去。这都是哪号子男人？课一下，我就喝住丁某和袁某，就在师生来来往往的走廊上，训斥。我狠狠地压着火气，以免失态，所以声音不大，但是，语气里仍是溅着火星。平时，朱某走路是拉着屁股伸着个头，丑；彭某，动不动像个乳儿一样啃手指头；游某，独占两个课桌还乱得像买破烂的；王某胖乎乎的倒蛮可爱，可考试总被落在最后……课堂上能主动回答问题的，几乎是女生，回答起来声音多强劲

如弹面，男士们一个个多木木地低着头，唯唯诺诺的，就是回答，声音也给人以“沧海之一粟”的感觉。看考试成绩，哎，前十名几乎全被女生霸占了，后十名几乎全让男士们拥有了。我召开了全班“男子汉会议”，严正指出一些与男子汉称号极不符的劣言劣行，并要求真正重视生活细节，站如松，行如风，声如钟，用行动来证明，用事实来讲话，证明自己是个真正的男子汉。但没多久，阴柔依旧。

我十分怀念六七年前一个“女汉子”。当时课上玩辩论。你看她，忽地站起来，蛾眉一横，皓齿一启，明眸一瞪，用手指着敌营中正慢条斯理地“辩论”的大男生，迎面暴呵一声：“你给我闭嘴！”大男生一怔，全班皆怔，就在这肃静的空当，小女生情绪激昂，义正词严，铿铿锵锵，对敌营进行了狂轰滥炸。（事后有学生纷纷表达了自己由衷的敬意，有说“君不见黄河之水天上来”的，有说“飞流直下三千尺，疑是银河落九天”的，有说“大珠小珠落玉盘，嘈嘈切切错杂弹”的，有说苏秦张仪口舌之纵横捭阖之势……总之，大家的确臣服了。）“敌手”终于有所醒悟，于是便想辩论：“你……”不料，小女生立刻手一挥，敲着桌子说：“你什么你！你给我闭嘴！”然后，头一昂，继续自己的演讲。“敌手”乱了阵脚，搔着头皮，红着脸笑。过了一会儿，“敌手”似乎意识到应该挽回点颜面，于是想“进攻”一下：“我……”小女生手一指“敌手”，大声批评道：“我什么我！我不是让你闭嘴吗？”说完，抿着小嘴得意地笑了。全班哄然大笑。“敌手”也笑着坐下了。至今想起来，还想笑。

但到底怎么解决呢？而且，你会惊讶地发现，那些阴柔如斯的男生，课一下，师一不在，就往往原形毕露，呼啸打闹，一扫斯文。

## 教室来了一只猫

初寒料峭。早读时间，教室里本应“蛙声一片”了，可今天却无一人读。大家见我来了，就指着丹雪处冲我笑。丹雪、晶瑶、一冰等几人都站着。我忙过去，问：“怎么了？”丹雪纤手一指，我才发现，原来她的桌洞里竟然趴伏着一只猫。那一定是只流浪猫，而且肯定是昨天中午珊珊在教室外拿面包喂过的猫妈妈。我第一反应就是想撵它下去，可它很执着，就是不动。我说：“真是只爱‘学习’的猫。”搔搔脑袋，也没别的法了，于是我只好把丹雪桌面上的东西放到晶瑶桌上，想把桌子抬出去再赶它出去。丹雪笑笑说：“不要，我在那张空桌上读书就行了。”于是“涛声依旧”。

早读快下了，我到了一班，恰见某男埋头啃蛋卷，还剩一大口，于是说：“别吃了，给我吧，我要去喂猫。”此男眼盯着剩下的蛋卷，依依不舍地说：“我还没吃饱哩。”我笑着很“蛮横”地夺下，兴冲冲转到三班。丹雪已端坐在自己的座位上读书，而那只猫正蜷缩在啸天和松宇之间的书包上打盹呢。我把掠来的食物小心翼翼地放在它跟前。它略嗅嗅，然后瞅瞅我，继续睡。我把食物往它嘴边再凑凑。它又看看我，然后，再嗅嗅，舔舔装食物的袋子，再闻闻食物，终于小口咬了一下，然后，调整好姿势，终于大口大口地嚼咬起来。猫吃得正酣时，常会发出低沉的“唔唔”声，可它没。可怜的流浪猫，怕是有好久没觅到食物了吧。

中午我到班转转，发现教室后角落里，放着一只小盆儿，盆儿里几条鱼骨头，盆旁放着饮水机龙头下的水盒，盒里盛满了水。教室里挺静，有的做作业，有的伏在桌上休息。我笑笑，然后走了。

下午第一节课是语文，课前五分钟照例是时评。小鄂跟小邱略作争执后，小鄂捷足先登。她话题的引子竟然就是早上访客——那只流浪猫。小鄂说，这只猫毛茸茸的很可爱，大家轮番奉献早饭，它也把教室当家了，在啸天书包上美美睡了一上午，有只猫真温馨啊；大家也对生物老师赶猫的行为正义声讨，以前也有摩登女郎用高跟鞋践踏猫的事，也有把猫绑在电线杆上烧的，专门逮猫卖肉的也有，惨无人道；有同学提出要收养这只猫，善心固然可鉴，然而，有待商榷。小鄂讲得很精彩，我对她能敏锐观察和深入思考生活事件的做法感到特别高兴。我说：“其实我们如何对待这只猫，如何对待每一种动物，实质上，就是我们的爱心、善心和教养的真实考量。我不知道有没有‘生物伦理’这个说法，但是，善心，这个作为人的最宝贵的资源和财富，我们要珍而重之。”我手边正好有闫学老师的《跟苏霍姆林斯基学当老师》一书，书里引了泰戈尔的《同情》，我读给学生听：

> 如果我只是一只小狗，而不是你的小孩，亲爱的妈妈，当我想吃你的盘里的东西时，你要向说“不”么？
>
> 你要赶开我，对我说道，“滚开，你这淘气的小狗”么？
>
> 那末，走罢，妈妈，走罢！当你叫唤我的时候，我就永不到你那里去，也永不要你再喂我吃东西了。

没有一个学生不会为这个小孩子的澄澈纯粹的善心而感到温暖的。温暖之余，我们这些所谓的“现代人”应自知丑陋。教育的概念满天飞，而最最基本的东西，却没扎下根，真是对我们教育的讽刺。现在给我的可爱的学生

们讲讲苏霍姆林斯基吧。闫老师的书中有，我读读：

> 一只受伤的小鸟，一株在风雪中挣扎的幼小的菩提树，一朵盛开的昙花，这些都曾感受过那一双双小手轻柔的抚摸，经历过那些清澈的蓝眼睛、黑眼睛、灰眼睛的充满爱意的注视。孩子们给断了腿的小鸟疗伤；把被遗弃的小猫送去暖房；给孤独的老人送去他们亲手煮的粥；在小树的周围堆满和雪，以帮助它度过漫长的严冬……

这难道只是教育的童话吗？为什么真诚的善心常常成为讥嘲挖苦的对象呢？我的孩子们，你们好样的，我向你们致敬！

下午第四节课，推门听课，我照例去自己班。老孙的课。课正听着，那只大猫噌地跳到晶瑶腿上，蹲下来，开始慢条斯理地舔舐洗漱。它身上有些湿，还发出难闻的味道。晶瑶并不受多少影响，依然认真地听记。不过，夹杂着鱼腥的味道，确实不好受，晶瑶只好捏住鼻子。我就坐在她旁边，和她同看一张讲义。我看不下去，就让她往后靠靠，直直身子，让猫到地上去。她照计做了，猫终于落地，我心里一块石头也落了地。终于，没过一会儿，老孙终于发现了那只猫，就想往外赶它，丹雪忙笑着说："过分啊。"老孙手一挥，装作要打她的样子。老孙提醒说，流浪猫很脏，细菌多，不能近身的。大家笑笑。课照上。那只猫听不懂老孙的英语啊，就常"咪咪"地叫几声，开始老孙就停下话头，蹙蹙眉，顿顿后再说；聪明的猫呢，就大胆地用"咪咪"来回应老孙，但老孙和大家也习惯了。课并没受什么影响。

一只流浪猫终于找到了"家"，这儿，没有嫌弃它，它没有任何被虐杀的危险，它可以自由地来去。我常遐想《项脊轩志》里说"小鸟时来啄食，人至不去"的和谐美，但今天，就在我的教室里，我的孩子们与这只猫之间所发生的故事、故事中的细节、细节背后的相互信任，让我感到无比幸福。

最后，把我自己的心肠、寄予孩子们的话，以及对所有读到这些文字的读者的祈愿，仅以狄金森的几行诗句寓之：

> 假如我能使一颗心免于忧伤
> 我就没有虚度此生
> 假如我能使痛苦的生命有所慰藉
> 在酸辛中获得温情
> 或是让一只昏厥的知更鸟
> 重新回到巢中
> 我就没有虚度此生

# 让朗诵飞翔

剑有剑气，字有字气，人有人气，文也有文气。文气何来？朱光潜先生认为，古文家教人作文最重朗诵，因为想得古人之气，不得不求之于声，即要求之于声，就不能不朗诵。

课堂上让学生读几个课文片段，始而嘤嘤嗡嗡，如老僧昏昏然念经，我便戏曰，诸君不在教室。继而再读，如窗外寒雨凄凄，我再戏言，还在来教室的路上呢。转而再读，如群马踏石板，哒哒清脆，此起彼伏，我止之而曰，路漫漫其修远兮，君等尚需要努力再努力。再读之，如群蛙奏鸣，不由入“稻花香里说丰年”之境，我仍曰，快到教室里了。再读，如风驰电掣，如雷电交加，我凛然而立，昂然而笑，笑而不语。

佳文，如果不朗诵，就如精美的钢琴没人演奏。要朗诵，就得苦下心思，细细揣摩，读得就要像寒山寺的钟声那样神韵袅袅，不绝于耳。要想读好，我觉得，最好要配上乐曲。这取决于两个条件：一是你对文本是真下了功夫的，不仅对内容烂熟于心，而且对冰山下的内涵和情感的把握准确、到位，有个性化的理解；二是你要对古今中外的乐曲有较为广泛和深刻的掌握。对前者，我深谙其道，对后者，我却是捉襟见肘如黔之驴了。一个乐盲，只能在网海中淘啊淘，偶尔，也能淘出个曲子，吟着文字咂摩，真赛若天仙配呢。比如“肖邦E大调”一放，那么舒缓那么优雅而素净，这时，读读《肖邦故园》最后几段吧，多么和谐啊，仿佛你就漫步于那个朴素、淡雅的故园，园中飘荡的是轻柔的曲子，你整个身心完全沉浸其中，你已幻化成曼曼音符，还有整个故园。读罢，学生回味无穷，欣喜不已，直呼过瘾。没有十足的把握，我是不敢放肆地乱点鸳鸯谱的，否则，文非文，曲非曲，活活糟蹋一番，既恶心，更不可宽恕。所以，我就得花一个晚上找首曲子配上爱徒陆子惠的美文《荒原狼》供她在课上读，辛苦自不待言，单是意外猎取马连·修恩的《血狼》曲，就激动万分了，更不用说，在静夜清楼，一人饱尝朗读的极乐了。

然而，这样的机缘并不很多，所以，还得把心思投注到清读上。清读，如清唱，清澈如溪，最见功力，想掩饰，想蒙人，就会毕露于光天化日之中，叫大伙笑话你。

唱歌，我最怯，可朗诵，却钟爱有加，有时课堂上卖弄后，竟也博得学

生的掌声。因此，我对那些不能放声读、不能用情读、不能用心读的，就有些气愤，有时甚至用拳头擂讲桌暴跳。一男生轻轻地、柔柔地、细细地朗诵："我来了，我喊一声，迸着血泪，'这不是我的中华。'""不对，不对！"我实在难以忍受，迸着血泪，厉呵一声："闭嘴！不对！不对！你就是闻一多，记住！看看你的中华吧！你可不是个看客！你是个中国爷们！重读——"男生有点怕了，担心我会冲过去把他撕烂。男生用力刚喊了两句，我忽地打断他："不行！重来，要喊！"男生带着愤怒（事后我回味时总觉得这愤怒源于我）山崩地裂地大喊："我来了！……"我如释重负，长吁一口气，击着掌连说："好！太好了！……"有时真地忍不住要大发雷霆。学生读辛弃疾《破阵子》，糯软腻歪得很，我便有些恼，说："你把这么一首充盈着男人味的词，读到这地步，是对稼轩的不敬和羞辱。你连那伟大的灵魂都触及不到，嬉皮笑脸地读，实为无礼无德。"现在普遍的现象是学生声音软塌塌的，没点骨气。

文章，是活生生的生命，谁敢虐待？但时时就有学生斗胆试法。有个学生自告奋勇背诵舒婷的《祖国呵，我亲爱的祖国》，她读得飞快，令人怀疑有狼要咬她的脚踝，而且一点停顿也没有，像条绷得紧邦邦的钢丝线。这位终于奋力甩掉恶狼抵达胜利彼岸的女生，高傲地昂着头，踌躇满志，期待盛赞。所有同学都被这精彩的"脱口秀"折服了，都瞪着眼睛"唏嘘"不已，不由地就热烈鼓起掌来。我急了，一敲讲桌，喊道："谁都不准鼓掌！"学生全愣住了。"你背过了，是应该的，是分内的事；你背得流利，是应该的，也是分内的事。分内的事，你做了，为什么要鼓掌？鼓掌说明什么？你佩服人家，佩服的背后是推卸责任，是表明自己没背好。这种风气不好。——更何况，背得并不好。"我很严肃地说："好文章，你要用真心真情触及。用情！要'沉浸'！——谁不认识这几个字？谁不能多花个几分钟背这几个字？可谁又真地能做到与这些字心心相印呢？这是生命，不是让你耍弄的玩具！"我有些控制不住自己的情绪了，勒令孩子们把第二册书拿出来，翻到第一百零八页。我抓过前面一学生的课本，大声齐读这一段：

> 先生的讲演，到紧张处，便成为表演。他真是手之舞足之蹈，有时掩面，有时顿足，有时狂笑，有时叹息，听他讲到他最喜爱的《桃花扇》，讲到"高皇帝，在九天，不管……"那一段，他悲从中来，竟痛哭流涕而不能自已。他掏出手巾拭泪，听讲的人不知有几多也泪下沾巾了！又听他讲到'剑外忽传收蓟北，初闻涕泪满衣裳……'，先生又真是于涕泗交流之中张口大笑了。

我让孩子们读了两遍，然后说："朗读，就如与人沟通交流，要真诚相见、真心相待，不能马虎啊。”

班内曾组织过一次新诗朗诵会，那是世上最好的朗诵会。也是一结束，我就找到峻玮促他快去买“棒棒糖”，一人一根。那天我还写过一段文字，后发给全班看：

你也许欣赏过央视的《新年新诗会》，但你一定没有欣赏过我们班的新年新诗会。学生酝酿、策划、组织，也就有四五天时间，课余挤时间，求老师电脑用，选择音乐背景，做精美的PPT，反复朗诵，设计动作，所以，才在今天推出了我认为世上最精彩的诗会。我们没有办法录音，没有音响设备，没有舞台服装，只是课桌往四周一拉，大伙一围，就开始了，但我认为这是世上最好的诗会。也许朗诵得很幼稚，甚至有的还称不上是朗诵，只是捧着书或是攥着小纸张读出来，甚至很胆怯，胆怯得忘了词，也许动作很僵硬，甚至有点画蛇添足，但我认为，这是世上最好的诗会。成长中的他们，用他们特有的青春的音质，以及他们所迸发出来的激情，照得他们前程一片光明，也照得我的心亮堂堂的。诗歌，最好不要讲，要吟诵；也只有在吟诵的过程中，才能有所悟，反复吟诵涵泳，感觉总是很鲜活。鲜活的东西，是因为有生命，而这生命恰恰是学生自己赋予的，别人给予不了。最关键的是，在多少年来语文课满堂灌、对文本条分缕析的应试环境下，此刻，在他心里，种下了一颗爱诗的审美的种子，他能爱上这美妙的语言，他能在爱的过程中陶冶性情，他甚至能在内心里倾听自己天才的回声。有比在学生心里种下真善美的种子更重要的吗？从他们欣喜的情不自禁的表情上，从他们热烈的掌声中，从他们欣赏的眼眸中，你都可以肯定：诗，已扎根于心。现在很多论文在痛斥“诗歌除外”的做法，但我以为，诗，这天地间的精灵，这真善美的化身，这人类的母语，有比让她栖居于学生的心灵更重要的吗？诗，是你想从语文中剔除就能剔除得了的吗？诗意的语言、诗性的思维，在作文中大放异彩的话，是多么容易得高分啊。“诗意是文学艺术的精髓”，——诗，不一直在考吗？而诗意的生活与人生，不正是我们所追寻的吗？生活没有了诗，该有多么枯燥；人生没有了诗意，该有多么无聊乏味？让我们一起诗意地定居于大地。

艾青曾说：“一首诗是一个心灵的活的雕塑。”那么，让我们用真情的翅膀，让朗诵飞翔吧。

# 老实交代

（善教者）视徒如己，反己以教，则得教之情矣。所加于人，必可行于己，若此则师徒同体。人之情，爱同于己者，誉同于己者，助同于己者。学业之章明也，道术之大行也，从此生矣。——《吕氏春秋》

“老实交代，连续两天的早读到底做什么了？”

那是几年前的一节课，检查学生背诵，连叫了四个，没一个能流利地背下来。我有些愤怒了，暴露着恨铁不成钢的神情。接下来，我让平时最用功的学生背，结果，背得磕磕撞撞柔柔弱弱。我猛喝一声：

“行了！”

接着，我用沉默回应着惊恐的学生们。我没有在沉默中爆发，因为意识到训斥可能有些愚蠢，而是语重心长地分析多背诵些诗文具有多么深远的意义。

我的话大致有三个要点。

第一，大量的实例证明背诵很重要。古代的有：孔子反复诵读《周易》以致韦编三绝；白居易昼夜苦读以致口舌生疮：韩愈焚膏继晷，少年时便通六经百家之学。现代的有：郭沫若在3岁时就读熟了唐诗、千家诗，11岁时已经对先秦最具代表性、最优秀的著作烂熟于心；巴金12岁时，就能背出好几部书，其中包括《古文观止》；钱钟书和陈寅恪在少年时代就读熟古文数百篇；苏步青在小学毕业时，《左传》和《唐诗三百首》两部书他能倒背如流。最后我说，为什么我们就背诵这么几篇反而背不下来呢？

第二，间接引用名人警语。我说，郑板桥说，人们都认为我记性好，其实不是那么回事，我只不过善于背诵而已；我读书，一定会读上千上万遍，所以船上、马上、被子里，都在背，结果有时吃饭时忘了筷子，有时对别人说的话心不在焉，也忘了自己说的话。当然，我也少不了用“时间像弹簧或像海绵里的水”之类的话来告诫学生们。

第三，深入分析背诵的好处。我讲了三点：其一，好文章背诵得多，灵巧的修辞、畅达的造句、铿锵的声韵、周密的谋篇，自然内化于心，表达时就可以得心应手；其二，背诵得多了，“胸有万汇凭吞吐”“腹有诗书气自华”，这对塑造个人气质很重要；其三，高考要考默写。

我很为我的精彩演讲而自豪，正想再卖弄一下时，忽然一个男生怯生生地举起手，脸上透着狡黠。他试探着说："老师，我能检查一下你吗？"

全班愕然，接着一片死寂，死寂中我分明听到了几个学生努力压抑自己幸灾乐祸的笑声。

所有的学生都在盯着我。

我身上忽地一麻，出了一身冷汗，脸烧得热辣辣的。我努力保持镇静，脸上始终挂着笑容，虽然那笑容多么僵硬。这时，我完全可以暴跳如雷，痛斥那个以下犯上的坏小子，课后，我完全可以把他揪到办公室训话。然而，理智告诉我，不能那么做。

"同学们，我老实交代，我确实没背过。我知道工作忙只是找借口。刚才我说的那些话，我不会收回，只是与同学们一起共勉。当然，我接受同学们的检查，只是恳请能在中午时间，请你和班长吧，一起到我办公室，你俩坐着，我站着，好吧？现在，我郑重宣誓，今后凡要求大家背诵的，任何一个学生都有权检查我的背诵情况。"

这时，全班沸腾了，热烈掌声经久不息，而那个"坏小子"巴掌拍得最起劲。掌声给了我最大的宽容和信任。

那天中午，他们没来检查我的背诵。后来，我常琢磨这事，觉得自己真应该中午主动到教室找到他们，当面背诵给他们听，或者在下节课上，主动背诵给全班听，结果不了了之，感觉自己似乎有些耍赖皮。

此后，凡是要求学生背诵的，我尽可能在课前背熟，那些背诵难度较大的，尽量在课堂上背给学生听，不过，若实在没时间去背或没背熟，就老实交代：

"同学们，我老实交代，我还没背熟，但是，我一定会在下节课之前背熟。"

## 我"消失"了

周二中午我路遇团支书丹雪，就对她充满神秘地说："我有一个阴谋——我准备从班内消失一段时间，你说，班内会不会大乱呢？"丹雪含笑听完我的话，听完我的"阴谋"后笑得更起劲儿了，连说："没问题啊，你消失你消失。"

"无为而治"是我做班主任的梦想。记得一次班会课上，我鼓动全班同学把我的班主任职务罢免掉，因为班委尽心尽责，因为每个同学恪尽职守，因

为整个班级井井有条，我简直就是个多余的人。由于种种原因，我还是挂着班主任的头衔一直到他们毕业。但是，我应该是全校最清闲也是最幸福的班主任，看着其他班主任为常规考核锱铢必较牵肠挂肚时，我喝着茶水为他们感到难过，看着其他班主任劈头盖脸怒不可遏地训斥自己的学生时，我与学生亲切地聊着天并为他们感到不解。创建一个不需要天天为常规操碎心的班主任，班级管理无班主任化，班级实行完全自治，对学生是一种自我管理和自我教育，对教师也是一种解脱和解放，毕竟与学生的精神交流才是最重要的事。“无为”，是不去做那些剥夺学生成长机会又耗费自我生命的事；有“无为”必有“有为”，“有为”就是用爱与智慧和每一位学生精神拥抱，促进学生健康全面而幸福地成长，从而同时推动自我健康而幸福地成长。

周二晚自修前，我在教室向全班同学宣告了我要“消失”的消息。消息一公布，全班立刻沸腾了，大家都感到莫有的新奇。我的“消失”宣言发下：

同学们，从开学以来，高一（3）用事实强烈震撼了全校。你看，宿舍天天加分，把其他班都馋红了眼；教室多整齐清爽，无可挑剔啊；晚自修教室多安静，大家学习多投入，谁路过不竖大拇指啊；跑步，全校数我们跑得最整齐啦……我为你们每位同学感到自豪，三十一个人一条心，我们还将成为全校有史以来最优秀的班集体！你们每一位都是我最优秀的学生，并将成为全校最优秀的学生！和你们在一起，每天我都感到幸福，大家也看到我多么幸福了。我想，天底下胸怀大志的人是不需要别人多‘管’的，知之，行之，乐之，人人尽责，人人尽能，愉快成长，幸福学习，既享受自由，又自求严格，只有这样，才能凝成最优秀的班级，——今天我们还有一段路要走。同时，请每位同学换想一下，以后你做了董事长、总经理，是否希望天天忙得‘死而后已’呢？对，不会。你是否希望你们的小强老师呕心沥血，累得偶尔吐口血呢？不会。你看，我现在教两个省招班语文课，又在德育处，还任备课组长，还有家庭那一摊子，够累吧？你们有责任保护我，有责任解放我！解放我，就是发展你们自己！所以，我今天决定，暂时消失，班级实行完全自治。这是个很大的考验啊，不仅是考验班委同学，也是考验每位同学。我完全相信你们，在我消失的几天里，你们做得比我在时更棒！有没有信心？

全班鼓掌，纷纷挥舞着手向我告别，连平时羞赧少语的小女生也兴奋地说“Bye bye”“See you”，我道一声“沙扬娜拉”飘然而去。

晚上回到家，又给全体家长发了一则短信，内容如下：

晚上好。我和全班达成一项协议，这三天，全班实行完全自治，我

“消失”（除了上课）。您当面或打个电话鼓励下孩子。还有教室门前树上，你孩子系了丝带，有感恩和励志的话，您若来了，去瞅瞅，再鼓励下孩子。谢谢您的配合。

不一会儿，就收到一些家长的回复，纷纷支持，其中啸天、啸尘的家长回复说：“非常感谢老师良心用苦，这正是教育之本！”家长们这么理解和支持，我感到很温馨和自豪。

我憋着不到班里去。说实话，早读、午饭后、晚饭后，我是常到班去走走的，我觉得那是一天中最放松的时光，可以和学生聊聊天，开开玩笑。现在，我只能忍着。跑步，我也不像往常那样和自己班一起跑了。我去指点其他班的跑步，比如要注意班与班间距、班内前后左右间距要小、手臂摆动要到位规范等。可我心里老装着我的班，——我瞅见他们跑得最好，喊得最亮！我心窃喜。一天下来，宿舍最好，卫生整得最好，眼保健操最好，晚自修纪律最好。真好。

周四下午去一班，远远瞥见峻伟、旸、柳奇在室外空地上踢足球。我不能去，可恰好碰到一冰，让他捎话把肖松宇喊到我办公室。聊一会儿，肖又将梁喊来，梁刚来，黎月和丹雪紧跟而来，一见面就问我发生什么事了。我一听，心里就竖大指，负责任，好样的！

终于到了周五中午，也就是学生给我限定的可以“出山”的时间，我心跳得竟有些厉害，而且越走近教室越激动。我努力抑制住心情，装作像往常一样走进教室。教室掌声一片。我笑着大声对他们说：“这几天可把我给折磨死了！你们给了我生命！”大家开心地笑了。

我办公桌上放着一本书《心灵写诗》，是李镇西写的，那是他带高一某班一学期的日记，六十余万字！我想，我也应是在用自己的心灵在学生的心灵中写诗了。

忽然又想起昨天下午去蓝色书屋看到的一本书，书名的前半句还记得——“只要给我一个班”，潜台词应是很雄壮厚实的。现在我有一个班，一个可爱的班……

## 掰掰“后腕”，多好哪

势均者，手紧握手，筋骨凸露，紧咬牙关，或龇牙咧嘴，四目相对，或面目狰狞，身倾将倒偏不倒，咿呀乱语来伴奏。此时脚小踢对手一下，或咯

吱他的腋窝让他哏哏笑出声来，或文雅点冲他吹鼻子瞪眼，惹他笑，或“咦，那是谁”声东击西乱他定力，然后乘机蛮力猛施，胜局便定矣。要点小伎俩吧也悦纳，笑骂两句吧彼此都嘻哈，输了吧也开心，观战者呢也痛快，竞争呢倒次之其次，它全融化在美好里了。没有机关，没有凶煞，没有凄神寒骨，手腕一扳，全入情入境入了道。

我前些年任教高中时，动辄便和学生夹桌相对，撸起袖子，扎马步，战它几回合。围者甚众，助威声高，俨然成为一种课后室内体育文化。开始战绩颇佳，后来败仗吃得越来越多了，而胜者“为之四顾，为之踌躇满志”，更有甚者脸上洋溢着鄙夷不屑的笑意。有的学生胳膊滚圆滚圆的，吓人，比我这大号的胳膊竟还大一号呢。输给自己的一个个壮实得像牛犊似的小伙子，我心里挺乐呵。这是自然规律嘛。后来调任九年一贯制学校，掰手腕的功夫也没落下，有事没事就往教室里扎堆，动辄就是骡子是马出来遛遛。掰一掰，其实也是舒活舒活筋骨和神经，掂一掂学生的气力，顺带送个话——多吃饭，多练练。

现在我更乐意去和小学生玩掰手腕了，尤其是小学一年级的妙人儿。一只小嫩手使劲攥住你那蒲扇一般的大手，夸张地扭着身子，或蹦跶几下，发出稚嫩的“呀呀”声。我也夸张地配合着，装着好吃力的模样，往旁边踉踉跄跄几步，惊呼道，你好厉害啊。小对手便露出既得意又羞羞的神情来，跳着跑去了——一年级的小朋友恐怕只会跳蹦跑，而不大会能规规矩矩走的。一手去了，好几只手还簇拥着，都摩拳擦掌，跃跃欲试，争着与你大战一番，赢得那至高的荣耀。好玩着呢。

掰手腕，我乐此不疲，也常发动学生相互掰一掰，斗一斗呢。

好多次大课间巡视初中生做室内操（操场雨雾不宜室外活动），看着看着，就看不下去了。你看，个个像木棒一样杵着，手柔弱无骨，只轻轻地略略摆一摆，膝节锈迹斑斑，只微微地稍稍弯一弯，柳腰熊腰一概纤弱无力，只是那么扭一扭，脚呢也只是那么幽幽地挪一挪、踮一踮，把小写意演绎得淋漓尽致。几个还倒好，如果个个都这么忸忸怩怩缠缠绵绵，我就看着头皮发麻。情何以堪哪。班主任怒不可遏训斥，学生雷打不动，无效；班主任拿手机拍照，扬言说要发给家长看，纷纷躲逃，还是无效。于是，我入室高声叫停这瘆人的艺术表演，转而要他们两两掰腕手腕子。

言未终了，室内便沸腾起来。龇牙，咧嘴，瞪眼珠，“呜呜”“咿咿”此起彼伏。服不服？不服，撒马再战。若两人僵持不下时，我最爱捣乱。在将胜而未胜者的眼眉前手舞，做鬼脸，或吹他眼睛，或在其手背上点个一指禅，惹他笑，招他气，以乱他精神。谁不满怀同情，偏心于那要输还未输的呢。你方战罢我登场，好一场鏖战。胜者眼中熠熠生辉，难抑激动，或得意忘形，叫嚣不已，凛然问天下武林谁与争锋的架势，而被虐者呢，脸露或憾色或愧色或敬意，也有扯着对方胳膊一局定输赢的。开始还是男男单打，女女单打，可没一会儿工夫，就升级为男女混打，还有巾帼英雄引用“双兔傍地走，安能辨我是雄雌”向功夫男主动挑战的呢。被挑战的男生，被我事先郑重警告，要是败了，就要挨揍。群雄大笑。结果是“木兰”吃了败仗，可人家却扬言说，我连×××（某男生姓名）都掰不过，真是！闻言，一室皆笑。

这掰手腕，别看简朴，但教育魔力大着哪。手与手，一贴，一握，一较劲，锻炼身体，娱乐心灵，更重要的是，彼此的心一下子就牵连起来，畅通并融洽了。我看，今天的教育，特别需要多掰掰这种“手腕”。

此中当有真意，不是？

## 课堂微故事汇：课之堂，魂之镇

### 一、噤的艺术

课堂上的七年级学生，最肯插插嘴，最爱喧喧声，嘴巴消停消停，好像是件极艰难的事，就像一年级小孩子不会用脚走，而只会疯跑和蹦跳一样。

学生老插嘴，一旦不呵止，就聒噪得无休无止，就像一群叽叽喳喳的麻雀，就像稻田里的蛙声一片。就是呵止吧，也总似火中炸豆一样此起彼伏，正所谓摁下葫芦浮起瓢。我故作发狠地说：“下节课我要拿胶带来，谁再……看我不封你的口。”其实，我本想说，拿个朝天椒来，谁要再喧喧，就抹他嘴巴上。但一想，要这样说的话，全班就会暴动了。

你很能说，那你就说说吧。你让那扯得最欢的来个独角戏吧，人家初愕然，再怔怔然，再无奈状，然后弯弯腰，提提臀，再缓缓地直起腰来，抓头挠腮，缩头缩脑，支支吾吾，声儿像从地底下渗出来的，或干脆扭扭捏捏好一番，最后奉上二字——“不会”。或者遭遇个真能讲的，高仰着脑袋气壮山河来一通，结果八竿子打不着全是不着调的废话。这一刻，是真能把人逼疯的。自然，我常常徒发“且为之奈何”之浊叹，悲壮之情苍天在目。

现在，此刻，我之悲壮正要从内心喷薄而出之际，我脑海中忽地闪过一个字，我以迅雷不及掩耳之势抓住它，然后毅然决然地把这个字板书到黑板

上。一个大大的“噤”字，赫然于黑板。它威严地雄视全班！以前默过这个字。问学生怎么读，学生齐说读“jìn”。我再问：“‘噤’字何意?”有说不出声，有说禁止张嘴……我说：“Shut up。”全班笑。一笑，便有作祟的，要预备张大嘴，激动得要兴起风作浪。我赶紧手一指“噤”字，大声问：“此字何意?”喧声即刻消遁。激荡在每个孩子脸上的，满是会意的笑。

此后我屡用此招，屡见奇效。但“噤”字也像有个有效期，现在不大怎么管用了。且为之奈何?

## 二、如果这么办

有个娃，被老师点名爬黑板，写四个词语的拼音，结果只写对一个“謦”。老师自然就狠狠地批评他。批评的话，我自然不用写出来，因为我们都想得出，也一般这么说。娃自然也就灰溜溜地溜回自己的座位。课后我想，如果这么处理会不会有另一番光景呢?——小子，你了不起啊，四个词语中最最难的那个，你竟然都掌握了，其他三个还是问题吗?对吧?课堂教学语言，的确是门艺术，但这艺术应该不是单指技巧，关键还是从学生成长出发。

## 三、“刎”成了“吻”

文言小练“乌江之刎”板书时，便有戏语：“同学们，这‘刎’是立刀旁，抹脖子要用刀的。但令人恐怖的是，有人写情书，最后那么传情动心的两个字，竟然一下子变得凶恶歹毒可怕起来了，因为这本是用嘴亲的，他却非用刀抹人家脖子。谁敢与君谈恋爱?这可是要冒生命危险的。这是世界上最恐怖的情书。你看看，你看看，如果不老老实实地把字写对，连谈恋爱的资格都没有!”哈哈哈……

## 四、蹩脚的普通话

我，作为一名语文教师，普通话应该还算标准吧?可是，我竟然在课堂上好被学生笑话，笑得我有点怀疑人生。比如近来，学生忽然发现我说“往往”时，总是平声，便学我说。我开始是很疑惑的，因为我并没觉得有何不妥。学生便教我说，这“往往”应读三声。我庆幸，还好没读成去声。我便记下，但隔会再“往往”时仍是平声，学生便又学我笑我。我暗暗想，我不用“往往”了，用“常常”，但是脑袋不长记性，话一溜起来，就又平声。多少年了，这嗓门这嘴巴，读什么音是早就定型的，要真改，既别扭，又酸涩。错就错吧，执迷不悟了。

其实，我是有普通话说不准的前科的。比如“门”，我不大敢说，要说也得隐忍酝酿几秒，不然就读成“眉”。当然，读“水”现在似乎是没问题，但上大学时还老读成“飞”，也不知被多少人暗笑过我这个乡巴佬。后来听老同事汉东老师说“飞机”说成“灰机”时，便觉得极有风味。现在，还常被老婆和女儿笑，因为我不经意间就会迸出个家乡词来，比如“杠好咧”“忒好”。

## 五、迟到了，请唱歌！

年级分层走班上课。刚开始走时，学生磨磨蹭蹭懒懒散散，便总有些迟到者。虽声若喇叭喊责快点快点，虽对迟到者批不该不该，但学生并不怎么买账。课刚说一句，便有“报告”声来，请其回座，可再讲两句，“报告”声又来。不胜其骚扰，生兮生兮奈若何？悲歌慷慨之余，我只好使出我的绝招。你迟到了，不管你迟到十几秒，终究是迟到了，那么，请你唱首歌吧。

众目睽睽之下，你要放声歌唱！其扭捏忸怩之状，男生“大类女郎”，女生“不胜其娇羞”。求饶？可众生痛快拒绝。民意难违，众愤难抗啊。你矜持不已，煎熬难堪，恭默守静，一两分钟，发不出一声来。我是“大好人”，给你解围说，唱一句吧。在浓烈的愧疚之中，你作绞尽脑汁搜肠刮肚寻寻觅觅状，万籁俱寂，唯闻笑声。真是“树欲静而风不止”了。“大好人”再度解围：好吧好吧，那你就唱唱“两只老虎”吧。众生忍俊不禁，东倒西歪。还是无音。好吧，就做个爱心 POSE 吧。你果然双臂上举，再一内弯，勉强意思了个爱心。全班哄堂大笑中，你灰溜溜回府去，不，是“静若处子”后“动若脱兔”。以后还迟到不？打死也不会了。

但偏有知法犯法者，一迟到，就做爱心，天下哪有这般好事。唱！不唱啊，好吧。做十个俯卧撑！胖，做不来？做！在全班“一、二、三……”中，你不还是做得很好吗？下次还迟到吗？……如今这课，铃声响前，室内已是人才济济，你踏着铃声小跑进来，面露欣赏，必想：好险好险！自然还有铃声响完后再进来，跫音挺响，便自有眼尖者高喊：迟到！迟到！唱歌！唱歌！迟到者便大惊失色。迟到者已是凤毛麟角，为不误课，我便攒着，等个好机会，全班开个歌唱会。周同学应该唱歌很好听吧，不然，他何以要迟到多次，这不是开个人演唱会的节奏吗？

我和我的学生，渴盼着哪个勇士迟到，哪怕一回……

## 六、一“腚”的文化

课讲文言，得遇一“腚”字，便解释说：“腚者，屁股也。”这一说，甚

有威力。全班无一人眼不放光，或欣欣然羞羞然掩口忍俊，或狂喜几欲奔走相告于天下，或搬查词典验证其真乎假乎，或扭身舞爪秋波暗送，其盛况难以一一言表。总之，整个教室沸反盈天，充斥着一“腚”的喜悦气息，而且任我聊发少年狂，大声喝，拍讲桌，发上指，都湮没在这一片“腚”的深渊之中。我可谓黔驴技穷，浊叹一声，差点要骂出一句老家土话来“他娘了个腚”。如果我山东本性大发，再来个什么“撅腚”“拔腚”，或什么“腚锤子”，后果我不堪设想，但肯定这节课的后边时光，尽属于“腚”了。看来，有必要成立个“腚”文化研究小组，我想一定会应者云集、雅兴爆棚，而且研究成果必然丰硕。成果集的名称我也想好了，就叫《一言为“腚”》。妙哉，妙哉！

## 七、春风化雨

给学生上记叙文写评课，说到流水账，我很神秘地招手，把全班聚到我身边。我蹲下身来，召大家再往前聚一聚，然后，把食指竖放到唇上，长嘘一声，轻轻说：“你们想知道写记叙文的窍门吗？”莫不点头应声“想啊”“想啊”。然后，我沉默了近十几秒，问：“我说的话你们听清了吗？”学生尽愕然，然后就都笑了。我说：“好，现在，我真地要说了，——你们知道了，可不能告诉其他班，知道了吗？我真的要说了，你们知道吗？我们不是写记叙文，这个说法把我们害苦了，应该叫‘描写文’！记叙，只是骨架，描写才能有血有肉，才能有灵性。记着了吗？”全班一个一个“噢噢”着。课前我并没有这么设计，那时忽然想起来了《春风化雨》里，基廷先生在课堂上招呼大家聚在一起说讲诗歌的那个片段。好玩，也应有效吧。

## 八、信任无价

“下面，我宣布，本周末语文免做作业的是……”全场屏息凝听，继而诧异哗然，有的高呼：“司老师，你真坏！”我笑着反问：“我坏吗？”全班异口同声：“坏！”我说：“我冤哪。”我拿着纸和笔，一个一个问：“你周末作业要不要免做？”有的觉得本周作业交的和做的情况，还不够格，便羞愧地摇头，或说“不用啦”。有的仰头，审视我，欲签名又觉不安全，犹犹豫豫，我便笑，说：“相信老师吗？”你更加狐疑，便看穿我似地恍然大悟，扬言说：“阴谋，绝对有阴谋。”你便不签名，有已签者便赶紧又划掉——我只是在他低头掂量提笔签名时，觉得你们喧闹，便将食指竖放唇上，结果你们偏又觉得我肯定挖了个大坑，等着他往里跳。阴谋论便在教室里激荡，你们为识破天机为这重大发现为这成就而兴奋不已。共六人签名，我便当场宣布这六人周末语文作业，免做！请不要责怪我，我从开始就让你自己做主，包括一周作业自评、签名权自定等。当然，这里要申明两个意外：一是有人到我面前要签字，我问："你觉得自己一周作业情况能享用此荣耀吗?"他说："不能。"我说："请回。"他便回。他作业情况确实不好，驳回他的申请，相信他当有所体悟。二是有人俯我耳，说，想得这一权利，我点头同意。他说，作业仍会做。我拍他肩头，说，"好样的!"最后我想说，信任无价，阴谋掉价，心态阳光，精神明亮！

## 九、恋指

手指头是什么味道？我对这个问题产生了无尽的好奇和遐想。应该是世间至美至纯的好味道吧？应该是熊掌和泡椒凤爪绝难企及的吧？不然，他何以情不自禁地跟自己的手指头如此美美热恋呢。你看他，用情人般的眼神，端详着自己可爱的小拇指。小拇指有什么好看的呢？我猜，他的很可能与众不同吧。他端详良久之后，终于按捺不住，将他的小情人送到自己嘴里，开始深情地忘我地含着吻着，进而骇人地啃、撕、扯，脑袋不时地侧着，摇着。我忽然想到小狗狗啃硬骨头时，伏于地，不时变侧着头，咧着嘴，龇着牙，狠狠地啃咬的情景，我现在似乎也听到了动人心魄的"嘎吱嘎吱"声。他的小情人，不是一个，大拇指、食指、中指、无名指，而是五个，不，是十个，他还有另一只手，——如果还有一只手的话，就是十五个！如果算上脚丫子的话，那就是二十个！——脱鞋丢袜，既失雅面，也终臭味，再说也确实不好扳来入口。罢了。十指，确实少，但因其少而愈珍贵，他便一个一个地深情钻研，再逐一热吻过去。都相伴了十几年，形影不离，心指相连，还如初恋，令人赞叹。他的恋情已臻无我之境了……

开个小玩笑。——查阅资料，这孩子或许：没有安全感，有焦虑的倾向；缺维生素，适当补锌；洁癖病的症状……

## 十、买早饭

昨天上午九点多，才看到一家长朋友发的短信，说孩子没吃早饭，请我给孩买点吃。我便去校外放心摊点买了，送到教室。恰好学生们都到操场跑步去了。我只好留了纸条。晚上家长朋友发短信表示感谢，并说，孩子直言还是我对他好。孩子，我想对你说，我只是简简单单地给你买了次早饭，你最应该感恩的，是起早贪黑全心全意照顾你呵护你为你悲喜为你忧苦已照料了你十多年就在你身边却让你烦让你怨让你恨的母亲啊。没有对家人的感恩，对他人再怎么表示感谢，也是廉价的。孩子，你慢慢会懂的。

## 十一、书之“缘”

闲读丰子恺小文《缘》，莫名记起去年一件事。有老师说，你花了钱，给许多学生送了好书，但后来他们并没有真正读那些书。当时有人就笑了。当时大约买了不到四百元的书，不是我手头宽裕得不行，而是我觉得送书是积善成德的开心事，更何况，这也是我多年养育的习惯，改不了。再说了，我还是个语文老师呢。送书给学生，难道就强制他必须读，好好读，读到什么程度？那多没劲。别人送给我的书，还有签名的，有的一直封存着没翻开过呢。送给他书，而不是其他，其实已经暗示着一种教育信息了，那就是书是好东西，以后有机会要不忘阅读，——这样不也很好吗？初中生学业负担挺重，要阅读确实有点难，更何况人家还可以读其他书呢，为什么非要读你送给他的书呢？丰子恺说，仔细想来，无论何事都是大大小小、千千万万的“缘”所凑合而成，缺一点就不行。读不读书，读什么书，好不好读书，我看，得靠这“缘”字。送书，便是“缘”中之一了。

## 十二、冒牌“爸爸”

初三亲子活动，家长和自己孩子并排坐着，满室温馨。忽然发现小李同学旁边座位一直空着，便赶紧过去，坐下，笑问：“爸妈还没到?”小李惭然一笑：“工作太忙了。”我悄悄说：“你这么体贴爸妈，真是好孩子。”我神秘地笑问：“今天，我，做你爸爸，好不好?”小李羞着脸，粲然一笑，连声说好啊好啊。我问：“我合格吗?”小李应声说合格合格。你看，我白捡了个好女儿不是?“爸爸”和“女儿”说了些悄悄话，略过。到了亲子互动环节，因为要和孩子拥抱握手互诉衷肠，便临时喊周老师应急做“妈妈”。“母女俩”紧紧拥抱，我看到，小李的泪在涌，“妈妈”在轻拍她的背，说着什么。可惜，当时太激动，竟忘了拍张照儿。再后来，周老师要上台发言，“爸爸”便及时归位，又和“女儿”共订中考目标，看“女儿”一笔一笔写在绿叶卡上，再贴到台上的大树上。祝福“女儿”！祝福每一个孩子！

## 十三、考验

课下查背《马说》。你端坐其位，笑眯眯地。问你，没问题吧？你斩钉截铁地说，木。于是你张口便背：“世有伯乐，然后有……”大有飞流直下三千尺之势。我打断你，带着神秘的诡异的笑，请你站起来背。你初始狐疑，继而有点小惊恐、小彷徨。你再背时，眼神已游移不定，心神已散，所以，你一会儿卡住，半天才接上茬，一会儿添塞个“也”“啊”，一会又漏个“而”“者”，口拙言笨，如老牛拉破车，“吱吱嘎嘎”。你遇难时，我便笑，你见我笑，定力就更难扎稳，背得便更艰难，如走泥路、陷泥潭。当你溜溜如小马跑哗哗如溪水流时，我却吹鼻子瞪眼蹙眉或横插句话，偏偏制造起事端，诱引你分神，扰乱你的阵脚。你坐着，心淡气正，思凝神清，劲儿都卯在脑海中的文字上了，你背得不会差。不过，当你站起来，外界干扰因素多了，心神就易躁了乱了，所以你便铩羽而坐。

把心神凝聚、聚焦于某一点的定力，是学习了不起的功夫，是需要修炼的。

把你折腾一场，明白我的用心了吧？

## 十四、狡猾的小先生

指定某学生到讲台上做老师，是我近来的得意之术。一来突出学生主体，“先生”常换换，学生感觉新鲜，同样的意思，由学生嘴里抖出来，效果多会好些；二来，上台的“先生”，常是所讲内容的跛脚者，他上台前要费些脑筋，在台上免不了暴露思维的缺点，还得承受众眼光与质疑，当然，还得迎战为师者的挑衅和刁难；三来，为师者可省去不少碎语，可随时巡视众坐者以提醒其培育、改良学习习惯，并且，在台上讲解的人有所疏漏、糊涂或掩饰处，及时揭穿、开火、引导，使其头冒虚汗，使其终内省而自得，是快意之事。梁洁、王佳琦、陆玲红、李小超、张紫依等都上台走过一遭，其中最无赖的是这位紫依小姑娘。我是前一天晚自修时告诉她的，她惊惧得像只得得瑟瑟吱吱叫的小麻雀，衬得我就像只恶猫。众学生被她尖细的叫声深深吸引，待明白了怎么回事，就齐鼓掌欢迎。小姑娘急得搓手跺脚，不可遏抑。第二天第一节课前，教室外她一远远看到我来了，就溜着烟儿回教室，缩在位子上，可怜兮兮地望着我。第一节课让学生早读，紫依小姑娘一听，顿时喜上眉梢。第二节课，她如约登台，先有讲义挡住脸，稍有停顿地轻咳几声（这是她的招牌动作），然后，猛地将讲义放下，露出桃花脸，冲曹敏就说：“第一题请曹敏说一下！”真狡猾。曹敏还站起来呢，叫我请坐了，转而令紫依详讲文脉。又咳了三声后，她笑嘻嘻说：“老师示范一下吧。”我就示范吧。第一段简单，从第二段起，如何，怎样，我边讲解，边板了书。再请她接着往下讲。她说：“还不明白，请老师再示范吧。”其他学生有“咿”她之语。

好吧。第三段，怎样，如何，又板了书。三请她往下讲，她竟还说："这段太难了，真看不懂啊。"众生哄笑。我只好再讲。总共五段，我不妨再讲一段。最后一段，她终于讲了："这段就是讲了……（一个词语）。完了。"众哗然。我哭笑不得，说，遵命了。待我讲完，才发现人家不时何时已溜回座位了。此种学生，你说，且为之奈何？

# 第二篇　校园树下“不老泉”

## 导　读

•校园应是小孩子们的“百草园”、童话世界、游戏园地，应是他们情感的寄托地、精神的乌托邦。也许，像帕夫雷什中学校园一样，甚至更破旧些，但这里的花草树木和墙壁，因其光显的物性和文化特质，而能浸润每一个孩子的心。

•我希望，校园里的一座建筑、一件设施、一处地儿、一棵树、一片叶，都有自己的故事、温度和灵性。我希望每一个孩子因其独特生动的天性，以及本真本然的成长，而使校园每株花草树木每面墙壁生辉摇曳。

•如果校园营造一种浪漫的温情，给自己和学生们留些遐想的空地儿，甚至引导一种不切实际的非分之想，和学生一起走出狭隘的校园和自我，共同创造一座真正属于学生自己的童话王国、文化世界，那么，该有一种怎样的情调！

# 榉下“不老泉”

又禁不住把美国儿童作家娜塔莉·巴比特的《不老泉》细看了一遍。合上最后一页时，我空落落的心里忽然出现一棵树。它就像温妮家林子里那棵白蜡巨树一样，拔地而起，直冲云霄。树冠广阔，树体雄伟，密密的红褐色树叶，在晨曦中婆娑摇曳，旭鸟欢鸣，如金属般合奏……

园有榉树初长成。一进校门，你就能看到。

就像那棵白蜡树一样，榉下有卵石，而且黑、白、红、墨绿、青灰等各色间杂。从卵石缝隙里，有泉水细细渗出，慢慢汇聚，然后，轻轻流淌下来，流到基下的池里，发出叮叮咚咚的声音。自然，还要有一只蟾蜍，总是双眼紧闭，一动不动，回味着什么似的。这泉有个好听的名字，就叫“不老泉”。这蟾蜍就是温妮抚摸过、捧起过，还把珍贵的不老泉水缓缓地、小心翼翼地倒在它背上的那只——永远不老！

喝口榉树下的“不老泉”，你就会永不老！

这泉水里，有丰富的营养成分：天真、本然、朝气、好奇、善良、梦幻、快乐……可不是随随便便就能喝到这“不老泉”。你的眼光要一直是笔直的、炽热的、柔和的，你还要不自觉地直愣愣、滴溜溜地仰望星空陷入遐想，你还要坚信那些美丽的童话不是谎言而是活的世界，你还要美美地读自己喜欢的书。当走出校门前，每个孩子都可在榉树下装一瓶“不老泉”，从那往后，永远都带在身边。当童心将硬化时，就可以抿一口，这不老泉。

榉树下，遇到最美丽的自己，然后，永远相伴。

这是我不老的期盼。

我希望，榉树下，能孕育出一个美丽的故事，并届届相传。故事在每一个孩子的心里流淌，就像那不老的泉……

# 桑叶沃若，樱缤纷

每天清晨在校门口“迎驾”时，总是看到一个又一个小朋友端着或抱着个小纸盒儿，朝阳般灿烂而来。纸盒里装着什么啊？小朋友会自豪地告诉你说，是蚕宝宝。然后，就会小心翼翼地打开纸盒，边指点给你看，边讲解给你听，还会把与蚕宝宝的悄悄话悄悄告诉你呢。

这种生命教育胜过千言。多少日子一天一天流逝着，从“蚕点点”（蚕卵）到“蚕蚁”，再到蚕茧，再到蚕蛹，再到蚕蛾，小朋友每天都要屏息着“探究”蚕的形状、颜色、动作等变化，体察入微，惊心动魄。这其实已远远超越生命教育。

当小朋友打开纸盒时，常看到皱枯的桑叶。就是这叶子还是费了老大劲从“遥远”的地方寻摘来的，一摘就摘好些备用，但没多久就不新鲜了。蚕宝宝吃着不香的，小朋友嗫嚅无奈。我于是想，如果校园内植几株桑树，除了有叶可掐取外，自然有葚可啄食，更重要的是有桑文化可浸润。

桑树，冉冉的，翩翩的，是最美的。我要在树下用童稚体写下《诗经》里好听的桑句，并特别注明《诗经》提到最多的树是桑。乐府《陌上桑》就在这树下盘膝围坐着一起学吧，我要特别告诉他们，这树下蕴荡着“桑中之约”的自由而美好的爱情。我还要特别用正楷写上“惟桑与梓，必恭敬止”这句话，因为这里有孝之礼，有故乡的情。校园有桑，为家为乡。我还要和孩子们在这树下，一起悠悠然背诵“鸡鸣桑树颠”。我希望，那份闲适自得，孩子们能咂摸得出、浸润心间。桑，实乃蚕之奶娘、丝绸之路之滥觞、中国传统文化之子宫啊。如果再和学生一起编一本“独墅之桑”，该有多好。

学校“树人”办学理念要落地生根，离不开实实在在的身边树，它应该是最形象最朴素的文化日常支撑和载体。激孩子们之趣，激孩子们之情，激孩子们之知，激孩子们之智，一起辨识园中树，共同发掘树文化，齐心经营树人品牌，让孩子们真正长成参天大树，这就是我们诗意的前方。

独墅湖畔，文化家园，树之以桑，其叶沃若。

其实，我是个“树盲”，校园里的树认不了几棵。曾在午后的阳光下，和“植物学家”吴兰兰老师探讨过，怎么发动全校学生和班级在校园里认树、立文、挂牌。今早在校门东侧遇着护导的吴老师，便指着路边的树，不好意思地请教是啥树。她说是樱花树。这就是樱花树！我惊喜而未感羞愧。“你看，树枝上的这些就是花苞呢。”吴老师指给我看，她总是那么谦和。我这个“小学生”更兴奋了，便说：“那这条路就叫樱花路了，看樱花不用到日本，到我们独墅湖学校啊。”俩人哈哈一笑。

回到办公室，心里总盼着过几天樱花烂漫时的浪漫事。和学生们围簇花下，笑看樱花笑靥抛媚眼，喜嗅暗香沁心脾，说说，画画，写写，徜徉在一片粉红色的梦里。把孩子们的小作品，连同他们搜选的樱花好诗文，誊在精美的樱花信笺上，用红色的绸带，一一挂在枝条上。这是不是另一种“一带

一路”呢？然后，在微醺的春风里，一起站在树下，朗诵。这是不是和樱花盛演一样完美呢？樱花路上如樱花般灿烂，想想就美得流油。

樱花飘零后，孩子们还要认树、写树呢。

树人，因梦想而缤纷一生。

## 好个大青枣

午餐食堂供每人一枚“小苹果”。我不识，便问旁边的同事，也不识。恰好食堂老板在，便介绍说，这是青枣，脆甜脆甜的。

吃过饭，赶回办公室，百度“青枣”，饶有兴趣地恶补相关知识。知得意满，又兜着那颗青枣到教学楼转悠了。正逢着几个晒太阳闲聊的七年级学生，便问这是什么。但没一个人知道。我很得意地告诉他们这是青枣。又遇着一二同事，他们分辨不出，我说：“‘日食三枣，长生不老’，这是青枣，是水果界的人参。”如此卖弄了一圈。

下午给三年级孩子上劳技课，一上课，我就双手捂紧，很神秘地问：“从前啊，有个国王，一大早问一个会算卦的年轻人，你说，我手里有啥？猜不出来，揍你屁股。年轻人哭丧着脸说，陛下哪，你说，这个大清早，有什么好猜的呀。国王一听，天哪，你真神机妙算啊。于是就赏了年轻人黄金百两呢。同学们，如果我是国王，你是年轻人，你猜猜，我手里捂的是什么？”学生们炸开了锅，漫无边际地猜起来，是空气、金子……猜好一会儿都没中。最后，我把手一摊，故作惊喜地说：“哇，好个‘大青枣’（清早），”全班一看，恍悟大笑，激动得直跳，喊着说：“这就是我们中午吃的大青枣。”

我踌躇满志之余，操起粉笔，写下了一首七绝诗《数青枣》（百度来的）：“枝繁枣树院庭中，稚语咿呀立小童。叶下枣青难数尽，回头问母几时红。”和孩子们一起读读，真是好玩。最后我说：“诗中青枣，已不是我手中的青枣了，因为青枣长在热带，北方是青的枣，会变红的。”

一颗青枣，甜蜜你我，在这春意激荡的美丽校园里。

# 惩罚，竟如此之美

周五。写了一下午的字。铃声响了，该去开班会了。

我急匆匆往教室走，快走到门口时，恰逢老孙头，就问："是不是到班会时间了？"老孙头嘴一咧说："哪儿啊，这才第三节课哩。"听罢，我边搔着头边自嘲着又回到办公室，继续写。正写得投入，班长小陈推门进来，说："老师，班会啦！"我一听，忙说不对不对，但一看电脑屏幕，天哪，四点十五了。坏了，坏了，这个老孙，害人啊……我边絮叨着，边疾步往教室而去，把小陈抛得老远。

推门而进，我急忙羞愧地说对不起。此时，全班响起了雷鸣般的掌声，虽然也只有三十位学生。掌声中，我分明听到有学生高喊："唱歌，得唱歌。"掌声又像浇了油一样爆响。我真是难堪，就忙解释说："都是老孙头害得我，我真不是故意的……"学生掌声又起，只是有些稀落了。我忙岔开话题。

班会后，我总觉得很过意不去。迟到就是迟到了，迟到了就得唱歌，这是班规。班规不可违，何况是班主任呢？要说这班规，还是小峰同学遍求全班意见制定的呢。开学初，小峰早上迟到了几分钟，说是闹钟不知怎么哑火了。我就鼓动他拿着纸笔，一一求问惩罚迟到者的措施，并认真记录下来。小峰应是享尽了每位同学的数落，颇有一番滋味在心头吧。他汇总、分析了各条建议，形成了两条惩罚措施：一是罚拖地一周，再一条就是唱歌。我说，有点重了，拖地不好玩，能不能只罚唱歌呢？他把我的意见提交给班长小陈，小陈欣然通过。唱歌的班规就这么出台了。也是在周五班会时欣赏小峰唱歌的。在全班的沸腾声中，他终于站起来了，脸涨得很红，羞愧地低着头。掌声可真响，而且响了好几次。小峰头垂得更低了。有人点杰伦的歌，小峰摇头；有人点 *—……￥#（当时没听懂），小峰低声说真不会。同桌忙救急，催他唱"两只老虎"。我说："能不能边唱边跳啊？"小峰直挠头。"两只老虎，两只老虎，跑得快，跑得快，啦啦啦，啦啦啦……"在全班的爆笑声中，小峰也难堪地笑了。后来，我们还欣赏过男生 309 宿舍一冰、小伟、小许、嘉诚等四人的精彩表演，原因是他们宿舍那周没成为红旗宿舍。除此之外，还没有人唱过，这真叫人遗憾。

晚自修前，我到教室里，悄悄地走到班长小陈旁边，很不好意思地承认了错误，并说："我确实唱不好，朗诵诗行不？"小陈开始有些不知所措，但

终于忍俊不禁了，连连点头。我谋划晚上得好好练练，当然练之前得先完成第二天的高三高考百日宣誓活动相关事宜。班级誓词得推敲，教师祝语得精选，幻灯片得细斟酌，音乐得网上淘洗，一忙竟直到近十一点。一忙完，赶紧选诗歌，海涅的《乘着歌声的翅膀》真好，再选音乐，终于下载首童声合唱的，万事大吉。回家。但第二天一睁眼，心想，坏了，没背过啊，你前几天举行班级新诗会，还要求学生背熟呢。课还没背呢，怎么办？——干脆，两眼一闭，还是唱吧。

我平时最怵头的就是唱歌，天生一副驴嗓子，音儿老在嗓子眼那儿挤着。但我还是唱了。天哪，当我说我要自罚唱歌时，全班一下子就爆了，那种激情倒使我有些歌星的派头了。半支《故乡的云》，倾情歌唱，那种自罚的感觉真爽，真的。

唱了歌，现在又能把这好事记下来，投出去，不准还能启发读者思考点什么，我不得不说：

——惩罚，竟如此之美。

## 逼“润之”写好字

“润之”，姓高。

追溯起来，“润之”的“伯乐”应是子涛。那日课间，子涛拿“少年毛泽东”图片给我看，说：“老师，你说我们班谁最像他？”我茫茫然。他抿着笑，暗指旁边抓着笔写字的高鸿。我忙把图片放高鸿肩上，端详。天，棱棱角角，酷像，真的。同学目睹窃笑。上课时，我常称他为“润之”或“少年毛泽东”。他总是将自己瘦弱的身躯伟岸地挺立着，思考良久，然后——保持沉默。“伟人”的沉默，我说。全班笑。后来，我把这趣事发在微博里，恰有一了解他的家长看到，也惊呼这小子太像主席了，字也特别像哩。

“润之”平时桌面乱成一堆，许多讲义书本交杂参差，侧如鼠噬。我说：“润之啊，你可是个人物，是不是给我们带个好头啊？不理好桌面，何以理天下，对吧？”但他“伟性”难移。我常叹息说，得给主席找个秘书了。主席莞尔而笑，用手抚抚桌面。照旧。我好几次给“润之”讲：“为师快忍受不了了，桌子乱得一塌糊涂，影响写字啊，你看你握笔，指头僵硬地抓着笔，还非得向内来个回勾手，挤挤歪歪，能写好你的字？看看你的字，看看！”

“润之”的字，龙飞凤舞，笔走龙蛇，挥斥方遒，钩心斗角，极尽草之又草之能事，能在年级几百号卷子中被轻易认出。批他的作业，头炸得慌；每逢阅罢，必重重地写上两个大大的字："书写!"但他偏偏就不改，死了心似的。我被逼得只好逢着就数落他，我一说他，子涛就在边上出声地笑，他只是红红腮，赔着笑。

我苦想冥想，终得一着——发挥集体影响的魅力，特别是调动女生用亲切而严格的目光去唤醒他。在女生面前丢脸，还是男子汉？这都是苏霍姆林斯基教的，很有效。曾有个家伙，桌面像垃圾场，久治不愈。家长说从小就这样，没法子啦。我就把他往两个女生中间一塞，啥也不说，但不出几天，自理得利利索索的。真神奇。对"润之"，不出狠招不行。先让他整理读音，给大家投影看。他将憋了许久的犬牙交错的纸片一投，全班登时哗然一片，特别是前排几位可爱的女生，惊愕得有些夸张，惊呼"天书"。他当然得臊红脸。活该。再让他到黑板上默写，衬他默的，当然字写得秀美，自然是女生。他写着写着，全班就快憋不住了，再一对比，全班就笑成一片了。"润之"挠挠头，终于默完。他回到位子上，抬头眼，情何以堪？他的"墨宝"挂了一上午。不能作罢，下节课再让他默给大伙看。临行前，我凑近他的脑袋，低低地狠狠地对他说："你可得把字写好啦，别丢人，记着!"我站在最后边，盯着他写第一个字。第一个字一写完，我眼前一亮，待他写了一行时，我忍受不了，就冲着徐诚和唯清低低地说："快看，'润之'写的字多好啊。"俩人抬头一瞅，颔首，然后相视而笑。"润之""退朝"，我快步上前，问全班，看黑板，你们有什么重大发现没？全班茫然一片。好好看看。大家迷惘地看着我。我一指"润之"的字，说："诸君请看，我们的'润之'的字……多规范！多工整！你能相信这是'润之'写的吗？上节课他那字，还记得吗？比比，简直就不是一个人写的（我分明看到了女生在甜蜜蜜喜洋洋地笑）。"有学生窃笑。我忙自圆其说，我们的"润之"以前是神，所以写那样的字，现在下凡了，字也下凡了。全班哄笑。我冲着朗笑的"润之"说："嘿，主席，这是我们全班今天最开心的事啦。"

但是，课后，当我再转到他身边时，发现，那字啊，竟还是那么张牙舞爪，像挑衅人似的。我火冒三丈，一把操过旁边的闲凳子，一把抓起他堆积如麻的桌面上的材料往凳上一放，恶狠狠地瞪着他，一言不发。他低下头，挠挠头。

还得想辙啊。——谁让我们有个"润之"呢。

# 我请学生来“喝茶”

“‘斟上四盅茶，请你品’？咦……”琦雯同学翻开作文本，看到三张打印纸，其中一张上写着我写的那句话，自然惊异。然后，她边翻这三张纸，边轻声念叨：“周作人《喝茶》……杨绛《喝茶》……鲁迅《喝茶》……哇，梁实秋也《喝茶》！”她抿着嘴儿禁不住笑出声来：“四盅，真是四盅茶，得品，得好好品！”接着，她兴冲冲地拿给旁边的晶颖或佳黛同学看，近乎炫耀地大声说：“司老师请我‘喝茶’哩！”

琦雯同学的作文本就在我手边。我心一美，就恍惚出上面的事儿。请学生喝上这四盅“文化茶”，不美才怪。

为什么单请她“喝茶”？因为她喜欢喝茶，更准确地讲，是她爱喝她奶奶泡的茶。她奶奶擅长茶道，“看了看快开了的水，拿过帕子在茶壶柄上握住，另一只手拿过茶筅，双眼紧盯着水壶，听得水沸三声，立刻提起来，往水壶里注去。‘吱——’茶叶迅速翻滚起来，发得很快，汤花泛起，幻化成各种图案。奶奶熟练地一手平缓注水，一手用茶筅在壶中搅弄，击打，拂动，一滴却也不曾溅出。这番点拂功，深。‘茶，是要品的。’奶奶说。”蒋琦雯同学住校了，每周三奶奶就来看她，总给她带壶茶，叫她喝一杯。品茶，她品出了许多味道。

我是成天泡在茶里的，也有那么点儿茶功，以前还以“茶中客”自诩呢。所以，自然就想起了周作人，他的《喝茶》妙极。一查，竟发现很多作品都是茶泡出来的。同是喝茶，碧螺春、龙井、毛尖、桂花茶，但风味不同，境界有别，禅道相异，喝来唇齿留香，通体舒畅，助长学问。

其实，“喝茶”，不单请琦雯同学，我的学生朋友们都是我邀请的对象。当然，此“茶”非彼茶，而是一段或一篇好文字；此“喝”亦非张嘴的事，而是用眼读用心品那些好文字。好文字有好盼头，有好嚼头。

月考一过，学生“失恋”者多，随笔言志者就多。三言两语，安慰下，鼓励点，自然总免不了，但“灵机一动”，把《十卷羊皮书》的“我是世界上最伟大的奇迹”“坚持不懈，直到成功”印几份，夹在敬文、雨晴这些挺受伤的同学本子里，你说好不好?！聂晴赏桂花，闻桂香，述关于桂花的事，阐关乎桂香的理，受感染的我“计上心来”，搜些关于桂花的风俗人情，整点关于桂香的名篇名段，印好，夹在她本子里，你说妙不妙?！子明同学的《那些年，我们玩过的游戏》写小时候玩的拍手游戏，初中玩得很少了，高中近乎绝迹，现在稍玩一玩，就受指责和嘲笑。他和我一样想念小时候。游戏结束了，一个时代消逝了，他和我一样怀念它，并反省今天。我把自己写过的《陀螺与“转儿”》夹在子明本子里，并自谓“文友”，你说绝不绝?! 文友们“喝”我泡的各色“茶”，一定会很投入、很幸福地品，越品越爱品，越品越觉得亲、觉得美、觉得读写真好。脉脉地私藏了也好，忍不住“流觞曲水”也好。

“老师——”最后排的玉珏冲我挥挥一张纸，然后指指，脸上却早漾出笑来。

我神秘一笑，轻轻点点头。

肖同学手掩皓齿，美得不行。

琦雯要是在她身边，定会羡慕地问——司老师也请你“喝茶”啦?

## 有一个鼠胆男孩

> 教育的明智就在于保护受教育者，不降低他的人格。不应当使他感到自己是听任命运摆布的一粒无能为力的尘埃。无论何时都要努力不让学生的意志受到压制。——苏霍姆林斯基

吃完午饭，习惯去各教室转转，借机找学生拉拉呱。

恰值用餐时间，人去楼空。溜达到八班，发现室内空留几人，我便从前门进。看到我，这几人多是先一愣后冲我淡然一笑，然后照例做自己的事。我很享受这种亲切自然的待遇。可就在这时，我一下子就看到最后一排靠近垃圾筒的，那个男孩。那个男孩看到我，似乎打了个冷战，眼光怯怯的，忙低垂下头，但眼珠子还是翻着往我这儿看。瞅着我走近了，男孩赶紧用桌下的脚板严严地盖住地面上的一个东西。待我过来，他头垂得更低了，不敢抬起看我。他的胸脯像风箱一样起伏。

狐疑的我就站在他侧后，打量他，正想搭个讪，却看到他桌洞里外侧的“三国杀”，便按按他的肩膀头，然后掏了出来。足有两大把。他惶恐不已，像要窒息了。我轻轻说：“这东西不好拿来教室的，我拿走，过一阵子你来拿回，放家里去，好吧?”他默默地点点头。我说：“你桌下边有几张废纸，扔到垃圾筒里，好吧？往后可不要随便乱扔啦。”他赶紧俯身捡起废纸，然后将压着的那只脚仍压着地面往回拖，然后站起来，拖着整条像不能打弯了的腿，

终于挪到垃圾筒旁，接着猛地弯下腰，用拿废纸的那只手一下子操起脚底的东西，未待挺身，就全都扔向垃圾筒。但恰好扔在筒外边。——其实全是纸，废纸。我看得没错。他慌忙再度拾起，扔在筒里，又回到座位上，低垂下头。

他怎么会胆如鼠般呢？

猛然想起，他，是他，上学期似乎犯过事。当时这个班级严重失窃，班内排查，最后竟然好几个同学将矛头直接指向他，似乎有毋庸置疑的证据。有这些学生的一沓子亲笔文字为证。不仅如此，邻班也竟有男生挺着胸脯来证明他用过失盗的手机。后来，法制辅导员，也就是派出所民警来协助调查。民警到班内，叫出那几位证人在走廊里询问，我则分工在另旁与这个男孩私聊，以探他的底。晓以利害后，我轻声问："是不是你做的？"他轻轻地回应我："不是我。"我语气稍硬些说："要是你，可别否认，不然，后果挺严重啊。"他依旧轻轻地回复说："不是我。"他懦弱的语气和游离的眼神更加重了我的怀疑。事前，他的班主任很坚定地说："就他，十之八九。"最后，民警给我使个眼色，说要回去"立案调查"。但没过一两天，失盗的东西竟悄然回来了。事情也就不再追究。究竟到底是不是他，不好说，但从那儿以后，他一定被同学们处处冷漠地提防着。他茕茕孑立，班内容不下他，校园里容不下他。很可能这样。

跟他班主任聊起这事，觉得这孩子透着恐惧不安，很可怜，并担忧他今后可能会将恐惧转化为对他人、对社会的仇恨，从而一个人很可能就此葬送了。班主任叹口气，透露说，你知道吗？他父亲现在在哪儿？是——监狱！犯人！对他这个心灵这么脆弱的孩子，多大的伤害！作孽啊。我心里沉重得难受，一句话也说不出来。

但我想，无论他父亲有多大的罪，都不能无情地压在他肩上；无论他过去犯过什么错，都应当被宽恕。他已不幸，他最渴望的就是周围充满爱抚、温柔、关怀、关注和善意的抚慰。也只有这样，才能让他逐渐自信起来，才能让他形成一个坚不可摧的道德核心。这是教育者的人道使命，也是他的同学们的道德责任。——但周围似乎偏偏就淡薄了这种救命"氧气"。

无论如何得救救这个蜷缩在阴暗角落里的男孩了，得让他感受阳光的温暖，让他昂起头来。

他周围的人，包括我，应该想一想，如何以真诚的爱和坦然的宽恕去做点什么了……

# 一堂让我大汗淋漓的课

这节课我的教学目标就是让学生通过对其他学科一些内容的口头和书面表述训练，进一步深入领会说明语言的准确、严密等特点。

这是一节富有挑战性的课。因为，我所选取的是学生已学或刚过的内容，而这些内容，说实话，不少我早已忘却了，但我喜欢这种挑战。

上课之前，我就在黑板上写了物理上的胡克定律公式、数学上的两点间的距离公式，画了共鸣现象图和函数 $y=\sin x+1$ 和 $y=\sin x$ 的图像，又写了政治上的个人所得税纳税人概念的几个要点。当我一开始写的时候，学生就开始议论如沸了。

写完，我出去透口气，有意识地让学生议论，吊吊他们的胃口。

一上课就让学生在笔记本上用语言表述胡克定律 $f=-kx$ 的具体涵义。很多学生一会儿就写完了，几个站起来一说，不同点就出来了：第一，有的说是位移，有的说是位移的大小；第二，有的说是回复力，有的说是回复力的大小。说实话，这些问题在课前我根本就没意识到。怎么办？大家讨论吧，我也参与。整个教室像炸了锅一样，有学生争辩时竟站起来敲着桌子。觉得火候差不多了，我让学生说说。学生又是变量又是振子、频率的，我听不懂，急得我直冒汗，直挠头皮。最前边的一个学生也急了，一个箭步上来，要过我手中的粉笔，指着那个公式给我讲解起来。其他的学生也都为之出谋划策来教我。我总算搞明白了。不过是位移和力有大小和方向之分。后来我就总结说，如果表述回复力时用上大小，那么后面的位移就相应地用上大小，当然胡克定律必须是方向和大小兼具。总算战事平息。

接下来，我要求学生按照从左到右自上而下的顺序口头介绍物理上的共鸣现象图。学生表述时遇到了一个问题，即，音叉到底包括不包括共鸣箱呢？各持己见，争得不可开交。我又被急出了汗。最后，采用了个折中的暂缓之计，我说："如果包括的话，那么我们可以这样表述；如果不包括的话，我们这样表述。同学们看怎么样？"但我的表述有学生又提出疑问："你说音叉是'Y'形的，不够严密，因为我可以理解为小写'y'，但事实并非如此呀。"一提出，其他学生纷纷说："是啊，是啊。"我马上肯定了这一看法，并表示感谢。我以为这样可以了吧，可又一个学生让起来，说："司老师，我再给你指出三个错误。"天哪，一听，我的汗又涌出来了。该生说："第一，用音锤

敲打的应是叉股的顶端，你表述不明；第二，用手按住被敲打的音叉后，必须说明是‘过一会儿’才会听到另一个音叉发出声音，因为声音在空气中的传播是需要时间的；第三，两个音叉的频率必须是相同的，你没有指明。”听了学生的回答，我还能说什么——再次表示感谢。我再次小心谨慎地表述，学生都瞪着眼睛监视着我。说完，我问：“可以了吗？”学生首肯。

讲函数图像时，又遇到了个问题。函数 $y=\sin x+1$ 的图像是由函数 $y=\sin x$ 的图像上的每一个点向上平移一个长度单位，或者说是沿 y 轴正方向平移一个长度单位。可这时又有“好事者”提出：“司老师，干脆把‘每一个点’删掉算了，图像不正是由点组成的吗？”学生们忽地沉默了。我想了想，说：“对呀。”可这时有学生拿出数学课本指着对我说：“司老师，人家课本上可有这几个字呢。”怎么办？我说：“如果去掉的话，句子有没有毛病？原意有没有改变？”学生纷纷表示，肯定没有。我当机立断，删！殊不知，身上又冒出一身汗。

接下来，我让学生把纳税人概念的几个要点组合成一个长句子。学生很顺利地做完了，没什么毛病。这时，后边一个学生噌地站起来，喊道：“司老师，纳税人，并不一定是指人，还可以指单位，像法人这个概念就是这样，我看，你得说明这是‘个人所得税的纳税人’的概念。”说得多好。我感谢他的提醒，并当即重重地表扬了他。

终于下课了，我夹着尾巴逃出教室，但我听到许多学生还在高声讨论着……